湖北统计年鉴

HUBEI STATISTICAL YEARBOOK

1998

（总 第 14 期）

湖北省统计局 编

中国统计出版社

（京）新登字 041 号

图书在版编目(CIP)数据

湖北统计年鉴 1998/湖北省统计局编。
—北京：中国统计出版社，1998.7
ISBN 7—5037—2722—5
Ⅰ.湖…
Ⅱ.湖…
Ⅲ.统计资料—湖北—1998—年鉴
Ⅳ.C832.63—54
中国版本图书馆 CIP 数据核字(98)第 11013 号

中国统计出版社出版
(北京市西城区三里河月坛南街 75 号 100826)
湖北省统计局印刷厂印刷
*
787×1092 毫米 16 开本 26 印张 112 彩页 75 万字
1998 年 7 月第 1 版 1998 年 8 月武汉第 1 次印刷
印数：1—4000 册
*
定价：148.00 元

编　辑　说　明

一、《湖北统计年鉴—1998》是一本信息密集的资料工具书。他通过大量数据，全面地分析，记载和反映了湖北省 1997 年经济、社会、科技等方面的发展情况。本年鉴在前几年出版的年鉴基础上作了进一步调整、改进、充实了新的内容。

二、本年鉴内容共分三大部分：第一部分为特载，包括湖北省统计公报，湖北经济综述；第二部分为统计表。包括综合、人口、从业人员和职工工资、固定资产投资、能源生产和消费、财政、物价指数、人民生活、城市概况、农业、工业、建筑业、运输和邮电、国内外贸易、对外经济和旅游、金融和保险业、教育、科技和文化、体育、卫生、社会福利和其他、地、市、州主要指标等十几个部分。为了便于读者正确地使用本年鉴资料，各类资料后面附有新的统计指标解释，随着统计报表的方法制度的改革，我们对统计指标及其解释作了修正；第三部分为附录。

三、本年鉴对过去发表的统计资料重新予以审核，凡与本年鉴资料有出入的，均以本年鉴为准。

四、年鉴中符号使用说明："…"表示数据不足本表最小单位数；"空格"表示该项统计数据不详或无数据；"＃"表示其中项。

五、《湖北统计年鉴》公开出版以来，受到国内外读者的爱护与支持，对本年鉴的内容和编辑工作提出了许多宝贵意见，为此，我们特表谢意。由于水平有限，编辑工作中难免有疏误之处，竭诚欢迎读者批评指正。

湖北省人民代表大会常务委员会

省九届人大一次会议举行全体会议

省长蒋祝平作政府工作报告

省人大常委会主任关广富在大会闭幕时讲话

省委书记贾志杰参加武汉市代表团审议政府工作报告

投票选举湖北省新一届国家机关领导人

湖北省第九届人民代表大会第一次会议于1998年1月13日至22日在武昌召开。会议听取和审议了关于政府工作报告，关于湖北省1997年国民经济和社会发展计划执行情况的报告与1998年国民经济和社会发展计划草案，关于湖北省1997年财政预算执行情况和1998年财政预算草案的报告，关于湖北省人大常委会工作报告，关于湖北省高级人民法院工作报告，关于湖北省人民检察院工作报告。会议批准了上述报告并作出相应的决议。会议选举关广富为湖北省第九届人大常委会主任，邓国政、刘荣礼、李其凡、朱纯宣、郝国道、章治文、鲍隆清、吴华品、张忠俭为副主任，刘青岭为秘书长，王健等54人为委员；选举蒋祝平为湖北省省长，王生铁、苏晓云、张洪祥、周坚卫、高瑞科、王少阶、邓道坤为副省长；选举吴家友为湖北省高级人民法院院长，靳军为湖北省人民检察院检察长（已报经最高人民检察院检察长提请全国人大常委会批准）。会议选举刘珩等126人为湖北省的第九届全国人民代表大会代表。会议圆满地完成了预定的各项任务，是一次民主团结的大会，承前启后、继往开来的大会。

湖北省计划委员会

湖北省计划委员会是省政府组成部门之一，是省政府管理国民经济和社会发展的综合部门。全委共设20个职能处室，有干部职工近200人。

1997年，省计委紧紧围绕省委省政府确定的“两高五超”奋斗目标，充分发挥计划工作的职能作用，为全省经济发展作出了积极的贡献：积极推进计划体制改革，进一步改进计划管理，较好地突出了计划工作的宏观性、战略性和政策性；注重抓大事，谋大局，突出了对经济形势的监测、预警、分析及对重大问题的调查研究工作，为省委省政府正确决策提供了科学依据；认真贯彻省委、省政府调整经济结构的战略决策，制订了结构调整实施意见，促进了全省经济结构的逐步优化；大力培植经济发展后劲，组织协调全省完成固定资产投资1050亿元，促进大峪口矿肥工程、鄂州电厂1号机组等一大批重点项目建成投产；坚持保规划、保发展，认真组织年度计划的实施，促进了全省经济持续、快速、健康发展。

随着社会主义市场经济体制的逐步建立和完善，适应政府机构改革和职能转变的新形势，省计委将进一步解放思想，更新观念，提高素质，转变职能，逐步实现经济综合部门向宏观调控部门的转变，努力开创计划工作的新局面。

省计委主任、党组书记：翁行德

省计委领导集体听取各地计委1997年工作汇报

省“九五”重点建设项目——汉川电厂（4 x 30 万千瓦燃煤机组）。目前，全省境内已建成汉川、阳逻、隔河岩、葛洲坝4个总装机容量超过120万千瓦的电厂。

湖北省电力开发公司

法人代表、总经理：肖宏江

湖北省电力开发公司是1986年经省政府批准、省工商行政管理局核准注册登记，于1986年10月13日正式成立的具有企业法人资格的全民所有制经济实体，是省政府指定的全省电力建设基金的使用、经营单位。公司注册资金为11.34亿元，资产总额近25亿元。

湖北省电力开发公司作为代表我省地方最大的集资办电企业，依据国家和省政府的有关政策法规，坚持“集资办电、多家办电、多渠道筹资办电”的方针，为湖北电力建设筹措资金，用于省内电力工程投资建设。截止1998年上半年底，共计筹措项目资本金20多亿元。先后参与投资建设隔河岩水电站、汉川电厂（一、二期）、鄂州电厂、襄樊电厂、荆门电厂“油改煤”项目、青山电厂“大代小”项目等工程和宜昌电厂、孝感电厂、罗田抽水蓄能工程等项目前期工作，已经形成的装机总容量达326万千瓦。其中，汉川电厂一期（2x 30万千瓦）、鄂州电厂（2x 30万千瓦）为控股方。同时公司参与发起成立了湖北省长源电力股份发展有限公司、湖北省金源水电发展有限公司等企业。产生了良好的经济效益和社会效益，为促进湖北省经济持续、健康、稳定发展作出了突出的贡献。

控股企业汉川电厂

湖北省

湖北省交通厅是湖北省政府主管全省公路和水路交通行业的职能部门。主要职责是：贯彻执行国家和省有关交通的方针、政策和法规，制订全省公路和水路交通行业方针、政策、规章规划和发展战略，并监督执行。负责全省道路和水路旅客运输、货物运输、装卸搬运和民间运输、车船维修、运输服务等行业管理，组织、协调关系国计民生的重点物资运输和紧急物资运输；培育和管理全省道路、水路运输市场。负责全省公路和水路交通基础设施的建设、养护和管理，并组织指导重点交

郧阳汉江公路大桥

勾头丁坝挑流

▲余家湖港口一号泊位

余家湖港口生产作业区全貌▶

交通厅

通工程建设的实施。指导全省交通行业精神文明建设和职工队伍建设，组织、指导交通行业人才预测、教育、培训、职业技能鉴定和劳动工资工作。

省交通厅下设主要直属企事业单位为：省公路管理局、省公路运输管理局（与省养路费征收稽查局合署办公）、省航务管理局、省高等级公路管理局、省交通规划设计院。

王远璋厅长在省高管局通讯机房

宜黄高速公路全线通车

湖北省

云山万里走龙蛇（山区公路）

宜黄公路仙江段

▼ 宜黄高速公路立交桥

◀ 峰回路转绕青山［南（漳）保（康）公路］

交通厅

武汉市汽车客运总站

整装待发（宜昌、荆沙市）

陆上航空--捷龙快车舒适的乘车环境

中韩合资的汉光高速客运公司购置的豪华客车

湖北省人民检察院

全省检察机关围绕党和国家工作大局，全面履行法律监督职能，为维护我省社会政治稳定，促进经济建设发展，推进廉政勤政建设，作出了积极贡献。

1997年全省检察机关共受理贪污贿赂等经济犯罪案件8976件，立案侦查2534件2865人，其中万元以上大案2257件，县处级以上干部犯罪77人（厅局级干部2人）。共受理“侵权”渎职等犯罪案件2003件，立案侦查427件608人，其中县处级干部犯罪15人。共受理公安、安全机关及监狱管理机关提请批捕23561人，经审查批准逮捕20089人，追捕236人，作出不批捕决定3005人，受理移送起诉24398人，经审查提起公诉18116人，追诉53人，作出不起诉决定665人。

全省各级检察机关始终把队伍建设摆在重要位置，常抓不懈。全省评选出30个最佳检察院，65个一流处（科）室，70名优秀检察官。还有8个集体7名个人受到最高人民检察院的表彰，22个集体59名个人受到省检察院的表彰，486个集体1011名个人受到当地党委及其它部门的表彰。

湖北省人民政府外事（侨务）办公室

湖北省人民政府外事（侨务）办公室是省政府主管全省外事、侨务工作的职能部门和省委及其外事工作领导小组的工作机构，是省政府执行国家对外政策和处理重要外事侨务工作的归口管理部门。

１９９７年，全省共审批各类因公出国团组４４３４批，１５３５６人次；邀请外国人来华访问５９０多批，１８２３人次；直接接待各国重要外宾团组１１３批，９３８人次；接待来鄂采访的外国记者５２批，２０６人次；建立友好省州（城市）关系５对，使友城关系总数达到３５对；引进各类外国专家１３２８人，派出各类专业技术人员及管理干部出国培训和研修达１３６６人；执行各类引智项目２００多个；联合召开“一村一品”的国际研讨会；配合省政府和省人大完成了《湖北省侨属企业条例》的制定工作并经省人大审议通过颁布施行；加强了对海外新移民的工作，邀请海外著名华人华侨来鄂开展经济科技文化交流与合作，组织了第二届湖北海外新移民恳亲团活动。全省外事侨务部门在为经济建设服务方面作出了一定贡献。

“中国湖北　日本大分一村一品国际研讨会”在汉召开。贾志杰书记会见平松守彦知事

帕劳共和国总统访问湖北

法国阿基坦大区代表团访问湖北，双方签定会谈纪要

湖北省人民政府外事侨务办公室
主　任：　唐振雄
副主任：　李达开　　邱文华
　　　　　何世平　　骆新华
地址：武汉市武昌区八一路３号
电话：０２７－－８７８１１３２１
邮编：４３００７１

中国人民解放军通信指挥学院

常抓不懈——学院首长、机关把拥政爱民支援地方两个文明建设列入重要议事日程

中国人民解放军通信指挥学院隶属总参谋部建制，执行军级权限，主要培养通信指挥军官和军事通信研究人员，具有学士、硕士、博士学位授予权。学院位于湖北省武汉市，前身是刘伯承任司令员、邓小平任政委的中原军区所属电信专科学校，迄今已走过了50年的战斗历程。学院有一支以全国、全军优秀教师为代表的高素质教员队伍和以全军重点学科军事通信学为领头学科的军事学科专业群，已成为全军通信指挥人才培训基地和全军军事通信学术研究中心。

学院在认真完成各项教学、科研任务的同时，自觉服从国家经济建设大局，主动承担急难险重任务，积极支援地方物质文明和精神文明建设。先后筹资50余万元，投入官兵5000余人次，参加省、市抗洪抢险，多次被评为武汉市防汛先进单位；先后投入15000多个义务劳动日，动用1000多台次车辆，参加武汉市“治理黄孝河”、“沌口经济技术开发区”等重点工程建设；学院与武汉市委办公厅携手开展的“共建一条文明路，共创两个文明院”活动，受到广泛好评；学院一系与武汉市中心百货商场开展的“文明示范柜”活动，14年不间断，被授予“武汉市青少年学雷锋基地”和武汉市“军民共建十佳单位”；由学院通信站女战士组成的青年志愿者服务队，连续13年义务为江岸区劳动街敬老院老人热情服务，被评为武汉市社区服务十佳志愿者服务队，学院被评为湖北省青年志愿者双拥服务基地；学院多次向老、少、边、穷地区捐款捐物计50余万元，并捐资在红安县建成一所希望小学。

世纪之交，党的十五大为社会主义两个文明建设开辟了美好的前景，学院将继续发扬光荣传统，努力为两个文明建设做出新的更大的贡献。

▼ 校园一隅——学院图书馆藏书百万，并已进入院校情报资料信息网

▶ 托举“希望”——学院多次捐钱捐物，资助希望工程

▼ 胜似亲人——学院女战士为福利院老人庆贺生日

中国人民解放军空军雷达学院

空军雷达学院是一所为空军、海军雷达部队培养中、初级军事指挥和工程技术人才的综合性高等院校。学院位于武汉市黄浦北路，校园环境优美。现有7个系8个学科25个专业，有军队重点建设学科和军队重点建设实验室以及一批设施齐全的教学场所，是国务院学位委员会批准的硕士学位授予单位。建院40多年来，为空、海军雷达部队培养和输送了3万余名合格人才，并先后为6个国家培训留学生3百余名。学院坚持教学与科研相结合，近几年，有40多项科研成果获得国家级和军队级科技奖励。

多年来，学院党委认真贯彻军委、总部和空军党委关于加强军政军民团结一系列重要指示，组织全体官兵自觉贯彻邓小平同志军队要服从国家经济建设大局的指示，积极为武汉市的经济发展和精神文明建设作贡献，近两年共投入劳动日2万多个，机械车辆500多台次，植树3万多株，参加抗洪救灾人数9000余人次；发动官兵捐款7万多元、捐衣被3千余件（条）；每年暑期都接收2000多名中小学生来院开展军事科技夏令营活动。目前，该院有布局较为合理的军民共建点26个，共建主题突出，活动经常，较好地促进了军政军民团结和驻地的两个文明建设。

学院院长郭锡林少将

学院政治委员严智泽少将

▼ 学院官兵参加开发区建设

▼ 学院教学大楼

湖北经济电视台

湖北经济电视台诞生于改革大潮之中，其前身为湖北江汉经济电视台，1988年12月正式开播。是经广播电影电视部批准成立的全国第一家经济电视台，也是全国第一家不要财政拨款、完全自收自支的经济电视台。她的成立给电视行业注入了新的活力，为推动全国电视台的改革起到了良好的推动作用。1993年10月经广播电影电视部批准正式更名为“湖北经济电视台”。经过十年的艰苦创业，湖北经济电视台已经积累了6000多万元的固定资产，形成了以《经视新闻》、《经视话题》、《经视生活圈》等节目为主干，具有浓郁都市文化特色、更加贴近生活、贴近群众、寓教于乐的“经视”系列节目，深受电视观众欢迎和行家赞许。《休闲新干线》、《体坛风景线》、《中不中》等节目是“经视”系列节目的新成员，其中，《休闲新干线》采用最新的“交互式”电视技术，集知识性、趣味性、观众参与性于一体，开创了湖北地区交互式电视技术节目的新河；《体坛风景线》在湖北地区拥有世界上最快捷、最全面的体育新闻网和最多的赛事直播权；大型互动式娱乐节目《中不中》由英国ECM公司引进，这种互动式娱乐节目在国外已风靡数年，成为当前娱乐节目模式的主流，具有互动性、知识性和娱乐性。我台在国内率先引进并播出《中不中》，节目播出后已经成为湖北地区收视率最高的节目之一。

领导班子

记者采访环保问题

节目录播前的准备工作

《中不中》节目正在直播

《休闲新干线》正在直播

武汉航空公司

全国人大代表
总经理兼党组书记　程耀坤

武汉航空公司是在我国经济体制改革中，经民航总局批准，于1986年5月正式成立开航的一家地方航空运输企业。

武汉航空公司成立12年以来，在公司总经理程耀坤的带领下，从一穷二白开始创业，在强手如林、炙手可热的航空市场博得一席之地并不断壮大起来。目前，拥有包括波音737在内等不同型号飞机12架，开通国内航线40多条，固定资产从200万增长到4个多亿，成为全国较有影响的地方航空公司。

近几年来，随着航空市场的激烈竞争，武汉航空公司注重强化管理，向内挖潜，既抓服务软件上台阶，出精品、创样板，又抓服务硬件投入，不断改善旅客候机环境和乘机条件。去年，武航投资800多万元新修2800平方米候机厅，5400平方米的接送车辆的停车场，为乘机旅客提供了良好的候机条件。为开拓市场、支援三峡建设，该公司于去年四月率先在宜昌成立三峡飞行基地，并陆续开通宜昌至长沙、张家界、桂林、重庆、西安、黄山、南京等10多条旅游航线。成为湖北、武汉地区运输中一支重要的生力军。

中国武汉航空公司航线图
Domestic Flight Routes Map of China Wuhan Airlines

地址：汉口建设大道435号　　邮编：430030
起降机场：汉口王家墩机场
订票订座电话：83624600—3005、3006、3134

汉正街管委会

进入21世纪的汉正街（模型）

汉正街市场管委会主任张兴建正在构思汉正街市场未来的蓝图

现代化的汉正街市场

汉正街南临汉水、东接长江，早在500多年前，这里便呈现出“十里帆墙依市立、万家灯火彻宵明”的商贸景观。1979年汉正街在中国率先恢复发展个体私营经济，由一条近两千米的街道市场发展为占地2.56平方公里的商贸区。汉正街发挥着引南接北、承东启西的流通功能，成为中国中部地区最大的小商品集散地。自1990年以来，市场销售额年均增长56.4%，1997年销售额达95亿元人民币，个体经营户发展到13000户。市场商品齐全，价廉物美，以批发为主。有小百货、服装、布匹、鞋帽、家用电器、塑料制品、工艺礼品、副食品、陶瓷、文化用品、日用化工品等专业批发市场。日均客流量达16万人次，供销渠道畅达各省、市、自治区。市场交通、金融、通讯、餐饮、住宿、信息、劳务等服务齐全，已接待了世界48个国家和地区的来宾。反映汉正街市场的3部电视连续剧正广泛传播着现代汉正街文化。目前，汉正街市场正进入第三期扩建改造工程，总建筑面积达300万平方米。横跨汉水连接汉正街与龟山风景区的索道已经落成，汉正街正形成集商贸、加工、旅游为一体的新型商贸中心，它正逐步与国际商贸接轨，推动着长江中部地区的经济腾飞。

襄樊市公安局

1996年以来，襄樊市公安局紧紧围绕经济建设中心，坚持“抓班子、带队伍、促工作、保平安”的工作思路，开拓进取，求实创新，有效地维护了全市政治稳定和社会安定，促进了全市两个文明建设的协调发展。面对日益增多的犯罪现象，该市公安机关在致力于公安队伍正规化、现代化建设，造就一支高素质纪律部队的同时，对公安工作运行机制、警务方式、警务战略进行了改革，建立了以指挥中心为龙头，110报警服务台为纽带，巡警为骨干，各警种密切配合、协同作战的快速反应机制，构建了以派出所为主体，以安全文明社区和安全文明村镇为依托的基层防范网络，形成了覆盖社会面的打击犯罪专业化体系，实现了基层派出所的“职能回归”，全市公安机关的打击、管理、防范、服务职能不断得到加强，近年来全市未发生危害国家安全案件和影响全省、全市稳定大局的群体事件，突破了“96·3·13”特大系列杀人、抢劫等一批重大恶性案件，有力地遏制了“六害”现象的滋生蔓延，涌现出全国优秀人民警察崔德新等一批全国、全省先进典型。公安机关也因工作突出，先后荣获“全省严打先进单位”、“全市文明单位”、“二五普法先进单位”、“内审工作先进单位”、“综合治理先进单位”等荣誉称号，所辖谷城县公安局于1997年第四次被评为全国优秀公安局。

领导班子

市局“3.13”专案组荣记集体一等功

谷城县第四次被评为全国优秀公安局

湖北省襄樊汽车产业经济技术开发区管委会主任郭光福

汽车产业开发区东风公司襄樊基地轻型车厂总装一角。（周明华摄）

汽车产业开发区东风公司襄樊基地柴油发动机生产车间 （周明华摄）

汽车产业开发区车城大道一角 （周明华摄

襄樊市邮电局

程控机房

邮电新业务演示厅

襄樊市邮电局始终坚持以通信建设为中心，积极推进两个根本性转变，使全市邮电事业保持了持续、高速、健康的发展。

几年来，已建成了初具规模的以计算机应用、程控交换、数字传输、自动机械化作业为主体的现代化邮电通信网。1997年，襄樊邮电事业发展更加迅猛：经国家统一规划兴建的武汉——西安、呼和浩特——北海国家一级干线光缆和汉口——西安——兰州数字微波空中信道，交汇襄樊，使襄樊增加大容量、高速率、多功能长途电路9.2万条。 襄樊信息港和INTERNET开通，信息高速公路初具规模。邮政通信新（扩）建国家一级邮件转运站（7257平方米），引进的信函自动分拣机和包刷自动分拣机已相继投入使用。截止97年底，全市电话交换总容量为42.5万门， 移动通信容量4.3万门，无线寻呼容量19万号。 电话用户数突破34万户，全市电话普及率由1990年的0.86%增加到现在的6.68%，其中襄樊市区电话普及率达21.48%。全市固定资产突破17亿元。在1996年全市业务总量和业务收入双双突破3亿元的基础上，1997年业务总量和业务收入双双突破4.4亿元。由于该局通信建设及业务发展取得较好成绩，近两年，受到省邮电管理局，地方政府表彰及奖励达30余项（次），97年度，被评为全省行业双文明最佳企业。

包裹自动分拣机

襄樊电信大楼全貌

襄樊市

襄樊交通领路人——市交通局党组书记
局长　魏伟

市区长虹北路——又一条由交通部门
的市区出口路工程胜利竣工

引进外资——207国道襄宜段第一
澳合作经营收费路段

汉江明珠——国家交通能源重点建
汉江余家湖500吨级煤炭中转港

襄阳县建设委员会

团结战斗的建委领导班子成员（右3建委主任、党组书记胡登建）

近年来，襄阳县建委系统充分发扬“团结拼搏、负重奋进、艰苦创业、争创一流”的襄阳人精神，内强素质，外塑形象，各项工作取得了可喜成绩。新县城建设自1991年开工以来，总投资已达6亿元，建成区面积10平方公里，总人口近11万人，城市道路、供排水、电力、电讯、绿化、美化、文化、教育、卫生体育等设施建设相继配套，一座现代化的园林式城市的雏形已形成。伴随着县城建设，城建系统不断发展壮大。截止98年5月，全系统干部职工已达628人，其中工程技术人员122人，委属单位由91年前的3个发展到22个。委机关连续三年被县委、县政府评为先进单位，连续两年被评为“党建工作先进单位”和“班子双目标考核优胜单位”，94年被县委、县政府评为“机关党建十面红旗”。毛如柏、贾志杰、关广富、李大强、韩南鹏、胡已立等国家、省、市领导多次视察新县城，对新县城建设取得的成就给予了高度评介，对建委工作给予了充分肯定。

襄阳新县城一角

襄阳县委办公大楼

崛起中的襄阳新县城

襄阳县财政局

襄陽縣財政在前進

团结战斗的领导班子局长：梁汉江
副局长：王慧敏　张兴山　刘志刚

近年来，襄阳县财政局的各项工作在县委、县政府的高度重视和关心支持下，经过财政系统广大干部的精诚团结、奋力拼搏，进而使全县财政部门两个文明建设硕果累累，财政改革配套措施日趋完善，特别是分税制财政体制改革的实施，进一步增强了县、乡两级财政活力。自1993年以来连续五年财政收入以4000多万元的速度递增，1994年全县财政收入首次突破亿元大关，到1997年全县财政收入达到了25083万元。

发展经济壮大财源是财政部门根本之所在。每年全县财政部门投入支工、支农、支商、科技、教育资金1.5亿元。财政有效的投入，使全县各项事业得到了蓬勃发展，农业连年丰收，农业产业化步入规范化的发展轨道，农业的规模效益和经济效益得到有效对接；随着财政部门对正大、希望、富国、四方联、万宝等一批大型企业集团提供一系列服务措施的落实，全县的工业经济实现了前所未有的好形势；随着财政部门对科技、教育的投入，科教环境得到了有效地改善，全县科技兴农、兴工，科教兴农、兴工的含量不断增加，在科教领域的效益日益显著；随着财政管理职能的不断深化和完善，财政部门所担负预算外资金管理、罚没收入管理、控购管理、会计管理、国有资产管理等各项管理工作步入良性发展的轨道，为全县经济健康有序的发展提供了可靠的保障。

市委宣传部长徐晓伟陪同省委宣传部副部长李文钊到襄阳县财政局视查文明创建情况。

伴着殊荣，踏着改革的主旋律。襄阳县财政系统广大职工在局党组的带领下，以其独特的风采和扎实的工作作风，在创建文明单位活动中留下了一串串闪光的足迹，使襄阳财政部门文明之花越开越艳，1995年度县财政局机关和东津财政所被命名为省级文明单位，全县有16个财政所被命名为市级文明单位，财政系统连续三届被县委县政府命名为县级文明系统。1997年度局机关被省委、省政府授予省级最佳文明单位，全系统有三个财政所被授予省级文明单位，有18个单位被授予市级文明单位。

满怀喜悦，带着收获，勇于开拓进取的襄阳县财政局并没有感到满足，他们追求目标更大。展望未来，襄阳财政更辉煌。“九五”期间，全县财政收入按20%的速度递增，到“九五”期末，全县财政收入可望实现4亿元。

襄阳县邮电局

邮电局局长

邮电局党组成员

1997年，我县邮电通信工作，在市、县局党组的正确领导下，在地方各级党委、政府的关心支持下，围绕“改革、发展、服务、管理、效益”这条主线，以通信发展为中心，以满足市场需求为目标，认真落实省市局工作部署、积极推进“两个”根本性转变，在通信建设、业务发展、企业管理、通信服务及两个文明建设等方面取得了较好成绩，圆满地完成了各项目标任务，为全县邮电通信实现跨世纪的发展打下了良好基础。

97年全年共完成固定资产投资7263.2万元，全局固定资产突破两亿元，固定资产原值达到21462万元，比上年增长53.2%，全县完成张湾、古驿、东津、双沟、欧庙、张集、太平、肖集、朱集、石桥、峪山、竹条、牛首、朱坡、黄龙、泥咀等16个支局所的交换机扩容，新增交换机容量15416门，总容量达到59744门，比上年增长34.78%，同时新装开放式配线架25000线；新增用户电缆14490对，183.73皮长公里。完成东津、竹条、太平、古驿、牛首、朱坡、张湾、赵庄等8个支局所的通信管道建设，新增通信管道10834米，64.9管孔公里。全年完成黄龙——张集、石桥——龙王、泥嘴——十堰、双沟——陈湾、张湾——刘集、龙王——白集等6段光纤线路工程，新增光纤线路104公里。目前，乡镇以下的光环达到28.04公里共1624路。97年新建欧庙、黄集数字移动电话基站两个共32个信道，新建欧庙模拟移动电话基站一处18个信道；优化网络，组建了东津、黄集2个端局，开通双沟、太平2处DDN设备，全县开通分组交换端口60个，在黄集开通了一点多址无线通信电路120条。全年通信建设投资达5348万元。

襄阳县邮电大楼

襄阳县土地管理局

97年11月全国土地专家在襄阳召开的研讨会(中为国土资源部副部长李元)

近年来，襄阳县土地管理局紧紧围绕改革开放、发展全县经济这个主旋律，坚持全县土地、城乡地政统一管理的原则，以实现耕地总量动态平衡、促进可持续发展为目标，以抓好土地管理业务基础建设和部门自身建设为基础，全面贯彻落实土地管理法规和耕地保护治本之策，积极推进土地使用制度改革，为全县经济快速、稳定、健康发展做出了突出贡献。由该局探索的保(转)权收租用地管理改革模式和改村造田工作经验，曾先后得到原国家土地管理局的肯定，并在全国推广。这个局还先后被授予“全国土地开发复垦先进县”、“全省创建土地管理‘三无乡镇’先进县”、县级“文明示范单位”、市级“卫生先进单位”、市级“文明单位”等。

作者：王智双

1997年11月9日，时任原国家土地管理局副局长、现任国土资源部副部长李元(右二)、省土地管理局局长王健(右一)等领导在襄阳县土地管理局局长李之义(右四)等领导的陪同下，视察保权收租用地管理现场。卜金礼摄

图为该县土地管理部门工作人员在埠口镇三房村调查了解旧房搬迁情况。卜全礼摄

襄阳县新集镇人民政府

镇委书记杨正海

靠山区优势 抓特种养殖

镇长：周勤礼

在杨正海等的陪同下，襄樊市委副书记杨祥义（前排右）视察肉鸽养殖场

襄阳县委书记张克禄（左）在杨正海的陪同下视察珍珠鸡养殖场

珍珠鸡养殖场养殖的商品珍珠鸡。

襄阳县新集镇位于襄阳、南漳、谷城三县结合部，版图面积144平方公里，耕地41538亩，总人口31000余人。这里山林面积大，空闲厂房多，发展养殖业条件优越。镇党委、政府依靠自身优势，经过考察论证，确立了发展特种养殖，振兴山区经济的工作思路，大力发展珍珠鸡、肉鸽、毒蛇等特种养殖项目，并在此基础上成立了特种养殖总公司。到1998年5月底，该镇已养殖珍珠鸡种鸡1万只，日产种蛋7000多枚，美国白玉王鸽种鸽18000对，孵化幼鸽16000多对，毒蛇存量3.8万条。1998年，全镇计划养殖珍珠鸡150万只，肉鸽20万对，取蛇毒5公斤，三项特种养殖业可增加2000多万元的总收入，200多万元的财政收入，占财政总收入的28%。

湖北襄阳马集福事达白玉蜗牛有限公司

乡党委书记王万强与乡长唐士安商量工作

省委书记贾志杰在马集乡视察白玉蜗牛生产场景。

市委书记孙楚寅视察马集乡白玉蜗牛工厂化养殖大棚。

大棚养殖生产内景。

白玉蜗牛育种基地。

湖北襄阳马集福事达白玉蜗牛有限公司位于湖北襄阳县马集乡，成立于一九九四年八月，拥有固定资产三千多万元，是一家主要从事蜗牛养殖、良种繁育、产品开发、加工和销售的专营企业。省委书记贾志杰、副书记邓国政、省委常委、副省长王生铁，国家科委、国家计委等领导曾先后到该公司视察，并给予充分肯定。

公司立足于大规模、大集团、高科技、跨国际、高起点，全方位开发白玉蜗牛新产业，以湖北襄阳马集为主体，在全国各地建有40多个大型养殖基地，年产鲜活蜗牛万吨以上；以复旦大学为科研基地，开发“银贝”牌蜗牛酶、罐头、冻肉、干品、保健品、药品、化妆品、饲料等系列产品；以福建漳州为加工出口基地，同美国、法国、西班牙、加拿大、台湾、香港、马来西亚等地建立了商务往来，产品出口率达到80%以上；目前已形成养殖、科研、加工、销售地良性循环和蜗牛生产产业化，得到了省、市、县各级党委、政府的重视和支持，已成为全国蜗牛养殖行业的龙头企业及全国最大的养殖、繁育、加工基地和交易市场。蜗牛系列产品加工项目被列为国家级星火计划，公司正向养殖集团化、科研系列化、产品多样化、市场国际化的科学的现代商业格局，公司正在向国际化集团迈进。

谷城县人民政府

参观财源建设前左起谷城县委书记程仁发，襄凡市委书记孙楚寅、代市长罗辉，谷城县长周元宵，市委副书记杨祥义

获农业“金奖”和“银奖”的紫金镇茶叶基地现又开发有获国家专利的银杏叶茶，金银花茶，八宝茶等系列保健茶。

谷城县五山镇茶叶有限公司

五山玉皇剑系列名茶，1995年获“第二届中国农业博览会金奖”6个，1996年获首届“鄂茶杯”金奖6个，1997年被评为湖北十大名优茶精品

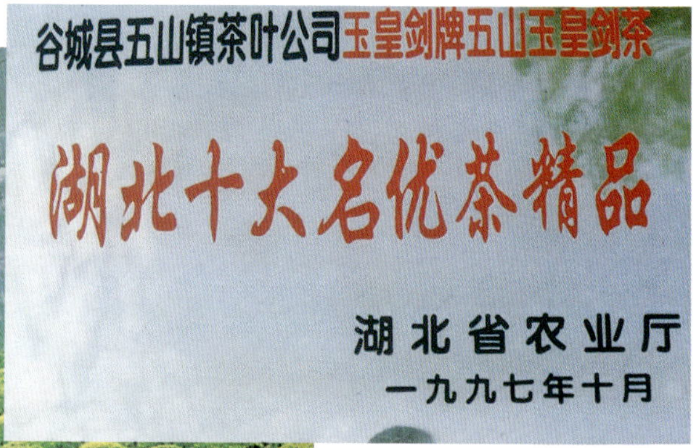

茶园飘香（五山、紫金茶园基地之一）

丹江口市政府

水之辉煌 铸名山秀

市委书记：　张二江

市长：　张达华

湖北省丹江口市地处鄂西北，汉江中上游。全市总面积3121平方公里，其中耕地30万亩，辖21个乡镇办事处，388个村，48万人，其中非农业人口23万人。原名均县，1983年撤县建市，1985年被省政府确定为工业旅游型城市，1986年被国务院批准为全国甲类开放城市。

丹江口市具有丰富的资源优势，广阔的山场有宜林面积300余万亩，有40多种矿藏资源。亚洲第一大“人工淡水湖”丹江口水库具防洪、发电、灌溉、养殖等多种功能，市内库区水域面积347平方公里，丹江口水电站装机容量105万千瓦，年均发电50亿度。闻名中外的道教圣地武当山1994年被联合国列入世界文化遗产，得天独厚的旅游，年接待中外游客120万人次。交通便利，通讯发达，襄渝铁路纵贯南北，汉丹铁路直达城区，空中走廊距老河口机场26公里，汉十公路贯穿全境，全市公路通车里程1145公里，实现村村有公路，乡乡通客车。光纤通讯、无线寻呼全国联网，实现国际国内长途直拨。

多年来，丹江口市坚持以改革促发展，以开放促开发，经济建设与社会事业快速发展。1997年，全市国内生产总值65亿元，实现工业总产值77.8亿元，农村经济总收入50.5亿元，社会商品零售额15亿元，综合财政收入2.67亿元，农村农民人平纯收入2376元，综合经济实力不断增强，在全省“综合实力十强县市”中名列第八位。

武当山

大锻造厂

丹江大坝

神農架 林區交通簡介

神农架林区 209 国道燕天段

公路运输是神农架林区唯一的运输方式，全区现有通车里程975公路，平均每平方公里0.29公里，列养公路已达274.45公里，其中国道113.10公里，省道60.33公里，县乡道101.02公里。全区公路黑色化里程达140公里，基本上实现了乡乡通公路及干线公路黑色化。

交通公路网的形成，加快了公路运输业的发展，现拥有1个三级客运站，6个四级客运站，8个汽车运输公司(车队)，在籍大中客货车820台，其中客车327台，货车447台，拖拉机98台，拥有客运线路18条，每日发往周边市、县和省城(包括区内长班)30车次，年客运量49万人次，旅客周转量4709万人/公里；年货运量39万吨，货物周转量6635万吨/公里；有汽车专业二级维修厂家2个，一级维修厂家1个。

神农架林区209国道公路木鱼镇茅胡岭段

神農架 旅游業發展簡介

神农架旅游业通过近几年的努力，有了长足的发展。不断加强和完善了交通、通讯、宾馆、饭店、景区（点）、供水供电等旅游基础设施的建设，旅游发展已形成了一定规模。先后开发建设了具有神农架特色的旅游线路三条，即三峡——神农架——神农溪“三峡双神”国际旅游线，武当山——神农架——三峡国内旅游热线和神农架区内旅游循环线。重点景区有五个，即：神农顶自然保护区风景区，燕天风景区，神农坛景区，红坪画廊景区，玉泉河风景区，各类景点达20余处。兴建和改造的宾馆、饭店15家，共4000余张床位。力争到2000年接待中外游客80-100万人次，其中外宾3-5万人次；经济综合总收入3亿元人民币，其中创汇1000万美元。

神农坛景点

板壁岩景区

中共宜昌县委书记：赵举海

宜昌县人民政府

宜昌县人民政府县长：曾宪荣

宜昌县是举世瞩目的三峡工程所在地，地处长江西陵峡两岸，为长江上、中游的交接处，扼川鄂咽喉，素有“三峡门户”之称。全县总面积3801平方公里，辖11镇，9乡、539个村民委员会，14个居民委员会，总人口57018万人。

我县具有四大优势：

区位优势：我县在全国经济开发格局中，处于沿海、沿江、沿黄河三条主轴线之一的沿长江开发轴线。特别是在中国经济由东向西的战略转移中，全县处在这一转移的结合部，以及“葛洲坝”、“三峡大坝”串珠成一县两坝，全国仅有，世界唯一。区位优势十分突出。

交通优势：该县与宜昌市城区机场、码头、车站联为一体，更与三峡机场毗邻，全县交通网络立体密布，运输极为方便。

自然资源优势：全县有林业用地面积366万亩，其中有林地299.7万亩，活立木蓄积量名列全省前茅， 特产经济林种类36种，牧草地资源255万亩，矿产资源丰富。素有“矿产石头王国”、“非金属矿之乡”的称号。已发现矿种63种，其中磷矿储量大、品位高，是全国特大矿床之一；水能资源除长江外，其支流水能理论蕴藏量18万千瓦，可开发利用11万千瓦；“长江三峡画廊”第一峡——西陵峡在县境内长达49公里，有千古悬棺、金狮洞、黄陵庙等景点，自然风光、人文景观与三峡大坝、葛洲坝等现代化建筑融为一体。

政策环境优势：宜昌市被列为对外开放城市，作为市辖县的宜昌县，可享受沿海地区的优惠政策；国家确定的以浦东开发为龙头的长江经济走廊，宜昌县可以起到承东接西的作用；宜昌县被列为三峡经济开放开发区，将有比其它开放区更优惠的政策。

近几年来，该县抓住三峡机遇，坚持服务三峡工程与加速发展自己相协调、资源开发与城郊服务相结合的发展战略，社会和经济得到快速发展。一是进一步强化农业基础地位，全面发展农业和农村经济。粮油生产连续3年获得丰产丰收；多种经济已建成基地80万亩，全县人平达1.6亩。 乡镇企业产值连续3年以翻番的速度增长，1997年产值实现117亿元；个体私营经济纳税额达3800万元以上，成为全省个体私营经济综合实力十强县（市）之一。二是突出工业主体地位，建立具有本县特色的工业体系，初步建成食品、建材、化医、轻纺四大产业。年产5000吨的稻花香酒厂，成为宜昌市十强乡镇企业；三峡食品工业公司生产的快餐面被授予“中国公认名牌”，多次荣获国际食品博览会金奖。三是立足三峡移民安置，除完成坝库区征地移民外，大抓移民项目和对口支援工作。并取得了可喜的成绩。

宜昌县社会经济综合实力不断增强，连续三年进入全省10强县市行列，1997年名列全省第九位，并连续4年居全省38个山区县市之首。同时还先后获得了全国科技文化体育残联人工作先进县；全省精神文明建设先进集体、扶贫攻坚先进单位、全省社会治安综合治理先进县等国家、省、市先进荣誉称号。

为了加快经济建设的步伐，该县在“九五”期间将发挥县域优势服务三峡工程，抢抓机遇，深化改革，扩大开放，加速建设有本地特色的经济体系，把宜昌县建设成经济强县、旅游大县、文化名县、开放先进县。热诚欢迎国内外企业家到宜昌来兴办实业、共同为服务三峡工程作贡献。

热烈欢迎国内外来宾来宜昌游览、观光。

县城城标——三峡明珠

地址：湖北省宜昌县小溪塔夷陵路89号
电话：(0717)7821464
邮编：443100

宜昌县地方税务局

宜昌县地税局局长：　熊洪传

97年度宜昌县地税收入在全省县(市)率先突破亿元大关，达到1.0028亿元，受到省政府、财政厅和地税局电贺和嘉奖，有关领导出席了该县召开的收入过亿元庆贺会。

该局坚持“两手抓，两手都要硬”的方针大力加强干部队伍建设，在全系统开展学习党章，读《老三篇》等读书活动，系统80%的年轻干部走向领导岗位。并积极向党组织靠拢。

宜昌县地方税务局于1994年7月正式成立，现有正式干职工132人，下设直属征收分局等13个基层征收单位，负责全县7108个固定纳税户的地方税收征收管理，机构成立以来，该局紧紧围绕国家税务总局提出的“法治、公平、文明、效率”治税方针，以组织税收收入为中心，大力推进两个文明建设，取得了显著成效。税收收入四年四大步，96年组织地税收入8354万元，前三年税收平均增幅达54%，地税收入总额和年均税收增幅均居全省县(市)榜首；97年地税收入在全省县(市)率先突破亿元大关，达到1.0028亿元，较机构分设前净增税款6600万元。受到省政府、财政厅和地税局电贺和嘉奖，征管改革有了新突破，构成了“征管在分局、稽查在县局”的税收征管新格局，自行研制成功集登记、开票等10多种功能于一体的《TAS税务管理系统》，全系统微机产表率100%，用微机征收的税收占亿元收入的95%，探索了全省首例税款直达征收方式，探索出的《交通运输业税收管理办法》、《个人所得税申报管理办法》和《饮食定额发票管理办法》等六大行业税收管理办法分别在省、市地税系统进行了交流和推广。基础设施有了大改善，全系统95%的单位完成了办公楼、宿舍楼的兴建和维修改造。队伍素质有了大提高，全系统已取得大专以上文凭和在学的人员占总人数的90%，一大批优秀人才和先进集体脱颖而出。文明创建有了新成果，96年荣获县级文明系统，97年局机关和三个基层单位获省级文明单位，且该局荣获全县十面“红旗单位”之一。团结、务实、开拓、高效的领导班子在九六年全市地税系统领导班子考评中荣获第一名。

随州市工商行政管理局

随州市工商局办公楼

随州市工商局局长李长贵

全国文明市场——随州市五眼桥市场

湖北省工商干校随州分校，随州市光彩培训中心

市工商行政管理局下设16个业务科室，1个分局，4个专业所（队），38个工商所。全市工商系统有干部职工695人，其中党员212人，大专以上文化程度97人。

改革开放以来，随州市工商行政管理局坚持以经济建设为中心，以思想解放为先导，以改革开放为动力，充分发挥行政执法机关的职能作用，大力培育市场体系，支持企业发展，加强个体私营经济发展，维护正常经济秩序，加强精神文明建设，为促进随州市“两个文明”建设作出了积极的贡献。截止1997年12月底，全市工商企业达到6994家；个体私营企业73011家，从业人员169800人，产值营业额64．9亿元；外商投资企业33家；广告经营单位22家，注册商标373件；市场66个，占地面积41．5万平方米，建筑面积21．5万平方米，年市场成交额15．8亿元。兴建了省工商干校随州分校、光彩培训中心。全市工商系统已有43个单位建成市级以上文明单位，市工商局被市委、市政府授予“文明系统”和“十佳单位”荣誉称号，并申报为“省级文明单位”。湖北小林大市场、五眼桥市场先后被评为全国文明市场。

作者：王宏权

局党委书记、局长：周锦堂

随州市邮电局

电视电话会议厅

多媒体信息中心

邮政储蓄、汇兑中心

“九五”已过半，随州市邮电局在省邮电管理局、随州市市委、市政府领导下，大胆改革，锐意进取，走集约化经营道路，使随州通信事业得到迅猛发展。

△企业经济实力逐年壮大：

九七年邮电业务总量完成7401万元（其中邮政1047.3万元，电信6353.7万元），业务收入完成7007万元（其中邮政1274.2万元，电信5732.8万元），固定资产投资7375万元，固定资产原值达21855万元，九八年业务总量和业务收入将双双过亿元；

△通信能力建设突飞猛进

全市交换机容量达8.6万门，发展用户5.9万户，长途业务电路达到1829路，农话传输光缆达到510公里，市至各乡镇全部实现传输光纤数字化；数据通信端口达到252个；先后建成本地电话网、模拟移动电话虚拟网、无线寻呼网、中国公众多媒体通信网及“随州热线”等高速率现代化通信网络。无线寻呼容量达8万户，发展用户1.8万户，GSM数字信道达192个，大部分乡镇建成大哥大、BP机基站或直放者，其信号覆盖面积达到4658平方公里。在技术支撑上，本地电话网网管集中监控系统，112障碍申告自动处理系统，“九七”工程、公话集中监控系统建成并投入运行，使本地网技术层次和服务水平进一步提高。邮政通信能力也不断增强，在全省率先开展商业信函业务，建成并开通邮运制单自动处理系统、“185”特快专递查询系统、新增邮政代办所15个，使全市乡镇营业网点达到54个，并在全市所有乡镇开展乡邮邮路延伸到户服务自办邮路汽车12辆，邮政网络覆盖能力进一步扩大。

“185”鲜花礼仪专递

△精神文明建设硕果累累

随州市邮电局自1988年以来一直被评为随州市最佳文明单位（系统），并多次被随州市授予市级先进单位，91年被晋升为省级先进企业。随州市邮电局党委书记、局长周锦堂同志被评为随州市“十佳公仆”，邮电局领导班子被评为随州市“十佳领导班子”。

98年随州邮电局将进一步解放思想，转变观念，以新一轮思想大解放，促进随州市邮电新一轮大发展。

程控交换中心

丹江口市工商局

丹江口市工商系统的领头雁——局党委书记、局长：杨正义

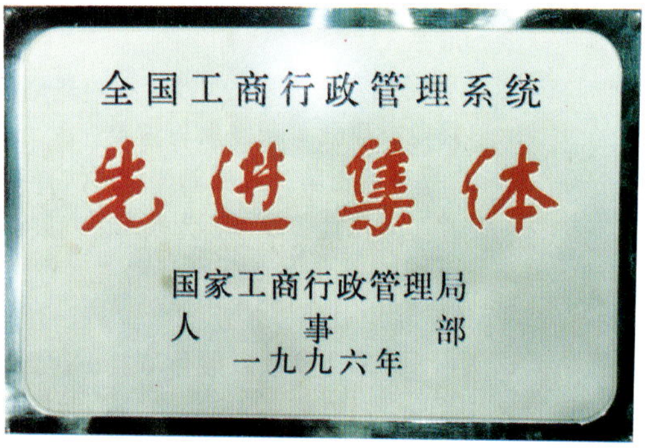

一九九六年，丹江口市工商局被国家工商局，人事部授予“全国工商行政管理系统先进集体”。

勤政、廉政、团结务实的丹江口市工商行政管理局领导班子

座落于武当山脚下，汉水河畔的丹江口市工商行政管理局，共有干部职工200多人，16个基层工商所，近年来，全市工商行政管理工作按照建立社会主义市场经济体制的要求和发展经济服务经济的原则，在支持、服务、监督、管理等各项工作中，以争一流工作，创一流业绩为目标，以加快自身改革，提高整体素质为保证。自九四年起，相继开展了纪律作风、反腐纠风、形象建设、公示制度和执法监察集训，通过一年一个新要求，实现了一年一个新变化。其工作业绩和部门形象得到了各级领导的充分肯定和社会的普遍赞誉。近年来，市局先后获得十堰市“最佳文明单位”、“先进基层党组织”、“纠正行业不正之风先进单位”，全省、全国工商系统先进集体等荣誉称号。

孝感市土地管理局

孝感市土地管理局成立于1986年，内设机构有办公室、政策法规与监督检查科、地政地籍管理科、建设用地管理科、科技宣传教育科、土地利用规划科、计划财务科及纪检、审计派驻机构。下属事业单位有：城区分局及其4个土地管理所、土地勘测规划院、土地估价事务所，共有干部职工161人。

孝感市土地管理局是孝感市人民政府负责统一管理全市土地、城乡地政的职能部门和行政执法部门。其主要职责：一是制定地方性的土地政策法规。二是组织编制全市土地利用和土地后备资源开发利用规划和计划。三是研究制定全市土地管理事业发展战略。四是主管全市土地的调查、登记发证和统计工作，调处土地权属纠纷；负责全市城乡土地分等定级、基准地价、标定地价的制订与修正体系的建立与完善，建立地价网络，进行地价管理。五是主管全市土地的征用、划拨和出让工作。六是负责管理和规范全市土地市场。七是主管全市土地管理科学技术工作，负责土地法规政策的宣传教育工作。八是提出全市深化土地管理体制和使用制度改革方案，不断完善各级改革措施等。

近年来，多次受到上级表彰，各项业务工作得到省局领导的充分肯定，被市委、市政府授予“文明单位”称号和治理汉北河、府澴河“综合贡献奖”。被省委组织部、省委宣传部评为全省党员“双学”活动先进单位。还被评为“八五”全市档案管理先进系统、“二五”普法先进单位、政务信息先进单位、先进工会、红旗团支部等。

地址：湖北省孝感市文化东路
电话：(0712)2825237
邮编：432100

党组书记、局长雷照金

局领导班子成员在勘测现场

省局和市“四大家”领导参加全市土管系统“大地杯”三项比赛闭幕式

局领导班子成员在研究工作

蓬勃发展的神龙汽车有限公司

总装车间

焊装车间

神龙汽车汉阳销售服务公司

神龙汽车
DONGFENG-CITROËN

长江之滨，龟山脚下。在素有“九省通衢”美称的武汉，巍然屹立着一座规模宏大的现代化汽车工业企业——神龙汽车有限公司。

神龙汽车有限公司是由东风汽车公司与雪铁龙汽车公司合资兴建的轿车生产经营企业。第一期工程总投资为103.58亿元人民币(含48.2亿法郎)，形成年产15万辆轿车、20万台发动机的生产能力。公司下设九部两厂，两厂占地面积175万平方米。公司现有员工中，具有大专以上学历人员占41%，30岁以下人员占72%，充满活力、高素质的人才为神龙公司生产高质量的产品提供了可靠的保证。

神龙公司具有国内最先进的生产手段，进口设备占设备总投资的57.76%，全部设备达到国际90年代先进水平。所生产的富康轿车，系雪铁龙汽车公司ZX系列轿车的中国规格产品，九十年代新车型。目前，神龙公司正加大产品结构调整力度，一年推出一个新产品，以满足用户多样化的需要。

神龙公司始终贯彻“以质量为基础，以市场为中心，以效益为目的”的生产经营方针，把质量控制延伸到产品开发、生产、销售各个环节，实施全过程质量控制。在服务质量方面，建立了一个产品从“生”到“死”全过程的售前、售后的服务网络，在全国建立了8个销售大区，29个省级经理部和253家遍布全国的销售服务网点，为用户提供便捷，周到的服务。

神龙汽车有限公司
DONGFENG-CITROEN AUTOMOBILE COMPANY, LTD

地址：武汉市汉阳区郭茨口　邮编：430051　电话：(027) 84622503　传真：(027) 84874312

湖北宜昌富磷化工（集团）有限责任公司

集团公司本部远眺

化肥系列产品：“葛洲坝”牌过磷酸钙、碳酸氢铵、硫酸钾、专用复混肥

国家级新产品：“花果树”牌磷精矿

湖北宜昌富磷化工（集团）有限责任公司是一家以采矿、制肥为主，跨行业、跨地区发展的国有大型二档企业。1997年末总资产为4.6亿元。

1994年进入湖北省100家最大公司、湖北省30家最大石化企业行列。1996年被评为“湖北省优秀化工企业”、“湖北省创效益增税收明星企业”。1997年“葛洲坝”牌普钙、复混肥被评为湖北省著名商标产品。

本公司主要生产能力为：年产磷原矿50万吨、磷精矿13万吨，普钙50万吨，碳铵12万吨、复混肥5万吨、磷铵3万吨，硫酸18万吨，工业硅5000吨，氨基磺酸2500吨，氟硅酸钠1500吨。本公司拥有自营进出口权，工业硅、颗粒磷肥、磷精矿等产品出口日本、韩国、孟加拉等国。“九五”期间，本公司将以矿肥、磷化、化建结合为主线，立足资源的深加工，纵向延伸，横向配套，形成产品链，带动产品群，推动企业持续健康发展。

年产12万吨硫酸生产装置

花果树矿重介质选矿装置

湖北威陵集团

纯净水生产线

湖北威陵集团位于风光秀丽的西陵峡口，毗邻闻名遐尔的长江葛洲坝，近靠举世瞩目的三峡大坝。

集团以湖北威陵集团股份有限公司为核心企业，拥有湖北威陵饮品有限公司、湖北宜昌罐头厂、宜昌威陵纸箱包装有限责任公司、宜昌威陵贸易有限责任公司、宜昌恒丰食品厂、深圳市威陵贸易有限公司等6家紧密层企业和杭州娃哈哈集团公司宜昌有限责任公司、北京汇源果汁饮料集团总1公司宜昌公司2家半紧密层企业，是一个集饮品、纺织、罐头食品、包装纸箱、运输、商业、贸易为一体多元化产业、跨行业的紧密型集团。

集团现有资产总额２.８亿元，共有员工３０００余人， 工程技术人员４２０余人。集团公司各成员单位生产能力为：纯净水１.７６亿瓶／年，果奶２.３７６亿瓶／年，果汁６６００万包／年，棉纱５８００标吨／年，棉布２８００万标米／年，包装纸箱１８００万平方米／年，罐头１００００吨／年、饮料５０００吨／年等。年销售收入７.５亿元，计划到２０００年，年销售收入达到１０亿元。

果奶生产线厂景一角

威陵集团以资产为纽带，盘活存量，引入增量，兼并租赁联合，系列梯级开发，实行多业并举、跨行业发展。集团以建立高效的运行机制，构筑科学的管理模式，实现更大的规模经营，获得最大的经济效益为宗旨，以威陵人不畏劳苦，勇于拼搏，连续作战，敢于争先的精神风貌，紧紧抓住三峡工程及对口支援的契机，拓展经营，加速发展壮大，立足国内，走向国际，发展成为国际国内驰名的集团公司。

湖北威陵集团本着公平合理、互惠互利的原则，愿与国内外各界人士精诚合作，共图发展。

湖北威陵集团股份有限公司

董事长　总经理：朱应华

纺织生产线一角

地址：湖北　宜昌　小溪塔

电话：0717—7822495

传真：0717—7822497

邮编：443100

汇源系列产品

湖北龙云蛋白食品有限公司

厂长：王来元

该厂生产的主导产品

厂境

云梦县植物蛋白质厂位于江汉平原北部的古楚王城——云梦城关，北接襄樊、西邻荆沙，东距武汉6 2公里，离天河国际机场3 7公里；汉丹铁路纵贯全境，正置3 1 6国道，汉宜公路交汇处，1 0 7国道、京广铁路擦境而过；汉北河、府河等河道贯穿全境，交通十分便利，云梦县植物蛋白质厂始建于1 9 8 7年，是目前国内贸易部唯一一家从事植物蛋白专门生产的企业。全厂占地面积2 9 1 3 5平方米，建筑面积1 4 5 9 0平方米，具有大豆脱脂加工到大豆蛋白系列产品生产的能力，拥有国内首创的大豆低温脱溶，蛋白制取的先进技术，并荣获国内贸易部科技进步三等奖。

通过几年的发展，云梦县植物蛋白质厂已拥有固定资产7 8 1 3万元，生产能力为：年加工大豆1 5 0 0 0吨，生产豆油2 2 5 0吨，大豆分离蛋白2 5 0 0吨，大豆浓缩蛋白1 0 0 0吨，大豆脱脂蛋白1 5 0 0吨，是目前国内最大规模的分离蛋白生产企业。

云梦县植物蛋白质厂依靠科技进步，致力于新产品开发，不断完善内部管理，积极开拓国内外市场，恪守“质量第一、用户至上”的宗旨，被评为湖北省“重合同、守信用”企业，“科技型企业”，并跨入湖北省粮食系统“十强工业企业”之列。在今后的发展道路上，我们将以良好信誉、优质服务为宗旨，广交四海宾朋。热忱欢迎国内外新老朋友的光临。

沙隆达集团公司

沙隆达集团公司是一家以盐化工为基础，农用化工为主体，精细化工为特色的大型企业集团。其核心企业湖北沙隆达股份有限公司是一家拥有A股和B股的上市公司。1992年以来，该公司的农药产量、销售收入、实现利税、自营出口创汇等主要经济指标连续六年位居全国同行业第一。1997年实现销售收入12.2亿元，利税1.55亿元，在湖北省九大化工集团中位居第二，在荆州市名列榜首。1994年，我们公司进入全国化工百强，每年以20个位次向前跃进，1996年跃居第24位。

沙隆达集团公司被国家经贸委列为500家重点扶持的优强企业，被省政府先后授予国有资产经营权和国有资产投资主体，1989年开始获得自营进出口权。公司先后被评为“全国用户满意企业”、“全国节能先进企业”、“全国化工清洁文明工厂”、“全国出口创汇先进企业”被香港《亚洲周刊》评为“中国上市公司百强”。董事长、总经理陈立洲被选为全国九届人大代表。

该公司现有产品的生产能力：农药3万吨、烧碱6万吨、合成氨5万吨、苯酐2万吨、化工原料配套生产能力15万吨、自采盐矿20万吨。在全国烧碱企业首家实行全卤制碱，盐碱联产。总资本达20亿元。

沙隆达集团公司董事长总裁　　陈立洲

全国精细化工基地之一　　沙隆达精细化工厂

湖北荆江股份有限公司

一九九四年十月十七日，江总书记在温家宝、关广富、郭树言等同志的陪同下视察了湖北荆江股份有限公司。

一九九一年七月三日，朱镕 基副总理在有关领导的陪同下视察了湖北荆江股份有限公司

湖北荆江股份有限公司（原沙市热水瓶总厂）座落在我国明星城荆州市沙市区北京路，其背抵长江黄金水道，面对咫尺之间的沙市机场，东达九洲通衢的武汉，西邻通往三峡的宜昌，北通铁路枢纽襄樊，地理环境优越，水、陆、空交通便利。

本公司于1957年由上海内迁荆州市建成，现有员工2500余人，占地面积12.9万平方米，总资产1.6亿元，总股本4800万股，各种专（通）用生产设备900多台（套），专业生产线12条，具有年产保温容器、电加热瓶、各式茶具1000多万个的生产能力。

琳琅满目的荆江牌系列保温瓶

经过四十年的发展，本公司已成为国家定点生产保温容器的出口创汇的大型骨干企业，在全国同行业中“荆江牌”保温瓶多次荣获国家银质奖和国际博览会金奖等殊荣，本公司产品行销世界108个国家和地区，年创汇1000多万美元，在行业中被国家首批授予自营进出口权，并被评为行业唯一的国家一级企业。“八五”以来，总产量、总产值、销售收入、利税总额、出口创汇、花色品种等均处行业领先地位。目前“荆江牌”保温瓶被中国轻工总会确定为“九五”期间的国际名牌，被中国日用玻璃协会树为“全国保温容器行业排头兵企业”。

党和国家领导人江泽民、李鹏、乔石、李瑞环、朱镕基、姚依林、万里、邹家华等先后来公司视察，对本公司所取得的成绩给予了高度的评价。改革开放以来，本公司坚持不懈地抓产品开发、抓市场开拓、抓产品质量、抓企业管理、抓资本营运，使公司经济得到了持续稳定、健康快速地发展。“九五”期间公司将向集团化迈进。

湖北双环化工集团公司

公司总经理：何光安

何光安：公司总经理
陈筱顺：公司党委书记　　杨青山：公司副总经理
吴党生：公司副总经理、公司党委副书记
潘汉泽：公司副总经理
赵永华：公司副总经理
周汉平：公司副总经理兼总工程师　李锋：公司工会主席
王有余：公司副总经理　　陈世铮：公司总会计师
地址：湖北应城东马坊　电挂：0553　　邮编：432407
电话：(0712)3591222　传真：(0712)　3591188

湖北双环化工集团公司是全国八大纯碱企业之一，全国最大的联碱企业。其所属湖北双环碱业股份有限公司97年在深交所上市成功。公司现有生产能力为合成氨16万吨/年，纯碱和氯化铵各44万吨/年，复混肥5万吨/年，氯化钠盐52万吨/年，烧碱2万吨/年，以及一批精细化工产品。

该公司地处云应盐矿区，地下岩盐资源丰富，生产采用盐碱联合，热电联供，工艺先进，效益显著，发展前景广阔，公司多次荣获“全国质量效益先进企业”，“全国用户满意企业称号”，97年通过ISO9000质量体系认证。公司竭诚希望与国内外朋友进行多方合作，共同发展。

1996年3月，中共中央政治局常委、全国政协主席李瑞环（左）在听取湖北大型企业工作汇报时，与湖北双环化工集团公司总经理何光安（中）亲切交谈。

1996年2月，省长蒋祝平（左）在湖北双环化工集团公司现场办公。

湖北银光盐化有限公司

董事长兼总经理、法人代表：钟亮宽
Minerral director:Zhong Liangkuan

企业的基本情况及主要特点：

湖北银光盐化有限公司成立于一九九八年四月二日，是重新划拨湖北省应城盐矿有效优良资产，并吸收其它资本组建而成。公司总资产１．４８亿元，其中固定资产１．２亿元，流动资产０．２８亿元，注册资本４８０７万元，职工１８００人。公司技术力量雄厚，工艺装备先进，产品质量居全国领先地位。公司主要经营盐、芒硝、盐化附加产品及机械产品生产、销售，铁路货物运输。公司拥有年生产加工盐５０万吨、１．５万吨芒硝的生产能力。

引进瑞士２０万吨盐硝联产生产线

地址：湖北省应城市四里棚
盐环路　特一号
电话:(0712)3223713转
电传:(0712)3223915
电挂：7770
邮编：432404
开户银行：应城市工行盐办
帐号：160002210008

云梦盐硝厂

廠長、黨委書記：宋秀成

古澤春潮涌，鹽海泛銀波。我們湖北省霻夢鹽硝廠座落于素有“鹽海膏都”之稱的霻夢縣城南工業區，西鄰荊州，北接襄樊，東距九省通衢的武漢市80公裏，居于湖北省承東接西，南北交匯的咽喉要道。316國道、漢宜公路交匯于此，漢丹綫路臨廠而過，距天河國際機場僅40公裏，交通十分便利。地下蘊藏着豐富的礦産資源，已探明岩鹽儲量280億噸，品位高達95%；鈣芒銷儲量6000萬噸，居全國已探明同類礦的第五位。這些礦産資源不僅品位高、質量好、而且埋藏淺，易于開采，具有廣闊的發展前景。

鐘荊楚之靈光，承古澤之遺風，始建于1989年的湖北省靈夢鹽硝廠承蒙社會名界的開懷厚愛，各級部門的鼎力支持，通過全廠1400多名職工的艱苦創業，目前擁有真空制鹽生産綫2條，液體鹽生産綫1條，芒硝生産綫1條，采油井11對，發電總裝機容量6000千瓦，另配套機修廠、建材廠、塑料包裝廠、制藥廠、建築裝飾公司等，總資産達2.2億元，年産精制鹽40萬噸，元明粉4萬噸，精制液體鹽50萬米^3，醫用氯化鈉5000噸，塑料編織袋1000萬條，免燒灰碴磚800萬塊，硅酸鹽保温塗料5000米^{3}等。年銷售收入1.5億元，已發展成爲具有先進的生産工藝的現代化大型鹽化企業，先后被國家統計局評爲“中國100家最大采鹽企業”，被國務院發展研究中心評爲“中國非金屬礦采造業最大企業第27位，最佳效益第13位”，被孝感市政府授予文明單位稱號。

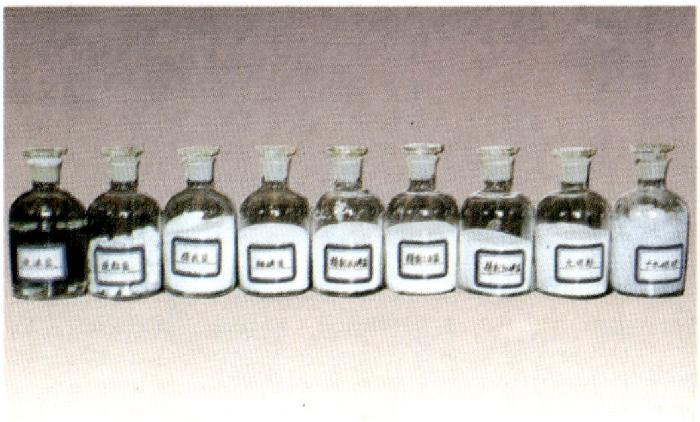

主道産品鹽和芒硝

回顧過去，豪情滿懷；展望未來，前景無限。在即將跨入新世紀之際，我們本着“借區位之便，揚資源之長，走科技之路，創千秋之業”；正朝着以鹽化工業品爲主的集團化方向邁進，已同中國明達化工礦業總公司聯營，新上年産10萬噸硫酸鉀生産綫，年産2000噸的牛磺酸項目已進入可行性研究階段。可預料，不久的將來，一座多品種，高效益的鹽酸城將崛起于夢澤平原。我們將以優惠的政策、寬松的環境，優質的服務，良好的信譽誠招天下客，廣迎八方商，熱忱歡迎海內外各界朋友來我廠投資興業，合作經營，共圖發展。

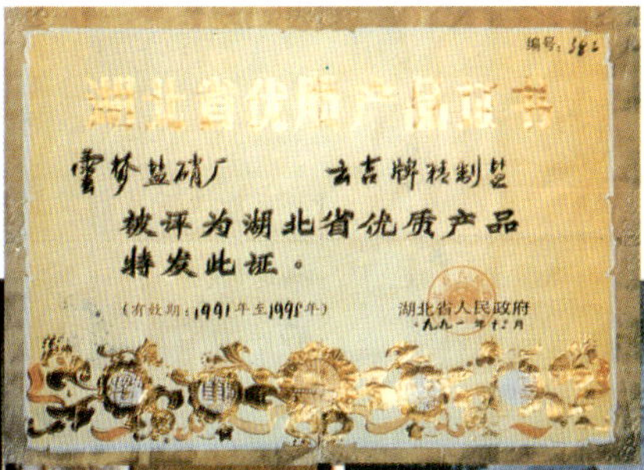

廠級領導一班人

深山明珠—保康县

保康，意为保民安康，建县城明泓治１１年（公元１４９８年），迄今已有５００年历史。它东依襄樊，南接宜昌，西连神农架，北交武当山，版土面积３２２５平方公里，辖１６个乡镇，３４９个村，１９４４个组，总人口３０万。

保康资源丰富，物产丰饶，主要有四大类：一是水能资源。水能藏量高达１９万千瓦，可开发利用１３万千瓦，目前已开发５．５万千瓦。二是矿产资源。 已探明矿产达２７种，尤其是磷矿资源储量达１０亿吨，在全国雄居第四。三是林特资源。全县林地面积３０９万亩，素有“燕耳之乡”、“蜡梅王国”的美誉。有动植物２７００余种，木耳、香菇、茶叶在国内外久负盛名，古桩蜡梅、野生牡丹、红豆杉国内罕见。四是旅游资源。境内群峰竞秀，山峦叠翠，天蓝水碧，自然景观众多，拥有天然神宫永兴洞、卞和得玉处五道峡、避暑胜地汤池峡温泉度假村、百里画廊南河流域自然风景线、东半球唯一的野生蜡梅自然保护区等一大批旅游景点，开发前景极为广阔。

改革开放以来，保康经济和社会进入了持续、飞速发展的快车道。历届县委、县政府紧紧依托资源优势，面向市场，抢抓机遇，实施“三龙四县”战略，一改昔日沉寂面貌。农业以林特资源为载体，确立了以多种经营为主的农业结构，茶叶、烟叶、蔬菜、畜牧、香菇等五大产业化建设崭露头角。工业实施“配套、延伸、加工”战略，以原材料开发为主体，以大工程、大企业、大中城市为依靠，外引内联，不断优化产业和产品结构，磷化、机械、建材等重点行业向集团化方向发展。商贸、旅游、交通、通讯、饮食娱乐等第三产业迅速崛起，经济增长的质量和效益稳步提高。１９９７年，全县工农业总产值９亿元，财政收入５１６９万元，农民人均纯收入１１５０元，分别是１９９０年的３．７８倍、３．６８倍和２．５５倍。

保康地灵人杰，万众一心，30万人民在“团结拼搏、克难勇进、敬业争先、实干兴县”的保康精神鼓舞下，正用勤劳和智慧创造着繁荣、富强的明天。

保康县过渡湾水电枢纽工程

过渡湾水电站枢纽工程

过渡湾水电枢纽工程是南河水电开发规划的第七级，是保康３０万人民期待已久的翻身工程和致富工程。工程主要由拦河坝、直接挡水厂房和升压站三大建筑组成。大坝为砼重力坝，控制流域面积５２３５平方公里，坝顶高程２２８． ２米，水库正常蓄水径２１９.５米， 总库量２７００万立方米，调节库容１７３０万立方米。河床式厂房安装３台８５００千瓦水轮发电机组，总装机容量２５５００千瓦，超过此前保康已建成８９座电站的装机总量之和。升压站装设２５０００千伏安和１２５００千伏安主变压器各一台，将电能升压至１１０千伏上网。

该工程以发电为主，兼顾防洪、养殖和生态效益。梯级联合运行年均发电量９３７０万千瓦时。水库蓄水形成１． ３５平方公里的水面面积，年可养鱼１５万公斤，并可提高下游防洪标准，使库区小气候得到有益的调节。

保康县康达化工厂

保康县康达化工厂

保康县康达化工厂由保康县燃化工业总公司投资兴办的磷化工企业。该厂于1994年6月破土动工，1995年11月全面竣工投产，总投资3409万元，总占地面积53120万平方米，现有职工435人，拥有5600千伏安黄磷电炉3台，具有年产7500吨黄磷的生产能力，可年创产值6375万元，实现利税561万元。该厂恪守“质量第一，信誉至上”的经营宗旨，对产供销各个环节实行一条龙科学管理，产品质量达到并超过国家标准，受到广大用户一致好评。 厂长：郝永全

通讯地址：保康县城关镇河西路28号
电话：(0710) 5812241 5812669
传真：(0710) 5812241 邮编：441600

保康温泉——您渡假休闲的理想选择

——湖北保康温泉开发有限公司

湖北省保康温泉开发有限责任公司是一家集旅游观光、度假休闲、游泳垂钓、水产养殖、矿泉水饮品系列生产、商品经营、客运中巴为一体的股份公司。公司座落在鄂西北荆山山脉之上的保康城西15公里处的汤池峡之中，峡中风光奇秀、群峰拥翠、溪水潺潺，群山之中有“仙人接吻”，山峰上有“祖师顶”，山涧中有“蟒蛇洞”，河畔有“龙潭”，岩头有“打儿窝”，自然景物尤其壮观。

公司占地面积5332平方米，下设矿泉水饮料厂、泳浴服务公司、特种水产公司、商品经营公司、温泉宾馆和武汉办事处、襄樊办事处、保康办事处。现已开发有：温泉旅游宾馆、温泉室内浴池、温泉桑拿浴、特种水产养殖、“得钰泉”牌矿泉水、祖师顶等多种项目及景点。

公司地址：保康县城关镇汤池峡 总经理：王杰
电话：(0710) 5812508

图为：按国际标准设计建设的室内五泳道温泉游泳池

保康绿茶

湖北保康绿生茶叶有限公司

98北京国际茶会上外国专家正在品尝保康绿茶

在荆山山脉中段镶嵌着一颗璀灿的绿色明珠——保康。这里流云似海，飞珠如帘，滋润着6000公顷纯净的绿色茶园。

作为国家重点绿茶生产基地，保康目前已拥有丰产密植茶园3000公顷，年生产能力200万公斤，销售收入4千万元人民币，以保康绿生茶叶有限公司为龙头，网络着300多家大小茶场，辐射到千家万户，保康绿茶大规模、大开放、大发展、大效益的格局已经形成。

保康绿茶以“香高、色绿、味醇、形美”的独特内质，历来为饮品者视为上品。其主产品“银剑”、“松针”、“菊花”、“毛尖”及“云雾绿茶”，在’97、’98北京及中国国际茶会上荣获多项金奖。

董事长 张世刚
总经理 吕先奎
公司地址：保康县城关镇清溪路4号
电话：0710-5813498 5813359

湖北万宝粮油股份有限公司

党委书记、董事长：陈道国

总经理：徐显勋

董事长陈道国陪同省委书记贾志杰视察本公司

1997年，公司被中国食品工业协会授予“全国食品工业科技进步优秀企业”称号。

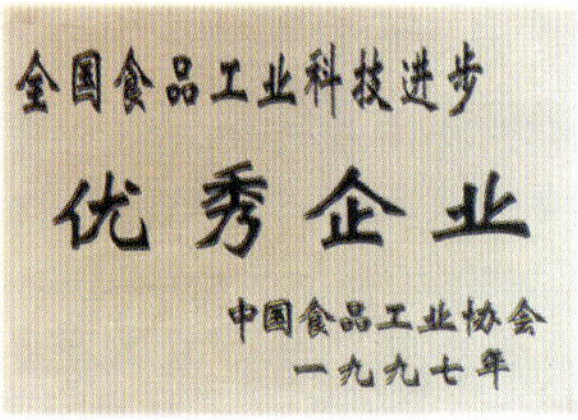

公司领导班子共商发展大计

湖北万宝粮油股份有限公司创立于１９９３年底，前身是湖北万宝集团双沟粮油工业分公司，１９９６年按照《公司法》的规定，经省体改委批准进行了重新规范，是省委、省政府确定的全省农业产业化的重点龙头企业，在襄樊市、湖北省乃至全国都享有盛誉。

公司现有干部职工１０００多人，固定资产原值５０００多万元，全年设备生产能力可加工稻谷１．２亿斤，加工小麦2亿斤，加工油料１．３亿斤，加工经营总量达9亿斤以上。目前，共生产经营３０多个粮油系列品种，产品运销广东、福建、江西、湖北、湖南、云南、河南、陕西、山西等全国二十多个省、自治区，部分豆粕、菜粕产品还出口东南亚地区。公司多年来先后多次被国内贸易部、国家科委，省、市、县人民政府和省粮食局授予“先进单位”、“商贸企业红旗单位”和“双文明单位”等荣誉称号；１９９３年被湖北省委、省政府评为“全省双文明单位”；１９９４年被省政府评为“清洁无害工厂”，在中国５００家最大工业企业评价排序中，名列“中国食品加工业最大企业”第２７位；１９９６年被省政府授予“全省创效益增税收明星企业”，并被省粮食局授予“全省十强工业企业”称号；１９９７年被中国食品工业协会授予“全国食品工业科技进步优秀企业”和“全国食品工业质量效益型先进企业”称号。

公司争取到“九五”末，实现产值8亿元，销售收入１０亿元，利税突破５０００万元。力争近期成为上市股份有限公司。

公司地址：湖北省襄阳县双沟镇双程路１号
邮　　编：４４１１１１
电　　话：０７１０—２８７１２８８
传　　真：０７１０—２８７１８２２
法人代表：陈道国

新厂区一瞥
图中为日产120吨大米生产线

湖北宜城汉江啤酒有限责任公司

董事长、总经理： 屠玉炯

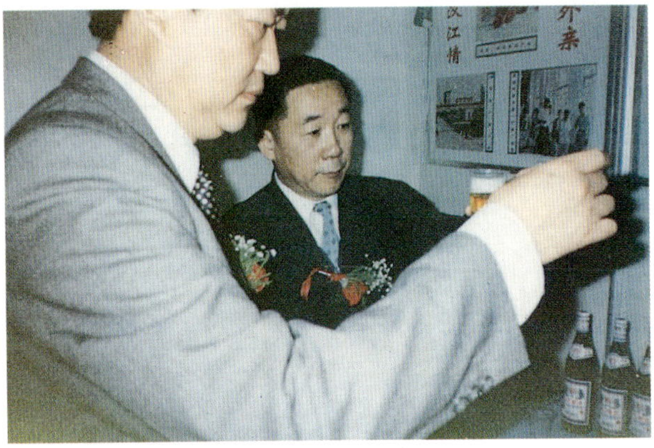

副省长周建纬同志在该公司视察工作

宜城市位于鄂西北，千里汉江穿境而过，汉江公路大桥横贯东西，207国道与洪保公路交汇，焦枝铁路距市内仅15公里，形成水陆交通网络，四通八达，而湖北汉江啤酒公司正处于市东郊。

该公司前身是宜城市啤酒厂，创建于1980年，1998年4月改制为湖北宜城汉江啤酒公司。该公司厂区占地面积65600平方米，拥有固定资产净值3600多万元，生产设备先进，检测手段完善，技术力量雄厚，年生产能力达三万多吨。

该公司主要产品有汉江牌8度、10度、12度汉江系列啤酒、格力牌11度特制格力啤酒，历年来经省、市质检部门抽检，完全符合中华人民共和国优级啤酒标准（GB4927-91），其中汉江牌10度汉江啤酒曾连续三届荣获湖北省政府颁发的“优质产品”称号和全国食品协会颁发的“全国食品行业优秀产品”称号。

汉江、格力产品

湖北宜城汉江啤酒有限公司生产区一景

湖北宜城汉江啤酒有限责任公司

地址：宜城市振兴路19号
董事长、总经理：屠玉炯
电话：(0710) 4216978
传真：(0710) 4212217
邮编：441400

洪山区和平乡

全国政协副主席杨汝岱到大洲商城视察

在全国九届人大一次会议，湖北小组的讨论会上，国务委员吴仪、省委书记贾志杰与和平乡党委书记、乡长王建群亲切交谈。

大洲村党总支书记彭发亮（右）村委会主任罗亦洲（左）

建设发展中的大洲村办公楼

武汉市洪山区和平乡位于长江南岸，西起武昌，东连武钢，南邻东湖，北靠长江，是典型的城中之乡。全乡版图面积43.6平方公里，耕地面积1.5万亩，养殖水面1.5万亩。辖有19个行政村，2.3万人口；8家企业集团，420家独立核算乡镇企业，9所中小学，1所成人教育中心。近几年来，和平乡在上级的正确领导下，乡党委，乡政府始终坚持两手抓，两手硬的方针，逐步实现了农业产业化，工业科技化、商业规模化的新格局，有力的推动了全乡经济的大发展、大提高，1990年和1995年两次捧回象征全国最佳乡镇的“大地杯”，同时计划生育、民政优抚、社会治安、群众健身和文化教育等几个方面均获得国家级表彰。

97年全乡实现营业收入新口径45.8亿元，利税总额4.99亿元，实现总产值34.3亿元，入库税金3155万元。97年，和平乡再次被湖北省委命名为全省基层党组织“十面红旗”之首，又连续第四次获得湖北省综合实力第一名称号，还获得省司法行政先进单位，省文明执法示范乡。

在新的形势下，和平乡决心认真贯彻执行党的“十五大”精神和九届全国人大一次会议精神，充分发挥本乡区位优势，按乡党委提出的“内强素质，外树形象，抓住机遇，乘势而上”的总体思路和以经济效益为中心的“八个创新”为工作方针，继续坚持大发展、大提高不动摇，为把和平乡建设成为经济实力强，人民更加富裕，社会环境更加优美，人民安居乐业，人民素质高的新型乡镇而努力奋斗。

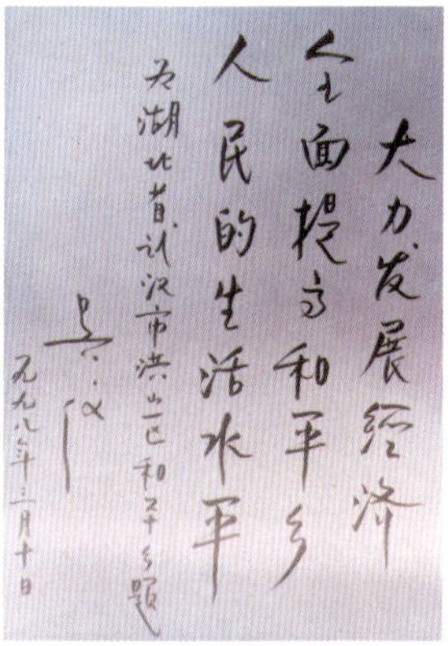

在九届全国人大一次会议期间，国务委员吴仪听了和平乡党委书记、乡长王建群两个文明建设的汇报后欣然为和平乡题词

仙桃市公路运输管理处

仙桃市公路运输管理处是1986年元月成立的副科级事业单位，主要负责公路客运、货运、客运出租车、汽车维修、运输服务业、装卸搬运、汽车驾驶员培训等市场的行业管理。现有在册干部职工人数49人，其中各类专业技术人员18人，高中以上文化程度37人。

十多年来，该处在各级政府和业务主管部门的正确领导和大力支持下，通过全处干部职工团结一致求真务实、埋头苦干、攻艰克难；两个文明建设取得了可喜的成绩。截止97年底，共征收公路运输管理费、客(货)运附加费、汽车维修管理费等交通规费2200多万元；先后十多次被省、地、市交通主管部门评为“先进单位”、“文明单位”、“红旗单位”、“双文明达标所”；1995年在“全国交通出租汽车客运优质服务百日竞赛”活动中被交通部、中国道路运输协会评为“先进管理单位”，同年又被仙桃市委、市政府评为“文明单位”，1996年被省交通厅、省人事厅评为“先进集体”；处主任李循成、运管员颜泽民、许德胜、陈影香、邱平英、阮定国、叶又新、董平等同志先后被省、地、市交通主管部门评为“优秀记者”、“优秀通讯员”、“先进统计员”、“文明廉洁运政员”、“先进工作者”、“劳动模范”、“十佳运政员”。

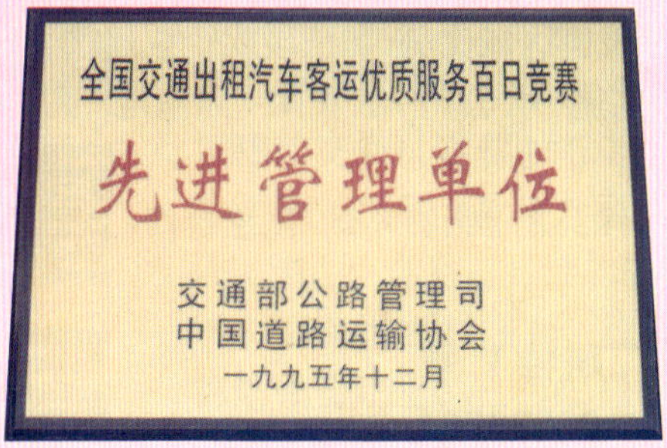

仙桃市公路运输管理处办公大楼

校长：周保同

湖北省荆門工業學校

湖北省荆门工业学校是经湖北省教委，计委批准报国家教委备案的一所全日制普通中等专业学校，是在荆门经济管理干部学校的基础上易地兴建的。学校两块牌子一套班子，现已拥有在籍学生3000人的办学规模，招生覆盖面已拓展到广东、江西、山西、河北、河南、湖南、湖北等省五十多个地市。

学校位于风景秀丽的古城荆门市区，座落在东宝塔下，月亮湖之滨，环境幽雅，景色宜人，交通便利。学校条件优越，实力雄厚，属封闭式管理，外向型模式。有一支德才兼备的高素质师资队伍，有一个完善健全的科学管理机制，有全套现代化教学设施，有众多的实习协作厂家，集教、科、工、贸于一体，是培养高素质中等技术人才的摇篮。在这里学习深造定会学有所成，业有建树。

学校占地200亩。拥有新颖独特，宽敞明亮的现代化教学楼；拥有设施齐全，设计合理的学生公寓，拥有装备一流设备仪器的实验大楼；拥有1500座的高雅礼堂；拥有60台586型计算机；拥有一套闭路电视系统，用现代化教学手段为学生提供教学服务；拥有400米环形跑道的标准体育场，绿茵足球场，水泥篮球场；还拥有健身馆及其它体育设施。总之，学校能为学生提供优越的学习、生活、文化、体育活动条件，让学生自由地遨游知识海洋。

学校主要为社会培养初、中级工贸技术人才。现有教职工168人，其中，专任教师128人，本科生占教职工总人数的80%，专任教师中有33名高级讲师，41名讲师，师资力量雄厚。学校全体教职工同心同德，以质量为本，以特色为重，努力提高教育教学质量，力争为社会输送更多的合格人才。

湖北省荆门工业学校是一所培养中级工贸技术人才的摇篮，正展开双臂欢迎着你——有志于社会主义现代化建设的同学们，你们将在这个美丽的校园获得丰富的知识营养，成长为一个全面发展的社会主义建设人才。

枣阳市北城街道办事处

北城街道办事处位于汉光武帝刘秀故里——枣阳市区，是全市政治、经济、文化的中心，316国道横贯东西，枣(阳)唐(河)公路纵穿南北，古老的大沙河穿腹而过。全处辖27个直属工商企业、5个行政村、4个街道居委会、92个村（居）民小组，版土面积12平方公里，辖区人口7.2万人，属工商并举，粮菜兼作的综合发展区域。

近年来，办事处党委把调整当机遇，视紧缩为动力，凭借地处城区的区位优势，坚持“一切围绕经济转，经济围绕工业干，处属经济大、高、外，村级经济短、新、快，个体经济给政策，市场流通全放开”的发展方针，大力实施“工业经济立处、商贸经济强处、民营经济富处”战略，真抓实干，奋力拼搏，从而走出了一条富民强村兴处的道路。目前，全处拥有集体企业234家、私营企业124家，已形成了汽车、机电、纺织、服装、塑料、化工、造纸、包装、印刷、皮革、制鞋、建筑、建材、副食等十四个工业门类体系，集体固定资产11900多万元，生产1000多种产品，其中60多种产品获部、省、市优质产品称号，15种产品出口到欧美、日本、东南亚等10多个国家和地区，产值过亿元的企业2家，过千万的企业9家，有2家企业跻入省级先进企业行列，饮食服务、房地产开发、市场建设等第三产业在枣阳市也独具优势。先后兴建了9个专业市场，开发了6个特色街道市，其中鄂西北水果大市场是目前全省规模最大、档次最高、设施最好的专业市场之一，兴办了集食宿、娱乐、健身为一体的三星宾馆一个，形成了经济发展的递补格局，个体私营经济正走出低水平，低格调的传统模式囿围，向高层次，产业化方向发展。九七年全处实现企业总产值28.6亿元，实现财政收入1060万元，农民人平纯收入2800元，分别比上年增长29%、30%和16%。九七年度，我处被省委，省政府授予“全省发展乡镇企业十强乡镇”，处属南园村被省委、省政府授予“十强村”，全处五个村连续两年被省委、省政府授予“综合实力五百强村”。在抓好物质文明建设的同时，坚持“两手抓”、“两手硬”，两个文明成果一起要，加大精神文明建设投入，大力开展精神文明创建活动，全面加强党的建设。目前，全处80%的村为枣阳市级红旗村党组织，村村实行了合作医疗和农民退休养老制度，“双文明户”达90%，办事处连续九年被枣阳市委、市政府授予“先进党组织”和“两个文明建设先进单位”。

原全国人大财经委主任黄谊诚在省、市领导的陪同下视察箱式汽车改装厂。

党委书记赵吉佩同志工作学习的情景。

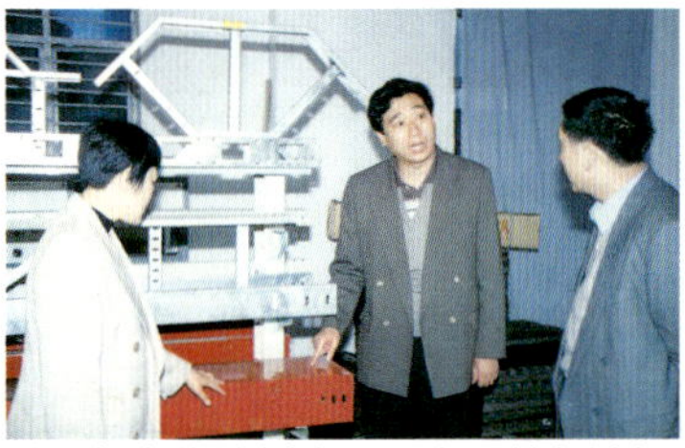

处主任张继跃（中）深入企业调查研究。

南园村委一班人。

地址：枣阳市大北街47号
电话:(0710)6222706　　6222032
党委书记:赵吉佩　　　　主任:张继跃

钟　祥　市

钟祥市位于湖北省中部，汉江中游，汉江平原北端。全市辖22个乡镇、6个场库，版图面积4488平方公里，总人口102万，1997年经济社会综合实力居全省十强行列。

1997年，全市上下团结拼搏，开拓进取，国民经济和社会发展取得了新的成绩。1997年国内生产总值63.2亿元，比上年增长16.3%，工农业总产值117.8亿元，比上年增长20.2%，其中工业总产值91.1亿元，农业总产值26.7亿元，分别比上年增长17.4%和19.2%，实现财政收入2.66亿元。

农业和农村经济全面发展。围绕效益，着力调整农业内部结构，加强农田水利基础设施建设，农业实现全面丰收。粮食总产97.7万吨，棉花33.4万吨，油料9.4万吨，分别比上年增长11.1%、45。9%和21.7%。多种经营总产值33.7亿元，比上年增长11.6%，农民人均纯收入2862元，比上年净增119元。农业产业化逐步推进，组建了森工、水产、生猪、蔬菜、鸭业、水果等六个产业化集团。

工业和乡镇企业稳步增长。突出企业改革、骨干巨人企业建设、企业管理和扭亏增盈等重点工作，促进了工业发展。通过开展“五整治”和“学邯钢”活动，采取增资减债、下岗分流、减员增效等措施，企业经济效益有所回升。乡镇企业在调整中提高，全市乡镇企业总产值104.7亿元，利税7.9亿元，分别比上年增长17.5%和9.5%。

第三产业活力增强。市场繁荣、物价稳定，社会消费品零售总额21.9亿元，物价涨幅控制为103.3%。金融业进一步发展，金融机构储蓄存款余额达22.75亿元，比年初净增3.38亿元。旅游及相关收入大幅度提高，达到2.1亿元。

非公有制经济发展迅猛。通过制定优惠政策，优化发展环境，促进了非公有制经济的发展。全市个体私营达26248户，从业人员59530人，实现产值营业额28.6亿元，跻身全省个体私营经济十强县市之列。

各项改革全面推进，对外开放进一步扩大。企业改革以股份化改造和资本营运为重点，积极稳妥，全面推进，市场竞争能力明显增强。农村改革进一步深化，社会保障体制、财政、金融、流通、住房等改革进展顺利。对外开放质量进一步提高，全市引进外资488万美元，外贸出口供货总额3.0亿元。

城市和基础设施建设取得新进展。大力实行旧城改造，城市面貌有所改观，顺利通过省级卫生城市复查。交通建设完成投资1200多万元，硬化路面78.94公里，电信事业实现投资3419万元。

社会事业全面进步。全面实施“科教兴市”战略，增加科技、教育投入，加快科技成果转化，不断提高科技进步在经济增长中的贡献份额。郢中镇被列为全省6个星火技术密集区之一，普通高考上线1518人，万人比居全省前列，计划生育率上升到99.39%，人口自然增长率控制为4.24‰，环境保护被列为全国生态示范区。

目　录

特　载

统计资料

十八、体育、卫生、社会福利和其他

CONTENTS

特　载

湖北省统计局关于1997年国民经济和社会发展统计公报

（1998年3月）

1997年是我国历史上极不平凡的一年。在这一年里，全省人民在省委、省政府的正确领导下，全面贯彻落实中央的各项路线、方针、政策，正确处理改革、发展、稳定的关系，团结拼搏，开拓进取，以“两个文明”建设的丰硕成果迎接了香港回归祖国、党的十五大胜利召开和三峡大江截流的圆满成功，实现了改革开放、经济建设和社会事业的相互促进、协调发展，总体形势是好的，省委、省政府年初制定的“两高五超”奋斗目标已全面实现。

综　合

1997年，在适度从紧的宏观经济政策指导下，全省国民经济实现了“高增长、低通胀”的调控目标，继续保持高于全国平均水平的发展势头。农业生产又获丰收，粮油产量双超历史纪录；工业生产持续快速增长，经济效益趋于回升；市场供应充实，投资平稳增长；财政、金融形势基本正常；物价继续在低位运行，人民生活水平进一步提高；各项社会事业取得全面进步。

据统计，1997年全省国内生产总值达到3450.24亿元，按可比价格计算，比上年增长13%，增幅比全国平均水平高4.2个百分点，其中第一产业完成增加值767.92亿元，比上年增长6.9%，比上年加快2.4个百分点；第二产业完成增加值1606.98亿元，增长15.8%，放慢2.5个百分点；第三产业完成增加值1075.34亿元，增长12.9%，加快0.8个百分点。虽然第二产业增幅回落，但由于第一、第三产业增幅提高，因此全省国内生产总值仍保持在较高的增长速度上。从构成看，三次产业占国内生产总值的比重由1996年的24.1：45.3：30.6，变化为22.3：46.6：31.1。全省人均国内生产总值达5899元，增长12.1%。

在经济运行保持适度快速增长的同时，宏观经济效益也有所改善。国有企业，尤其是国有大中型企业一举扭转了去年出现的净亏损的不利局面，工业经济效益综合指数继续高于全国。

经济体制改革的力度进一步加大。1997年，全省各地坚持“抓大放小”和“三改一加强”的方针，紧密结合各自的实际，进一步加大了改革的力度。在抓大方面，全省以冶金、汽车、化工、纺织四大行业为重点，以名牌产品和优势企业为龙头，大力推动强强联合，全省在国有资产的集中和有效组合方面出现了可喜的势头。在放小方面，采取改组、联合、兼并、租赁、承包经营和股份合作制、出售等多种形式，加大了开放搞活小企业的力度。

1997年我省经济生活中还存在着一些不容忽视的困难和问题，突出表现在以下几个方面：一是经济结构不优，传统产业比重大，部分国有企业机制转换较慢，适应市场的能力不强，生产经营难度加大，经济效益不高的状况未能从根本上得到改善。二是农产品品质不优，结构不合理、流通不畅问题比较突出。三是就业与再就业问题日益突出，下岗待业职工人数增多，安排再就业和维护社会稳定的任务仍十分艰巨。

农　业

1997年,全省各地始终坚持把加强农业放在发展国民经济的首位,把推进农业产业化经营作为搞活农村经济全局的重大战略决策。从实际出发,加快培植具有地方优势和特色的主导产业、龙头企业和商品基地,促进了农业和农村经济的全面发展。

粮油产量双超历史。由于农业科技推广力度的加大,加上今年农业没有遇到大的自然灾害,全省农业生产喜获丰收。全年粮食产量达2634.4万吨,比历史最高产年的1996年增产150万吨;油料产量195.47万吨,比历史最高产年的1995年增产6.03万吨。

棉花及其他经济作物保持稳步增长。棉花由于播种面积扩大,单产提高,总产达58.09万吨,比上年增长35.1%。其他经济作物中,糖料产量100.9万吨,增长17.9%;麻类产量8.81万吨,增长17.0%;烤烟产量13.91万吨,增长47.2%;茶叶产量4.77万吨,增长9.2%;水果产量179.08万吨,增长38.1%。

畜牧、水产继续保持较好的发展势头。全年畜牧业、水产业不变价产值分别达211.58亿元和94.55亿元,分别占农业总产值的30.9%和13.8%,表明畜牧、水产在全省农业生产中有着举足轻重的地位。从主要产品产量看,全年猪牛羊肉产量300.15万吨,比上年增长8.8%,水产品产量202.37万吨,增长15.9%。

乡镇企业快速增长。全年乡镇企业完成总产值4270亿元(现价),比上年增长24.5%。

1997年农业生产喜获丰收,除了一系列扶农政策外,还在于农业生产条件进一步得到改善。年末全省农业机械总动力1276.04万千瓦,比上年增长4.4%;大中型拖拉机7.11万台,增长1.1%;农用载重汽车1.83万辆,增长9.6%;化肥施用量262.18万吨,增长9.3%;农村用电量55.42亿千瓦小时,增长9.4%。

随着科学技术在农业生产中得到大力推广和应用,农业劳动生产率和耕地产出率继续提高。1997年每个农业劳动力提供的粮食、肉类、水产品分别为2024公斤、263公斤和155公斤,分别比上年增加160公斤、31公斤和24公斤;每公顷耕地产出的粮食、棉花、油料分别为5328公斤、1209公斤和1882公斤,分别增长4.7%、33.3%和9.7%。

工业和建筑业

1997年全省工业生产继续稳定增长。受宏观环境及市场的制约,工业产品结构调整的力度加大,产销衔接水平进一步提高;经济效益水平有不同程度的回升,量大面广的小企业特别是国有小企业面临的困难依然较多。

1997年,全省乡及乡以上工业完成增加值972.01亿元,比上年增长13.3%,增幅虽比上年回落3.56个百分点,但仍保持在较为适度的增长区间,且比全国平均增幅快2.44个百分点。

国有工业和其他经济类型工业增速相对稳定,集体工业增幅回落较大。全年国有工业完成增加值430.36亿元,比上年增长4.9%,增幅比上年回落1.5个百分点;其他经济类型工业完成增加值144.07亿元,增长28.4%,增幅提高15.3个百分点;集体工业完成增加值397.58亿元,增长15.2%,增幅回落11.9个百分点。

轻重工业增幅大体同步。全年轻工业完成增加值431.97亿元,比上年增长14.0%;重工业完成增加值540.04亿元,增长12.8%。轻重工业之比为1∶1.25。

工业产品结构调整取得积极进展。市场竞争的加剧进一步促进了工业结构的调整。全年能源生产总量4043万吨标煤,比上年增长3.0%,其中原煤生产增长10.3%,发电量增长3.3%;主要原材料硫酸增长26.4%,水泥增长15.0%,成品钢材增长7.2%。投资类机电产品生产下降的居多,金属切削机床下降2.1%、载货汽车下降3.3%。农业生产资料中化肥下降2.6%,化学农药增长11.4%。生活消费品适应需求变化生产量有升有降。家用洗衣机增长19.4%,组合音响下降57.2%,彩电下降51.3%,自行车、电风扇分别下降62.3%、60.1%。

工业产销衔接水平进一步提高。全年乡及乡以上工业完成销售产值3308.47亿元,比上年增长16.44%,工业产品销售率为96.55%,比上年提高1.21个百分点,这是近几年来的较高水平。

工业经济效益在上年滑落的基础上有所回升。初步统计,全省工业经济效益综合指数(按老口径计算)为95.14%,比上年提高6.28个百分点,高于全国平均水平3.86个百分点。效益回升主要表现为利润水平回升。企业实现利润总额为69.47亿元,比上年增长46.43%,其中国有大中型企业实现利润17.41亿元,增长38.01%。

建筑业生产经营平稳发展。全年国有建筑业完成增加值65.3亿元,比上年增长4.0%。建筑业改革进一步推进,招投标制度进一步完善,招投标面进一步扩大。国有建筑单位施工工程个数为10331个,实际招投标的工程个数为4544个,招投标面为44.0%,比上年增加8.5个百分点。建筑市场管理有所加强,建筑市场体系进一步完善。国有建筑企业劳动生产率为57375元,增长13.0%;房屋建筑竣工面积为645万平方米,实现利税总额5.8亿元,人均利税1727元。

固定资产投资

按照调整结构和转变经济增长方式的要求，全省在努力保持固定资产投资平稳增长的同时，加强了对投资结构的调整，集中力量抓好对全省经济布局和结构调整有重要影响的重点项目建设，投资建设进展顺利。

1997 年投资规模基本呈平缓增长，全年全社会完成固定资产投资 1083.60 亿元，比上年增长 10.1%，其中，基本建设投资 438.4 亿元，增长 5.4%，更新改造投资 212.6 亿元，增长 10.7%，房地产开发投资 126.5 亿元，增长 6.8%。

投资结构继续得到改善。1997 年投资结构呈现出一些积极的变化，继续朝着好的方向发展。主要表现在第三产业增幅较高，电力、交通运输邮电等基础产业、基础设施继续得到加强。房地产开发投资增长较慢。

全年新增主要生产能力排涝面积 63 万亩，灌溉面积 8.5 万亩，钢 180 万吨、水泥 170 万吨，新建公路 528 公里，程控交换机 94 万门，电力装机 124.5 万千瓦。尤其是电力建设，是我省新增生产能力较多的一年，这将进一步缓解我省电力供应紧张的矛盾。

交通运输和邮电业

1997 年，我省交通运输和邮电通信业的发展取得明显成就。交通运输业对国民经济发展的“瓶颈”制约矛盾进一步缓解，邮电通信事业的发展迈上新的台阶。

交通运输及邮电通信业发展整体水平提高。全年完成交通运输和邮电通信业增加值 159.38 亿元，比上年增长 11.6%，占国内生产总值的比重为 4.6%。全社会旅客周转量为 455.60 亿人公里，增长 19.3%；货物周转量 993.64 亿吨公里，增长 1.5%。邮电业务总量为 60.50 亿元，增长 39.5%。

交通运输运量结构和邮电通信结构继续得到调整。1997 年与 1996 年相比，在旅客周转量中，铁路所占比重由 31.7%下降到 27.7%，水路由 5.9%上升到 6.5%，公路则由 56.0%上升到 61.1%，民航由 6.4%下降到 4.8%。在货物周转量中，铁路所占比重由 56.5%下降到 54.2%，公路由 16.3%上升到 18.8%，水路由 26.6%上升到 27.0%。

邮电通信业务结构呈现电信业务比重上升，邮政业务比重下降的特点。新技术新业务尤其是移动通信业务迅猛发展。移动电话全年新增用户 23.28 万户，达到 47.48 万户，比上年增长 96.2%；计算机互联网络用户比上年增加 6139 户；分组交换用户数增长 21.0%；数字数据用户增长 104.7%。到 1997 年底，全省电话普及率达 7.45 部/百人，比上年增加 1.7 部。

国内贸易和市场物价

1997 年，在国民经济持续稳定增长的大环境下，消费品市场也持续保持了近几年来的平稳增长态势。全年实现社会消费品零售总额 1345.34 亿元，比上年增长 17.4%，扣除物价因素实际增长 15.7%。平稳活跃仍是当前消费品市场的主基调。1997 年市场运行的主要特点：

一是市场发展仍不均衡，不同经济类型商业竞争更趋激烈。当年国有商业消费品零售额仅增长 3.5%，集体商业增长 9.3%，而其它经济类型商业则增长 25.7%，以上三者占全社会消费品零售总额的比重分别为 22.2%、15.3%和 62.5%。

二是买方市场格局持续发展，商品供给结构有所调整。从市场供给看，粮食、食用植物油、蔬菜、食糖、禽蛋等商品供应明显改善，多数工业品继续供大于求，商品市场进一步向买方市场发展。

三是消费品市场需求旺滞并存。从市场销售情况来看，两极分化现象比较突出。一些市场名优商品十分畅销，一般商品平销，而一些非名牌商品则严重滞销。消费品市场中虽难以形成消费热点，但从总体看，居民消费已趋正常，按需选购已成为主要的消费行为。

市场物价保持稳定。全年消费品价格和居民消费价格分别仅上涨 1.5%和 3.2%，分别比上年回落 5 个和 6.2 个百分点，零售物价涨幅是 1983 年以来的最低点。今年以来物价的稳定主要不是依靠行政性控制来实现的，而是在农业获得丰收、工业品供应充足的基础上，市场供求规律自发作用的决定，因而基础比较稳固。但服务项目和居住价格涨幅较高，分别上涨 8.9%和 13.5%，分别上涨 8.9%和 13.5%，在居民生活支出中所占比重上升，影响增大。

对外经济

对外贸易持续增长。1997 年外贸形势呈现出口快速增长，进口相对乏力的特征。全年外贸进出口总额 32.83 亿美元，比上年增长 2.4%，其中出口总额 25.31 亿美元，增长 13.4%；进口总额 7.52 亿美元，下降 22.8%。出口大于进口 17.8 亿美元。

实际利用外资继续增加。全年外商直接投资协议额 6.4 亿美元，吸收外商直接投资 7.9 亿美元，增长 14.7%。外商投资结构进一步改善，基础产业、基础设施、支柱产业项目以及资金、技术密集型项目增加。

财政、金融和保险业

财政收入保持较快增长。全年累计完成财政收入255.85亿元，在上年增长19.7%的基础上又增长18.3%，超额完成了省政府年初下达的目标。财政支出227.73亿元，增长15.3%，其中行政管理费仅增长5.3%。

1997年金融运行态势可概括为“大局稳定，稳步发展，紧中求活，困难较多”。年末金融机构各项存款余额2421.03亿元，比年初增加280.10亿元；各项贷款余额2979.33亿元，比上年初增加383.37亿元，全年净投放货币35.74亿元，比上年多投2.46亿元。与上年相比，存款增幅明显减缓，贷款投放高于上年，存贷差缺口进一步拉大。防范和化解金融风险在相当长一段时期内仍是我们面临的主要矛盾。

保险事业发展很快，保险意识进一步加强。全年承保金额4305亿元，比上年增长24.6%。保费收入33.75亿元，增长36.9%，其中财险增长15.9%，人险增长66.3%。

科学技术和教育

1997年，全省继续坚定不移地实施“科教兴鄂”战略，加快科技成果向现实生产力的转化，并取得了一定的成效。全年共取得省部级以上重大科技成果512项，其中达到国际先进水平以上的科技成果117项，国内领先成果273项。获国家级各种科技奖励的项目达38项，获省级科技奖励数255项。工业技术进步贡献率为37.5%，比上年提高3个百分点。

教育事业稳步发展。1997年，我省基础教育规模不断扩大，小学在校学生达718.49万人，比上年增长2.66%，学龄儿童入学率达99.62%，初中入学率达93.66%。高等教育稳步发展，在校学生达19.68万人，增长3.61%。中等职业学校迅速发展，在校学生54.31万人，增长13.71%。

文化卫生和体育

文化事业欣欣向荣。在加强物质文明建设的同时，全省社会主义精神文明建设也取得了辉煌的成就。文化宣传战线的广大工作者，紧紧围绕党的路线、方针、政策，对一些重大事件作了及时、准确、全面的报道。在坚持正确的舆论导向的同时，文化领域也加强了治理整顿，加大了对“精神污染”的打击力度，取缔、捣毁了一批非法出版物，净化了人们的文化生活环境。

卫生事业稳步发展。全省城乡医疗卫生网络进一步加强，各级各类医疗机构数量明显增多，年末全省共有卫生机构11562个，床位15.3万张，卫生技术人员23.9万人，分别比上年增长12.1%、6.1%和1.9%。卫生防疫和妇幼保健工作受到高度重视；各种疾病发病率继续下降；医学教育和科研成效显著；医疗器械和药品生产水平得到提高。

体育事业蓬勃发展。在国际重大比赛中，我省运动员共获得33项冠军。破世界纪录6人24次，超12项世界纪录，超亚洲纪录3人11次，超5项亚洲纪录。在第八届全国运动会上，我省运动员共获得12.5金10.5银9铜，金牌数和总分分别居全国第13位和第11位。湖北武汉雅琪足球队在甲B徘徊多年后，于1997年顺利冲进甲A。

人口与就业

控制人口增长取得新的成绩。全年人口出生率为14.81‰，死亡率为6.69‰，自然增长率为8.12‰。年末全省总人口为5872.6万人，比上年增加47.47万人。其中非农业人口1572.1万人，占总人口的26.8%，农业人口4300.5万人，占73.2%。在总人口中，65岁以上的老年人口占6.27%，人口老龄化问题应引起重视。

年末全省城镇单位从业人员为750万人；年末下岗人员87万人，通过实施再就业工程帮助26万名失业者和下岗职工实现了再就业。但仍有部分下岗人员和失业人员生活比较困难。

人民生活、福利和环境保护

由于市场物价稳定，农业生产喜获丰收，以及企业经济效益逐步好转，城乡居民生活水平继续提高。全年农民人均纯收入2102元，比上年增加239元，增长12.8%。城镇居民人均可支配收入4673元，比上年增加323元，增长7.4%。

社会福利事业不断发展。在职工退休养老制度、公费医疗、劳保医疗制度、失业保险制度等方面得到了进一步的完善。

1997年环境保护工作受到高度重视，除对大江大河的水质进行必要的监测和治理外，对严重污染环境的企业限期关闭、停产甚至取缔，以保持经济、社会、环境的协调发展。

国民经济稳中有进　改革增效尚需努力

1997年，湖北人民借十五大的东风，紧密团结在省委、省政府周围，大力弘扬“湖北精神”，克服困难、稳中求进，有力保证了国民经济的持续快速增长，主要经济指标达到或超过了发展规划，为湖北实现跨世纪宏伟目标迈出了坚实的一步。

一、国民经济适度快速增长

(一)作为经济运行状况综合反映的几项主要指标及其相互关系处于宏观调控正常区间。

1997年，湖北经济继续在适度快速增长的区间运行，呈现出“高增长、低通胀”的良好格局。1997年国内生产总值达3450亿元，增长13%，超过12%的计划目标，比全国平均速度高4.2个百分点。

物价走势低缓，1997年零售物价上涨率为1.5%，远远低于7%的控制目标。物价上涨率与经济增长率之差由1996年的6.7个百分点扩大到11.5个百分点。物价形势的稳定总体上讲有两条原因：一是1994年开始的物价大改革的涨价压力到1997年已基本释放出来；二是全国供求形势变化，买方市场进一步发展的结果。

财政收支状况良好。1997年财政收支达255.85亿元，增长18.3%，实现了绝对额超244亿元、增长率超15%的目标。金融形势比较稳定。

(二)宏观经济运行基本通畅

1、生产保持了较好的增长势头，市场供给总量充足。

由于各级政府对农业的重视及年内气候条件较好，主要农作物获得了好收成。1997年全省粮油总产双超历史。粮食产量超额完成了省政府年初下达的2500万吨的生产计划。油料总产195.47万吨，比大丰收的1995年还多6万吨。棉花总产58.1万吨，比1996年增加15万吨。

工业生产增长平稳，经济效益有所提高。1997年乡及乡以上工业增加值达972.01亿元，增长13.3%，增幅比1996年回落3.6个百分点。1997年工业发展的主要特点：一是企业围绕市场进行产品结构调整初见成效，过去那种速度效益型的增长方式有所改变，在生产增长速度回落的同时，效益有所提高。1997年乡及乡以上工业产销率达96.6%，比1996年提高1.2个百分点；乡及乡以上独立核算工业企业实现利润69.47亿元，比1996年增长46.4%。二是企业两级化现象加剧，盈利向部分优势企业和企业集团集中。

2、内外贸易蓬勃发展，促进了经济繁荣。

国内市场尽管存在社会购买力进一步分流，消费无明显热点、居民收入增长平缓等一些不利于销售的因素，但社会消费品零售总额仍然保持了较快增长。消费品市场总体上呈现货源充足、价格平稳、竞争激烈、销售活跃的基本特征。1997年社会消费品零售总额达1345亿元，增长17.4%。

湖北外贸出口在1996年下跌后，1997年处于恢复性增长 阶段。1997年外贸出口总额为25.31亿美元，增长13.4%。

3、固定资产投资继续增长，促进了资本形成与优化，为经济发展培植了后劲。

1997年全社会固定资产投资总额为1083.60亿元，增长10.1%，举世瞩目的长江三峡工程建设在1997年顺利实现截流后，已转入施工量最大、难度最高的二期工程施工阶段。

投资项目资本金制度的全面实行，特别是市场的激烈竞争，使投资主体自我约束意识增强，项目选择趋于谨慎，盲目投资和重复建设现象有所减少。但1997年的湖北固定资产投资增长率已处于90年代以来的最低点，这虽然有前几年高强度投资的滞后效应，然而如果投资增长间歇期过长，投资增长继续在低于经济增长率的区间徘徊，对经济的持续发展是不利的。尤其湖北的经济增长仍处在两个转变的过程中，没有适度的投资增长，没有与产业政策、与提升经济结构水平有关的大项目的建设，将影响到经济发展的后劲。对此，必须引起充分的重视。

(三)城乡居民收入有所增加。

1997年，城镇居民人均可支配收入为4673元，增长7.4%。农民人均纯收入为2102元，增长12.8%。

二、结构性矛盾突出

目前，湖北经济运行中结构性矛盾突出，造成一方面经济增长率较高，而另一方面存在不少企业产品销售不畅，经济效益欠佳，失业下岗人员增加等问题。具体来说，结构性矛盾突出主要表现在以下几个方面：

1、供给方面，农产品生产结构性过剩，农民增产不增收；工业产品结构不适应市场需求结构，销售率偏低，效益不理想。

湖北农业连年丰收，主要农产品供给总量明显增加，总体上温饱需求已基本解决。但由于农产品品种结构、流通体制及加工转化等方面存在一些问题，农民增产不增收的矛盾比较突出。同时，农业生产的结构性过剩也使粮食调销困难，粮食部门库存大增，给财政压上了包袱。

工业由于产品供给结构与市场需求结构错位，直接影响了效益水平的提高。1997年全省独立核算工业亏损面达17.8%，亏损企业亏损额41.67亿元。

2、需求方面，有效需求相对不足，使产业结构与消费结构的升级遇到障碍。

有效需求的形成必须同时满足两个条件，即购买欲望与购买能力的统一。目前，虽然居民有购买欲望和意向，但往往受到购买能力的限制。单个居民家庭户均存款与汽车、商品房等待启动商品的售价相比差距甚大。若再扣除教育、医疗及生活必需品的支出储备，则相对于产业结构和消费结构升级的有效需求不足问题就显得更加突出。这方面比较典型的体现就是由于商品房售价过高和居民购买力有限，造成居民的住房紧张与建成的商品房积压同时并存。

3、结构性矛盾累积的结果，使得失业下岗和银行资产质量下降等问题较为突出。

据统计，1997年，全省城镇下岗人数增加，如果不能妥善搞好再就业工作，将对安定团结的大局不利。金融作为现代市场经济的中枢，对国民经济的发展具有十分重要的作用和影响。因而，对于银行不良贷款增多应引起高度重视，并努力采取得力措施切实防范金融风险。

三、1998年湖北经济宏观调控的取向

党的十四大以来，全国各省市经济呈现你追我赶的发展态势。目前，这一竞争随着形势的变化而出现了新的特点，即经济发展竞赛的焦点已集中为调整和优化经济结构、提高经济增长的质量和效益。湖北能否在竞争中争取主动、力争上游，取决于结构调整能否比兄弟省市更快、更到位。这一方面要通过调整和优化经济结构努力解决旧体制下所积累的结构性矛盾；另一方面要通过深化改革和对外开放，努力建立起防止产生新的结构性矛盾的新机制。

湖北的这次结构调整工作量大面广，面临着较多困难：

生产上，作为一个农业大省，粮食丰收后，保护农民生产积极性与减轻财政补贴压力的矛盾将更加突出。作为老工业基地，湖北国有经济成份较大，随着市场经济的发展和改革力度加大，下岗失业与就业矛盾突出。

在市场经济条件下，国内买方市场持续发展，竞争日趋激烈。据内贸部对1997年下半年全国613种主要商品的供求情况排队分析，供不应求的商品只占1.6%，而供过于求的商品占31.8%，比上半年高出26.5个百分点。在国际市场的开拓方面，由于湖北的出口商品结构单一、技术水平和附加值低，使本省外贸出口企业同时受到国内同行业和国外企业的双重竞争与挑战，要实现外贸出口的大发展任重道远。

同时，应看到，湖北目前经济结构调整所面临的困难并非本省独有，而且，湖北在新一轮经济发展竞赛中还有一些值得重视和充分利用的优势条件，比如湖北工资、地价低、基础原材料供给条件好，交通比较发达，有利于企业降低成本和组织营运，有利于进一步扩大对外开放。湖北的高新技术产业虽然还未形成有效的规模经济，尚不能起支柱产业的作用，但科教事业相对发达，发展高新技术产业潜力较大。此外，湖北是老工业基地，存量资产大，技术水平尚可，为推进资产重组，以少量资金投入盘活巨大的资产存量提供了条件。总之，对湖北新一轮的经济调整和发展既不能盲目乐观，也不必妄自菲薄，只要以十五大精神为指导，扎扎实实地推动全省新一轮思想大解放，脚踏实地地推进新一轮改革大突破，就一定能推进新一轮经济大发展。

1998年宏观调控取向上应注意把握好以下几点：

1、将政府的指导和服务渗透和体化到结构调整中去。宏观调控是市场经济的有机组成部分，而政府作为宏观调控的主体对经济运行的调节负有重大责任。西方发达市场经济国家的宏观调控主要解决供求总量平衡问题，结构问题一般均由市场机制自发调节。但在我国目前市场机制尚不健全的情况下，结构调整应注意将行政手段与经济手段结合起来。首先，应实行“放水养鱼”

政策，制止乱收费和乱摊派，使企业在市场竞争中能够轻装上阵。其次，应发挥政府部门信誉度高、政策信息灵敏、组织协调能力强的特点，制定好本地经济发展和战略调整的产业政策，强化对企业的指导、协调和服务，及时为企业提供技术、市场等信息。

2、以推进农业产业化为突破口，进一步加强农业结构调整，确保农产品结构的优化和农民增收。农业产业化来源于早先的农工商一体化。目前，农业经常处于“无订单生产”状况，农业生产和农民增收方面的问题越积越多，与“一体化”程度不够有关。因此，要做好农村工作这篇大文章，就必须做好农业产业化工作，核心是培植龙头企业。

3、深入学习和领会十五大精神，加快国有企业的改革。1998年是贯彻落实十五大精神的第一年。十五大在经济方面的一个重要贡献就是提出了公有制实现形式多样化，为盘活国有资产、焕发老工业基地的青春指明了方向，给了政策。湖北要在经济发展竞争中走在前面，必须在充分运用政策、加大落实力度方面走在前面。具体来讲就是要把贾志杰书记所讲的“八破八立”落到实处，在盘活存量与培植新的经济增长点上多下功夫。

4、积极推进再就业工程，扩大社会保障制度覆盖面。受人口众多、财力有限的省情制约，湖北解决失业下岗问题只能坚持以推进再就业工程为主、社会保障制度为辅的基本思路。政府部门应一方面加强就业培训工作，大力宣传、引导全社会就业观念的转变，鼓励发展第三产业，大力提倡自谋职业和自愿组织起来就业；另一方面要切实搞好社会救济和社会福利工作，安排好困难居民家庭的基本生活需要。

统计资料

综　　合 1

资料整理人员：杨莉莉　李邦志
李文强

1—1 土地面积与行政区划

项　目	单　位	1990年	1993年	1994年	1995年	1996年	1997年
全省人口	万人	5 439.29	5 653.48	5 718.81	5 772.07	5 825.13	5 872.60
土地面积	万平方公里	18.59	18.59	18.59	18.59	18.59	18.59
耕地面积	千公顷	3 476.77	3 392.74	3 375.60	3 358.01	3 349.25	3 342.45
行政区划							
省辖市	个	8	9	9	10	10	10
地区	个	6	4	2	1	1	1
自治州	个	1	1	1	1	1	1
林区	个	1	1	1	1	1	1
县级市	个	22	22	22	24	25	26
# 省辖行政单位	个			4	4	4	4
县	个	48	47	46	43	42	41
乡政府	个	1 121	1 069	1 060	1 040	1 007	558
镇政府	个	844	848	853	861	866	837
村民委员会	个	32 765	32 848	32 804	32 802	32 783	32 704
村民小组	个	260 847	261 354	261 026	260 641	260 863	260 624

1—2 地、市、州行政区划

(1997年底)

单位:个

地　区	县级市	县	乡政府	镇政府	村民委员会	村民小组
合　计	**26**	**41**	**558**	**837**	**32 704**	**260 624**
武汉市		2	34	66	2 075	18 692
黄石市	1	1	21	30	1 024	8 711
十堰市	1	5	94	54	3 096	18 511
荆州市	3	2	26	91	2 979	24 758
宜昌市	3	6	55	66	3 172	22 913
襄樊市	3	4	28	104	2 989	19 706
鄂州市			11	15	316	4 035
荆门市	1	1	13	53	1 533	10 922
孝感市	4	3	35	85	3 538	28 310
黄冈市	2	7	94	93	4 294	39 358
咸宁地区	2	4	55	60	1 749	14 386
恩施自治州	2	6	65	41	3 052	28 928
随州市	1		5	25	973	6 649
仙桃市	1		6	19	688	4 783
天门市	1		4	20	786	6 788
潜江市	1		1	11	332	2 661
神农架林区			11	4	108	513

1—3 国民经济主要指标

指　　标	单位	1978年	1980年	1990年	1995年	1996年	1997年
一、人　口							
年末总人口数	万人	4 574.91	4 684.45	5 439.29	5 772.07	5 825.13	5 872.60
二、从业人员	**万人**	**1 910.37**	**1 986.94**	**2 478.83**	**2 593.84**	**2 593.31**	**2 597.86**
#职工人数	万人	457.34	504.32	698.55	742.38	738.02	735.41
三、工农业总产值	**亿元**	**251.67**	**322.97**	**1 410.43**	**5 091.12**	**5 977.09**	**7 220.68**
四、国内生产总值	**亿元**	**151.00**	**199.38**	**824.38**	**2 391.42**	**2 970.20**	**3 450.24**
五、农业生产							
1.农业总产值	亿元	84.46	94.95	402.23	988.53	1 140.76	1 243.68
2.主要农产品产量							
粮　食	万吨	1 725.65	1 536.45	2 475.03	2 463.84	2 484.40	2 634.40
棉　花	万吨	36.67	31.63	51.73	58.60	43.01	58.09
油　料	万吨	23.71	20.58	95.75	189.44	181.82	195.47
麻　类	万吨	1.74	4.13	12.27	8.14	7.53	8.81
烟　叶	万吨	5.37	2.28	10.74	11.11	14.68	19.99
茶　叶	万吨	1.74	1.73	2.84	3.90	4.37	4.77
水　果	万吨	10.27	11.39	26.89	114.70	129.70	179.08
肉　类	万吨		55.40	101.63	279.40	309.51	342.23
水产品	万吨	11.00	13.57	70.98	150.91	174.64	202.37
六、工业生产							
1.工业总产值	亿元	167.21	228.02	1 008.20	3 697.91	4 836.33	5 977.00
轻工业	亿元	78.71	110.14	476.76	1 870.12	2 470.90	3 158.47
重工业	亿元	88.50	117.88	513.44	1 827.79	2 365.43	2 818.53
2.主要工业产品产量							
布	亿米	6.70	10.62	14.09	23.24	19.63	22.08
机制纸及纸板	万吨	11.00	16.34	43.03	83.08	85.18	72.51
缝纫机	万架	8.88	28.59	11.21	1.05	0.81	0.79
自行车	万辆	13.12	31.32	125.41	79.94	23.36	8.58
手　表	万只	10.40	35.03	100.67	80.40	91.93	85.53
家用洗衣机	万台		1.31	28.03	20.90	31.19	36.51
电视机	万台	0.95	4.36	41.10	14.56	7.01	3.54
原　盐	万吨	49.29	68.40	142.42	177.12	192.88	214.08

注:本表价值指标均按当年价格计算。

1—3　续表1

指　　标	单位	1978年	1980年	1990年	1995年	1996年	1997年
原　煤	万吨	644.01	383.52	924.26	1 533.31	1 521.01	1 517.22
原　油	万吨	105.70	104.13	83.04	85.03	86.52	82.06
发电量	亿千瓦小时	91.64	131.00	340.39	452.74	476.04	490.45
钢	万吨	307.97	363.74	629.25	711.57	707.73	790.26
成品钢材	万吨	184.63	246.96	533.07	661.34	645.62	699.91
汽　车	万辆	0.80	3.90	11.38	15.52	14.64	16.51
水　泥	万吨	328.65	427.78	987.00	1 838.25	1 786.66	2 093.50
3.国有经济独立核算工业企业主要财务指标							
年末固定资产原价	亿元	149.66	204.63	548.72	1 382.74	1 515.44	1 600.84
资金总额	亿元	159.40	216.57	570.44	1 627.77	1 843.52	1 985.83
固定资产净值年平均余额	亿元	111.27	157.06	375.33	724.28	918.72	983.28
流动资产年平均余额	亿元	48.13	59.51	195.11	903.49	924.80	1 002.55
利润和税金总额	亿元	25.41	36.41	79.79	109.80	92.37	99.30
七、运输邮电							
1.货物周转量	亿吨公里	281.09	326.85	670.53	776.44	775.79	725.34
铁　路	亿吨公里	191.72	206.14	415.17	544.40	552.32	501.77
公　路	亿吨公里	9.22	9.85	14.72	9.62	9.93	8.72
水　运	亿吨公里	80.15	110.85	235.04	222.20	208.05	212.21
空　运	亿吨公里	0.004	0.01	0.006	0.21	0.30	0.29
2.旅客周转量	亿人公里	69.38	95.88	225.85	285.29	285.04	282.53
铁　路	亿人公里	30.72	41.79	82.83	129.47	121.17	118.62
公　路	亿人公里	24.85	36.20	112.83	117.76	124.97	123.39
水　运	亿人公里	13.64	17.52	29.28	22.71	21.09	24.14
民　航	亿人公里	0.17	0.37	0.91	15.35	17.81	16.38
3.邮电业务总量	亿元	0.56	0.81	4.80	29.80	43.26	60.14
函　件	亿件	1.18	1.38	2.39	4.14	4.36	4.10
报刊期发数	万份	3 001.0	873.3	1 397.8	1 007.69	1 099.43	1 439.25
八、国有经济固定资产投资							
固定资产投资总额	亿元	33.19	34.18	100.35	518.76	593.32	567.60
# 基本建设投资总额	亿元	31.15	29.44	56.78	333.05	362.26	357.22

注:流动资金平均余额1990年以前为定额流动资金平均余额。固定资产净值年平均余额1991年以前为固定资产净值年末数。

1—3 续表 2

指　　标	单位	1978年	1980年	1990年	1995年	1996年	1997年
新增固定资产	亿元	18.19	33.84	80.76	322.2	487.17	403.23
固定资产交付使用率	%	57.8	99.0	80.5	62.1	82.1	69.9
九、国内商业							
社会消费品零售总额	亿元	59.84	81.91	326.36	931.80	1 145.73	1 345.34
十、对外贸易							
进出口总额	万美元	17 333	26 669	118 969	369 941	320 565	328 268
出口额	万美元	15 901	25 109	107 180	232 999	223 164	253 103
进口额	万美元	1 432	1 560	11 789	136 942	97 401	75 165
十一、财　政							
财政收入	亿元	31.37	34.01	77.85	99.69	124.51	139.89
财政支出	亿元	29.98	26.53	84.82	162.43	197.44	223.70
十二、物价指数(上年=100)							
全省零售物价总指数	%	100.5	104.6	102.9	116.6	106.5	101.5
城市居民消费价格总指数	%	100.3	106.8	103.1	120.1	110.2	102.6
农产品收购价格总指数	%	102.8	105.8	99.1	115.7	107.1	96.7
十三、职工工资							
职工工资总额	亿元	25.80	35.22	131.24	345.63	372.71	391.00
职工年平均货币工资	元	579	719	1 903	4 685	5 099	5 401
十四、教育文化							
高等学校数	所	53	57	63	56	56	55
高等学校在校学生数	万人	4.94	6.53	13.04	18.27	18.99	19.68
中等专业学校在校学生数	万人	5.36	6.63	14.58	29.93	35.46	42.27
普通中学在校学生数	万人	372.38	319.55	211.56	247.59	262.67	280.49
小学在校学生数	万人	765.73	755.85	623.06	674.16	699.90	718.49
报刊出版数量	万份	19 706	31 290	62 382	72 159	75 863	84 403
杂志出版数量	万册	926	989	7 346	11 389	12 334	16 708
图书出版数量	万册	16 200	16 998	40 252	35 207	38 991	36 306
十五、卫　生							
医院病床数	万张	10.34	11.22	13.16	13.08	13.08	13.08
卫生技术人员	万人	14.06	15.59	20.92	23.20	23.47	23.90
#医　生	万人	5.82	6.32	8.68	9.58	9.72	9.96

注:1994 年开始,全国实行分税制财政体制,收入口径有所变化。

1—4　国民经济主要指标发展速度

指　　标	1997年为下列各年(%)					平均每年增长(%)	
	1978年	1980年	1990年	1995年	1996年	1979—1997年	1991—1997年
一、人　　口							
年末总人口数	128.4	125.4	108.0	101.7	100.8	1.3	1.1
二、从业人员	**136.0**	**130.7**	**104.8**	**100.2**	**100.2**	**1.6**	**0.7**
# 职工人数	160.8	145.8	105.3	99.1	99.6	2.5	0.7
三、工农业总产值	**1 266.2**	**1 018.7**	**357.9**	**151.0**	**122.0**	**14.3**	**20.0**
四、国内生产总值	**694.0**	**564.2**	**234.9**	**127.9**	**113.0**	**10.7**	**13.0**
五、农业生产							
1.农业总产值	304.0	312.4	166.0	117.0	109.5	6.0	7.5
2.主要农产品产量							
粮　　食	152.7	171.5	106.4	106.9	106.0	2.3	0.9
棉　　花	158.4	183.7	112.3	99.1	135.1	2.5	1.7
油　　料	824.4	949.8	204.1	103.2	107.5	11.7	10.7
麻　　类	506.3	213.3	71.8	108.2	117.0	8.9	−4.6
烟　　叶	372.3	876.8	186.1	179.9	136.2	7.2	9.3
茶　　叶	274.1	275.7	168.0	122.3	109.2	5.5	7.7
水　　果	1 743.7	1 572.3	666.0	156.1	138.1	16.2	31.1
肉　　类		617.7	336.7	122.5	110.6		18.9
水 产 品	1 839.7	1 491.3	285.1	134.1	115.9	16.6	16.1
六、工业生产							
1.工业总产值	1 890.4	1 380.9	422.2	154.8	121.6	16.7	22.8
轻 工 业	2 224.3	1 574.2	468.1	159.6	125.2	17.7	24.7
重 工 业	1 625.7	1 222.3	383.4	150.1	118.0	15.8	21.2
2.主要工业产品产量							
布	329.6	207.9	156.7	95.0	112.5	6.5	6.6
机制纸及纸板	659.2	443.8	168.5	87.3	85.1	10.4	7.7
缝 纫 机	8.9	2.8	7.0	75.2	97.5	−12.0	−31.6
自 行 车	65.4	27.4	6.8	10.7	36.7	−2.2	−31.9
手　　表	822.4	244.2	85.0	106.3	93.0	11.7	−2.3
家用洗衣机		2 787.0	130.3	174.7	117.1		3.9
电 视 机	372.6	81.2	8.6	24.3	50.5	7.2	−29.6
原　　盐	434.3	313.0	150.3	120.9	111.0	8.0	6.0

注:本表价值指标速度均按可比价格计算。

1—4 续表1

指　　标	1997年为下列各年(%)					平均每年增长(%)	
	1978年	1980年	1990年	1995年	1996年	1979—1997年	1991—1997年
原　　煤	235.6	395.6	164.2	99.0	99.8	4.6	7.3
原　　油	77.6	78.8	98.8	96.5	94.8	—1.3	—0.2
发电量	535.2	374.4	144.1	108.3	103.0	9.2	5.4
钢	256.6	217.3	125.6	111.1	111.7	5.1	3.3
成品钢材	379.1	283.4	131.3	105.8	108.4	7.3	4.0
汽　　车	2 063.8	423.3	145.1	106.4	112.8	17.3	5.5
水　　泥	637.0	489.4	212.1	113.9	117.2	10.2	11.3
3.国有经济独立核算工业企业主要财务指标							
年末固定资产原价	1 069.7	782.3	291.7	115.8	105.6	13.3	16.5
资金总额	1 245.8	916.9	348.1	122.0	107.7	14.2	19.5
固定资产净值年平均余额	883.7	626.1	262.0	135.8	107.0	12.2	14.7
流动资产年平均余额	2 083.0	1 684.7	513.8	111.0	108.4	17.3	26.3
利润和税金总额	390.8	272.7	124.5	90.4	107.5	7.4	3.2
七、运输邮电							
1.货物周转量	258.0	221.9	108.2	93.4	93.5	5.1	1.1
铁　　路	261.7	243.4	120.9	92.2	90.8	5.2	2.7
公　　路	94.6	88.5	59.2	90.6	87.8	—0.3	—7.2
水　　运	264.8	191.4	90.3	95.5	102.0	5.3	—1.4
空　　运	7 250.0	2 900.0	4 833.3	138.1	96.7	25.3	74.0
2.旅客周转量	407.2	294.7	125.1	99.0	99.1	7.7	3.3
铁　　路	386.1	283.8	143.2	91.6	97.9	7.4	5.3
公　　路	496.5	340.9	109.4	104.8	98.7	8.8	1.3
水　　运	177.0	137.8	82.4	106.3	114.5	3.1	—2.7
民　　航	9 635.3	4 427.0	1 800.0	106.7	92.0	27.2	51.1
3.邮电业务总量	10 739.3	7 424.7	1 252.9	201.8	139.0	27.9	43.5
函　　件	347.5	297.1	171.5	99.0	94.0	6.8	8.0
报刊期发数	48.0	164.8	103.0	142.8	130.9	—3.8	0.4
八、国有经济固定资产投资							
固定资产投资总额	1 710.2	1 660.1	565.6	109.4	95.7	15.0	33.8
#基本建设投资总额	1 146.8	1 213.4	629.1	107.3	98.6	11.6	36.4

注：流动资金平均余额1990年以前为定额流动资金平均余额。固定资产净值年平均余额1991年以前为固定资产净值年末数。

1—4 续表 2

指标	1997年为下列各年(%)					平均每年增长(%)	
	1978年	1980年	1990年	1995年	1996年	1979—1997年	1991—1997年
新增固定资产	2 216.8	1 191.6	499.3	125.1	82.8	17.3	29.9
九、国内商业							
社会消费品零售总额	2 248.2	1 642.5	412.2	144.4	117.4	17.8	22.4
十、对外贸易							
进出口总额	1 893.9	1 230.9	275.9	88.7	102.4	16.7	15.6
出口额	1 591.7	1 008.0	236.1	108.6	113.4	15.7	13.1
进口额	5 249.0	4 818.3	637.6	54.9	77.2	23.2	30.3
十一、财政							
财政收入	445.9	411.3	179.7	140.3	112.4	8.2	8.7
财政支出	746.2	843.2	263.7	137.7	113.3	11.2	14.9
十二、物价指数							
零售物价总指数	395.3	372.6	201.5	108.1	101.5	7.5	10.5
城市居民消费价格总指数	496.6	453.3	240.4	113.1	102.6	8.8	13.3
农产品收购价格总指数	533.3	407.8	198.1	103.6	96.7	9.2	10.3
十三、职工工资							
职工工资总额	1 515.5	1 110.2	297.9	113.1	104.9	15.4	16.9
职工年平均货币工资	932.8	751.2	283.8	115.3	105.9	12.5	16.1
十四、教育文化							
高等学校数	103.8	96.5	87.3	98.2	98.2	0.2	—1.9
高等学校在校学生数	398.4	301.4	150.9	107.7	103.6	7.5	6.1
中等专业学校在校学生数	788.6	637.6	289.9	141.2	119.2	11.5	16.4
普通中学在校学生数	75.3	87.8	132.6	113.3	106.8	—1.5	4.1
小学在校学生数	93.8	95.1	115.3	106.6	102.7	—0.3	2.1
报刊出版数量	428.3	269.7	135.3	117.0	111.3	8.0	4.4
杂志出版数量	1 804.3	1 689.4	227.4	146.7	135.5	16.4	12.5
图书出版数量	224.1	213.6	90.2	103.1	93.1	4.3	—1.5
十五、卫生							
医院病床数	126.5	116.6	99.4	100.0	100.0	1.2	—0.1
卫生技术人员	170.0	153.3	114.2	103.0	101.8	2.8	1.9
# 医生	171.1	157.6	114.7	104.0	102.5	2.9	2.0

1—5 国民经济主要比例关系

单位:%

指　　标	1990年	1992年	1993年	1994年	1995年	1996年	1997年
一、工农业总产值中农轻重比例							
农　业	28.5	24.1	20.1	20.6	19.4	19.1	17.3
轻工业	33.8	33.4	30.9	35.7	40.5	41.3	43.7
重工业	37.7	42.5	49.0	43.6	40.1	39.6	39.0
二、工业总产值中轻重工业比例							
轻工业	47.3	44.1	38.7	45.0	50.6	51.1	52.8
重工业	52.7	55.9	61.3	55.0	49.4	48.9	47.2
三、农业总产值中农林牧副渔比例							
农　业	62.9	61.0	60.3	61.2	61.9	58.8	57.2
林　业	3.5	4.0	4.5	3.4	2.9	2.9	3.0
牧　业	24.4	25.3	26.7	27.9	27.1	29.5	30.7
渔　业	5.9	6.3	8.5	7.5	8.1	8.8	9.1
四、国有固定资产投资中生产性与非生产性比例							
生产性投资	74.8	73.9	70.7	75.0	75.6	74.5	67.1
非生产性投资	25.2	26.1	29.3	25.0	24.4	25.5	32.9
五、国有固定资产投资中农轻重投资比例							
农　业	4.1	3.2	0.9	1.3	1.6	2.0	2.5
轻工业	10.6	11.2	8.8	5.0	4.9	5.6	4.4
重工业	47.1	46.4	43.1	50.4	52.2	46.1	38.4
六、国有固定资产投资中能源交通投资比例							
能源工业	18.1	16.6	18.5	28.0	28.1	27.9	28.5
交通邮电业	14.5	13.3	19.9	17.6	15.7	15.4	18.4
七、基建拨款占财政支出的比例	**6.6**	**6.5**	**5.8**	**4.7**	**3.9**	**4.0**	**4.1**
八、文教卫科学事业费占财政支出的比例	**24.0**	**26.8**	**27.7**	**31.6**	**29.5**	**27.3**	**27.3**

注:本表价值量指标均按当年价格计算(下表同)。

1—6　按经济类型分的国民经济主要比例关系

单位:%

指　　　　标	1990年	1992年	1993年	1994年	1995年	1996年	1997年
全社会劳动者人数比例							
国有经济单位	21.1	22.0	21.8	22.0	21.9	22.0	21.6
城镇集体经济单位	7.0	6.8	6.4	5.7	5.3	5.2	4.9
其他经济类型单位	…	0.2	0.7	1.1	1.4	1.5	1.9
城镇私营和个体从业人员	1.1	1.2	1.7	3.5	5.4	5.7	6.7
乡村劳动力	70.7	69.8	68.6	67.0	65.4	65.6	64.4
全社会固定资产投资额比例							
国有经济单位	69.5	76.0	72.0	67.6	62.8	60.3	52.4
集体经济单位	10.8	9.3	8.0	7.6	8.8	9.8	9.9
其他经济单位			9.5	15.3	12.1	17.2	22.9
城乡个人	19.7	14.7	10.5	9.5	16.3	12.7	14.8
农业经济纯收入分配比例							
国家税金	5.4	6.5	6.9	7.2	7.6	7.0	7.2
集体提留	7.8	9.6	8.5	7.8	9.4	7.7	7.0
个人所得	86.8	83.9	84.6	85.0	83.0	85.3	85.8
工业总产值比例							
国有经济单位	62.3	62.6	57.4	44.4	36.4	29.5	24.1
集体经济单位	32.6	30.6	30.8	35.8	37.3	41.8	46.1
城乡个体	4.4	4.8	7.2	12.6	16.7	20.2	19.7
其他经济类型单位	0.7	2.0	4.6	7.2	9.6	8.5	10.1
社会消费品零售总额比例							
国有经济			36.1	29.3	27.9	25.2	22.2
集体经济			20.5	18.7	17.8	16.4	15.3
私营经济			0.7	1.4	3.2	5.0	5.7
个体经济			19.0	27.5	30.0	30.9	32.8
联营经济			0.2	0.1	0.1	0.4	
股份制经济			7.4	7.4	7.2	6.6	7.1
外商、港澳台投资经济			0.3	0.3	0.3	0.8	0.7
其他经济			15.8	15.3	13.5	14.7	16.2

1—7 主要指标人均水平

指标	单位	1990年	1992年	1993年	1994年	1995年	1996年	1997年
一、国内生产总值(当年价格)	**元**	**1 556**	**1 986**	**2 565**	**3 341**	**4 162**	**5 122**	**5 899**
二、工农业总产值(当年价格)	**元**	**2 661.83**	**3 301.10**	**4 491.09**	**6 738.05**	**8 861.15**	**10 307.82**	**12 345.43**
农业总产值	元	759.11	794.53	902.67	1 390.97	1 720.55	1 967.30	2 126.64
工业总产值	元	1 902.72	2 506.57	3 588.42	5 347.08	7 140.60	8 340.51	10 219.07
三、财政收入	**元**	**146.92**	**171.78**	**205.83**	**136.93**	**173.51**	**214.50**	**239.17**
四、主要农产品产量								
粮食	千克	467.10	442.79	416.01	430.70	428.83	428.45	450.41
棉花	千克	9.76	11.13	7.60	7.96	10.20	7.42	9.93
油料	千克	18.07	18.20	19.99	24.35	32.97	31.36	33.42
麻类	千克	2.32	1.26	1.57	1.19	1.42	1.30	1.51
烟叶	千克	2.03	3.13	2.65	1.91	1.93	2.53	3.42
茶叶	千克	0.54	0.56	0.61	0.63	0.68	0.75	0.82
水果	千克	5.07	6.17	10.09	12.09	19.96	22.37	30.62
肉类总产量	千克	27.71	31.93	35.27	41.75	48.63	53.37	58.51
水产品	千克	13.40	14.89	18.12	22.88	26.27	30.12	34.60
五、主要工业产品产量								
布	米	26.59	27.66	24.24	38.43	40.45	33.85	37.75
自行车	辆	0.02	0.04	0.03	0.02	0.01	0.01	…
电视机	台	0.008	0.004	…	0.004	0.002	0.001	0.001
原煤	千克	174.43	161.46	176.52	203.30	269.30	262.31	259.40
发电量	千瓦小时	639.62	670.04	720.75	753.80	788.00	820.96	838.54
成品钢材	千克	100.60	108.50	117.84	115.32	115.10	111.34	119.67

注:1994年因全国实行分税制财政体制,财政收入口径有所变化,故人平财政收入也有所变化(下表同)。

1—8 平均每天创造的财富

指　　标	单　位	1990年	1992年	1993年	1994年	1995年	1996年	1997年
国内生产总值	万元	22 586	29 819	39 024	51 470	65 518	81 375	94 527
工农业总产值	万元	38 642	49 564	68 315	104 426	139 483	163 756	197 827
农业总产值	万元	11 020	11 929	13 731	21 557	27 083	31 254	34 073
工业总产值	万元	27 622	37 635	54 584	82 869	101 313	132 502	163 753
财政收入	万元	2 133	2 579	3 153	2 122	2 731	3 408	3 833
交通部门铁路货运量	万吨	10.69	11.01	11.04	10.86	10.92	10.35	10.64
交通部门公路货运量	万吨	8.06	7.75	7.49	7.30	7.12	6.95	6.25
港口吞吐量	万吨	18.22	21.78	8.40	8.28	9.28	9.00	18.75
全社会竣工房屋建筑面积	万平方米	11.42	12.66	11.10	13.47	15.35	16.64	17.62
主要工业产品产量								
钢	吨	17 240	18 611	19 715	19 773	19 495	19 390	21 651
成品钢材	吨	14 605	16 291	18 048	17 873	18 119	17 688	19 176
水　泥	吨	27 041	34 607	37 362	41 699	50 363	48 950	57 356
原　油	吨	2 275	2 096	2 219	2 384	2 330	2 370	2 248
原　盐	吨	3 902	4 286	4 654	4 576	4 853	5 284	5 865
原　煤	吨	25 322	24 242	27 037	31 507	42 382	41 672	41 568
发电量	万千瓦小时	9 326	10 060	11 039	11 682	12 404	13 042	13 437
汽　车	辆	312	414	527	492	425	401	452
电视机	台	1 126	619	559	685	296	192	97
自行车	辆	3 436	5 325	4 701	3 452	2 190	640	235
手　表	只	2 758	2 781	2 178	2 027	2 014	2 519	2 343
布	万米	386	415	371	596	637	538	605
主要农产品产量								
粮　食	吨	67 808	66 482	63 718	66 359	67 502	68 066	72 175
棉　花	吨	1 417	1 671	1 164	1 233	1 605	1 178	1 592
油　料	吨	2 623	2 733	3 061	3 775	5 190	4 981	5 355
肉　类	吨	4 023	4 794	5 403	6 433	7 655	8 479	9 376
鲜　蛋	吨	1 421	1 734	1 917	2 165	2 409	2 782	3 237
蔬　菜	吨	26 746	29 114	33 609	39 385	45 572	55 824	63 106
水　果	吨	737	926	1 545	1 874	3 142	3 553	4 906
水产品	吨	1 945	2 236	2 775	3 545	4 135	4 784	5 544

注：本表价值指标均按当年价格计算。

1—9 国内生产总值和构成

（按当年价格计算）

年份	国内生产总值（亿元）	第一产业	第二产业	第三产业	构成（%）	第一产业	第二产业	第三产业	人平国内生产总值（元）
1978	151.00	61.11	63.71	26.18	100	40.5	42.2	17.3	332
1979	188.46	85.15	73.03	30.28	100	45.2	38.7	16.1	409
1980	199.38	71.22	91.67	36.49	100	35.7	46.0	18.3	428
1981	219.75	87.00	92.85	39.90	100	39.5	42.3	18.2	466
1982	241.55	101.73	94.97	44.85	100	42.1	39.3	18.6	506
1983	262.58	105.40	106.50	50.68	100	40.1	40.6	19.3	549
1984	328.22	126.36	136.50	65.36	100	38.5	41.6	19.9	676
1985	396.26	144.44	174.35	77.47	100	36.5	44.0	19.5	808
1986	442.04	163.61	187.96	90.47	100	37.0	42.5	20.5	891
1987	517.77	183.99	224.53	109.25	100	35.5	43.4	21.1	1 031
1988	626.52	214.66	271.25	140.61	100	34.3	43.3	22.4	1 228
1989	717.08	239.07	300.46	177.55	100	33.3	41.9	24.8	1 383
1990	824.38	289.45	313.39	221.54	100	35.1	38.0	26.9	1 556
1991	913.38	279.30	359.86	274.22	100	30.6	39.4	30.0	1 689
1992	1 088.39	303.00	444.61	340.78	100	27.8	40.9	31.3	1 986
1993	1 424.38	346.39	627.69	450.30	100	24.3	44.1	31.6	2 565
1994	1 878.65	501.44	812.56	564.65	100	26.7	43.2	30.1	3 341
1995	2 391.42	619.77	1 029.85	741.80	100	25.9	43.1	31.0	4 162
1996	2 970.20	716.34	1 344.36	909.50	100	24.1	45.3	30.6	5 122
1997	3 450.24	767.92	1 606.98	1 075.34	100	22.2	46.6	31.2	5 899

1—10 国内生产总值指数

单位：%

年份	（上年＝100）总指数	第一产业	第二产业	第三产业	（1978年＝100）总指数	第一产业	第二产业	第三产业
1978	113.5	103.4	128.4	107.4	100	100	100	100
1979	115.6	118.9	113.1	114.4	115.6	118.9	113.1	114.4
1980	106.4	86.9	123.5	111.0	123.0	103.3	139.7	127.0
1981	106.5	113.3	101.5	104.9	131.1	117.1	141.8	133.2
1982	112.1	115.7	104.7	121.6	146.7	135.5	148.4	161.9
1983	105.8	99.6	109.9	111.5	155.4	135.0	163.2	180.5
1984	120.9	114.4	125.0	125.2	187.9	154.4	204.0	225.9
1985	116.2	108.3	124.7	112.4	218.3	167.2	254.3	254.0
1986	105.5	103.3	105.2	110.2	230.4	172.6	267.6	279.8
1987	108.4	103.1	111.3	110.7	249.8	178.0	298.0	309.8
1988	107.8	94.9	113.7	114.3	269.3	168.9	338.7	354.0
1989	104.5	105.2	102.1	109.3	281.4	177.6	346.0	386.7
1990	105.0	107.5	99.0	114.8	295.5	190.6	342.5	443.8
1991	106.6	95.1	111.1	115.4	315.1	181.5	380.6	512.2
1992	114.1	108.2	116.6	116.9	359.5	196.3	443.9	598.9
1993	114.3	105.8	119.6	115.3	410.8	207.6	530.8	690.5
1994	115.2	107.1	122.1	112.6	473.4	222.3	648.2	777.2
1995	114.6	108.9	118.9	112.7	542.5	242.1	770.5	875.6
1996	113.2	104.5	118.3	112.1	614.2	252.9	911.2	981.2
1997	113.0	106.9	115.8	112.9	694.0	270.4	1 055.2	1 107.8

1—11 分项目、分行业国内生产总值

单位:亿元

项　　　目	1990年	1992年	1993年	1994年	1995年	1996年	1997年
一、增加值的项目构成	**824.38**	**1 088.39**	**1 424.38**	**1 878.65**	**2 391.42**	**2 970.20**	**3 450.24**
劳动者报酬	498.23	551.05	708.66	948.39	1 291.82	1 795.64	2 108.52
固定资产折旧	97.92	152.36	137.74	170.66	283.65	369.88	525.50
生产税净额	84.45	130.54	169.60	239.07	325.76	372.31	443.20
营业盈余	143.78	254.44	408.38	520.53	490.19	432.37	373.02
二、分行业的国内生产总值	**824.38**	**1 088.39**	**1 424.38**	**1 878.65**	**2 391.42**	**2 970.20**	**3 450.24**
第一产业	289.45	303.00	346.39	501.44	619.77	716.34	767.92
农　业	289.45	303.00	346.39	501.44	619.77	716.34	767.92
第二产业	313.39	444.61	627.69	812.56	1 029.85	1 344.36	1 606.98
工　业	284.15	402.59	564.54	733.25	925.75	1 218.47	1 453.31
建筑业	29.24	42.02	63.15	79.31	104.10	125.89	153.67
第三产业	221.54	340.78	450.30	564.65	741.80	909.50	1 075.34
农林牧渔服务业	0.97	1.87	2.29	2.92	3.28	3.61	4.23
地质勘探水利业	1.78	2.53	3.12	3.58	4.14	4.82	7.16
运输仓储和邮电业	37.25	56.53	68.85	87.46	114.92	138.41	167.68
批发零售贸易餐饮业	69.35	112.25	149.98	175.32	239.16	301.17	349.58
金融、保险业	33.77	48.07	63.42	86.68	107.01	137.56	161.84
房地产业	11.38	17.22	25.23	36.69	40.15	58.47	64.43
社会服务业	10.26	18.95	35.26	39.33	55.49	66.91	83.26
卫生、体育和社会福利事业	9.41	14.52	18.55	23.44	30.67	35.27	50.79
教育文艺广播电视事业	16.58	22.65	24.66	34.50	48.23	55.46	64.46
科学研究和综合技术服务业	4.63	7.40	9.09	10.09	15.68	18.03	18.89
党政机关和社会团体	25.16	36.24	46.81	61.59	79.02	85.34	98.13
其　他	1.00	2.54	3.04	3.05	4.05	4.45	4.89

注:本表按当年价格计算。

1—12 三次产业增长速度比较

年 份	国民生产总值平均每年增长%	第一产业	第二产业	第三产业	一、二、三产业增长速度之比（以第一产业为1）
1952	13.8	9.6	27.4	18.5	1∶2.85∶1.93
1957	7.4	6.4	15.3	2.6	1∶2.39∶0.41
1965	18.1	11.5	32.5	14.9	1∶2.83∶1.30
1970	26.9	12.2	61.2	11.3	1∶5.02∶0.93
1975	11.4	−5.5	39.0	16.0	
1978	13.5	3.4	28.4	7.4	1∶8.35∶2.18
1980	6.4	−13.1	23.5	11.0	
1985	16.2	8.3	24.7	12.4	1∶2.98∶1.49
1986	5.5	3.3	5.2	10.2	1∶1.58∶3.09
1987	8.4	3.1	11.3	10.7	1∶3.65∶3.45
1988	7.8	−5.1	13.7	14.3	
1989	4.5	5.2	2.1	9.3	1∶0.40∶1.79
1990	5.0	7.5	−1.0	14.8	
1991	6.6	−4.9	11.1	15.4	
1992	14.1	8.2	16.6	16.9	1∶2.02∶2.06
1993	14.3	5.8	19.6	15.3	1∶3.38∶2.64
1994	15.2	7.1	22.1	12.6	1∶3.11∶1.77
1995	14.6	8.9	18.9	12.7	1∶2.12∶1.43
1996	13.2	4.5	18.3	12.1	1∶4.07∶2.69
1997	13.0	6.9	15.8	12.9	1∶2.29∶1.87

1—13 第 三 产 业 构 成

单位：%

项 目	1978年	1980年	1990年	1992年	1993年	1994年	1995年	1996年	1997年
合 计	**100**	**100**	**100**	**100**	**100**	**100**	**100**	**100**	**100**
农、林、牧、渔服务业	0.4	0.4	0.4	0.5	0.5	0.5	0.4	0.4	0.4
地质勘探水利业	0.6	0.6	0.8	0.7	0.7	0.6	0.6	0.5	0.7
运输仓储和邮电业	16.4	13.3	16.8	16.6	15.3	15.5	15.5	15.2	15.6
批发零售贸易餐饮业	37.0	38.6	31.3	32.9	33.3	31.0	32.2	33.1	32.5
金融、保险业	17.3	15.1	15.2	14.1	14.1	15.4	14.4	15.1	15.1
房地产业	5.4	7.8	5.1	5.1	5.6	6.5	5.4	6.4	6.0
社会服务业	5.4	5.9	4.6	5.6	7.8	7.0	7.5	7.4	7.7
卫生、体育和社会福利事业	2.5	2.3	4.3	4.3	4.1	4.1	4.1	3.9	4.7
教育文艺广播电视事业	7.6	7.2	7.5	6.7	5.5	6.1	6.5	6.1	6.0
科学研究和综合技术服务业	1.6	1.5	2.1	2.2	2.0	6.1	2.1	2.0	1.8
党政机关和社会团体	5.5	7.1	11.4	10.6	10.4	10.9	10.7	9.4	9.1
其 他	0.3	0.3	0.5	0.7	0.7	0.6	0.6	0.5	0.4

1—14 总投资及总消费

单位：亿元

项目	1996年	1997年	项目	1996年	1997年
总投资	**1 213.67**	**1 500.61**	固定资产形成	169.78	202.64
固定资产形成	985.03	1 102.10	库存增加	45.47	45.68
库存增加	228.64	398.51	4.城乡居民个人固定资产投资	124.79	160.56
1.国有单位	734.70	886.25	城镇居民	49.99	65.26
固定资产形成	593.95	581.10	农村居民	74.80	95.30
库存增加	140.75	305.15	**总消费**	**1 646.74**	**1 783.40**
2.集体单位	138.93	205.48	一、居民消费	1 390.56	1 496.82
固定资产形成	96.51	157.80	1.农业居民	692.14	743.16
库存增加	42.42	47.68	2.非农业居民	698.42	753.66
3.其他单位	215.25	248.32	二、社会消费	256.18	286.58

注：本表按当年价格计算。

1—15 总消费和总投资指数

（按可比价格计算，1978年=100）

单位：%

年份	总消费	居民消费	社会消费	总投资	固定资产形成	库存增加
1978	100	100	100	100	100	100
1979	120.7	115.1	180.0	107.8	91.4	151.6
1980	124.0	117.7	191.3	81.0	91.0	54.1
1981	141.1	134.7	209.8	95.1	82.9	127.8
1982	163.8	156.7	239.2	128.3	122.7	143.5
1983	183.1	172.6	293.9	137.1	142.7	122.3
1984	213.4	197.2	385.4	188.6	187.0	192.8
1985	235.0	219.1	404.1	239.3	225.9	275.4
1986	273.6	254.0	481.9	239.9	222.6	286.4
1987	286.6	264.1	529.9	255.4	261.9	237.9
1988	301.2	269.9	633.8	281.4	265.4	324.0
1989	309.1	279.9	618.6	267.7	231.2	365.5
1990	320.4	291.8	625.1	305.4	247.4	461.0
1991	341.9	305.4	722.2	316.3	282.7	414.1
1992	372.2	325.2	853.1	364.3	344.8	431.1
1993	399.0	343.2	964.9	441.2	444.2	458.9
1994	446.5	388.7	1 036.8	558.3	589.2	515.8
1995	491.6	434.7	1 080.2	673.8	710.4	624.4
1996	560.4	495.1	1 235.7	865.8	978.9	645.0
1997	586.2	521.8	1 260.4	1 089.2	1 132.6	1 025.6

1—16 全省行政、事业服务业全额单位财务状况

(1997年)

单位:万元

行业	经费实际支出	预算外支出	专用基金支出	专项资金支出	年末固定资产原值
合计	**1 470 393**	**513 494.3**	**66 958.4**	**158 023.3**	**4 138 385**
#卫生	42 937.7	4 037.2	2 687.2	980	56 090.6
体育	5 200.8	760.3		55.3	7 734.3
社会福利保障业	9 250.4	1 212	339.6	524.2	21 665.2
教育	477 529.2	240 483.1	28 623.8	42 355	1 758 598
文化艺术业	9 414	2 777.1	202.4	825	42 137.9
广播电影电视业	26 554.8	12 702.6	1 723.3	116.1	53 279.9
科学研究业	23 998.3	1 749.8	3 788.7	3 047.5	72 399.5
综合技术服务业	17 124.9	5 094.7	1 316.8	4 041.2	47 251.7
国家机关	663 530.4	229 174.6	22 080.8	78 883.2	1 610 925
政党机关	31 965.5	1 603	520.6	607.1	57 838.3
社会团体	8 852.1	364.8	121.5	475.2	15 857.2

1—17 差额、自收自支事业单位财务状况

(1997年底)

单位:万元

行业	上年结余(收益)结转本年数	本年收入合计	业务(事业)收入	本年支出合计	业务(事业)支出	本年拨入的差额补助费	业务(事业)收支结余	专用基金支出	专项资金支出	年末固定资产原值
合计	**(4.98)**	**(151.22)**	**(114.82)**	**(152.59)**	**(128.12)**	**(9.41)**	**(13.02)**	**(13.03)**	**(8.22)**	**(202.04)**
#居民服务业	825	(1.36)	(1.14)	(1.19)	1.06	494.1	3028.6	2 309.4	169.1	18 603.9
卫生	(−3.76)	(59.84)	(53.332)	(62.47)	(57.51)	(3.7)	(−2.65)	(9.14)	(0.6)	(56.29)
体育	−5.1	1 232.2	795.7	1 343.8	1 265.1	162.7	46.1	4.7	23.3	6 785.6
社会福利保障业	3 166.8	(1.36)	9 988	(1.49)	(1.34)	828.9	2 693	981.7	442.1	(2.89)
教育	4 970.5	(5.5)	(4.03)	(5.98)	(4.97)	7 077.8	7 245.4	2 598.6	3 491.3	(11.33)
文化艺术业	131.4	(2.1)	(1.36)	22 982	(2.03)	4 369.9	3 434.5	781.4	618.8	(3.67)
广播电影电视业	−437.2	37 718	(2.92)	(3.77)	(3.23)	653.7	198	1 047.3	308.3	(6.34)
科学研究业	(6.48)	(12.18)	(10.04)	(9.9)	(9.22)	5 085.8	92 653	(1.37)	527.5	(10.21)
综合技术服务业	2 075.5	(3.84)	(2.98)	(4.25)	(3.58)	4 231.7	2 213.3	3 049.2	1 849.2	(6.66)
# 差额单位	(3.79)	(121.81)	(94.71)	(125.89)	(109.59)	(8.56)	(8.27)	(12.05)	(7.16)	(156.88)

注:括号内数字为亿元。

1—18 服务企业和企业化管理的事业单位

(1997 年)

单位:万元

按经济类型行业分	资本金合计	流动资产合计	固定资产合计	资产总计	流动负债合计	长期负债合计	主营业务收入
合计	**(163.28)**	**(3 679.44)**	**(239.78)**	**(5 701.8)**	**(3 854.02)**	**(1 279.39)**	**(646.16)**
事业单位	239 676	1 315 614	306 666	1 859 750	2 429 956	423 247	442 320
一、按经济类型分							
国有经济	1 103 388	29 885 357	1 803 196	47 653 733	32 159 468	10 608 375	5 654 016
城镇集体经济	194 373	3 885 552	199 379	5 199 845	3 378 313	1 550 121	444 148
其他经济	(33.51)	(302.35)	(39.53)	(416.44)	(300.24)	(63.54)	(36.35)
二、按国民经济行业分							
#居民服务业	5 427	5 772	6 395	18 373	8 875	1 722	8 543
卫　生	293	861	243	1 109	1 186		300
体　育	160	468	2 071	2 929	884	361	829
社会福利保障业	31	386	110	921	66	352	302
教　育	3 647	20 037	3 956	25 674	12 803	8 940	3 241
文化艺术业	21 495	109 809	78 238	196 787	95 213	10 933	100 681
广播电影电视业	8 359	11 529	19 331	33 365	11 185	3 259	7 520
科学研究业	432	515	3 738	4 265	1 120	457	1 207
综合技术服务业	23 119	74 549	36 507	142 005	77 272	28 292	56 020

按经济类型行业分	营业成本	主营业务利润	利润总额	应交所得税	应付利润	本年应付工资	本年应付福利费
合计	**(569.32)**	**(−19.14)**	**(−77.37)**	**(3.11)**	**(3.75)**	**(21.19)**	**(3.27)**
事业单位	343 918	42 782	−5 474	6 177	7 423	39 886	6 385
一、按经济类型分							
国有经济	5 102 474	−226 197	−725 630	21 858	12 639	168 929	26 092
城镇集体经济	388 830	−32 953	−62 486	729	1 650	23 032	3 655
其他经济	(20.19)	(67 799)	(14 466.4)	8 467.5	(2.33)	(2.0)	2 957.2
二、按国民经济行业分							
#居民服务业	4 571	947	262	51	9	1 695	388
卫　生	200		−275			334	31
体　育	489	1	3	1	2	107	16
社会福利保障业		1	−1			27	1
教　育	1 928	611	−1 110		153	621	154
文化艺术业	58 958	31 546	21 353	6 325	2 817	3 335	533
广播电影电视业	3 440	1 042	−71	45	47	1 316	220
科学研究业	508	630	385	3		199	47
综合技术服务业	38 099	13 990	412	247	441	8 967	1 470

注:括号内数字为亿元。

1—19 工 农 业 总 产 值

年份	工农业总产值（亿元）	农 业	工 业			占工农业总产值比重（%）		
				轻工业	重工业	农 业	轻工业	重工业
1978	251.67	84.46	167.21	78.71	88.50	33.6	31.3	35.1
1979	310.67	109.85	200.82	93.45	107.37	35.3	30.1	34.6
1980	322.97	94.95	228.02	110.14	117.88	29.4	34.1	36.5
1981	361.40	111.68	249.72	131.13	118.59	30.9	36.3	32.8
1982	400.43	128.35	272.08	137.66	134.42	32.0	34.4	33.6
1983	453.30	134.09	319.21	157.33	161.88	29.6	34.7	35.7
1984	541.13	169.20	371.93	182.57	189.36	31.3	33.7	35.0
1985	659.54	192.32	467.22	216.47	250.75	29.2	32.8	38.0
1986	757.38	219.10	538.28	256.06	282.22	28.9	33.8	37.3
1987	908.87	249.68	659.19	315.49	343.70	27.5	34.7	37.8
1988	1 132.35	297.51	834.84	405.13	429.71	26.3	35.8	37.9
1989	1 311.97	335.04	976.93	463.35	513.58	25.5	35.3	39.2
1990	1 410.43	402.23	1 008.19	476.75	531.44	28.5	33.8	37.7
1991	1 541.06	405.04	1 136.02	531.26	604.76	26.3	34.5	39.2
1992	1 809.08	435.42	1 373.66	605.11	768.55	24.1	33.4	42.5
1993	2 493.48	501.17	1 992.31	770.20	1 222.11	20.1	30.9	49.0
1994	3 811.56	786.84	3 024.72	1 360.78	1 663.94	20.6	35.7	43.6
1995	5 091.12	988.53	4 102.59	2 059.11	2 043.48	19.4	40.5	40.1
1996	5 977.09	1 140.76	4 836.33	2 470.90	2 365.43	19.1	41.3	39.6
1997	7 220.68	1 243.68	5 977.00	3 158.47	2 818.53	17.2	43.7	39.1

注：本表按当年价格计算。

1—20 工农业总产值指数

（1978 年＝100）

单位：%

年 份	工农业总产值	农业总产值	工业总产值	
			轻工业总产值	重工业总产值
1979	115.1	109.6	117.7	116.6	118.6
1980	124.3	97.3	136.9	141.3	133.0
1981	137.0	108.2	150.4	168.9	134.1
1982	153.2	122.6	167.4	181.5	154.8
1983	169.3	122.7	192.9	205.1	181.7
1984	200.4	148.4	226.4	238.6	215.5
1985	231.7	157.7	270.2	281.5	259.9
1986	252.5	163.1	299.6	321.2	280.7
1987	283.6	167.5	346.0	371.3	324.3
1988	323.6	162.9	412.1	444.1	384.2
1989	344.1	171.0	439.7	466.8	416.1
1990	353.8	183.1	447.7	475.2	424.0
1991	376.5	181.7	488.4	521.7	460.5
1992	428.6	194.4	567.5	591.6	547.1
1993	522.1	207.5	718.5	721.2	715.6
1994	676.7	227.8	969.2	1 029.2	921.0
1995	838.3	259.9	1 221.2	1 393.5	1 083.1
1996	1 037.8	277.6	1 554.6	1 776.7	1 377.7
1997	1 266.2	304.0	1 890.4	2 224.3	1 625.7

主要统计指标解释

【总产出】 是一定时期内生产的所有货物和服务的价值。他是货物和服务的全部价值，包括转移价值和新增价值两部分，即等于中间投入与增加值之和。

【中间投入】 是常住单位在生产或提供货物与服务过程中消耗和使用的所有非固定资产货物和服务价值。中间投入也称为中间消耗，分为物质产品投入和非物质性服务投入。

【国内生产总值和净值】 国内生产总值是按市场价格计算的国内生产总值的简称，他是我国所有常住单位中一定时期内生产活动的最终成果。国内生产总值有三种表现形态，即价值形态、收入形态和产品形态。从价值形态看，他是所有常住单位在一定时期内所生产的全部货物和服务价值超过同期投入的全部非固定资产货物和服务价值的差额，即所有常住单位的增加值之和；从收入形态看，他是所有常住单位在一定时期内所创造并分配给我们常住单位和非常住单位的初次分配收入之和，即固定资产折旧、劳动者报酬、生产税净额和营业盈余之和；从产品形态看，他是最终使用的货物和服务减去进口货物和服务，等于总消费、总投资与净出口之和。在核算中，国内生产总值的三种表现为三种计算方法，即生产法、收入法和支出法。三种方法分别从不同的侧面反映国内生产总值及其构成。所谓常住单位是指一经济单位在我国的经济领土上具有经济利益中心，则称之为我国的常住经济单位。经济利益中心则是指一经济单位在我国经济领土范围内具有一定的场所，如住房、厂房或其它建筑物，从事一定规模的经济活动并超过一定时期(一般以一年为操作准则)，则说该经济单位在我国具有经济利益中心。

国内生产净值是按市场价格计算的国内生产净值的简称，他等于国内生产总值减去所有常住单位的固定资产折旧。

【国民生产总值和净值】 国民生产总值的按市场价格计算的国民生产总值的简称。他是我国所有常住单位在一定时期内收入初次分配的最终成果。他等于国内生产总值加上来自国外的劳动者报酬和财政收入，减去支付给国外的劳动者报酬和财政收入。与国民生产总值不同，国内生产总值是一个生产概念，而国民生产总值是个收入概念。

国民生产净值是按市场价格计算的国民生产净值的简称，他等于国民生产总值减所有常住单位的固定资产折旧。

【总消费】 是指常住单位在一定时期内对于货物和服务的全部最终消费，也就是常住单位为满足人们物质、文化和精神生活需要，从本国经济领土或外国购买的货物和服务。不包括非常住居民在本国经济领土内的消费。总消费分为居民消费和社会消费。

居民消费是指常住居民在核算期内对于货物和服务的全部最终消费。包括居民以货币直接购买的用于生活消费的各种货物，既有各种耐用消费品又有非耐用消费品，不包括居民购买的房屋和用于生产目的的支出；居民直接购买的用于生活消费的各种服务支出，如交通费、学杂费、房租、洗理、日用修理、医疗保健（自己直接支付）、教育、文化、家庭保姆等支出；居民自产自用的计入核算期社会产品中的货物；自有住房的虚拟消费；居民以实物工资获得的各种生活消费包括免费和低于市场价格获得的各种货物和服务；职工从单位享受的公费医疗和集体福利设施及补贴。

居民消费不包括居民销售旧货、废品、废料得到的净收入。

社会消费指政府部门的总产出扣除销售收入后的价值。换句话讲，就是指社会公共服务部门将其生产活动总成果提供给政府，由政府部门购买并提供给全社会享用的消费品和劳务。

【总投资】 是指常住单位在核算期内对固定资产和库存的投资支出合计，分为固定资产形成和库存增加两项。固定资产形成是生产过程中生产的，在其他生产过程中反复使用一年以上的有形和无形资产。固定资产形成是指常住单位在核算期内购置、转入和为自用而生产的固定资产，扣除已有固定资产的销售和转出后的价值。有形固定资产形成包括建筑工程、安装工程、设备与工具器具购置和其他费用四部分，不包括拥有的耐用消费品和作为纯军事目的而使用的耐用品。无形固定资产形成包括矿藏的勘探、计算机软件、娱乐、文学艺术品原件等。

库存增加即存货变动，是指常住单位在核算期内库存实物量变动的市场价值。期初与期末差额为正值，表示库存增加；负值表示库存减少。具体包括：一是生产单位从其他单位购买的原材料、燃料和各种储备物资等。这部分购买入库的商品应按本期购买者价格估计。二是生产单位生产的各种产成品、在制品、半成品等。生产单位生产入库和各种产成品应按本期生产者价格估价。

【净出口】 是指出口与进口的差额，即出口减进口。出口是指常住单位向非常住单位出售或无偿转让的货物和服务总值；进口是指常住单位从非常住单位购买或无偿得到的货物和服务总值。

国内生产总值使用中的进出口由物质产品进出口和服务进出口两部分组成。

【当年价格】 指报告期的实际价格，如工厂的出厂价格，农产品的收购价格，商业的零售价格等。按当年价格计算，是指一些以货币表现的物量指标，如工农业总产值、国民生产总值等，按照当年实际价格来计算总量。使用当年价格计算的数字，是为了使国民经济各项指标互相衔接，便于考察当年经济效益，便于生产和流通、生产和分配、生产和消费进行经济核算和综合平衡。

按当年价格计算的价值指标，在不同年份之间进行对比时，因为包含有各年价格变动的因素，不能确切地反映物量的增减变动。必须消除价格变动因素后，才能真实反映经济发展动态。因此，在计算增长速度时都使用按可比价格计算的数字。

【可比价格】 指在不同时期的价格指标对比时，扣除了价格变动的因素，以确切表示实物量的变化。按可比价格计算有两种方法：一种是直接按产品产量和其不变价格计算；一种是用物价指数换算。

【不变价格】 用某一时期的同类产品的平均价格作为固定价格，来计算各个时期的产品价格。新中国成立后，随着工农业产品价格水平的变化，国家统计局先后五次制定了全国统一的工业产品不变价格和农业产品不变价格，从1949年到1957年使用1952年工（农）业产品不变价格，从1957年到1971年使用1957年不变价格，从1971年到1981年使用1970年不变价格，从1981年到1991年使用1980年不变价格，从1991年开始使用1990年不变价格。

【国民经济指标的指数】 如“国民生产总值指数”，是按可比价格计算的。如计算有关年份产值增长情况，可用指数直接进行对比。

【平均每年增长速度】 在我国计算平均增长速度有两种方法，一种是习惯上经常使用的“水平法”，又称几何平均法，是以间隔期最后一年的水平同基期水平对比来计算平均每年增长（或下降）速度。另一种是“累计法”，又称代数平均法或方程法，是以间隔期内各年水平的总和同基期水平对比来计算平均每年增长（或下降）速度。

在一般正常情况下，两种方法计算的平均每年增长速度比较接近，但在经济发展不平衡，出现大起大落时，两种方法计算的结果差别较大。

【资本金合计】 指企业在工商行政管理部门登记的注册资金合计。企业资本金按投资主体可分为国家资本金、法人资本金、个人资本金和外商资本金等，某些企业注册的资本金可能是由单一投资主体形成的，也可能是由多种投资主体形成的。资本金合计应包括企业各种投资主体注册的全部资本金。

【国家资本金】 指有权代表国家投资的政府部门或机构以国有资产投入企业形成的资本金。

【外商资本金】 指外国投资者以及我国香港、澳门和台湾地区投资者投入企业形成的资本金。

【流动资产合计】 指企业可以在一年内或者超过一年的一个生产周期内变现或者耗用的资产合计，包括现金及各种存款、短期投资、应收及预付款项、存货等。

【存货】 指企业在生产经营过程中为销售或耗用而储备和各种资产。包括原料、周转材料、包装物、低值易耗品、在产品、自制半产品、产成品等。

【长期投资】 指企业不准备在一年内变现的投资，它包括购置股票和长期债券以及对其他单位的投资等形式。该指标根据会计“资产负债表”中“长期投资”项的期末数扣除一年内到期的长期债券后的数额填列。

【固定资产合计】 指企业固定资产净值、固定资产清理、在建工程、待处理固定资产净损失所占用的资金合计。

【固定资产原价】 指企业在建造、购置、安装、改建、扩建、技术改造某项固定资产时所支出的全部货币总额。

【生产经营用固定资产】 指直接用于企业生产、经营过程中的各种固定资产。

【累计折旧】 指企业在报告期末提取的各年固定资产折旧累计数。

【本年折旧】 指企业在本年度内累计提取的固定资产折旧。

【无形及递延资产合计】 无形资产指企业长期使用而没有实物形态的资产，包括专利权、非专利技术、商标权、著作权、土地使用权、商誉等。递延资产指企业发生的不能全部计入当年损益，应当在以后年度内分期摊销的各项费用，包括开办费、租入固定资产改良支出、固定资产修理支出及摊销期限在一年以上的其他待摊费等。

【资产合计】 指企业拥有或控制的全部资产。包括流动资产合计、长期资产、固定资产合计、无形及递延资产合计、其他长期资产。

【流动负债合计】 指企业在一年内或超过一年的一个营业周期内偿还的债务，其中包括短期借款、应付款项、预付货款、应付工资、应交税金和应交利润等。

【长期负债合计】 指偿还期在一年以上或者超过一年

的一个营业周期以上的债务，其中包括长期借款、应付债务、长期应付款项等。

【负债合计】 负债指企业所承担的能以货币计量，将以资产或劳务偿付的债务。按偿还期长短分为流动负债和长期负债。

【所有者权益合计】 指企业投资人对企业净资产的所有权。企业净资产等于企业全部资产减去全部负后的余额，其中包括企业投资人对企业的最初投入以及资本公积金、盈余公积金和未分配利润。对股份制企业，所有者权益即为股东权益。

【股本】 指股份制企业以发行股票的方式筹集的资本，反映企业发行股票时按股票面值收到的股票本金。

【主营业务收入】 指企业从事某种主要生产、经营活动所取得的营业收入。工业企业是指"产品销售收入"；交通运输企业是指"营运业务收入"；建筑企业是指"工程结算收入"；批发零售贸易企业是指"商品销售收入"；其他服务企业是指"经营（营业）收入"。

【主营业务成本】 指企业从事主营业务活动而发生的成本。工业企业是指"产品销售成本"交通运输企业是指"营运业务成本"；建筑企业是指"工程结算成本"；批发零售贸易企业是指"商品销售成本"；其他服务企业是指"营业（经营）成本"。

【营业费用】 指企业在销售商品过程中所发生的费用。工业是指"产品销售费用"；批发零售贸易业是指"经营费用"；其他服务业是指"营业费用"或"销售费用"。

【业务税金及附加】 指企业因从事生产经营活动按税法规定交纳的应从主营业务收入中抵扣的税金和附加，包括产品税、消费税、营业税、城市维护建设税、资源税和教育费附加等。工业企业是指"产品销售税金及附加"；交通运输企业是指"营业税金及附加"；建筑业指"工程结算税金及附加"；批发零售贸易企业是指"商品销售税金及附加"；其他服务企业是指营业（经营）税金及附加。

【主营业务利润】 指企业从事某种主要生产、经营活动所取得的利润。工业企业是指"产品销售利润"；交通运输企业是指"主营业务利润"；建筑企业是指"工程结算利润"；批发零售贸易企业是指"主营业务利润"；其他服务企业是指"经营利润"。该指标根据会计"损益表"中相对应项目的本年累计数填列。

【管理费用】 指企业行政管理部门为组织和管理生产经营活动而发生的各项费用。

【税金】 指企业按规定从管理费用中支付的各种税金，包括房产税、车船使用税、土地使用税和印花税等。

【财产保险费】 指企业向保险公司投保所支付的财产保险费用。

【劳动、待业保险费】 指企业支付的劳动保险费和待业保险费。劳动保险费包括支付给离退休职工的退休金、价格补贴、医药费、退职金、抚恤金和企业按规定支付给离休干部的各项经费等；待业保险费是指企业按国家规定交纳的待业保险基金。

【财务费用】 指企业在筹集资金等财务活动中所发生的各项费用，包括利息支出（减利息收入）、汇兑损失（减汇兑收益）以及相关的手续费等。

【利息支出】 指企业在生产经营期间利息支出扣除利息收入后的净支出。

【营业利润】 指服务企业从事经营活动所产生的利润，分为主营业务利润和其他业务利润。其计算公式为：营业利润＝主营业务的利润＋其他业务利润－管理费用－财务费用。

【利润总额】 指企业在一定时期内实现的盈亏总额，反映企业最终的财务成果。

【应交所得税】 指企业按税法规定从生产经营所得和其他所得中交纳的所得税。

【转作奖金的利润】 指企业按规定从利润中提取转作奖金的部分。企业在提取时，作为应付工资的组成部分。

【应付利润】 指企业年度内应付给投资者或者其他单位和个人的利润。

【已分配股利】 指股份制企业（公司）根据股东所拥有的本公司股份（票）已分配给股东的股息和红利的累计数。

【本年应付工资总额】 指企业在报告期内支付给职工的全部劳动报酬，他反映企业本期累计提取的应付工资总额，而不是会计报表中的应付工资的余额。

【本年应付福利费总额】 指企业在报告期内累计提取的职工福利费总额。同应付工资总额一样，应付福利费总额反映的也是本期应储福利费的全部发生额，而不是期末余额。

【全额单位】 指经费来源主要是财政预算拨款的单位。

【差额单位】 指以收抵支实行差额预算管理的预算内事业单位。

【自收自支单位】 指实行自收自支预算管理的事业单位。

【经费支出】 指全额预算单位本年经费实际支出合计。包括工资，补助工资，职工福利费，社会保障费，人民助学金，公务费，设备购置费，修缮费，业务费，差额补助费，主要付食品价格补贴及其他费用（以十二项支出口径与国家预算支出目级科目的规定相同）。

【社会保障费】 指按规定支付给离、退休人员的离、退休金和缴纳的各项社会保障费、住房公积金等支出。

【预算外支出】 指全额单位本年用预算外资金开支的实际支出合计。

【专用基金支出】 指全额单位本年用专用基金开支的

实际支出合计。

【专项资金支出】 指全额单位本年用同级财政机关和上级部门拨入的事业经费以外的专项资金开支的实际支出合计。

【年末固定资产原值】 指全额单位在购入固定资产时所形成的帐面原价合计，或通过固定资产重新估价所确定的固定资产重置价值合计。

【上年结余（收益）结转本年数】 指差额（自收自支）单位上年的各项收支结余（结益）结转本年的数额。

【本年收入合计】 指差额（自收自支）单位本年各项收入之和，包括业务（事业）收入、调剂收入及其他收入。其中需要单独填报“业务（事业）收入”。

【业务（事业）收入】 指差额（自收自支）单位本年业务收入和事业收入之和。业务收入是指差额单位本年从事专业业务活动按标准向服务对象收取的服务费收入合计。如医院的医疗收入、药品收入、制剂收入；剧院的演出收入、其他业务收入；科学研究单位的科研成果收入、技术转让收入等。事业收入是指自收自支单位本从事服务活动而取的经营收入合计。

【本年支出合计】 指差额（自收自支）单位本年各项支出总和。包括业务（事业）支出、税金、上交上级支出和其他支出。

【业务（事业）支出合计】 指差额（自收自支）单位本年发生的事业费及各项实际支出合计。包括工资，补助工资，职工福利费，离、退休人员费用，公务费，设备购置费，修缮费，业务费，主要副食品价格补贴及其他费用（以上十项支出口径同国家预算支出目级科目中的相应科目）。

【税金】 指差额（自收自支）单位本年除业务（事业）费以外向国家交纳的营业税、城市维护建设税、印花税等。不包括从业务（事业）费中付的税金，以及从收支结余中支付的所得税等。

【上交上级支出】 指差额（自收自支）单位本年收入大于支出按规定向主管部门或上级单位上交的分成支出合计。

【其他支出】 指差额（自收自支）单位本年除业务（事业）支出、税金、上交上级支出以外的业务活动支出合计。

【本年拨入的差额补助费】 指差额单位按照经费报领关系由同级财政机关或上级部门领来的本年差额预算补助费合计（此项只限差额单位填报）。实行差额上缴的单位，此项为本年差额上缴数，并以负数表示。

【业务（事业）收支结余】 指差额（自收自支）单位本年各项收支相抵后的余额。计算公式为：

$$\text{差额单位的业务收支结余}=\text{上年结余结转本年数}+\text{本年收入合计}-\text{本年支出合计}+\text{拨入差额补助费}$$

$$\text{自收自支单位的事业收支结余}=\text{上年收益结转本年数}+\text{本年收入合计}-\text{本年支出合计}$$

【专用基金支出】 指差额（自收自支）单位本年从专用基金中实际支出合计。

【专项资金支出】 指差额（自收自支）单位本年用拨入专项资金开支的实际支出合计。

【年末固定资产原值】 指差额和自收自支单位固定资产在购入时形成的帐面原值，或通过重新估价确定的重置价值。其中需要单独填报已提折旧的固定资产原值。

人　口　2

资料整理人员：倪祥康　唐惠蓉

2—1 总 人 口

（年底数） 单位：万人

年 份	总人口	男	女	农业人口	非农业人口
1952	2 751.20	1 427.30	1 323.90	2 435.65	315.55
1957	3 062.41	1 579.69	1 482.72	2 640.73	421.68
1965	3 504.54	1 793.37	1 711.17	3 014.58	489.96
1975	4 408.15	2 261.64	2 146.51	3 807.31	600.84
1978	4 574.91	2 348.22	2 226.69	3 905.73	669.18
1979	4 632.78	2 376.57	2 256.21	3 914.44	718.34
1980	4 684.45	2 401.74	2 282.71	3 936.60	747.85
1981	4 740.35	2 430.91	2 309.44	3 969.46	770.89
1982	4 800.92	2 464.27	2 336.65	4 010.39	790.53
1983	4 865.73	2 501.19	2 364.54	4 048.82	816.91
1984	4 917.75	2 532.33	2 385.42	3 985.97	931.78
1985	4 980.19	2 565.32	2 414.87	3 921.30	1 058.89
1986	5 047.83	2 603.60	2 444.23	3 954.64	1 093.19
1987	5 120.27	2 640.76	2 479.51	3 995.83	1 124.44
1988	5 184.94	2 673.09	2 511.85	4 027.75	1 157.19
1989	5 258.83	2 712.57	2 546.26	4 066.97	1 191.86
1990	5 439.29	2 805.46	2 633.83	4 223.94	1 215.35
1991	5 512.33	2 839.16	2 673.17	4 264.27	1 248.06
1992	5 579.85	2 875.36	2 704.49	4 283.14	1 296.71
1993	5 653.48	2 913.30	2 740.18	4 308.48	1 345.00
1994	5 718.81	2 947.57	2 771.24	4 265.75	1 453.06
1995	5 772.07	2 959.55	2 812.52	4 257.83	1 514.24
1996	5 825.13	3 004.79	2 820.34	4 265.17	1 559.96
1997	5 872.60	3 016.55	2 856.05	4 271.14	1 601.46

注：1982 年及以后总人口为抽样调查推算数。

2—2 人口出生率、死亡率、自然增长率

年份	人口变动数(万人)			变动系数(‰)		
	出生数	死亡数	自然增长数	出生率	死亡率	自然增长率
1965	121.48	34.75	86.73	35.10	10.04	25.06
1975	90.80	34.52	56.28	20.74	7.88	12.86
1978	84.91	32.12	52.79	18.67	7.06	11.61
1980	94.84	32.59	62.25	20.36	7.00	13.36
1985	97.83	37.37	60.46	19.95	7.62	12.33
1986	107.09	39.45	67.64	21.01	7.74	13.27
1987	108.56	36.12	72.44	21.43	7.13	14.30
1988	97.62	32.95	64.67	19.08	6.44	12.64
1989	110.13	36.24	73.89	21.09	6.94	14.15
1990	114.40	38.66	75.74	21.60	7.30	14.30
1991	113.34	40.30	73.04	20.70	7.36	13.34
1992	105.60	38.08	67.52	19.05	6.87	12.18
1993	112.55	38.92	73.63	20.04	6.93	13.11
1994	103.31	37.98	65.33	18.17	6.68	11.49
1995	92.96	39.70	53.26	16.18	6.91	9.27
1996	93.24	40.18	53.06	16.08	6.93	9.15
1997	86.62	39.13	47.49	14.81	6.69	8.12

注:1985 年以后人口变动系数为人口抽样调整数,其余为公安年报数。

2—3 分年龄性别人口数

(1997 年抽样调查数)

单位:人

年龄别(岁)	总人口	男	女	性别比(女=100)	年龄别(岁)	总人口	男	女	性别比(女=100)
总计	**39 198**	**20 135**	**19 063**	**105.62**	40—44	2 759	1 374	1 385	99.21
0—4	2 545	1 430	1 115	128.25	45—49	2 313	1 166	1 147	101.66
5—9	4 290	2 233	2 057	108.56	50—54	1 859	929	930	99.89
10—14	3 866	2 015	1 851	108.86	55—59	1 454	763	691	110.42
15—19	2 633	1 420	1 213	117.07	60—64	1 315	666	649	102.62
20—24	2 781	1 342	1 439	93.26	65—69	1 072	554	518	104.25
25—29	4 225	2 157	2 068	104.30	70—74	755	385	370	104.05
30—34	3 906	1 947	1 959	99.39	75—79	392	177	215	82.33
35—39	2 794	1 491	1 303	114.43	80 岁及以上	239	86	153	56.21

2—4 人口年龄构成

年龄分组	1992年		1993年		1994年	
	人数（人）	占总人数（%）	人数（人）	占总人数（%）	人数（人）	占总人数（%）
婴儿组(0岁)	1 134	1.85	761	1.90	635	1.59
幼儿组(1—3岁)	3 871	6.30	2 209	5.51	2 011	5.03
学龄前儿童组(4—6岁)	4 314	7.03	2 829	7.06	2 775	6.94
小学年龄组(7—12岁)	6 372	10.38	4 420	11.02	4 649	11.63
初中年龄组(13—15岁)	2 897	4.72	1 957	4.88	1 996	4.99
高中年龄组(16—18岁)	2 806	4.57	1 720	4.29	1 726	4.32
少年组(0—14岁)	17 704	28.83	11 584	28.89	11 353	28.41
老年组(65岁及以上)	3 868	6.30	2 306	5.75	2 455	6.14
劳动年龄组(男16—59岁,女16—54岁)	35 975	58.59	23 675	59.05	23 405	58.56
劳动年龄组(15—59岁)	38 007	61.90	24 972	62.28	24 819	62.11
选龄组(18岁及以上)	4 937	66.67	26 781	66.79	26 762	66.97
法定婚龄起点组(男22岁,女20岁)	1 294	2.11	777	1.94	731	1.83

年龄分组	1995年		1996年		1997年	
	人数（人）	占总人数（%）	人数（人）	占总人数（%）	人数（人）	占总人数（%）
婴儿组(0岁)	7 331	1.47	586	1.47	561	1.43
幼儿组(1—3岁)	23 370	4.70	1 499	3.78	1 309	3.34
学龄前儿童组(4—6岁)	34 677	6.97	2 385	6.01	2 233	5.70
小学年龄组(7—12岁)	63 827	12.83	4 862	12.25	5 342	13.62
初中年龄组(13—15岁)	24 002	4.83	2 028	5.11	1 915	4.88
高中年龄组(16—18岁)	19 150	3.85	1 649	4.15	1 504	3.84
少年组(0—14岁)	145 598	29.28	10 710	26.98	10 701	27.30
老年组(65岁及以上)	30 288	6.09	2 570	6.47	2 458	6.27
劳动年龄组(男16—59岁,女16—54岁)	288 745	58.07	23 627	59.52	23 374	59.63
劳动年龄组(15—59岁)	304 902	61.32	24 994	62.97	24 724	63.07
选龄组(18岁及以上)	330 312	66.43	27 185	68.49	26 836	68.47
法定婚龄起点组(男22岁,女20岁)	6 666	1.34	543	1.37	471	1.20

注:1995年为1%人口抽样调查数,其他年度均为人口抽样调查数。

2—5 育龄妇女分年龄生育胎次

单位:人

年龄组（岁）	育龄妇女人数	未生	一胎	二胎	三胎及以上
1992 年	**16 499**	**15 344**	**644**	**372**	**139**
15—19	2 290	2 259	27	4	
20—24	3 266	2 616	487	150	13
25—29	3 070	2 698	117	186	69
30—34	2 234	2 158	10	23	43
35—39	2 369	2 345	1	9	14
40—44	1 875	1 873	2		
45—49	1 395	1 395			
1993 年	**10 726**	**9 946**	**420**	**261**	**99**
15—19	1 481	1 463	18		
20—24	2 104	1 719	280	98	7
25—29	2 043	1 760	113	127	43
30—34	1 463	1 390	9	30	34
35—39	1 552	1 535		5	12
40—44	1 188	1 186		1	1
45—49	895	893			2
1994 年	**10 636**	**9 986**	**398**	**197**	**55**
15—19	1 461	1 449	10	2	
20—24	1 896	1 578	251	62	5
25—29	2 012	1 736	130	112	34
30—34	1 579	1 547	5	17	10
35—39	1 460	1 454	2	3	1
40—44	1 242	1 236		1	5
45—49	986	986			
1995 年	**130 260**	**123 077**	**4 733**	**1 917**	**533**
15—19	14 989	14 764	210	14	1
20—24	20 570	16 601	3 341	572	56
25—29	25 074	22 672	1 092	1 044	266
30—34	22 053	21 581	76	249	147
35—39	17 748	17 664	9	29	46
40—44	16 744	16 721	5	8	10
45—49	13 082	13 074		1	7
1996 年	**1 0730**	**10 128**	**427**	**153**	**22**
15—19	1 326	1 322	4	—	—
20—24	1 456	1 150	274	32	—
25—29	2 011	1 765	135	99	12
30—34	2 049	2 009	12	19	9
35—39	1 313	1 308	1	3	1
40—44	1 457	1 456	1	—	—
45—49	1 118	1 118	—	—	—
1997 年	**10 514**	**9 936**	**461**	**99**	**18**
15—19	1 213	1 213	—	—	—
20—24	1 439	1 165	261	12	1
25—29	2 068	1 810	187	59	12
30—34	1 959	1 915	12	27	5
35—39	1 303	1 302	1	—	—
40—44	1 385	1 384	—	1	—
45—49	1 147	1 147	—	—	—

注:1995 年为 1%人口抽样调查数,其他年度均为人口抽样调查数。

2—6 6岁及以上人口文化状况

(1997年人口抽样调查数)

单位:人

年龄别(岁)	6岁及以上人口数			大专及以上			高中		
	合计	男	女	小计	男	女	小计	男	女
总计	**35 932**	**18 318**	**17 614**	**1 213**	**770**	**443**	**4 159**	**2 402**	**1 757**
6—9	3 569	1 846	1 723						
10—14	3 866	2 015	1 851				18	10	8
15—19	2 633	1 420	1 213	63	38	25	680	397	283
20—24	2 781	1 342	1 439	158	82	76	481	250	231
25—29	4 225	2 157	2 068	317	174	143	542	298	244
30—34	3 906	1 947	1 959	253	170	83	621	335	286
35—39	2 794	1 491	1 303	113	78	35	808	487	321
40—44	2 759	1 374	1 385	98	73	25	490	279	211
45—49	2 313	1 166	1 147	72	47	25	161	97	64
50—54	1 859	929	930	45	35	10	142	87	55
55—59	1 523	799	724	35	29	6	100	71	29
60—64	1 379	698	681	28	20	8	57	39	18
65岁及以上	2 325	1 134	1 191	31	24	7	59	52	7

年龄别(岁)	初中			小学			其他		
	小计	男	女	小计	男	女	小计	男	女
总计	**11 166**	**6 550**	**4 616**	**14 931**	**7 308**	**7 623**	**4 463**	**1 288**	**3 175**
6—9	4	1	3	3 411	1 765	1 646	154	80	74
10—14	1 235	670	565	2 593	1 325	1 268	20	10	10
15—19	1 322	766	556	547	208	339	21	11	10
20—24	1 331	709	622	770	289	481	41	12	29
25—29	1 976	1 105	871	1 309	564	745	81	16	65
30—34	1 755	1 005	750	1 176	422	754	101	15	86
35—39	1 069	649	420	669	249	420	135	28	107
40—44	835	537	298	1 034	451	583	302	34	268
45—49	647	399	248	1 053	548	505	380	75	305
50—54	424	279	145	786	420	366	462	108	354
55—59	277	195	82	570	341	229	541	163	378
60—64	155	118	37	480	317	163	659	204	455
65岁及以上	136	117	19	533	409	124	1 566	532	1 034

2—7 各年龄女性初婚年龄的人口

（1997年人口抽样调查数）

单位：人

年 龄 别 （岁）	合 计	15岁	16岁	17岁	18岁	19岁	20岁	21岁
总 计	**8 537**	**68**	**101**	**232**	**441**	**850**	**1 242**	**1 370**
15—19	5		2	1	1	1		
20—24	822	8	9	28	52	107	215	195
25—29	1 956	12	19	65	113	228	319	308
30—34	1 945	15	20	48	92	191	309	341
35—39	1 300	4	7	17	39	82	141	217
40—44	1 376	18	18	24	66	93	115	166
45—49	1 129	11	26	49	78	147	142	143
50—54	3						1	
55—59								
60—64								
65岁及以上	1					1		

年 龄 别 （岁）	22岁	23岁	24岁	25岁	26岁	27岁	28岁	29岁	30岁以上
总 计	**1 275**	**1 088**	**802**	**488**	**288**	**126**	**64**	**44**	**58**
15—19									
20—24	133	63	12	—					
25—29	273	263	181	97	52	16	7	3	—
30—34	321	266	151	93	48	21	13	8	8
35—39	243	222	156	86	42	14	10	9	11
40—44	182	192	203	137	88	29	14	7	24
45—49	123	82	99	74	58	46	20	17	14
50—54				1					1
55—59									
60—64									
65岁及以上									

2—8 各年龄、性别、婚姻状况人口

（1997年人口抽样调查数） 单位：人

年龄别（岁）	合计			未婚			初婚有配偶		
	小计	男	女	小计	男	女	小计	男	女
总计	28 497	14 457	14 040	5 091	3 146	1 945	21 065	10 384	10 681
15—19	2 633	1 420	1 213	2 614	1 407	1 207	18	12	6
20—24	2 781	1 342	1 439	1 588	978	610	1 184	361	823
25—29	4 225	2 157	2 068	524	418	106	3 646	1 715	1 931
30—34	3 906	1 947	1 959	112	102	10	3 672	1 782	1 890
35—39	2 794	1 491	1 303	53	52	1	2 622	1 377	1 245
40—44	2 759	1 374	1 385	51	46	5	2 559	1 252	1 307
45—49	2 313	1 166	1 147	45	42	3	2 115	1 058	1 057
50—54	1 859	929	930	33	31	2	1 648	827	821
55—59	1 523	799	724	29	29	—	1 288	687	601
60—64	1 379	698	681	19	19	—	1 066	571	495
65岁及以上	2 325	1 134	1 191	23	22	1	1 247	742	505

年龄别（岁）	再婚有配偶			离婚			丧偶		
	小计	男	女	小计	男	女	小计	男	女
总计	470	224	246	201	141	60	1 670	562	1 108
15—19							1	1	
20—24	3		3	4	2	2	2	1	1
25—29	26	9	17	20	12	8	9	3	6
30—34	53	20	33	45	33	12	24	10	14
35—39	72	33	39	27	17	10	20	12	8
40—44	80	41	39	19	14	5	50	21	29
45—49	62	26	36	22	14	8	69	26	43
50—54	56	27	29	23	18	5	99	26	73
55—59	29	16	13	13	9	4	164	58	106
60—64	37	22	15	11	10	1	246	76	170
65岁及以上	52	30	22	17	12	5	986	328	658

主要统计指标解释

【总户数】 指家庭户、集体户之和。

【家庭户】 指有家庭成员关系人口（或者还有其他人口）居住并生活在一起的作为一个家庭户。单身独居的也作为一个家庭户。

【集体户】 指户内没有家庭成员关系，单身居住在某一个单位集体宿舍的人口，视为一个集体户。

【总人口】 年度统计人口数均为 12 月 31 日的常住人口和未落常住户口的人（包括持出生、迁移、复员转业、释放解除劳教等证件的未落常住户口和定居一年以上的流动人口），以及被注销户口的在押犯、劳改、劳教人员。总人口中不包括现役军人（含人民武装警察）。

【非农业人口】 指城乡中常年从事第二、三产业的人口及其所抚养的那部分人口，包括吃国家定量粮的人口，集镇自理口粮常住人口。

【性别比】 指以女性人口为 100 时所对应的男性人口数。计算公式为：

$$\text{性别比}=\frac{\text{男性人数}}{\text{女性人数}}\times 100$$

【出生率】 指一年内出生人数与年平均人数之比。计算公式为：

$$\text{出生率}=\frac{\text{年出生人数}}{\text{年平均人数}}\times 1000‰$$

$$\text{年平均人数}=\frac{\text{年初人数}+\text{年末人数}}{2}$$

【死亡率】 指一年内死亡人数与年平均人数之比。计算公式为：

$$\text{出生率}=\frac{\text{年死亡人数}}{\text{年平均人数}}\times 1000‰$$

【自然增长率】 指一年内人口的自然增加数（出生人数减死亡人数）与年平均人数之比。计算公式为：

$$\text{自然增长率}=\frac{\text{年出生人数}-\text{年死亡人数}}{\text{年平均人数}}\times 1000‰$$

【文化程度】 指 6 岁及 6 岁以上的，所取得的最高学历或与现有的文化水平所相当的学历。“大学毕业”，指是有教育部所承认的大学毕业文凭及获得硕士、博士学位和正在攻读硕士、博士学位的人；“大学肄业或在校”，指正在大学学习和曾在大学学习而未取得毕业证书的人；“高中”，指正在高中和相当于高中的中专、职业高中等有关学校学习，或已毕业和肄业的人；“初中”、“小学”，分别指正在“初中”、“小学”学习或已经毕业和肄业的人。

【文盲半文盲】 指 15 岁及 15 岁以上人口中不识字或识字不足 1 500 个，不能阅读通俗书报、不能写便条的人。

【婚姻】 指 15 岁及 15 岁以上人口的实际婚姻状况。包括：“未婚”，指从未结过婚；“有配偶”，包括曾丧偶或离婚后再婚的人；“丧偶”，指夫妻一方丧亡，尚未再婚的人；“离婚”，指已经离婚尚未再婚的人。

【初婚年龄】 男女第一次结婚时的年龄。

【活产数】 指胎儿脱离母体（不管怀孕月数）有过呼吸或其他生命现象的总数。

【存活数】 妇女活产子女中，现在还存活的子女数。

【育龄妇女】 指处于生育年龄的妇女。人口统计中一般以 15—49 岁妇女为育龄妇女。

【行业】 是一种经济活动部门的分类，指在业人口所属基层单位的经济活动的种类。

【职业】 是指在业人口本人所从事工作的种类。

从业人员和职工工资 3

资料整理人员：周克莉

3—1 从 业 人 员

(年底数)

单位:万人

年份	合计	按经济类型分						按产业分		
		职工	国有经济单位	城镇集体经济单位	其他经济单位	城镇私营和个体从业人员	乡村劳动力	第一产业	第二产业	第三产业
1952	1 020.26	113.26	48.34	17.85	47.07	28.30	878.70			
1957	1 139.90	170.96	103.11	62.17	5.67	2.63	966.32			
1965	1 404.23	214.62	156.22	58.41		8.02	1 181.58			
1970	1 618.77	278.02	222.57	55.45			1 340.75			
1975	1 802.48	381.40	310.38	71.02		0.25	1 420.83			
1978	1 910.37	457.34	371.56	85.78		0.70	1 452.33	1 470.60	269.00	170.77
1980	1 986.94	504.32	404.21	100.11		2.88	1 479.74	1 453.65	286.30	246.99
1985	2 238.12	615.50	457.32	157.83	0.35	22.10	1 600.52	1 383.25	485.41	369.46
1986	2 292.92	638.81	471.83	166.42	0.56	21.60	1 632.51	1 395.57	506.44	390.91
1987	2 345.53	658.73	487.59	170.49	0.56	24.03	1 662.77	1 417.17	517.84	410.52
1988	2 400.12	677.04	503.89	172.34	0.81	26.45	1 696.63	1 442.96	527.27	429.89
1989	2 432.82	684.05	510.41	172.45	1.19	27.35	1 721.42	1 481.06	514.77	436.99
1990	2 478.83	698.55	524.12	172.91	1.52	27.09	1 753.19	1 516.17	512.45	450.22
1991	2 515.36	716.09	539.92	173.08	3.09	25.41	1 773.60	1 548.16	508.38	458.82
1992	2 524.39	731.86	556.42	170.95	4.49	30.04	1 762.49	1 512.96	526.85	484.58
1993	2 547.20	739.42	557.49	163.93	18.00	42.12	1 746.82	1 467.33	552.15	527.72
1994	2 561.80	737.33	563.65	146.28	27.40	90.58	1 716.82	1 410.75	574.71	576.34
1995	2 593.84	742.38	569.12	137.88	35.38	139.15	1 697.17	1 361.73	596.68	635.43
1996	2 593.31	738.02	566.14	133.34	38.53	146.68	1 693.83	1 335.27	590.58	667.46
1997	2 597.86	735.41	560.13	126.46	48.82	175.31	1 672.64	1 304.82	590.10	702.94

注:1.1978年以来乡村劳动力不包括外出合同工、临时工。2.1993年以来从业人员合计数包括城镇各单位的其他从业人员。3. 1994年以来从业人员数不包括16岁以下实际参加社会劳动的人数。

3—2 分行业职工人数

(年底数)

单位:万人

行业	1996年			1997年		
	国有经济单位	城镇集体经济单位	其他经济单位	国有经济单位	城镇集体经济单位	其他经济单位
总计	**566.14**	**133.34**	**38.53**	**560.13**	**126.46**	**48.82**
农、林、牧、渔业	47.17	1.28	0.01	46.33	1.06	0.06
采掘业	15.21	0.43	0.09	14.79	0.48	0.31
制造业	177.71	66.87	29.77	168.14	62.87	36.56
电力、煤气及水的生产和供应业	12.63	0.25	0.16	12.76	0.14	0.25
建筑业	26.79	12.32	0.42	27.38	10.37	0.76
地质勘查业、水利管理业	8.58	0.04		8.73	0.05	
交通运输、仓储及邮电通信业	37.42	7.59	0.52	38.46	7.22	1.03
批发和零售贸易、餐饮业	61.75	35.86	5.08	60.73	34.70	6.63
金融、保险业	10.56	3.03	0.31	10.99	3.16	0.49
房地产业	2.87	0.24	0.74	2.66	0.09	0.82
社会服务业	14.52	2.84	1.41	15.39	3.61	1.60
卫生、体育和社会福利业	24.12	1.39		24.83	1.37	0.01
教育、文化艺术及广播电影电视业	63.38	0.58		65.33	0.61	
科学研究和综合技术服务业	7.30	0.04	0.04	7.46	0.04	0.30
国家机关、政党机关和社会团体	54.68	0.22		54.80	0.16	
其他行业	1.45	0.37		1.35	0.53	

3—3 分行业合同制职工人数

（年底数）

单位：人

行业	1996年			1997年		
	国有经济单位	城镇集体经济单位	其他经济单位	国有经济单位	城镇集体经济单位	其他经济单位
总计	**2 897 986**	**761 984**	**305 499**	**2 484 777**	**716 264**	**323 624**
农、林、牧、渔、业	186 612	3 311	45	192 528	2 236	431
采掘业	136 698	3 031	740	132 531	3 271	2 129
制造业	1 251 043	350 574	240 710	1 015 071	338 111	253 589
电力、煤气及水的生产和供应业	109 764	1 872	1 524	86 294	719	2 400
建筑业	179 815	63 142	2 805	149 565	49 986	5 614
地质勘查业、水利管理业	29 078	83		28 452	152	
交通运输、仓储及邮电通信业	285 607	44 901	4 083	233 372	42 878	6 655
批发和零售贸易、餐饮业	447 832	264 322	34 821	409 129	248 293	37 985
金融、保险业	40 044	15 755	2 193	43 293	16 069	1 773
房地产业	10 413	1 672	6 507	9 137	424	5 829
社会服务业	74 595	10 248	11 778	43 598	9 063	5 075
卫生、体育和社会福利业	34 911	1 004	7	32 854	886	14
教育、文化艺术及广播电影电视业	45 594	516	10	44 292	3 227	
科学研究和综合技术服务业	9 722	94	276	10 057	71	2 106
国家机关、政党机关和社会团体	54 417	666		51 344	135	
其他行业	1 841	793		3 260	743	24

3—4 分行业女职工人数

（年底数）

单位：万人

行业	1996年			1997年		
	国有经济单位	城镇集体经济单位	其他经济单位	国有经济单位	城镇集体经济单位	其他经济单位
总计	**219.52**	**62.56**	**18.36**	**216.16**	**59.16**	**22.99**
农、林、牧、渔业	20.37	0.30		20.19	0.21	0.03
采掘业	4.62	0.12	0.01	4.60	0.11	0.08
制造业	75.63	36.02	13.79	70.95	32.94	16.60
电力、煤气及水的生产和供应业	4.31	0.13	0.05	4.38	0.06	0.10
建筑业	7.47	2.59	0.06	7.33	2.45	0.19
地质勘查业、水利管理业	2.55	0.01		2.64	0.01	
交通运输、仓储及邮电通信业	10.92	2.20	0.14	10.78	1.96	0.35
批发和零售贸易、餐饮业	29.17	17.11	3.16	28.27	16.75	4.06
金融、保险业	4.34	1.29	0.17	4.61	1.35	0.23
房地产业	1.15	0.04	0.17	1.11	0.03	0.32
社会服务业	7.11	1.57	0.79	7.42	2.07	0.88
卫生、体育和社会福利业	13.08	0.63		13.71	0.61	
教育、文化艺术及广播电影电视业	23.13	0.31		24.41	0.32	
科学研究和综合技术服务业	2.53	0.02	0.02	2.55	0.01	0.15
国家机关、政党机关和社会团体	12.72	0.10		12.83	0.08	
其他行业	0.42	0.12		0.38	0.20	

3—5 城镇分行业私营企业和个体从业人员

（年底数）

单位：万人

行　　业	1990年	1992年	1993年	1994年	1995年	1996年	1997年
总　　计	**27.09**	**30.04**	**42.12**	**90.58**	**139.15**	**146.68**	**175.31**
农、林、牧、渔业				11.30	3.21	2.93	3.08
工　业	3.58	3.82	6.56	17.32	24.14	24.66	28.15
建筑业	0.13	0.21	0.40	1.74	2.44	2.98	3.66
交通运输、仓储及邮电通信业	0.96	1.13	1.93	6.63	9.16	11.12	13.63
批发和零售贸易、餐饮业	19.01	21.11	27.69	52.78	82.84	85.64	102.95
社会服务业	3.24	3.28	4.49	8.50	14.45	15.91	19.99
教育、文化艺术及广播电影电视业	0.04	0.06	0.11	0.36			
科学研究和综合技术服务业		0.19	0.54	0.85			
其他行业	0.13	0.24	0.40	1.10	2.91	3.44	3.85

注：本表为工商行政管理部门统计数字。

3—6 城镇失业人员安置情况

单位：万人

行　　业	1990年	1992年	1993年	1994年	1995年	1996年	1997年
一、全年安置人数	**17.31**	**20.94**	**22.46**	**21.36**	**24.35**	**21.02**	**23.48**
国有经济单位	6.51	6.96	8.48	7.56	7.65	6.99	4.16
城镇集体经济单位	5.87	6.53	6.18	4.98	6.90	4.95	6.34
其他各种经济单位		0.36	0.42	1.94	1.26	3.32	7.10
城镇个体劳动者	0.56	1.57	2.21	2.61	3.11	2.86	3.73
临时性工作	4.37	5.52	5.17	4.26	5.43	2.90	2.15
二、年末失业人数	**12.67**	**16.89**	**17.96**	**21.06**	**24.45**	**28.25**	**29.83**
# 失业青年	11.30	14.30	15.04	17.79	16.10	16.03	17.22

3—7 职工工资总额及指数

年 份	工资总额（万元）	国有经济单位	城镇集体经济单位	其他经济单位	指数（上年＝100）	国有经济单位	城镇集体经济单位	其他经济单位
1978	257 956	214 856	43 400		111.4	110.4	116.7	
1979	289 400	241 219	48 241		112.2	112.3	111.9	
1980	350 160	292 641	59 519		121.7	121.3	123.4	
1981	369 922	303 230	66 692		105.0	103.6	112.1	
1982	399 517	324 784	74 733		108.0	107.1	112.1	
1983	421 553	342 496	79 057		105.5	105.5	105.8	
1984	508 586	397 018	110 316	1 252	120.6	115.9	139.5	100.0
1985	616 697	484 164	132 192	31	121.6	122.0	119.8	27.2
1986	731 574	574 270	156 682	622	118.6	118.6	118.5	182.4
1987	828 617	652 609	175 036	972	113.3	113.6	111.7	156.3
1988	1 049 282	834 292	213 609	1 381	126.6	127.8	122.0	142.1
1989	1 162 759	928 412	232 090	2 257	110.8	111.3	108.7	163.4
1990	1 312 364	1 059 543	249 568	3 253	112.9	114.1	107.5	144.1
1991	1 470 068	1 180 487	282 923	6 658	112.0	111.4	113.4	204.7
1992	1 713 903	1 393 633	309 370	10 900	116.6	118.1	109.3	163.7
1993	2 143 354	1 736 689	349 001	57 664	125.4	124.6	112.8	529.0
1994	2 956 225	2 428 056	411 220	116 948	137.9	139.8	117.8	202.8
1995	3 456 323	2 827 480	451 406	177 437	116.9	116.5	109.8	151.7
1996	3 727 148	3 040 739	473 911	212 498	107.8	107.5	105.0	119.8
1997	3 909 984	3 178 232	456 698	275 054	104.9	104.5	96.4	129.4

注：从1988年开始工资总额中含肉类价格补贴。从1994年开始工资总额中含上下班交通费补贴和洗理卫生费。

3—8 分行业职工工资总额

单位：万元

行 业	1996年			1997年		
	国有经济单位	城镇集体经济单位	其他经济单位	国有经济单位	城镇集体经济单位	其他经济单位
总 计	**3 040 739**	**473 911**	**212 498**	**3 178 232**	**456 698**	**275 054**
农、林、牧、渔业	168 173	4 669	18	180 121	4 217	164
采 掘 业	92 737	1 536	287	94 166	1 920	1 066
制 造 业	927 445	224 928	160 553	891 151	208 505	198 779
电力、煤气及水的生产和供应业	103 646	1 108	1 264	114 897	761	2 064
建 筑 业	187 514	49 142	1 833	182 196	44 767	3 273
地质勘查业、水利管理业	49 528	170		52 004	227	
交通运输、仓储及邮电通信业	266 462	25 081	3 078	290 888	25 029	5 789
批发和零售贸易、餐饮业	227 889	121 931	27 577	229 592	118 080	34 224
金融、保险业	72 663	18 384	2 340	84 727	20 829	7 381
房地产业	16 767	1 219	6 541	14 373	434	7 353
社会服务业	75 681	13 829	8 858	82 146	18 804	12 577
卫生、体育和社会福利业	142 228	6 045	7	160 501	6 279	32
教育、文化艺术及广播电影电视业	349 707	2 578	6	396 354	2 843	5
科学研究和综合技术服务业	51 100	179	138	57 544	252	2 331
国家机关、政党机关和社会团体	300 798	1 039		338 955	961	
其他行业	8 403	2 073		8 617	2 790	16

3—9 国有经济单位分行业职工工资总额构成

单位:万元

行业	1996年			1997年		
	工资总额	#奖金和计件超额工资	#津贴和补贴	工资总额	#奖金和计件超额工资	#津贴和补贴
总计	**3 040 739**	**331 465**	**721 998**	**3 178 232**	**356 807**	**791 588**
农、林、牧、渔业	168 173	6 520	28 178	180 121	5 725	27 294
采掘业	92 737	9 245	26 380	94 166	8 561	32 379
制造业	927 445	120 993	168 804	891 151	139 283	162 726
电力、煤气及水的生产和供应业	103 646	16 934	16 963	114 897	22 717	16 448
建筑业	187 514	37 158	32 946	182 196	28 450	43 686
地质勘查业、水利管理业	49 528	3 402	20 901	5 2004	3 651	20 852
交通运输、仓储及邮电通信业	266 462	59 266	69 639	290 888	53 747	71 763
批发和零售贸易、餐饮业	227 889	15 613	45 558	229 592	13 788	42 361
金融、保险业	72 663	3 693	26 979	84 727	4 678	32 985
房地产业	16 767	1 196	3 960	14 373	1 824	4 165
社会服务业	75 681	7 864	19 950	82 146	7 968	20 664
卫生、体育和社会福利业	142 228	12 031	47 717	160 501	15 055	56 518
教育、文化艺术及广播电影电视业	349 707	19 917	111 973	396 354	27 729	137 159
科学研究和综合技术服务业	51 100	4 677	20 327	57 544	5 531	22 676
国家机关、政党机关和社会团体	300 798	12 557	79 259	338 955	17 674	97 327
其他行业	8 403	400	2 465	8 617	426	2 585

3—10 城镇集体经济单位分行业职工工资总额构成

单位:万元

行业	1996年			1997年		
	工资总额	#奖金和计件超额工资	#津贴和补贴	工资总额	#奖金和计件超额工资	#津贴和补贴
总计	**473 911**	**29 931**	**76 635**	**456 698**	**29 833**	**76 248**
农、林、牧、渔业	4 669	226	1 076	4 217	171	1 086
采掘业	1 536	50	157	1 920	49	154
制造业	224 928	14 354	34 995	208 505	15 036	30 619
电力、煤气及水的生产和供应业	1 108	129	144	761	151	109
建筑业	49 142	3 637	6 090	44 767	2 950	5 705
地质勘查业、水利管理业	170	5	51	227	10	126
交通运输、仓储及邮电通信业	25 081	1 367	3 761	25 029	1 345	4 525
批发和零售贸易、餐饮业	121 931	5 738	21 210	118 080	4 582	21 069
金融、保险业	18 384	871	3 789	20 829	1 256	5 784
房地产业	1 219	67	121	434	34	83
社会服务业	13 829	2 769	2 428	18 804	3 172	3 686
卫生、体育和社会福利业	6 045	404	1 471	6 279	560	1 775
教育、文化艺术及广播电影电视业	2 578	151	674	2 843	187	587
科学研究和综合技术服务业	179	23	30	252	19	64
国家机关、政党机关和社会团体	1 039	37	193	961	67	228
其他行业	2 073	104	446	2 790	244	648

3—11 职工平均工资及指数

年份	平均货币工资（元） 合计	国有经济单位	城镇集体经济单位	其他经济单位	指数（上年=100） 货币工资	国有经济单位	城镇集体经济单位	其他经济单位	实际工资	国有经济单位	城镇集体经济单位	其他经济单位
1978	581	592	532		104.5	104.5	106.4		104.2	103.9	106.1	
1979	620	642	532		106.7	108.4	100.0		104.0	105.7	97.5	
1980	719	744	619		116.0	115.9	116.4		108.6	108.5	109.0	
1981	717	739	633		99.7	99.3	102.3		97.6	97.3	100.2	
1982	739	760	657		103.1	102.8	103.8		102.2	101.9	102.9	
1983	759	781	677		102.7	102.8	103.8		101.0	101.9	102.9	
1984	889	930	768		117.1	119.1	113.4		113.8	115.7	110.2	
1985	1 027	1 082	867	988	115.5	116.3	112.9		104.7	105.4	102.4	
1986	1 170	1 241	969	1 168	113.9	114.7	111.8	118.2	107.5	108.2	105.5	111.5
1987	1 284	1 364	1 054	1 525	109.7	109.9	108.8	130.6	100.9	101.1	100.1	120.1
1988	1 580	1 683	1 273	1 842	123.1	123.4	120.8	120.8	102.2	102.4	100.2	100.2
1989	1 713	1 830	1 363	2 110	108.4	108.7	107.1	114.5	95.0	95.3	93.9	100.4
1990	1 903	2 045	1 467	2 259	111.7	107.6	107.1	107.1	107.8	108.3	104.4	103.9
1991	2 081	2 213	1 662	2 363	109.4	108.2	113.3	104.6	103.0	101.9	106.7	98.5
1992	2 370	2 532	1 837	2 575	113.9	114.4	110.5	109.0	103.1	103.5	100.0	98.7
1993	2 933	3 141	2 183	3 248	123.8	124.1	118.8	126.1	106.6	106.8	102.3	108.6
1994	4 050	4 348	2 845	4 352	138.1	138.4	130.3	134.0	108.7	109.0	102.6	105.5
1995	4 685	4 991	3 308	5 093	115.7	114.8	116.3	117.0	96.3	95.6	96.8	97.4
1996	5 099	5 411	3 590	5 754	108.8	108.4	108.5	113.0	95.1	94.0	95.3	99.9
1997	5 401	5 741	3 731	5 740	105.9	106.1	103.9	99.8	97.6	96.6	95.9	96.6

3—12 分行业职工平均工资

单位：元

行业	1996年 国有经济单位	城镇集体经济单位	其他经济单位	1997年 国有经济单位	城镇集体经济单位	其他经济单位
总计	**5 411**	**3 590**	**5 754**	**5 741**	**3 731**	**5 740**
农、林、牧、渔业	3 588	3 699	5 294	3 894	4 023	2665
采掘业	6 132	3 578	3 413	6 354	3 870	3 456
制造业	5 295	3 396	5 576	5 343	3 500	5 490
电力、煤气及水的生产和供应业	8 401	4 240	7 885	8 962	5 666	8 176
建筑业	6 531	4 053	3 986	6 725	4 309	4 061
地质勘查业、水利管理业	5 777	4 485		5 988	4 273	
交通运输、仓储及邮电通信业	7 147	3 340	6 123	7 893	3 494	5 767
批发和零售贸易、餐饮业	3 752	3 431	5 829	3 876	3 473	5 221
金融、保险业	6 816	6 201	9 873	7 705	6 661	15 297
房地产业	5 915	5 225	8 869	5 550	5 009	13 321
社会服务业	5 270	4 855	7 503	5 406	5 156	8 453
卫生、体育和社会福利业	5 963	4 347	5 385	6 544	4 620	4 954
教育、文化艺术及广播电影电视业	5 591	4 475	4 000	6 144	4 703	3 429
科学研究和综合技术服务业	7 003	5 159	3 833	7 719	6 764	12 019
国家机关、政党机关和社会团体	5 549	4 801		6 231	5 960	
其他行业	5 798	5 594		6 396	5 293	6 308

3—13 职工及离(退)休、退职人员保险福利费用及构成

单位:万元

行业	1990 年	1993 年	1994 年	1995 年	1996 年	1997 年
总计	**402 893**	**659 664**	**703 270**	**966 965**	**1 076 131**	**1 133 862**
一、国有经济单位合计	**336 999**	**557 889**	**592 073**	**835 231**	**926 037**	**959 899**
职工	185 046	278 213	265 335	295 956	334 987	313 401
医疗卫生费	81 197	120 822	137 200	145 339	161 970	162 070
文体宣传费	5 256	7 483	9 145	12 141	1 3193	14 271
集体福利事业补贴费	18 491	21 523	53 748	58 156	71 456	76 698
集体福利设施费	13 721	21 213				
计划生育补贴	6 039	7 070	7 878	7 276	7 947	
丧葬抚恤救济费	2 760	4 494	5 281	7 136	10 891	
生活困难补助	4 329	6 064	5 784	6 310	6 960	
其他	21 318	37 304	47 299	59 598	62 570	46 729
离(退)休、退职人员	151 953	279 676	324 434	539 275	591 050	646 498
离休金	11 297	19 608	26 492	37 846	41 300	48 443
退休金	85 717	149 992	210 437	383 877	412 479	474 874
退职生活费	1 829	2 825	3 747	5 787	6 161	6 348
医疗卫生费	24 729	47 493	54 804	66 110	81 848	80 010
护理费	664	1 236				
生活补贴	11 261	18 447				
交通费补贴	949	1 809	2 782	5 124	5 332	36 823
丧葬抚恤救济费	2 419	4 702	5 562	9 809	10 157	
其他	13 088	33 564	20 610	30 722	33 773	
二、城镇集体经济单位合计	**65 437**	**93 641**	**91 941**	**105 912**	**115 444**	**129 850**
离休、退休、退职费	24 855	43 261	49 292	59 975	68 157	88 791
医疗卫生费	16 273	21 388	22 342	25 117	26 087	24 088
各种福利费	24 309	28 992	20 307	20 820	21 200	16 971
三、其他各种经济单位合计	**457**	**8 135**	**19 256**	**25 822**	**34 650**	**44 112**
离休、退休、退职费	101	1 715	8 538	11 562	13 720	17 324
医疗卫生费	138	2 336	5 383	7 592	10 619	12 901
各种福利费	218	4 084	5 335	6 668	10 311	13 887

注:1994 年开始上下班交通费补贴和洗理卫生费计入工资。

主要统计指标解释

【劳动力资源总数】 指在劳动年龄内（16岁以上），具有劳动能力，在正常情况下，可能或实际参加社会劳动的人口数。包括从业人员、城镇失业人员和其他在劳动年龄内有劳动能力的人口数。但不包括劳动年龄内的在押犯人、丧失劳动能力的人员和16岁以下实际参加社会劳动的人员。

【经济活动人口】 指劳动年龄内，有劳动能力，参加或要求参加社会经济活动的人口。包括从业人员和失业人员。

【从业人员】 指从事一定社会劳动并取得劳动报酬或经营收入的人员。按就业身份分组包括：

①职工

②再就业的离退休人员

③私营业主

④个体户主

⑤私营企业和个体从业人员

⑥乡镇企业从业人员

⑦农村从业人员

⑧其他从业人员

这一指标反映了一定时期内全部劳动力资源的实际利用情况，是研究我国基本国情国力的重要指标。

各单位从业人员是指在各级国家机关、政党机关、社会团体及企业、事业单位中工作，并取得劳动报酬的全部人员。包括职工、再就业的离退休人员、民办教师以及在各单位中工作的外方人员和港、澳、台方人员。

目前全社会从业人员的资料来源于：

①城镇单位全部职工和其他从业人员

②城镇私营企业和个体从业人员

③乡村劳动力

【使用的农村劳动力】 指国有经济、城镇的集体经济、联营经济、股份制经济、外商和港、澳、台投资经济、其他经济单位的从业人员中，现仍保留农村户籍关系的人员。

【职工】 指在国有经济、城镇的集体经济、联营经济、股份制经济、外商和港、澳、台投资经济、其他经济单位及其附属机构中工作，并由其支付工资的各类人员。不包括城镇私营企业和乡镇企业从业人员。

【合同制职工】 指单位根据国务院国发（1986）77号文件和国务院令第99号的规定，通过签订有固定期限劳动合同、无固定期限劳动合同和以完成一项工作为期限的劳动合同所使用的职工。包括实行全员劳动合同制单位的全部职工。

【正式职工】 指在机关和事业单位中，经国家有关部门分配、安排或批准招收录用的职工。包括原固定职工和使用期限在一年以上的合同制职工。

【长期职工】 指用工期限在一年以上（含一年）的职工。包括原固定职工、合同制职工、长期临时工以及国有单位使用的城镇集体经济单位的人员和其他使用期限在一年以上的原计划外用工。

【临时职工】 指用工期限不超过一年的职工。包括各单位根据国家有关规定招用的，签订一年以内的劳动合同或使用期限不超过一年的临时性、季节性用工。

【国有经济单位职工】 指在各级国有经济单位工作，并由其支付工资的各类人员。

【城镇集体经济单位职工】 指在城镇集体经济单位及其管理部门中工作，并由其支付工资的各类人员。

【其他各种经济类型单位职工】 指在城镇的联营经济、股份制经济、外商投资经济、港、澳、台投资经济及其他经济单位工作，并由其付工资的人员。

【其他从业人员】 各单位其他从业人员是指劳动统计制度规定不作职工统计，但实际参加各单位生产或工作并取得劳动报酬的人员。包括再就业的离退休人员、民办教师以及在各单位中工作的外方人员和港、澳、台方人员。全社会其他从业人员还包括宗教职业者。

【城镇私营企业和个体从业人员】 指在工商行政管理部门登记和批准并领取营业执照的城镇私营企业或个体经营者所经营的机构中劳动并领取劳动报酬的帮工、学徒、雇佣人员，以及直接参加生产经营管理活动，并从生产经营的盈利中取得劳动收入的私营业主和个体户主。包括离退休后在私营企业从业或从事个体劳动的人员，但不包括个体经营者所经营的机构中户口在农村的人员。

【乡村劳动力】 指劳动年龄内的乡村人口中实际参加各种行业劳动并取得实物或货币收入的劳动力人数。包括在农村从事个体劳动，以及在私营企业、乡镇企业工作的人员，但不包括外出合同工、临时工。

【城镇失业人员】 指有非农业户口，在劳动年龄以内，有劳动能力无业而要求就业，并在当地就业服务机构进行求职登记的人员。包括失业青年、失业职工和其他失业人员。

【城镇失业率】 是城镇失业人数同城镇从业人数加城镇失业人数之比。计算公式为：

$$\text{城镇失业率}=\frac{\text{城镇失业人数}}{\text{城镇从业人数}+\text{城镇失业人数}}\times 100\%$$

这一指标反映了一定时期内城镇可能参加社会劳动的人数中，实际失业人数的比重。

【非经济活动人口】 指劳动年龄内，有劳动能力，未参加或不要求参加社会经济活动的人口。包括16岁以上在校学生、待学人员、离退休后不再要求就业的人员，家务劳动者，无就业愿望的其他人员。

【从业人员劳动报酬】 指各单位在一定时期内直接支付给本单位全部从业人员的劳动报酬总额。包括职工工资总额和本单位其他从业人员劳动报酬两部分。

【职工工资总额】 指各单位在一定时期内直接支付给本单位全部职工的劳动报酬总额。包括：计时工资、计件工资、奖金、津贴和补贴、加班加点工资和其他工资。

职工工资总额的计算原则应以直接支付给职工的全部劳动报酬为依据。各单位支付给职工的劳动报酬以及其他根据有关规定支付的工资，不论是计入成本的还是不计入成本的，不论是以货币形式支付的还是以实物形式支付的，均应列入工资总额的计算范围。

【计时工资】 指按计时工资标准和工作时间支付给个人的劳动报酬，以及根据国家法律、法规和政策规定，因病、工伤、产假、计划生育假、婚丧假、事假、探亲假、定期休假、停工学习、执行国家或社会义务等原因按计时工资标准或计时工资标准的一定比例支付的工资。

【计件标准工资】 指实行计件工资制的单位，按照批准的计件单价和规定的劳动定额或工作量支付给计件工人的劳动报酬。

【奖金】 指支付给职工的超额劳动报酬和增收节支的劳动报酬。包括生产（业务）奖、节约奖、劳动竞赛奖、机关事业单位各类人员的年终一次性奖金、机关工人的奖金、体育运动员的平时训练奖、其他奖金等。

【计件超额工资】 指计件工人超额完成定额任务后所得的工资。即计件工人实得的全部计件工资减去应得的计件标准工资后的数额。某些企业的工人由于从事生产的工作物等级高于本人工资等级，因而其计件标准工资高于本人标准工资，其计件超额工资也应是全部工资减去应得的计件标准工资后的数额。

【津贴和补贴】 指为了补偿职工特殊或额外的劳动消耗和因其他特殊原因支付给职工的津贴，以及为了保证职工工资水平不受物价影响支付给职工的物价补贴。

【年功性津贴】 包括工龄工资、工龄津贴、教龄津贴和护士工龄津贴。

【物价补贴】 指为保证职工工资水平不受物价上涨或变动影响而支付的各种补贴，如副食品价格补贴（含肉类等价格补贴）、粮油、蔬菜等价格补贴、煤价补贴、房贴、水电贴、房改补贴以及提高煤炭价格后，部分地区实行的民有燃料和照明电价格补贴等。

【加班加点工资】 指对法定节假日和公休假日工作的职工以及在正常工作日以外延长工作时间的职工按规定支付的加班工资和加点工资。

【其他工资】 指其他根据国家规定支付的工资。如附加工资、保留工资以及调整工资补发的上年工资等。

【职工平均工资】 指企业、事业、机关单位的职工在一定时期内平均每人所得的货币工资总额。它表明一定时期职工工资收入的高低程度，是反映职工工资水平的主要指标。计算公式为：

$$\text{职工平均工资}=\frac{\text{报告期实际支付的全部职工工资总额}}{\text{报告期全部职工平均人数}}$$

【职工平均实际工资】 指扣除物价变动因素后的职工平均工资。计算公式：

$$\text{职工平均实际工资}=\frac{\text{报告期职工平均工资}}{\text{报告期城镇居民消费价格指数}}$$

【其他从业人员劳动报酬】 指各单位在一定时期内直接支付给本单位其他从业人员的全部劳动报酬。

【职工保险福利费用】 指企业、事业、机关单位在工资以外支付给职工个人以及用于集体的劳动保险和福利费用的总称。不包括用于职工的劳动保护费用，由保险福利费用开支的医务人员的工资，集体福利机构工作人员和病伤休息满六个月以上人员的工资。

【医疗卫生费】 指实行医疗保险企业的职工及供养的直系亲属的医疗费、医务经费、职工因工负伤就医路费以及住院伙食补助费等；卫生部门开支的机关事业单位职工的公费医疗经费；未实行医疗保险企业和未参加公费医疗的机关事业单位职工的医疗费。

【丧葬抚恤救济费】 指职工死亡的丧葬费、丧葬补助费和所遗供养直系亲属的抚恤费、救济费、生活补助费以及职工供养直系亲属死亡时的丧葬补助费等。

【职工生活困难补助】 指单位对于因各种原因造成的生活困难的职工，在经济上给予临时的或定期的补助，以保证其基本生活需要的一种福利制度。

【文体宣传费】 指企业、事业和机关单位实际支付的文娱体育宣传费，不包括学习费。

【集体福利事业设施费和集体福利事业补贴】 指对职工浴室、理发室、洗衣房、哺乳室、托儿所等集体福利设施各项支出与收入相抵后的差额补助费，以及职工所在单位为满足本单位职工的共同物质生活需要，按照国家规定开支的集体福利设施费用，如职工食堂炊事用具的购置费、修理费，职工宿舍的修缮费用等，但不包括由企业、事业、机关单位自筹经费开支的职工福利设施的基本建设费用。

【计划生育补贴】 指发给职工的独生子女补贴、保健费。

【冬季取暖补贴】 指按有关规定发给职工的冬季取暖补贴费。

【其他保险福利费】 指上述费用以外用于职工保险福利的支出，如防暑降温费、支付职工的探亲路费等。

【离休、退休、退职人员保险福利费用】 指社会保险管理机构或企业、事业、机关单位实际支付给离休、退休、退职人员的保险福利费用的总称。

【离休费】 指发给离休人员的工资和按1982年国务院发布的“关于老干部离职休养制度的几项规定”发给符合规定的离休干部相当1—2个月标准工资的生活补贴、1988年增发的生活补贴费以及发给离休人员的生活补贴和物价补贴。

【退休费】 指按照国家有关规定发给退休人员的退休费和1988年增发的生活补贴费以及发给退休人员的生活补贴和物价补贴。

【退职生活费】 指按照1978年国务院《关于工人退休退职的暂行办法》发给退职人员的生活费用和1988年增发的生活补贴费以及发给退职人员的生活补贴和物价补贴。

【医疗卫生费】 指离休、退休、退职人员的医疗费、住院费以及住院伙食补助等费用。

【交通费补贴】 指按月发给离休人员的交通费补贴。

【丧葬抚恤救济费】 指离休、退休、退职人员死亡的丧葬费、丧葬补助费和所遗供养直系亲属的抚恤费、救济费、生活补助费以及供养直系亲属死亡时的丧葬补助费等。

【其他保险福利费】 指上述费用以外，支付给离休、退休、退职人员的保险福利费，包括易地安置的离休、退休、退职人员的安家补贴费，离休、退休、退职人员的生活困难补助费以及护理费、书报费、洗理费、少数民族补贴和老干部活动经费开支的旅游费用等。

固定资产投资　4

资料整理人员：孟宪启　王行刚
范　维

4—1 全社会固定资产投资

单位:亿元

年份	总计	国有经济单位	基建	技改	房地产	专项及其他	其他经济单位
1978	33.58	33.19	31.15	2.04			
1979	31.53	30.86	27.42	3.44			
1980	35.50	34.19	29.44	4.75			
“六五”时期	**315.82**	**207.57**	**141.92**	**65.65**			
1981	33.48	29.51	23.05	6.46			
1982	48.83	34.46	25.46	9.00			
1983	56.13	36.69	24.47	12.00			
1984	74.47	45.25	28.21	14.65		2.39	
1985	102.91	61.66	40.73	18.36		2.58	
“七五”时期	**680.12**	**435.31**	**256.13**	**155.95**	**5.94**	**17.30**	
1986	111.44	66.42	42.84	22.53		1.05	
1987	140.08	85.32	51.78	30.14		3.39	
1988	160.46	102.21	58.87	39.41		3.93	
1989	123.70	81.01	45.86	30.56		4.59	
1990	144.44	100.35	56.78	33.30	5.94	4.34	
“八五”时期	**2 211.67**	**1 497.69**	**935.17**	**397.23**	**123.71**	**41.58**	**262.07**
1991	168.19	119.07	68.08	37.72	7.87	5.40	
1992	240.73	182.86	111.50	52.79	12.55	6.02	
1993	383.18	275.84	173.01	71.12	22.95	8.76	36.35
1994	593.07	401.16	249.53	107.37	34.42	9.84	90.46
1995	826.50	518.76	333.05	128.23	45.92	11.56	135.26
1996	984.38	593.32	362.26	161.25	44.59	25.22	169.78
1997	1 083.60	567.60	357.22	142.56	38.86	28.96	248.32

年份	集体经济单位	城镇	农村	城乡私人投资	城镇	农村
1978	0.39	0.39				
1979	0.67	0.67				
1980	1.31	1.31				
“六五”时期	**49.41**	**18.48**	**30.93**	**58.84**	**7.77**	**51.07**
1981	3.69	2.03	1.66	0.28	0.28	
1982	8.45	2.79	5.66	5.92	0.55	5.37
1983	8.84	2.95	5.89	10.60	0.88	9.72
1984	10.99	3.73	7.26	18.23	2.22	16.01
1985	17.44	6.98	10.46	23.81	3.84	19.97
“七五”时期	**94.18**	**44.05**	**50.13**	**150.64**	**33.88**	**116.76**
1986	15.89	7.36	8.53	29.13	6.27	22.86
1987	22.39	11.06	11.25	32.45	7.90	24.55
1988	24.60	12.81	11.80	33.64	8.70	24.94
1989	15.78	6.82	8.96	26.91	6.13	20.78
1990	15.59	6.00	9.59	28.50	4.88	23.62
“八五”时期	**190.04**	**81.32**	**108.72**	**261.87**	**79.14**	**182.73**
1991	19.49	8.35	11.14	29.63	5.16	24.47
1992	22.52	11.86	10.66	35.35	7.79	27.56
1993	30.62	15.41	15.21	40.37	9.88	30.49
1994	44.83	18.97	25.86	56.62	15.08	41.54
1995	72.58	26.73	45.85	99.90	41.23	58.67
1996	96.50	27.55	68.95	124.78	49.98	74.80
1997	107.12	29.74	77.38	160.56	65.26	95.30

4—2 全社会各种分组固定资产投资

单位:亿元

项目	全省			#地方		
	1990年	1996年	1997年	1990年	1996年	1997年
总计	**144.44**	**984.38**	**1 083.60**	**110.00**	**693.93**	**779.04**
一、按经济类型分						
国有经济单位	100.35	593.32	567.60	66.18	338.30	306.49
基本建设	56.78	362.26	357.22	34.24	185.41	176.07
技术改造	33.30	161.25	142.56	24.68	91.47	73.19
其他投资	4.34	5.22	28.96		19.00	20.73
房地产开发	5.94	44.59	38.86	4.14	42.42	36.50
集体经济单位	15.59	96.50	107.12	15.32	96.20	106.55
城镇	6.00	27.55	29.74	5.73	27.25	29.17
#房地产开发		5.17	8.43		5.17	8.43
农村	9.59	68.95	77.38	9.59	68.95	77.38
其他经济单位		169.78	248.32		134.65	205.44
#基本建设		53.86	81.25		19.51	40.97
技术改造		30.72	70.01		30.20	68.61
房地产开发		68.64	79.18		68.37	77.96
私人投资	28.50	124.78	160.56	28.50	124.78	160.56
城镇私人	4.88	49.98	65.26	4.88	49.98	65.26
农村私人	23.62	74.80	95.30	23.62	74.80	95.30
二、按用途分						
物质生产性建设	92.39	663.90	679.89	65.25	406.99	418.35
非物质生产性建设	52.05	320.48	403.71	44.75	286.94	360.69
#住宅	34.98	172.91	206.39	31.22	158.87	190.12
三、按构成分						
建筑安装工程	92.64	510.52	600.04	73.58	392.06	405.69
设备、工具、器具购置	41.02	307.89	264.16	29.31	218.14	171.97
其他	10.78	165.97	219.40	7.11	83.73	201.38
四、按资金来源分						
国家预算内投资	11.38	72.94	70.62	5.60	14.35	14.48
国内贷款	22.22	206.14	174.82	17.52	133.78	93.19
利用外资	4.79	75.27	52.32	2.50	50.02	41.75
自筹投资	92.96	365.60	633.59	75.60	251.99	502.98
其他投资	13.09	264.83	152.25	8.78	243.79	126.64

4—3 全社会固定资产投资主要指标

(1997 年)

单位:亿元

项目	总计	第一产业	第二产业	第三产业	#商业、运输邮电
全省总计	**1 083.60**	**49.36**	**436.04**	**598.20**	**172.59**
一、国有经济单位	**567.60**	**14.02**	**258.45**	**295.13**	**113.81**
基本建设	357.22	11.15	177.79	168.28	53.74
技术改造	142.56	1.19	73.35	68.02	50.47
专项及其他	28.96	1.68	7.31	19.97	9.60
房地产开发	38.86			38.86	
二、集体经济单位	**107.12**	**11.50**	**48.83**	**46.79**	**15.57**
城　　镇	29.74	0.22	12.58	16.94	3.23
# 房地产开发	8.43			8.43	
农　　村	77.38	11.28	36.25	29.85	12.34
三、其他经济单位	**248.32**	**0.95**	**128.76**	**118.61**	**14.50**
# 基本建设	81.25	0.33	69.60	11.32	3.14
技术改造	70.01	0.46	48.28	21.27	7.02
房地产开发	79.18			79.18	
四、私人投资	**160.56**	**22.89**		**137.67**	**28.71**
城镇私人投资	65.26			65.26	28.71
农村私人投资	95.30	22.89		72.41	

项目	建筑工程	安装工程	设备工器具购置	其他	本年新增固定资产
全省总计	**534.38**	**65.66**	**264.16**	**219.40**	**819.37**
一、国有经济单位	**274.58**	**39.32**	**143.21**	**110.49**	**403.23**
基本建设	194.96	23.25	48.92	90.09	226.86
技术改造	36.70	11.88	82.91	11.07	128.22
专项及其他投资	14.79	1.22	10.30	2.65	24.61
房地产开发	28.13	2.97	1.08	6.68	23.54
二、集体经济单位	**56.68**	**7.93**	**31.52**	**10.99**	**76.42**
城　　镇	16.19	1.09	8.45	4.01	20.82
# 房地产开发	6.15	0.17	0.12	1.99	3.61
农　　村	40.49	6.84	23.07	6.98	55.60
三、其他经济单位	**94.16**	**18.41**	**89.43**	**46.32**	**179.16**
# 基本建设	25.24	6.09	34.25	15.67	53.48
技术改造	15.35	4.28	45.15	5.25	66.33
房地产开发	46.28	6.24	3.62	23.04	41.01
四、私人投资	**108.96**			**51.60**	**160.56**
城镇私人投资	36.55			28.71	65.26
农村私人投资	72.41			22.89	95.30

4—4 全社会按资金来源分的固定资产投资

单位:亿元

年份	全省合计	国家投资	国内贷款	利用外资	自筹投资	其他
1978	33.58	25.94	0.14		6.06	1.44
1979	31.53	19.27	0.33		10.21	1.72
1980	35.50	14.56	4.16	0.33	14.80	1.65
“六五”时期	**315.82**	**47.88**	**67.90**	**1.28**	**178.26**	**20.50**
1981	33.48	9.51	7.73	0.41	13.83	2.00
1982	48.83	7.96	9.81	0.21	26.85	4.00
1983	56.13	8.85	9.86	0.06	32.68	4.68
1984	74.47	10.57	15.64	0.37	42.63	5.26
1985	102.91	10.99	14.86	0.23	62.27	4.56
“七五”时期	**680.12**	**61.15**	**24.56**	**12.34**	**437.57**	**44.50**
1986	111.44	13.04	24.13	0.68	69.80	3.79
1987	140.08	14.03	29.97	1.50	86.60	7.98
1988	160.46	12.78	31.68	3.31	102.70	9.99
1989	123.70	9.92	16.56	2.06	85.51	9.65
1990	144.44	11.38	22.22	4.79	92.96	13.09
“八五”时期	**2 211.67**	**182.49**	**550.58**	**170.30**	**856.41**	**451.89**
1991	168.19	11.81	37.97	0.56	74.83	38.33
1992	240.73	12.78	63.50	14.64	97.09	52.72
1993	383.18	39.90	89.32	24.18	157.01	72.77
1994	593.07	61.57	167.07	38.90	221.96	103.57
1995	826.50	56.43	192.72	87.33	305.52	184.50
1996	984.38	72.94	206.14	75.27	365.60	264.83
1997	1 083.60	70.62	174.82	52.32	633.59	152.25

年份	地方合计	国家投资	国内贷款	利用外资	自筹投资	其他
1978	14.89	7.87	0.14		5.47	1.41
1979	16.68	6.27	0.33		8.40	1.68
1980	19.53	4.10	3.38	0.02	11.10	0.93
“六五”时期	**222.77**	**16.32**	**50.14**	**0.73**	**144.44**	**11.14**
1981	17.54	2.73	4.19	0.19	9.43	1.00
1982	32.49	2.75	7.01	0.04	21.07	1.62
1983	38.26	3.48	8.29		25.38	1.11
1984	53.45	3.60	11.55	0.27	34.78	3.25
1985	81.03	3.76	19.10	0.23	53.78	4.16
“七五”时期	**537.95**	**24.10**	**108.33**	**9.63**	**361.80**	**34.09**
1986	88.90	4.33	19.65	0.52	61.02	3.38
1987	112.45	5.09	26.31	1.37	72.98	6.70
1988	131.26	5.06	30.46	3.32	84.56	7.86
1989	95.34	4.02	14.39	1.92	67.64	7.37
1990	110.00	5.60	17.52	2.50	75.60	8.78
“八五”时期	**1 520.56**	**38.28**	**378.09**	**128.30**	**622.65**	**413.24**
1991	131.06	6.39	30.78	3.48	54.35	36.06
1992	187.01	5.79	52.51	11.24	74.30	43.17
1993	288.02	7.80	75.88	22.31	117.24	64.79
1994	410.59	8.39	106.51	30.75	169.43	95.51
1995	563.88	9.91	112.41	60.52	207.33	173.71
1996	693.93	14.35	133.78	50.02	251.99	243.79
1997	779.04	14.48	93.19	41.75	502.98	126.64

4—5 全社会按国民经济行业分的固定资产投资

单位:亿元

行业	全省			#地方		
	1995年	1996年	1997年	1995年	1996年	1997年
总计	**826.50**	**984.38**	**1 083.60**	**563.88**	**693.93**	**779.04**
农、林、牧、渔业	21.88	36.24	49.36	21.86	34.92	48.38
采掘业	8.86	12.27	13.94	4.26	6.44	6.23
制造业	242.10	258.03	233.08	204.73	206.55	184.56
电力、煤气及水的生产和供应业	142.10	166.82	171.50	11.47	34.17	32.67
建筑业	8.64	13.70	17.52	4.75	9.62	12.46
地质勘查业、水利管理业	6.34	1.79	1.09	4.43	1.06	0.04
交通运输、仓储及邮电通讯业	86.34	99.64	149.21	21.96	31.92	81.76
批发和零售贸易、餐饮业	18.78	23.87	23.38	16.16	21.73	21.69
金融、保险业	8.30	12.32	16.14	0.16	3.03	2.75
房地产业	123.50	120.44	129.60	120.68	118.01	125.63
社会服务业	17.37	28.52	36.07	16.97	27.15	33.49
卫生、体育和社会福利业	4.58	5.94	10.83	4.19	5.37	8.91
教育、文化艺术及广播电影电视业	21.27	29.73	36.20	18.86	26.32	31.90
科学研究和综合技术服务业	2.67	4.06	3.30	0.71	1.69	1.65
国家机关、政党机关和社会团体	19.59	26.38	46.09	19.19	25.45	43.17
其他行业	94.19	144.63	146.30	93.50	140.52	143.75

4—6 全社会按用途分的固定资产投资

单位:亿元

年份	全省			#地方		
	生产性建设	非生产性建设	#住宅	生产性建设	非生产性建设	#住宅
1978	27.78	5.80	2.73	11.40	3.49	1.85
1979	23.51	8.02	4.54	11.44	5.24	3.15
1980	24.57	10.93	6.78	11.75	7.78	4.96
“六五”时期	**180.40**	**135.42**	**91.24**	**113.11**	**109.66**	**78.41**
1981	22.60	10.88	6.94	10.28	7.26	4.82
1982	27.54	21.29	14.55	15.74	16.75	12.11
1983	30.51	25.62	17.05	17.66	20.60	14.39
1984	42.84	31.63	21.83	27.56	25.89	19.19
1985	56.91	46.00	30.87	41.87	39.16	27.90
“七五”时期	**419.74**	**260.38**	**174.64**	**312.30**	**225.65**	**159.11**
1986	61.12	50.32	32.77	45.22	43.68	30.56
1987	84.45	55.63	37.81	64.57	47.88	34.37
1988	104.10	56.36	38.07	81.60	49.66	35.16
1989	77.68	46.02	31.01	55.66	39.68	27.80
1990	92.39	52.05	34.98	65.25	44.75	31.22
“八五”时期	**1 469.75**	**741.92**	**449.68**	**918.06**	**662.50**	**409.03**
1991	110.63	57.56	39.61	81.03	50.03	35.56
1992	160.45	80.28	52.07	114.92	72.09	46.71
1993	247.38	135.80	77.70	165.47	122.55	70.20
1994	397.34	195.73	121.32	235.01	175.58	110.52
1995	553.95	272.55	158.98	321.63	242.25	146.04
1996	663.90	320.48	172.91	406.99	286.94	158.87
1997	679.89	403.71	206.39	418.35	360.69	190.12

4—7 全社会按构成分的投资额

单位:亿元

年 份	全省 建筑安装工程	全省 设备工具器具购置	全省 其他投资	#地方 建筑安装工程	#地方 设备工具器具购置	#地方 其他投资
1978	20.30	9.98	3.30	9.89	4.51	0.48
1979	20.90	8.94	1.69	11.18	4.92	0.58
1980	23.85	9.76	1.89	14.01	4.55	0.97
"六五"时期	**216.19**	**83.11**	**16.52**	**155.63**	**59.71**	**7.42**
1981	22.80	9.08	1.60	12.31	4.54	0.67
1982	36.30	10.67	1.86	25.00	6.76	0.73
1983	40.54	13.05	2.54	28.63	8.70	0.93
1984	49.01	21.65	3.81	35.04	16.69	1.72
1985	67.53	28.67	6.71	54.64	23.00	3.39
"七五"时期	**434.43**	**19.56**	**50.14**	**52.24**	**152.75**	**32.96**
1986	72.40	31.24	7.84	60.18	23.91	4.81
1987	86.83	40.54	12.71	71.79	32.83	7.83
1988	100.58	49.28	10.60	82.40	41.51	7.35
1989	81.98	33.51	8.21	64.30	25.19	5.86
1990	92.64	41.02	10.78	43.58	29.31	7.11
"八五"时期	**1 300.95**	**606.68**	**304.04**	**972.09**	**429.78**	**178.69**
1991	108.07	45.11	15.01	86.74	33.68	10.64
1992	149.34	68.03	23.36	119.61	51.46	15.94
1993	227.25	98.91	57.02	174.02	74.17	39.83
1994	361.89	146.12	85.06	261.27	99.72	49.6
1995	454.40	248.51	123.59	330.45	170.75	62.68
1996	510.52	307.89	165.97	392.06	218.14	83.73
1997	600.04	264.16	219.40	405.69	171.97	201.38

4—8 全社会按三次产业划分的投资额

单位:亿元

年 份	全省 第一产业	全省 第二产业	全省 第三产业	#地方 第一产业	#地方 第二产业	#地方 第三产业
1978	2.24	25.10	26.24	2.24	8.80	3.85
1979	2.48	21.07	7.87	2.48	8.76	5.44
1980	2.11	22.75	10.64	2.03	9.98	7.52
"六五"时期	**24.77**	**155.02**	**136.03**	**24.05**	**83.83**	**114.89**
1981	1.72	21.55	10.21	1.64	8.71	7.19
1982	3.28	25.32	20.22	3.16	12.38	16.95
1983	2.91	27.16	26.06	2.86	13.05	22.35
1984	8.48	33.57	32.42	8.30	18.20	26.95
1985	8.37	47.42	47.12	8.09	31.48	41.46
"七五"时期	**49.76**	**335.53**	**294.83**	**47.24**	**245.00**	**245.71**
1986	7.89	50.33	53.22	7.40	34.88	46.62
1987	9.52	70.17	60.39	9.07	52.40	50.98
1988	11.11	85.76	63.59	10.53	67.14	53.59
1989	9.08	61.86	52.76	8.63	44.28	42.43
1990	12.16	67.41	64.87	11.61	46.30	52.09
"八五"时期	**78.98**	**1 074.06**	**1 058.63**	**73.75**	**650.30**	**856.73**
1991	12.48	77.95	77.76	12.12	54.74	64.23
1992	12.42	121.00	107.31	11.04	87.24	88.92
1993	11.89	170.93	200.36	10.10	114.05	163.87
1994	14.97	302.49	275.61	14.38	173.32	222.89
1995	27.22	401.69	397.59	26.11	220.95	316.82
1996	36.24	451.28	496.86	34.92	272.79	386.22
1997	49.36	436.04	598.20	48.38	269.87	460.79

4—9 建设项目计划总投资及完成情况

(1997 年)

单位:亿元

项　　目	计划总投资	自开始建设累计完成投资	#本年完成投资	#累计新增固定资产	#未完工程累计完成投资	全部建成尚需投资	未完工程占用率(%)
全省总计	**3 909.25**	**2 226.23**	**1 083.60**	**1 185.20**	**908.84**	**1 683.02**	**83.9**
一、国有经济单位	**2 540.49**	**1 395.15**	**567.60**	**689.57**	**637.30**	**1 145.34**	**122.8**
基本建设	1 917.10	1 003.33	357.22	433.98	525.38	913.77	147.1
技术改造	330.36	245.64	142.56	172.43	57.88	84.72	40.6
其他投资	29.09	28.97	28.96	24.63	0.01	0.12	
房地产开发	263.94	117.21	38.86	58.53	54.03	146.73	139.0
二、集体经济单位	**145.06**	**116.62**	**107.12**	**77.91**	**15.72**	**28.44**	**14.5**
城　镇	51.02	39.24	29.74	22.31	15.72	11.78	52.9
# 房地产开发	18.27	13.14	8.43	4.38	8.36	5.13	99.3
农　村	94.04	77.38	77.38	55.60		16.66	
三、其他经济单位	**1 063.14**	**553.90**	**248.32**	**257.16**	**255.82**	**509.24**	**103.0**
# 基本建设	299.10	199.17	81.25	96.30	75.81	99.93	93.3
技术改造	126.15	91.94	70.01	75.06	15.14	34.21	21.6
房地产开发	617.46	242.97	79.18	67.39	163.71	374.49	206.7
四、私人投资	**160.56**	**160.56**	**160.56**	**160.56**			
城镇私人建房	36.55	36.55	36.55	36.55			
城镇私人生产性投资	28.71	28.71	28.71	28.71			
农村私人建房	72.41	72.41	72.41	72.41			
农村私人生产性投资	22.89	22.89	22.89	22.89			
地方总计	**2 289.16**	**1 445.19**	**779.04**	**915.88**	**446.29**	**843.97**	**57.3**
一、国有经济单位	**1 103.38**	**730.41**	**306.49**	**469.99**	**214.96**	**372.97**	**70.1**
基本建设	635.42	451.30	176.07	307.99	120.19	184.12	68.3
技术改造	193.90	145.67	73.19	88.48	43.29	48.23	59.1
其他投资	20.87	20.73	20.73	16.93		0.12	
房地产开发	253.19	112.71	36.50	56.59	51.48	140.48	141.0
二、集体经济单位	**144.38**	**115.94**	**106.55**	**77.25**	**15.71**	**28.44**	**14.7**
城　镇	50.34	38.56	29.17	21.65	15.71	11.78	53.9
# 房地产开发	18.27	13.14	8.43	4.38	8.36	5.13	99.3
农　村	90.04	77.38	77.38	55.60		16.66	
三、其他经济单位	**880.84**	**438.28**	**205.44**	**208.08**	**215.62**	**442.56**	**105.0**
# 基本建设	121.41	87.80	40.97	49.00	38.07	33.61	92.9
技术改造	124.61	90.55	68.61	73.67	15.13	34.06	22.1
房地产开发	614.39	240.11	77.97	66.90	161.26	374.28	206.8
四、私人投资	**160.56**	**160.56**	**160.56**	**160.56**			
城镇私人建房	36.55	36.55	36.55	36.55			
城镇私人生产性投资	28.71	28.71	28.71	28.71			
农村私人建房	72.41	72.41	72.41	72.41			
农村私人生产性投资	22.89	22.89	22.89	22.89			

4—10 全社会固定资产投资新增主要生产能力(或效益)

生产能力名称	单位	1990年	1993年	1994年	1995年	1996年	1997年
铁矿开采	万吨/年	11.00	22	40			
炼钢	万吨/年	6.75	32.00	11	9		2
铁合金	吨/年	13 492	200	2 000	6 000		90
铜电解	吨/年			25 020			
铜加工	吨/年	2 000		420			
铝电解	吨/年	4 900	600	10 500	7 800	8 600	
煤炭开采	万吨/年	26.00	11.00	11.00	14.00	9.00	17
磷矿开采	万吨/年	98.00			252	12.20	25
合成氨	万吨/年	10.00	2.75	9	3.5	28.05	16.44
化肥(折合量)	吨/年	111 638	348 000	261 871	1 085 500	305 780	408 500
化学农药	吨/年	3 162	655	7 100	12 195	13 850	9 570
发电机组容量	万千瓦	42.98	164	100	24	98.84	56.77
#水电	万千瓦	1.75	93	65	16	13.34	5.64
火电	万千瓦	41.20	70	35	8	85.50	50.98
输电线路(11万伏及以上)	公里	955.47	717	436	234	351.90	781.82
变电设备(11万伏及以上)	万千伏安	234.51	185	75	59	198.29	297.29
汽车制造	辆/年	556	15 300	8 600	6 850	33 375	5 060
#载货汽车	辆/年		4 200	7 200	4 200	32 845	5 000
金属切削机床制造	台/年	276	4 916	480	926	800	
水泥	万吨/年	37.70	122	132	314	105.94	178.3
化学纤维	吨/年	2 300	3 000	7 000	3 400	2 000	21 000
棉纺锭	万锭	6.87	9	113	23	14.47	5.6
棉布织机	台	581	972	364	2 043	334	266
毛纺锭	万锭	0.18	0.83	0.76	0.32		0.24
卷烟	万箱/年	47.10	47	12	44	7.33	25.6
酒	万吨/年	0.76	8.21	6.47	14.84	11.4	45.17
#啤酒	万吨/年		6.70	5.3	14.03	9.6	4.35
原盐	万吨/年	15	45			5	
机制纸及纸板	万吨/年	6.38	8	3	15	3.09	12.96
新扩建港口码头年吞量	万吨	478	43	548	965	140	40
船舶购置	吨	6 418	1 417	12 204	15 615	5 600	6 118
	艘	23	11	32	32	2	3
新改建公路	公里	938	929	1 461	2 033	2 041.48	2 321.46
汽车购置	辆	820	740	943	3 757	13 032	11 227
#载货汽车	辆	380	229	320	1 180	4 280	2 666

4—10 续表

生产能力名称	单位	1990年	1993年	1994年	1995年	1996年	1997年
长途电缆	延长公里	118	1 562	562	2 058	391	1 147.4
市内电话自动交换机	门	39 028	326 105	606 228	964 164	846 874	624 189
水库容量(总库容)	万立方米	1 000	60 000		10 000	1 000	
有效灌溉面积	万亩	139.33	72	39	12	14.61	12.12
商业、物资石油库	万立方米	10.02	9	112			
商业冷藏库	万吨	0.18					0.6
粮食仓库	万立方米	19.72	5.21	1.30	1.71	0.89	0.64
	万公斤	42 089	10 955	2 050	6 330	9 950	1 025
商业饮食服务网点	处	270	1 571	523	230	200	221
	万平方米	26.92	76.59	65.28	33.16	29.37	28.6
高等院校学生席位	个	14 101	11 450	150	11 804	6 874	1 410
中等学校学生席位	个	15 874	94 849	72 199	123 544	111 184	81 403
小学学生席位	个	32 862	46 108	44 696	55 269	56 136	70 281
医院病床床位	张	5 263	3 815	3 733	3 385	2 097	3 165
自来水供水能力	万吨/日	57.18	68	81	37	130.04	67

4—11 全社会竣工房屋建筑面积及竣工率

年份	施工面积(万平方米)	#住宅	竣工面积(万平方米)	#住宅	竣工率(%)	#住宅
1978	*1 343.27	513.20	666.76	280.16	49.6	54.6
1979	1 569.62	752.11	819.71	416.24	52.2	55.3
1980	1 951.16	1 004.17	1 024.51	586.27	52.5	58.4
"六五"时期						
1981	1 826.88	1 050.13	1 071.61	699.74	58.7	66.6
1982	5 963.92	4 189.18	4 991.87	3 720.32	83.7	88.8
1983	7 195.21	5 305.72	6 373.71	4 951.10	88.6	93.3
1984	7 253.40	5 174.27	6 364.19	4 821.51	87.7	93.2
1985	8 079.90	5 965.71	6 899.59	5 434.20	85.4	91.1
"七五"时期						
1986	8 760.15	6 686.78	7 754.53	6 308.96	88.5	94.3
1987	7 922.23	5 684.88	6 803.61	5 233.59	85.9	92.1
1988	7 225.98	4 892.04	6 060.44	4 484.69	83.9	91.7
1989	5 250.24	3 590.22	4 414.47	3 301.59	84.1	91.9
1990	5 103.48	3 507.53	4 169.12	3 058.40	81.7	87.2
"八五"时期						
1991	5 300.98	3 652.67	4 211.39	3 157.13	79.5	86.4
1992	5 954.84	4 066.51	4 621.87	3 383.72	77.6	83.2
1993	5 807.24	3 540.57	4 050.56	2 798.42	69.8	79.0
1994	7 158.68	4 476.46	4 916.24	3 482.20	68.7	77.8
1995	8 294.84	5 304.79	5 603.20	3 737.81	67.6	70.5
1996	8 749.65	5 581.32	6 073.43	4 485.82	69.4	80.4
1997	8 963.28	5 976.86	6 430.48	4 790.34	71.7	80.1

4—12 国有经济单位按国民经济行业分的固定资产投资

单位:亿元

行业	全省			#地方		
	1995年	1996年	1997年	1995年	1996年	1997年
总计	**518.76**	**593.32**	**567.60**	**276.35**	**338.30**	**306.49**
一、农、林、牧、渔业	**3.80**	**5.70**	**7.02**	**3.78**	**5.67**	**7.02**
农业	1.78	2.62	2.54	1.78	2.62	2.54
林业	0.38	0.41	0.72	0.38	0.38	0.72
畜牧业	0.29	0.29	1.10	0.29	0.29	1.10
渔业	0.15	0.11	0.69	0.15	0.11	0.69
农林牧渔服务业	1.20	2.27	1.96	1.18	2.27	1.97
二、采掘业	**7.62**	**9.23**	**10.81**	**3.03**	**3.41**	**3.11**
煤炭采选业	0.56	0.42	0.55	0.56	0.42	0.55
石油和天然气开采业	3.77	4.73	6.66			
黑色金属矿采选业	0.34	0.51	0.60	0.34	0.51	0.61
有色金属矿采选业	2.201	2.20	1.60	1.39	1.14	0.73
非金属矿采选业	0.63	1.17	1.20	0.63	1.14	1.01
其他矿采选业	0.13	0.12	0.01	0.13	0.12	0.02
木材及竹材采选业	0.05	0.08	0.19	0.05	0.08	0.19
三、制造业	**153.33**	**142.70**	**87.75**	**130.11**	**116.62**	**61.86**
食品加工业	1.93	2.12	1.83	1.93	2.12	1.83
食品制造业	0.46	0.54	0.47	0.46	0.54	0.47
饮料制造业	1.16	0.90	0.80	1.16	0.90	0.80
烟草加工业	4.73	5.64	4.84	4.39	5.39	4.08
纺织业	5.19	8.09	3.74	5.18	7.52	3.59
服装及其他纤维制品制造业	0.03	0.68	0.87	0.03	0.68	0.86
皮革、毛皮、羽绒及其制品业	0.05	0.10	0.02	0.05	0.10	0.02
木材加工及竹、藤、棕、草制品业	0.67	0.27	0.34	0.63	0.24	0.31
家具制造业	0.02	0.04	0.04	0.02	0.04	0.04
造纸及纸制品业	1.51	1.24	0.98	1.51	1.24	0.96
印刷业、记录媒介的复制	1.03	0.63	0.62	1.02	0.61	0.62
文教体育用品制造业		0.12			0.07	—
石油加工及炼焦业	6.80	5.16	9.95	0.55	0.39	0.22
化学原料及化学制品制造业	23.25	20.84	7.53	23.13	20.50	7.07
医药制造业	1.17	1.62	1.21	0.87	1.18	1.08
化学纤维制造业	1.22	0.31	0.57	1.22	0.31	0.57
橡胶制品业	1.45	0.32	0.08	1.40	0.23	0.08
塑料制品业	1.34	0.85	0.28	1.34	0.85	0.28
非金属矿物制品业	6.24	4.77	4.24	4.01	4.42	4.09
黑色金属冶炼及压延加工业	67.88	55.00	23.17	67.60	54.98	23.17
有色金属冶炼及压延加工业	2.07	1.92	3.46	0.71	0.43	0.27
金属制品业	0.84	1.32	1.00	0.82	1.08	0.84
普通机械制造业	3.00	2.42	1.89	2.32	1.77	1.59

4—12 续表1 单位:亿元

行　　业	全省			#地方		
	1995年	1996年	1997年	1995年	1996年	1997年
专用设备制造业	2.59	2.47	1.38	1.28	1.88	0.88
交通运输设备制造业	13.04	18.73	12.24	4.83	4.71	6.93
电气机械及器材制造业	1.12	1.03	0.78	1.05	0.79	0.77
电子及通信设备制造业	1.72	1.12	1.68	0.84	0.64	0.26
仪器仪表及文化、办公用机械制造业	1.04	1.08	0.26	0.14	0.10	0.01
其他制造业	1.68	3.37	3.41	1.63	2.91	0.11
四、电力、煤气及水的生产和供应业	**135.19**	**154.99**	**144.49**	**18.88**	**25.36**	**22.60**
电力、蒸汽、热水的生产和供应业	130.67	148.53	139.53	4.37	18.95	17.68
煤气生产和供应业	1.29	1.68	1.46	1.29	1.63	1.43
自来水的生产和供应业	3.23	4.78	3.50	3.23	4.78	3.49
五、建筑业	**7.13**	**11.93**	**15.40**	**3.26**	**7.55**	**10.33**
土木工程建筑业	6.87	11.60	15.13	3.16	7.35	10.29
线路、管道和设备安装业	0.21	0.24	0.25	0.03	0.11	0.02
装修装饰业	0.06	0.09	0.02	0.06	0.09	0.02
六、地质勘查业、水利管理业	**5.56**	**7.54**	**8.10**	**3.65**	**5.42**	**6.07**
地质勘查业	1.01	1.06	1.09	0.18	0.27	0.04
水利管理业	4.54	6.48	7.01	3.47	5.15	6.03
七、交通运输、仓储及邮电通讯业	**83.37**	**91.33**	**104.26**	**19.57**	**27.61**	**37.97**
铁路运输业	13.47	8.36	11.68	0.14	0.85	0.04
公路运输业	10.00	4.68	11.02	10.00	4.68	10.12
管道运输业						
水上运输业	2.12	2.70	2.11	0.37	0.38	0.57
航空运输业	2.50	2.68	3.27			3.27
交通运输辅助业	7.42	15.31	20.82	6.55	14.21	18.43
其他交通运输业	2.43	0.79	—	1.94	0.79	—
仓储业	0.65	0.48	0.58	0.59	0.26	0.47
邮电通信业	44.79	56.33	54.78		6.44	5.07
八、批发和零售贸易、餐饮业	**10.29**	**12.23**	**9.56**	**7.91**	**10.17**	**8.34**
食品、饮料、烟草和家庭日用品批发业	3.64	5.99	2.16	2.66	5.44	2.02
能源材料和机械电子设备批发业	2.90	1.45	1.09	1.16	1.02	0.78
其他批发业	0.21	0.23	2.94	0.02	0.23	2.52
零售业	3.37	3.33	3.04	2.90	2.25	2.69
商业经纪与代理业	0.06		0.02		0.06	0.02
餐饮业	0.11	1.23	0.31	0.11	1.23	0.31
九、金融、保险业	**8.10**	**11.75**	**14.68**	**0.12**	**2.01**	**1.86**
金融业	7.55	10.87	13.67	0.12	1.83	1.70
保险业	0.66	0.88	1.01		0.18	0.16

4—12 续表 2 单位:亿元

行业	全省			#地方		
	1995年	1996年	1997年	1995年	1996年	1997年
十、房地产业	**7.70**	**46.40**	**41.11**	**45.43**	**44.18**	**38.37**
房地产开发与经营	47.57	46.19	40.76	45.31	43.96	38.02
房地产管理业	0.13	0.16	0.31	0.13	0.17	0.31
房地产经纪与代理业		0.05	0.04	0.02	0.05	0.04
十一、社会服务业	**10.76**	**16.96**	**19.68**	**10.69**	**15.84**	**17.51**
公共设施服务业	8.13	14.13	14.12	8.13	13.72	13.94
居民服务业	0.48	0.12	0.21	0.48	0.12	0.21
旅馆业	1.19	2.23	2.82	1.11	1.53	1.40
租赁服务业						
旅游业	0.28	0.08	0.57	0.28	0.08	0.57
娱乐服务业	0.15	0.29	0.26	0.15	0.29	0.26
信息咨询服务业	0.04	0.01	0.04	0.04	0.01	0.04
计算机应用服务业		0.01				—
其他社会服务业	0.51	0.09	1.66	0.51	0.09	1.09
十二、卫生、体育和社会福利业	**4.42**	**4.94**	**9.51**	**4.08**	**4.31**	**7.59**
卫生	3.72	4.18	8.57	3.37	3.55	6.65
体育	0.24	0.39	0.26	0.24	0.39	0.26
社会福利保障业	0.47	0.37	0.68	0.47	0.37	0.68
十三、教育、文化艺术及广播电影电视业	**16.41**	**21.64**	**26.77**	**14.00**	**18.15**	**22.48**
教育	14.67	19.20	22.89	12.27	15.71	18.60
文化艺术业	1.15	1.35	2.85	1.15	1.35	2.85
广播电影电视业	0.59	1.09	1.03	0.59	1.09	1.03
十四、科学研究和综合技术服务业	**2.67**	**3.90**	**3.07**	**0.92**	**1.16**	**1.41**
科学研究业	2.15	3.00	1.09	0.53	0.58	0.52
综合技术服务业	0.52	0.90	1.98	0.39	0.58	0.89
十五、国家机关、政党机关和社会团体	**18.64**	**24.66**	**42.15**	**18.24**	**23.70**	**39.28**
国家机关	18.10	23.79	41.35	17.70	22.83	38.51
政党机关	0.28	0.53	0.45	0.28	0.53	0.43
社会团体	0.23	0.31	0.32	0.23	0.31	0.32
基层群众自治组织	0.03	0.03	0.03	0.03	0.03	0.02
十六、其他行业	**3.74**	**27.42**	**23.24**	**3.07**	**27.14**	**20.69**

4—13　国有经济单位按资金来源分的固定资产投资

单位:亿元

年　份	全省合计	国家投资	国内贷款	利用外资	自筹投资	其　他
1978	33.19	25.84	0.11		5.60	1.44
1979	30.86	19.20	0.26		9.68	1.72
1980	34.19	14.46	3.80	0.33	13.95	1.65
"六五"时期	**207.57**	**47.39**	**48.44**	**1.15**	**93.64**	**17.02**
1981	28.51	9.39	6.53	0.41	11.53	1.65
1982	34.46	7.81	7.26	0.19	15.78	3.42
1983	36.69	8.77	7.05	0.06	16.93	3.87
1984	45.25	10.51	10.83	0.30	18.71	4.90
1985	61.66	10.91	16.77	0.20	30.69	3.09
"七五"时期	**435.31**	**60.5**	**89.72**	**10.79**	**241.78**	**32.46**
1986	66.42	12.98	17.16	0.52	33.51	2.22
1987	85.32	13.94	20.64	1.14	43.83	5.78
1988	102.21	12.67	22.25	2.94	57.36	6.99
1989	81.01	9.67	11.94	1.65	50.81	6.94
1990	100.35	11.31	17.73	4.54	56.24	10.53
"八五"时期	**1 497.69**	**180.96**	**416.07**	**101.19**	**686.77**	**112.70**
1991	119.07	11.67	31.51	4.57	65.66	5.66
1992	182.86	12.07	55.79	13.63	85.28	16.05
1993	275.84	38.54	68.42	15.73	128.58	24.57
1994	401.16	61.55	126.15	17.67	167.67	28.12
1995	518.76	57.13	134.20	49.59	239.58	38.26
1996	593.32	70.47	135.60	35.39	295.12	56.74
1997	567.60	66.84	106.51	8.32	316.99	68.94

年　份	地方合计	国家投资	国内贷款	利用外资	自筹投资	其　他
1978	14.50	7.75	0.10		5.21	1.44
1979	16.01	6.21	0.26		7.86	1.68
1980	18.22	3.99	3.02	0.02	10.25	0.94
"六五"时期	**114.58**	**15.83**	**30.68**	**0.62**	**59.87**	**7.59**
1981	13.57	2.62	12.98	0.18	7.14	0.65
1982	18.12	2.60	4.46	0.03	10.00	1.03
1983	18.82	3.40	5.48		9.63	0.31
1984	24.24	3.53	6.74	0.21	10.85	2.91
1985	39.83	3.67	11.02	0.20	22.25	2.69
"七五"时期	**293.85**	**23.51**	**73.50**	**8.10**	**166.70**	**22.04**
1986	43.88	4.26	12.67	0.38	24.77	1.74
1987	57.82	5.01	16.98	1.01	30.34	4.48
1988	73.17	4.95	21.04	2.94	39.37	4.87
1989	52.80	3.77	9.78	1.51	33.09	4.65
1990	66.18	5.52	13.03	2.26	39.13	6.24
"八五"时期	**906.42**	**34.32**	**264.44**	**69.39**	**462.12**	**76.15**
1991	82.48	6.26	24.32	2.80	45.69	3.41
1992	129.21	5.09	44.81	10.23	62.53	6.55
1993	181.32	6.43	55.38	13.95	88.89	16.67
1994	237.06	7.79	75.31	12.93	120.12	20.91
1995	276.35	8.75	64.62	29.48	144.89	28.61
1996	338.30	11.50	70.11	21.79	161.89	73.01
1997	306.49	12.53	41.03	7.02	200.47	45.44

4—14 国有经济单位按用途分的固定资产投资

单位:亿元

年份	全省			#地方		
	生产性建设	非生产性建设	#住宅	生产性建设	非生产性建设	#住宅
1978	27.47	5.72	2.70	11.10	3.40	1.82
1979	22.98	7.88	4.45	10.91	5.10	3.06
1980	23.50	10.69	6.58	10.69	7.53	4.76
"六五"时期	**133.70**	**73.87**	**40.51**	**66.46**	**48.12**	**27.69**
1981	19.79	9.72	6.12	7.48	6.09	4.00
1982	21.65	12.81	7.81	9.85	8.27	5.37
1983	23.58	13.11	7.28	10.73	8.09	4.62
1984	30.24	15.01	7.38	14.96	9.28	4.74
1985	38.44	23.22	11.92	23.44	16.39	8.96
"七五"时期	**319.68**	**115.63**	**52.97**	**212.58**	**81.27**	**37.71**
1986	44.60	21.82	9.05	28.71	15.17	6.85
1987	61.27	24.05	10.94	41.44	16.38	7.57
1988	77.94	24.27	10.89	55.50	17.67	8.04
1989	60.84	20.17	9.47	38.89	13.91	6.32
1990	75.03	25.32	12.62	48.04	18.14	8.93
"八五"时期	**1 111.63**	**386.06**	**189.43**	**597.75**	**308.67**	**150.40**
1991	88.28	30.79	15.87	59.00	23.48	12.00
1992	135.16	47.70	22.86	91.53	37.68	17.54
1993	195.26	80.58	36.50	113.52	67.80	29.23
1994	300.80	100.36	53.26	154.69	82.37	43.06
1995	392.13	126.63	60.94	179.01	97.34	48.57
1996	441.96	151.36	59.93	224.28	114.02	46.29
1997	380.61	186.99	63.90	160.64	145.85	48.29

4—15 国有经济单位按构成分的固定资产投资

单位:亿元

年份	全省			#地方		
	建筑安装工程	设备工器具购置	其他	建筑安装工程	设备工器具购置	其他
1978	20.06	9.83	3.30	9.65	4.36	0.49
1979	20.50	8.68	1.68	10.79	4.66	0.56
1980	23.01	9.29	1.89	13.17	4.08	0.97
"六五"时期	**135.92**	**55.65**	**16.00**	**75.43**	**32.21**	**6.92**
1981	20.03	7.90	1.58	9.55	3.36	0.66
1982	24.32	8.32	1.82	13.03	4.41	0.68
1983	24.28	9.92	2.49	12.37	5.56	0.89
1984	29.09	12.46	3.70	15.13	7.51	1.60
1985	38.20	17.05	6.41	25.35	11.39	3.09
"七五"时期	**254.88**	**133.23**	**47.20**	**173.31**	**90.46**	**30.07**
1986	38.51	21.04	6.87	26.29	13.71	3.88
1987	47.23	26.09	12.00	32.31	18.39	7.12
1988	59.43	32.75	10.03	41.39	24.99	6.78
1989	50.03	23.17	7.81	32.48	14.87	5.45
1990	59.68	30.18	10.49	40.84	18.50	6.84
"八五"时期	**865.99**	**406.02**	**225.68**	**549.11**	**244.00**	**113.31**
1991	73.30	32.20	13.57	52.33	20.95	9.20
1992	107.26	54.50	21.10	77.58	37.95	13.68
1993	163.54	67.81	44.49	110.74	43.13	27.45
1994	245.33	98.08	57.75	149.72	57.09	30.25
1995	276.56	153.43	88.77	158.74	84.88	32.73
1996	294.37	182.80	116.15	179.76	106.56	51.98
1997	313.90	143.21	110.49	201.72	70.86	33.91

4—16 国有经济单位按三次产业分的固定资产投资

单位:亿元

年 份	全 省			#地 方		
	第一产业	第二产业	第三产业	第一产业	第二产次	第三产业
1978	2.19	24.79	6.21	2.20	8.49	3.81
1979	2.45	20.53	7.88	2.44	8.23	5.35
1980	2.09	21.62	10.48	2.02	9.11	7.09
"六五"时期	**8.03**	**129.48**	**70.06**	**7.31**	**58.35**	**48.92**
1981	1.20	19.24	9.07	1.13	6.41	6.02
1982	1.50	21.52	11.43	1.37	8.58	8.16
1983	1.45	23.29	11.96	1.39	9.18	8.25
1984	1.71	28.09	15.45	1.52	12.73	9.99
1985	2.17	37.24	22.25	1.89	21.43	16.51
"七五"时期	**15.84**	**274.92**	**144.55**	**13.33**	**184.92**	**95.6**
1986	2.48	40.52	23.42	1.99	25.08	16.81
1987	3.04	54.83	27.45	2.59	37.17	18.06
1988	3.45	68.37	30.39	2.87	49.83	20.47
1989	2.81	52.20	26.00	2.37	34.73	15.7
1990	4.06	59.00	37.29	3.51	38.11	24.56
"八五"时期	**28.70**	**850.40**	**621.15**	**24.55**	**467.26**	**414.61**
1991	4.19	66.73	48.15	3.84	43.96	34.68
1992	5.80	107.04	70.02	4.42	73.29	51.50
1993	5.09	143.09	127.66	4.36	91.70	85.26
1994	5.27	230.26	165.63	4.68	117.30	115.08
1995	8.35	303.28	209.69	7.25	141.01	128.09
1996	10.80	305.79	276.73	10.82	152.94	174.54
1997	14.02	258.45	295.13	13.05	97.91	195.53

4—17 国有经济单位按建设性质分的固定资产投资

单位:亿元

年 份	全 省			#地 方		
	新 建	扩 建	改 建	新 建	扩 建	改 建
1978	18.31	14.18		8.81	5.69	
1979	19.23	11.41		8.93	6.88	
1980	20.53	13.00		9.31	8.45	
"六五"时期	**69.53**	**121.16**		**25.73**	**75.89**	
1981	13.96	15.15		4.26	9.23	
1982	13.65	20.35		5.13	12.61	
1983	12.33	23.55		4.43	13.76	
1984	13.01	16.05	9.96	4.74	8.92	6.43
1985	16.58	25.41	10.69	7.17	17.43	7.51
"七五"时期	**118.93**	**198.45**	**82.39**	**70.76**	**143.85**	**53.00**
1986	17.61	32.34	10.45	9.30	24.49	7.15
1987	21.43	38.07	16.97	12.84	25.62	12.26
1988	26.04	50.04	18.18	17.38	36.89	11.95
1989	20.43	35.83	17.91	11.77	24.82	11.42
1990	33.42	42.17	18.88	19.47	32.03	10.22
"八五"时期	**582.20**	**591.85**	**195.81**	**291.90**	**377.05**	**135.35**
1991	42.11	48.64	20.23	28.26	35.91	12.02
1992	64.89	71.91	34.96	43.52	51.83	25.09
1993	115.67	101.69	43.46	69.05	70.03	31.28
1994	153.32	139.70	50.61	68.55	81.78	36.44
1995	206.21	229.91	46.55	82.52	137.50	30.52
1996	219.87	245.10	63.43	102.79	145.26	37.53
1997	228.18	202.97	79.48	116.66	90.80	54.50

4—18 国有经济单位新增固定资产及交付使用率

单位:亿元

	全省			#地方		
	投资额	新增固定资产	固定资产交付使用率(%)	投资额	新增固定资产	固定资产交付使用率(%)
1978	33.19	18.19	54.8	14.50	10.60	73.1
1979	30.86	50.41	163.4	16.01	12.27	76.6
1980	34.19	33.84	99.0	18.22	13.42	73.7
"六五"时期	**207.57**	**172.47**	**83.1**	**114.58**	**92.69**	**80.9**
1981	29.51	43.19	146.4	13.57	12.21	90.0
1982	34.46	26.20	76.0	18.12	14.92	82.4
1983	36.69	26.40	72.0	18.82	15.13	80.4
1984	45.29	33.50	74.0	24.24	19.34	79.8
1985	61.61	43.16	70.0	39.83	31.09	78.1
"七五"时期	**435.31**	**342.19**	**78.6**	**293.85**	**220.17**	**74.9**
1986	66.42	57.19	86.1	43.88	34.81	79.3
1987	85.32	64.75	75.9	57.82	42.30	73.2
1988	102.21	72.30	70.7	73.17	50.12	68.5
1989	81.01	67.18	82.9	52.80	41.00	77.7
1990	100.35	80.76	80.5	66.18	51.93	78.5
"八五"时期	**1 497.69**	**945.11**	**63.1**	**906.42**	**602.55**	**66.5**
1991	119.07	95.86	80.5	82.48	65.17	79.0
1992	182.86	104.51	57.2	129.21	77.12	59.7
1993	275.84	184.50	66.9	181.32	126.22	69.6
1994	401.16	238.04	59.3	237.06	149.86	63.2
1995	518.76	322.20	62.1	276.35	184.18	66.6
1996	593.32	487.17	82.1	338.30	342.48	101.2
1997	576.60	403.23	69.9	306.49	255.58	83.4

4—19 国有经济单位竣工房屋面积及竣工率

年份	施工面积(万平方米)	#住宅	竣工面积(万平方米)	#住宅	竣工率(%)	#住宅
1978	1 307.45	508.49	648.55	275.45	49.6	54.2
1979	1 520.58	746.24	793.19	410.37	52.2	55.0
1980	1 847.05	987.71	964.89	566.59	52.2	57.4
"六五"时期						
1981	1 597.37	951.98	874.60	550.96	54.8	57.9
1982	1 860.90	1 055.10	975.43	586.24	52.4	55.6
1983	1 704.46	938.03	958.31	583.40	56.2	62.2
1984	1 807.26	876.76	987.11	514.00	54.6	58.7
1985	2 269.59	1 158.78	1 201.95	660.65	53.0	57.0
"七五"时期						
1986	2 094.49	938.93	1 183.51	593.24	56.5	63.2
1987	2 115.70	851.89	1 132.27	487.93	53.5	57.3
1988	2 176.62	865.91	1 157.29	496.35	53.2	57.3
1989	1 568.62	614.55	823.44	352.52	52.5	57.4
1990	1 850.82	906.07	978.88	483.75	52.9	53.4
"八五"时期						
1991	2 058.96	978.76	1 062.92	516.57	51.6	52.8
1992	2 532.83	1 187.37	1 267.31	627.92	50.0	52.9
1993	2 742.09	1 251.97	1 385.12	658.00	45.7	47.5
1994	2 793.97	1 431.60	1 400.19	779.69	50.1	54.5
1995	2 985.98	1 559.65	1 526.56	870.68	51.1	55.8
1996	2 933.69	1 434.15	1 525.8	810.16	52.0	56.5
1997	3 003.38	1 532.63	1 497.53	783.69	49.9	51.1

4—20 按国民经济行业分的国有经济单位基本建设投资

单位:亿元

行业	全省			#地方		
	1995年	1996年	1997年	1995年	1996年	1997年
总计	**333.05**	**362.26**	**357.22**	**151.16**	**185.41**	**176.07**
一、农、林、牧、渔业	**3.14**	**4.49**	**5.01**	**3.11**	**4.46**	**5.01**
农业	1.14	2.62	0.98	1.14	2.62	0.98
林业	0.38	0.38	0.72	0.38	0.35	0.72
畜牧业	0.29	0.29	1.00	0.29	0.29	1.00
渔业	0.15	0.11	0.62	0.15	0.11	0.62
农林牧渔服务业	1.17	1.09	1.68	1.15	1.09	1.69
二、采掘业	**3.56**	**4.37**	**4.78**	**1.72**	**1.89**	**1.78**
煤炭采选业	0.28	0.08	0.14	0.28	0.08	0.14
石油和天然气开采业	1.23	1.58	2.24			
黑色金属矿采选业	0.31	0.49	0.51	0.31	0.49	0.51
有色金属矿采选业	1.41	1.95	1.37	0.81	1.05	0.63
非金属矿采选业	0.27	0.19	0.39	0.27	0.19	0.38
其他矿采选业						
木材及竹材采选业	0.05	0.08	0.12	0.05	0.08	0.12
三、制造业	**79.26**	**66.26**	**26.06**	**67.26**	**53.01**	**12.66**
食品加工业	0.74	0.39	0.30	0.74	0.39	0.30
食品制造业	0.17	0.11	0.13	0.17	0.11	0.13
饮料制造业	0.18	0.15	0.15	0.18	0.15	0.15
烟草加工业	0.61	0.63	0.36	0.49	0.63	0.36
纺织业	0.70	0.71	0.24	0.70	0.71	0.24
服装及其他纤维制品制造业		0.05	0.50		0.05	0.50
皮革、毛皮、羽绒及其制品业	0.03	0.01	0.01	0.03	0.01	0.01
木材加工及竹、藤、棕、草制品业	0.16	0.09	0.05	0.11	0.06	0.02
家具制造业	0.02	0.01	0.01	0.02	0.01	0.01
造纸及纸制品业	0.16	0.53	0.47	0.16	0.53	0.47
印刷业、记录媒介的复制	0.17	0.12	0.22	0.17	0.12	0.22
文教体育用品制造业		0.01			0.01	
石油加工及炼焦业	2.01	1.71	6.09	0.11	0.01	
化学原料及化学制品制造业	16.71	14.09	0.62	16.67	14.04	0.61
医药制造业	0.43	0.10	0.44	0.19	0.10	0.44
化学纤维制造业	0.13	0.04		0.13	0.04	
橡胶制品业	0.57	0.09	0.01	0.57	0.09	0.01
塑料制品业	0.02	0.05	0.03	0.02	0.05	0.03
非金属矿物制品业	3.95	1.33	0.89	1.77	1.02	0.80
黑色金属冶炼及压延加工业	42.83	32.23	6.56	42.55	33.23	6.56
有色金属冶炼及压延加工业	0.07	0.19	0.45	0.06	0.10	0.09
金属制品业	0.17	0.28	0.16	0.16	0.05	0.16
普通机械制造业	0.90	0.97	0.56	0.60	0.58	0.45

4—20 续表 1

单位:亿元

行业	全省			#地方		
	1995年	1996年	1997年	1995年	1996年	1997年
专用设备制造业	1.24	0.44	0.50	0.30	0.20	0.18
交通运输设备制造业	5.65	10.93	6.69	0.99	0.46	0.70
电气机械及器材制造业	0.13	0.30	0.13	0.13	0.11	0.11
电子及通信设备制造业	0.76	0.14	0.38	0.14	0.12	0.06
仪器仪表及文化、办公用机械制造业	0.62	0.55	0.04	0.06	0.02	
其他制造业	0.17	0.01	0.05	0.05	0.01	0.05
四、电力、煤气及水的生产和供应业	**124.33**	**136.81**	**134.13**	**8.50**	**18.25**	**19.70**
电力、蒸汽、热水的生产和供应业	120.11	131.09	129.73	4.27	12.58	15.34
煤气生产和供应业	1.24	1.64	1.45	1.24	1.59	1.42
自来水的生产和供应业	2.99	4.08	2.95	2.99	4.08	2.94
五、建筑业	**4.17**	**8.38**	**12.82**	**1.79**	**5.99**	**9.43**
土木工程建筑业	3.91	8.22	12.56	1.71	5.97	9.39
线路、管道和设备安装业	0.20	0.15	0.24	0.02	0.01	0.02
装修装饰业	0.06	0.01	0.02	0.06	0.01	0.02
六、地质勘查业、水利管理业	**4.99**	**6.91**	**7.21**	**3.30**	**4.96**	**5.26**
地质勘查业	0.70	0.71	1.07	0.07	0.09	0.04
水利管理业	4.29	6.20	6.14	3.24	4.87	5.22
七、交通运输、仓储及邮电通讯业	**49.38**	**40.33**	**47.58**	**16.25**	**18.51**	**20.67**
铁路运输业	11.62	5.15	8.84	0.14	0.09	0.04
公路运输业	9.30	3.50	6.93	9.30	3.5	6.84
管道运输业						
水上运输业	1.80	0.90	0.61	0.08	0.09	0.53
航空运输业	2.50	2.68	0.13			0.13
交通运输辅助业	5.45	11.45	13.40	4.79	10.75	11.02
其他交通运输业	1.40	0.79		1.40	0.79	
仓储业	0.62	0.45	0.48	0.56	0.25	0.41
邮电通信业	16.69	15.41	17.19		3.04	1.70
八、批发和零售贸易、餐饮业	**7.98**	**7.79**	**6.16**	**5.80**	**6.23**	**5.30**
食品、饮料、烟草和家庭日用品批发业	2.37	2.15	2.03	2.32	1.90	1.88
能源材料和机械电子设备批发业	2.56	1.03	0.66	0.92	0.81	0.42
其他批发业	0.21	0.20	0.52	0.20	0.20	0.37
零售业	2.66	3.19	2.68	2.19	2.10	2.36
商业经纪与代理业	0.06		0.01	0.06		0.01
餐饮业	0.11	1.22	0.26	0.11	1.22	0.26
九、金融、保险业	**7.40**	**8.18**	**7.84**		**1.84**	**1.50**
金融业	6.78	7.86	7.43		1.66	1.34
保险业	0.62	0.32	0.41		0.18	0.16

4—20 续表 2

单位:亿元

行业	全省 1995年	全省 1996年	全省 1997年	#地方 1995年	#地方 1996年	#地方 1997年
十、房地产业	**1.48**	**1.54**	**1.13**	**1.48**	**1.54**	**1.13**
房地产开发与经营	1.37	1.32	0.77	1.37	1.32	0.77
房地产管理业	0.11	0.17	0.32	0.11	0.17	0.32
房地产经纪与代理业		0.05	0.04		0.05	0.04
十一、社会服务业	**7.26**	**12.50**	**13.47**	**7.19**	**11.77**	**12.59**
公共设施服务业	5.12	10.14	9.98	5.12	10.10	9.98
居民服务业	0.48	0.12	0.21	0.48	0.12	0.21
旅馆业	1.17	1.85	2.23	1.09	1.16	1.35
旅游业	0.28	0.08	0.57	0.28	0.08	0.57
娱乐服务业	0.15	0.21	0.21	0.15	0.21	0.21
信息咨询服务业	0.04	0.01	0.04	0.04	0.01	0.04
其他社会服务业	0.03	0.09	0.23	0.03	0.09	0.23
十二、卫生、体育和社会福利业	**3.93**	**4.22**	**5.90**	**3.62**	**3.73**	**4.96**
卫生	3.23	3.46	4.95	2.92	2.97	4.01
体育	0.24	0.39	0.27	0.24	0.39	0.27
社会福利保障业	0.46	0.37	0.68	0.46	0.37	0.68
十三、教育、文化艺术及广播电影电视业	**15.55**	**20.66**	**24.42**	**13.28**	**17.34**	**20.98**
教育	13.86	18.27	20.68	11.59	14.95	17.25
文化艺术业	1.15	1.35	2.71	1.15	1.35	2.71
广播电影电视业	0.55	1.04	1.03	0.55	1.04	1.02
十四、科学研究和综合技术服务业	**2.31**	**3.08**	**1.97**	**0.60**	**0.85**	**0.95**
科学研究业	1.79	2.18	0.97	0.22	0.27	0.12
综合技术服务业	0.52	0.90	1	0.38	0.58	0.83
十五、国家机关、政党机关和社会团体	**16.83**	**22.17**	**37.10**	**16.45**	**21.32**	**34.37**
国家机关	16.31	21.34	36.30	15.93	20.49	33.60
政党机关	0.26	0.35	0.45	0.26	0.53	0.42
社会团体	0.23	0.27	0.32	0.23	0.27	0.32
基层群众自治组织	0.03	0.03	0.03	0.03	0.03	0.03
十六、其他行业	**1.48**	**14.57**	**26.65**	**0.81**	**13.72**	**19.78**

4—21 按资金来源分的国有经济单位基本建设投资

单位:亿元

年份	全省合计	国家投资	国内贷款	利用外资	自筹投资	其他
1978	31.15	25.67			4.27	1.21
1979	27.41	19.20			6.75	1.46
1980	29.44	14.26	2.98	0.32	10.36	1.52
“六五”时期	**141.92**	**41.74**	**26.93**	**0.94**	**60.42**	**11.89**
1981	23.05	8.44	5.23	0.38	7.53	1.47
1982	25.46	6.89	5.20	0.13	9.94	3.30
1983	24.47	7.51	3.03	0.06	10.07	3.80
1984	28.21	8.75	5.52	0.29	11.58	2.07
1985	40.73	10.15	7.96	0.07	21.29	1.26
“七五”时期	**256.13**	**58.02**	**35.64**	**8.87**	**135.51**	**18.08**
1986	42.84	12.50	7.51	0.24	21.09	1.48
1987	51.78	13.66	7.98	0.80	26.26	3.08
1988	58.87	11.30	6.63	2.37	35.39	3.68
1989	45.86	9.32	4.74	1.53	26.99	3.28
1990	56.78	10.74	8.77	3.93	26.77	6.56
“八五”时期	**935.17**	**173.95**	**242.29**	**83.37**	**373.45**	**62.12**
1991	68.08	11.15	15.81	3.29	33.88	3.96
1992	111.50	11.40	29.18	12.08	47.93	10.91
1993	173.01	37.21	33.01	14.36	72.91	15.52
1994	249.53	58.59	78.63	12.80	86.32	13.19
1995	333.05	55.60	85.66	40.84	132.41	18.54
1996	362.26	68.61	89.98	32.31	141.08	30.28
1997	357.22	63.08	67.96	5.01	173.93	47.24

年份	地方合计	国家投资	国内贷款	利用外资	自筹投资	其他
1978	12.88	7.58			4.10	1.21
1979	14.02	6.21			6.38	1.43
1980	15.64	3.83	2.20	0.01	8.79	0.81
“六五”时期	**71.99**	**12.19**	**10.42**	**0.42**	**45.66**	**3.30**
1981	10.34	2.03	1.70	0.16	5.96	0.49
1982	13.24	2.07	2.44		7.82	0.91
1983	11.50	2.51	1.55		7.17	0.27
1984	13.10	2.35	1.79	0.19	8.09	0.68
1985	23.81	3.23	2.94	0.07	16.62	0.95
“七五”时期	**156.49**	**21.79**	**22.40**	**6.52**	**96.08**	**9.71**
1986	25.43	4.12	3.34	0.09	16.74	1.13
1987	31.16	4.79	5.06	0.67	18.75	1.89
1988	38.82	4.19	6.00	2.37	24.23	2.03
1989	26.85	3.58	2.86	1.39	17.39	1.62
1990	34.24	5.11	5.13	1.99	18.97	3.04
“八五”时期	**509.33**	**30.85**	**123.76**	**61.41**	**261.39**	**31.98**
1991	43.37	5.74	10.20	2.08	23.39	1.96
1992	73.25	4.66	20.29	8.89	36.93	2.54
1993	106.19	6.12	26.15	12.61	53.61	7.70
1994	135.36	6.62	36.35	11.30	71.82	9.27
1995	151.16	7.71	30.77	26.53	75.64	10.51
1996	183.97	10.44	35.83	20.71	92.50	24.49
1997	176.07	10.98	17.36	4.41	116.68	26.64

4—22 按建设性质分的国有经济单位基本建设投资

单位：亿元

	全	省		#地	方	
	新建	扩建	改建	新建	扩建	改建
1978	17.61	12.84		8.44	4.43	
1979	18.10	9.09		8.62	5.19	
1980	18.84	10.16		8.63	6.59	
“六五”时期	**66.59**	**64.82**		**23.42**	**39.92**	
1981	13.49	9.52		3.87	6.42	
1982	13.13	12.06		4.80	8.18	
1983	11.46	12.88		3.79	7.59	
1984	12.56	9.84	2.09	4.39	4.81	1.00
1985	15.94	15.75	2.69	6.57	9.99	1.98
“七五”时期	**105.98**	**101.88**	**24.09**	**59.92**	**64.30**	**13.99**
1986	16.56	18.44	3.50	8.20	11.55	2.17
1987	20.37	21.48	4.41	11.81	12.43	2.78
1988	24.12	23.06	5.94	15.65	15.26	3.44
1989	19.06	17.93	4.07	10.48	11.13	1.89
1990	25.88	20.97	6.16	13.76	13.91	3.71
“八五”时期	**472.79**	**353.28**	**49.03**	**193.64**	**235.61**	**34.98**
1991	30.50	27.87	4.87	18.95	17.42	3.41
1992	47.42	47.10	9.29	29.64	31.75	5.86
1993	89.63	61.83	10.61	44.04	45.62	8.17
1994	149.57	72.64	11.56	64.86	49.85	8.21
1995	155.67	143.84	12.70	36.15	90.97	9.33
1996	164.64	149.22	17.19	50.43	95.03	13.14
1997	182.63	120.72	20.75	75.18	56.06	17.25

4—23 按用途分的国有经济单位基本建设投资

单位：亿元

年份	全	省		#地	方	
	生产性建设	非生产性建设	#住宅	生产性建设	非生产性建设	#住宅
1978	25.65	5.50	2.56	9.66	3.22	1.70
1979	19.83	7.58	4.30	9.10	4.92	2.96
1980	19.40	10.04	6.21	8.36	7.29	4.63
“六五”时期	**77.82**	**64.10**	**36.47**	**29.83**	**42.16**	**25.46**
1981	14.66	8.39	5.44	4.88	5.46	3.68
1982	14.09	11.37	7.07	5.70	7.54	4.99
1983	13.04	11.43	6.59	4.29	7.21	4.34
1984	16.37	11.84	6.20	6.02	7.08	3.95
1985	19.66	21.07	11.18	8.94	14.87	8.50
“七五”时期	**166.37**	**89.76**	**40.21**	**95.37**	**61.13**	**27.72**
1986	23.01	19.83	8.38	11.62	13.80	6.36
1987	32.11	19.67	9.25	18.49	12.67	5.89
1988	39.61	19.26	8.95	25.32	13.50	6.48
1989	30.11	15.75	7.46	16.23	10.62	4.84
1990	41.52	15.25	6.17	23.71	10.53	4.15
“八五”时期	**704.11**	**230.26**	**97.92**	**339.62**	**169.71**	**66.68**
1991	49.39	18.69	8.72	30.20	13.17	5.94
1992	80.89	30.61	12.77	49.99	23.26	9.07
1993	120.95	52.06	19.26	64.87	41.32	13.05
1994	190.97	57.76	26.93	92.29	43.07	18.50
1995	261.91	71.14	30.24	102.27	48.89	20.12
1996	270.86	91.40	32.34	117.95	67.46	21.24
1997	227.40	129.82	41.28	73.70	102.37	28.49

4—24 按构成分的国有经济单位基本建设投资

单位:亿元

年份	全省			#地方		
	建筑安装工程	设备工器具购置	其他	建筑安装工程	设备工器具购置	其他
1978	18.89	8.98	3.28	8.79	3.61	0.48
1979	18.85	6.92	1.64	9.95	3.52	0.55
1980	20.64	6.95	1.85	12.02	2.68	0.95
“六五”时期	**104.58**	**24.01**	**13.33**	**57.34**	**9.33**	**5.31**
1981	16.54	5.08	1.43	8.08	1.70	0.56
1982	19.56	4.26	1.64	10.82	1.80	0.62
1983	18.66	3.86	1.95	9.49	1.31	0.70
1984	20.59	4.66	2.96	10.02	1.92	1.15
1985	29.23	6.15	5.35	18.93	2.60	2.28
“七五”时期	**172.29**	**49.23**	**34.60**	**111.72**	**24.88**	**19.90**
1986	29.04	8.23	5.57	19.26	3.22	2.95
1987	33.31	9.11	9.35	21.44	4.73	4.99
1988	40.70	11.01	7.16	26.93	7.53	4.36
1989	32.54	8.33	4.99	19.89	3.85	3.11
1990	36.70	12.55	7.53	24.20	5.55	4.49
“八五”时期	**592.21**	**178.58**	**164.38**	**343.59**	**97.09**	**68.65**
1991	47.38	11.42	9.28	31.71	5.91	5.74
1992	71.20	25.87	14.43	49.31	15.67	8.27
1993	111.99	28.15	32.87	72.28	15.81	18.10
1994	169.08	38.95	41.50	94.82	22.74	17.81
1995	192.56	74.19	66.29	95.47	36.96	18.73
1996	194.43	75.59	92.24	110.67	41.52	33.22
1997	218.20	48.92	90.10	136.38	18.59	21.10

4—25 按三次产业分的国有经济单位基本建设投资

单位:亿元

年份	全省			#地方		
	第一产业	第二产业	第三产业	第一产业	第二产业	第三产业
1978	2.15	22.92	5.80	2.15	7.12	3.44
1979	2.37	17.57	7.48	2.36	6.62	5.04
1980	2.06	17.75	9.63	1.98	6.92	6.75
“六五”时期	**7.56**	**78.56**	**55.80**	**6.84**	**25.69**	**39.46**
1981	1.16	14.83	7.07	1.08	4.28	4.97
1982	1.46	14.55	9.45	1.33	4.95	6.97
1983	1.38	13.45	9.64	1.33	3.43	6.74
1984	1.58	15.59	11.04	1.40	4.92	6.78
1985	1.98	20.06	18.60	1.69	8.10	14.00
“七五”时期	**15.06**	**132.39**	**108.38**	**12.52**	**72.75**	**71.19**
1986	2.45	20.41	19.91	1.95	8.68	14.80
1987	2.89	26.73	22.09	2.44	14.61	14.11
1988	3.21	31.87	23.74	2.62	20.34	15.84
1989	2.56	23.83	19.41	2.11	13.22	11.50
1990	3.95	29.55	23.23	3.40	15.90	14.94
“八五”时期	**25.43**	**541.74**	**327.25**	**21.93**	**246.19**	**213.15**
1991	3.97	34.71	20.68	3.61	19.98	13.84
1992	4.95	63.22	30.56	4.19	37.78	22.21
1993	4.26	76.21	73.28	3.53	41.79	47.82
1994	4.83	156.28	88.42	4.25	67.38	63.73
1995	7.42	211.32	114.31	6.35	79.26	65.55
1996	8.80	202.32	151.14	8.29	80.08	97.04
1997	11.15	177.79	168.28	10.23	43.57	122.27

4—26 国有经济单位基本建设新增固定资产及交付使用率

	全省			#地方		
	投资额（亿元）	新增固定资产（亿元）	固定资产交付使用率（%）	投资额（亿元）	新增固定资产（亿元）	固定资产交付使用率（%）
1978	31.15	16.81	54.0	12.88	9.49	73.7
1979	27.41	48.10		14.02	10.90	77.7
1980	29.94	30.29	101.2	15.65	11.52	73.7
“六五”时期	**141.92**	**122.69**	**86.5**	**71.99**	**59.14**	**82.2**
1981	23.05	38.32	166.2	10.34	9.77	94.5
1982	25.46	19.60	77.0	13.24	11.11	83.8
1983	24.47	17.83	72.8	11.50	9.57	83.2
1984	28.21	20.30	72.0	13.10	10.27	78.4
1985	40.73	26.64	65.4	23.81	18.42	77.3
“七五”时期	**256.13**	**200.74**	**78.4**	**156.50**	**110.94**	**70.9**
1986	42.84	39.19	91.5	25.43	20.37	80.0
1987	51.78	38.83	75.0	31.16	21.36	68.6
1988	58.87	37.96	64.5	38.82	23.71	61.1
1989	45.86	40.43	88.2	26.85	21.22	79.0
1990	56.78	44.33	78.1	34.24	24.28	70.9
“八五”时期	**935.17**	**554.45**	**59.3**	**509.33**	**330.76**	**64.9**
1991	68.08	46.55	68.4	43.37	26.72	61.6
1992	111.50	52.60	47.2	73.25	37.00	50.5
1993	173.01	115.09	66.5	106.19	76.26	71.8
1994	249.53	136.49	54.7	135.36	85.17	62.9
1995	333.05	203.72	61.2	151.16	105.61	69.9
1996	362.26	283.00	78.1	185.41	216.61	116.8
1997	357.22	226.86	63.5	176.07	150.14	85.3

4—27 基本建设竣工房屋面积及竣工率

年份	施工面积（万平方米）	#住宅	竣工面积（万平方米）	#住宅	竣工率（%）	#住宅
1978	1 221.95	487.18	599.58	261.27	49.1	53.6
1979	1 418.25	722.08	738.21	396.38	52.1	54.9
1980	1 691.10	934.90	874.74	530.06	51.7	56.7
“六五”时期						
1981	1 388.22	854.74	760.71	496.33	54.8	58.1
1982	1 614.29	966.58	836.34	534.12	51.8	55.3
1983	1 421.44	857.75	788.89	527.64	55.5	61.5
1984	1 404.43	751.22	748.08	441.51	53.3	58.8
1985	1 922.58	1 080.78	986.47	607.67	51.3	56.2
“七五”时期						
1986	1 764.39	870.56	990.24	547.90	56.1	62.9
1987	1 613.64	725.04	839.97	413.67	58.3	57.1
1988	1 653.83	739.72	856.32	416.06	51.8	56.2
1989	1 139.98	487.69	568.68	277.73	49.9	56.9
1990	1 059.96	453.39	548.73	248.72	51.8	54.9
“八五”时期						
1991	1 230.68	532.36	611.31	300.67	49.7	56.5
1992	1 526.34	646.16	777.30	369.95	50.9	57.3
1993	1 713.67	698.42	897.81	406.09	52.4	58.1
1994	1 866.91	856.84	953.11	504.93	51.1	58.9
1995	1 943.29	870.78	1 070.74	573.80	55.1	65.9
1996	2 027.40	852.90	1 102.08	536.09	54.4	62.9
1997	2 192.83	961.95	1 206.14	550.64	55.0	57.3

4—28 全省基本建设项目及投产率

年份	建设项目(个) 施工项目	#大中型	建成投产项目	#大中型	建设项目投产率(%)	#大中型
1978	2 604		718		27.6	
1979	3 436		1 172		34.1	
1980	4 547		1 825		40.1	
"六五"时期						
1981	3 736		1 701		45.5	
1982	6 858		3 620		52.8	
1983	4 996		3 137		62.8	
1984	4 225		2 289		54.2	
1985	5 742	45	3 338	8	58.1	17.8
"七五"时期						
1986	5 086	48	3 050	4	60.0	8.3
1987	5 447	60	3 070	4	56.4	6.7
1988	5 500	62	3 307	9	60.1	14.5
1989	3 549	59	1 961	7	55.3	11.9
1990	3 637	61	2 064	10	56.8	16.4
"八五"时期						
1991	4 251	67	2 427	9	57.1	13.4
1992	5 321	61	3 253	7	61.1	11.5
1993	5 215	68	3 390	12	65.0	17.6
1994	5 309	82	3 331	11	62.7	13.4
1995	5 655	78	3 909	11	69.1	14.1
1996	5 425	67	3 683	12	67.9	17.9
1997	5 962	53	3 919	8	65.7	15.1

4—29 基本建设新增主要产品生产能力

产品名称	单位	1990年	1993年	1994年	1995年	1996年	1997年
汽车制造	辆/年		1 200	7 200			
炼钢	万吨/年	6	6	7.70	9.00		
煤炭开采	万吨/年	22	11		6.00	6.00	
发电机组容量	万千瓦	31.79	164	94.14	11.66	56.08	54.75
水泥	万吨/年		19		134		70.50
机制纸及纸板	万吨/年	0.2					
化学纤维	万吨/年		0.2			0.20	
棉纺锭	万锭	1.5	1.0				
棉布织机	台	92	330				
合成氨	万吨/年	2.5			2.5		0.44
化学肥料	万吨/年	2.06	17.30		22.31		9.38
烧碱	万吨/年	0.5			2.00	0.50	
塑料	吨/年	0.12					
输电线路长度	公里	926	677	222.5	181.00	316.40	676.82
新建公路	公里	132.49	122	293.83	681.40	189.41	311.42
改建公路	公里	300	399	538.21	784.85	887.48	880.59
城市自来水供水能力	万吨/日	33.37	53	74	31.50	111.00	52.00

4—30 全省各种分组的基本建设投资

单位:亿元

	1990年	1993年	1994年	1995年	1996年	1997年
一、投资总额	**56.78**	**184.95**	**282.31**	**366.33**	**416.11**	**438.47**
按资金来源分						
国家预算内投资	10.74	37.36	58.91	52.78	68.76	65.99
国内贷款	8.77	37.35	93.35	97.85	107.87	90.43
利用外资	3.93	17.12	20.63	56.09	46.65	25.15
自筹投资	26.77	75.94	95.39	140.86	156.15	201.97
其他投资	6.57	17.18	14.03	18.75	36.68	54.93
按构成分						
建筑安装工程	36.70	116.45	182.27	205.17	208.57	249.53
设备、工器具构置	12.55	34.00	50.11	88.18	100.57	83.17
# 用于更新的设备		0.24	0.06	0.27	0.35	0.23
其他费用	7.53	34.50	49.93	72.98	106.97	105.77
按用途分						
物质生产性建设	41.52	131.10	221.10	291.58	321.28	300.87
非物质生产性建设	15.25	53.85	61.21	74.75	94.83	137.60
# 住　　宅	6.17	19.61	27.49	31.19	33.40	43.44
按第三次产业分						
第一产业	3.95	4.24	4.88	7.45	8.88	11.48
第二产业	29.55	99.62	184.23	239.58	246.84	247.39
第三产业	23.28	81.09	93.20	119.30	160.39	179.60
按建设性质分						
# 新　　建	25.88	96.28	177.47	184.22	212.89	250.54
扩　　建	20.97	65.74	77.07	147.18	153.30	130.23
改　　建	6.16	11.51	11.71	13.30	17.64	23.92
二、新增固定资产	**44.33**	**121.87**	**141.83**	**213.83**	**328.01**	**280.34**
固定资产交付使用率(%)	78.1	65.9	50.2	58.4	78.82	63.94
三、建设项目(个)						
施工项目	3 637	5 328	5 309	5 655	5 425	5 962
# 大中型项目	61	74	82	78	67	53
建成投产项目	2 064	3 432	3 331	3 909	3 683	3 919
# 大中型项目	10	13	11	11	12	8
四、项目平均建设期(年)	**6.0**	**6.4**	**5.2**	**5.6**	**5.2**	**5.05**
五、房屋建筑面积(万平方米)						
施工面积	1 059.96	1 770.70	1 866.91	1 943.29	2 027.40	2 192.83
# 住　　宅	453.39	709.53	856.84	870.78	852.90	961.95
竣工面积	548.73	919.00	953.11	1 070.74	1 102.08	1 206.14
# 住　　宅	248.72	410.92	504.93	573.80	536.09	550.64

4—31 地方各种分组的基本建设投资

单位:亿元

	1990年	1993年	1994年	1995年	1996年	1997年
一、投资总额	**34.24**	**117.71**	**150.41**	**165.36**	**203.48**	**217.04**
按资金来源分						
国家预算内投资	5.11	6.19	5.59	7.51	10.46	11.19
国内贷款	5.13	30.14	41.70	33.40	44.08	24.32
利用外资	1.99	15.37	15.50	34.97	23.26	15.33
自筹投资	18.97	56.61	76.98	78.29	98.64	133.53
其他投资	3.04	9.40	9.64	11.19	27.04	32.67
按构成分						
建筑安装工程	24.20	76.42	101.67	102.63	118.51	157.05
设备、工器具构置	5.55	21.59	28.50	41.91	50.61	34.40
# 用于更新的设备		0.09	0.06	0.25	0.31	0.23
其他费用	4.49	19.70	20.25	20.82	34.36	25.59
按用途分						
物质生产性建设	23.71	74.93	105.44	113.19	134.81	107.66
非物质生产性建设	10.53	42.78	44.97	52.17	68.67	109.38
# 住　宅	4.15	13.40	19.05	20.96	22.17	30.59
按第三次产业分						
第一产业	3.95	3.67	4.30	6.59	8.38	10.56
第二产业	29.55	60.15	79.15	89.48	95.23	73.91
第三产业	0.74	53.89	66.96	69.29	99.87	132.57
按建设性质分						
# 新　建	13.76	50.27	75.02	46.23	65.18	103.50
扩　建	13.91	49.52	54.28	93.71	98.43	65.57
改　建	3.71	9.07	8.36	9.93	13.48	19.78
二、新增固定资产	**24.28**	**83.05**	**89.68**	**112.52**	**227.82**	**183.25**
固定资产交付使用率(%)	70.9	70.6	59.6	68.1	112.0	84.43
三、建设项目(个)						
施工项目	3 112	4 736	4 648	4 735	4 676	5 243
# 大中型项目	40	50	50	36	38	32
建成投产项目	1 838	3 126	2 972	3 339	3 213	3 505
# 大中型项目	4	10	5	6	6	6
四、项目平均建设期(年)	**4.9**	**4.0**	**3.4**	**3.1**	**3.2**	**3.48**
五、房屋建筑面积(万平方米)						
施工面积	742.25	1 347.64	1 362.23	1 292.50	1 349.67	1 567.71
# 住　宅	318.02	484.21	594.84	610.17	563.75	695.78
竣工面积	393.23	741.53	763.79	791.91	819.05	899.26
# 住　宅	180.74	310.18	383.38	425.28	376.65	425.18

4—32 基本建设大中型一览表

（1997年末）　　　　单位:万元

建设项目名称	隶属关系	建设性质	开工年月	投产年月	计划总投资	自开始建设至本年底止累计完成投资	新增固定资产	未完工程尚需投资
一、筹建项目								
宜昌长江公路大桥	地	新			89 5000	5 000		84 500
鄂钢集团公司黄梅铁矿	省	扩			8 500	1 570		6 930
恩施市水电局清江大龙潭水电站	县	新			29 393	470		28 923
清江姚家坪水力发电站	地	新			33 000	2 081		30 919
二、正式施工项目								
隔河岩水电站500千伏送出工程	中央	新	199306		82 386	78 914	38 225	3 472
鄂州电厂220千伏送出工程	中央	新	199309		57 912	55 241	47 575	2 671
襄樊电厂220千伏送出工程	中央	新	199709		36 923	24 300	5 722	12 623
武汉市堤防加高回固工程	地	改	197404		25 672	30 141	30 141	
神龙汽车有限公司轿车工程	中央	新	199302		1 035 800	861 730	461 216	174 070
阳逻电厂二期	中央	扩	199412		219 866	272 782	153 531	
武汉市自来水公司白沙洲水厂	地	扩	199512	199712	22 223	21 394	20 744	829
武汉煤气工程公司汉阳煤气工程	地	新	199307		13 637	14 327		
武汉煤气工程公司汉阳供热工程	地	新	199406		5 042	5 992	49	
武汉白洲桥梁有限公司白沙洲大桥	地	新	199703		116 300	40 481		75 819
七一零工厂NEC项目	中央	扩	199402		9 066	9 066	7 066	
武钢技术改造指挥部基建工程	地	扩	199212		1 357 155	1 265 081	1 041 906	92 074
武钢三炼钢工程	地	扩	199212		774 212	759 989	743 651	14 223
武钢程潮西区建设	地	扩	199212		52 071	20 880		31 191
武钢自备电厂工程	地	扩	199407		181 173	141 655		39 518
武钢硅钢改扩建工程	地	扩	199303		303 152	296 010	296 010	7 142
华新水泥股份有限公司干法工艺线	地	扩	199210	199710	47 808	48 022	39 057	
大冶有色金属公司铜录山二期工程	中央	新	198507		48 000	38 144	22 485	9 856
十堰陡岭子水利枢纽工程	地	新	199406		32 440	4 219		28 221
东汽公司轿车支撑	中央	扩	199406		111 700	49 124	46 250	62 576
湖北神力锻造有限责任公司	县	新	199410		20 097	16 040	14 436	4 057
宜昌市三峡开发总公司三峡工程	中央	新	199412		9 009 000	2 670 982	14 896	6 338 018

4—32 续表 1 (1997 年末) 单位:万元

建设项目名称	本年计划投资	本年完成投资	本年新增固定资产	建设规模和新增能力(或效益)				
				生产能力(或效益)名称	计量单位	建设规模	累计新增	#本年
一、筹建项目								
宜昌长江公路大桥		5 000		新建独立公路桥梁	延长米	1 260		
鄂钢集团公司黄梅铁矿	60	80		铁矿石原矿开采	万吨/年	42.00		
恩施市水电局清江大龙潭水电站		100		发电机组容量	万千瓦	3.00		
清江姚家坪水力发电站		16		发电机组容量	万千瓦	19.50		
二、正式施工项目								
隔河岩水电站 500 千伏送出工程	991	991		输电线路长度	公里	247.23	42.00	
鄂州电厂 220 千伏送出工程	15 441	15 141	39 490	输电线路长度	公里	385.49	245.79	222.20
襄樊电厂 220 千伏送出工程	24 300	23 000	5 722	输电线路长度	公里	101.00	97.00	97.00
武汉市堤防加高回固工程	3 660	3 660	3 660	城市防洪堤长度	公里	179.00	157.00	10.00
神龙汽车有限公司轿车工程	165 000	223 156	191 982	汽车制造	辆/年	150 000		
阳逻电厂二期	93 364	114 438	152 212	发电机组容量	万千瓦	60.00	30.00	30.00
武汉市自来水公司白沙洲水厂		5 445	20 744	城市自来水供水	万吨/日	20.00	20.00	20.00
武汉煤气工程公司汉阳煤气工程	800	1 480		城市煤气生产	万立方米	31.00		
武汉煤气工程公司汉阳供热工程	1 500	1 760	49					
武汉白洲桥梁有限公司白沙洲大桥	30 000	31 881		新建独立公路桥梁	延长米	3 940		
七一零工厂 NEC 项目	2 706	800	800					
武钢技术改造指挥部基建工程	105 727	96 142	305 906	铁矿石原矿开采	万吨/年	80.00		
武钢三炼钢工程	12 335	12 335	7 651	连铸	万吨/年	250.00	250.00	70.00
武钢程潮西区建设	4 970	4 970		铁矿石原矿开采	万吨/年	80.00		
武钢自备电厂工程	30 025	25 858		发电机组容量	万千瓦	40.00	40.00	20.00
武钢硅钢改扩建工程	21 550	16 132	296 010	钢材	万吨/年	13.15	13.15	13.15
华新水泥股份有限公司干法工艺线	2 201	2 750	37 974	水泥	万吨/年	67.50	67.50	67.50
大冶有色金属公司铜录山二期工程	16 208	7 352	2 962	铜采矿(原矿)	万吨/年	115.50	33.00	33.00
十堰陡岭子水利枢纽工程	164	164		发电机组容量	万千瓦	6.00		
东汽公司轿车支撑	35 023	14 439	7 865					
湖北神力锻造有限责任公司	3 000	1 060	13 808	锻件能力	吨/年	16 000		
宜昌市三峡开发总公司三峡工程		746 572		发电机组容量	万千瓦	1 820		

4—32 续表 2 (1997 年末) 单位:万元

建设项目名称	隶属关系	建设性质	开工年月	投产年月	计划总投资	自开始建设至本年底止累计完成投资	#新增固定资产	未完工程尚需投资
宜昌湖北省鄂西造纸厂	县	新	199107		6 601	5 805	5 159	796
宜昌兴山县古洞口水电站	县	新	199303		39 933	18 577		21 356
宜昌五峰锁金山电站	县	新	198912	199706	27 612	23 348	18 458	4 264
湖北昌丰化纤工业有限公司聚脂切片	地	新	199404		137 254	114 692	14 463	22 562
湖北清江高坝洲水电站	省	新	199706		307 620	97 477	3 887	210 143
襄樊汽车轴承股份公司轿车轴承	省	扩	199501		9 000	6 110	4 261	2 890
航空六一零研究所火箭撬滑轨工程	中央	扩	199707		6 320	7 199	7 085	
襄樊发电有限责任公司火电厂	中央	新	199612		641 234	215 107		426 127
谷城县银隆电业有限公司白水峪电站	省	新	199212		42 540	31 602		10 938
保康县过渡湾水电站	县	新	199301		19 989	16 978		3 011
汉江王甫洲水利枢纽工程	中央	新	199502		200 000	69 794	863	130 206
鄂州电厂电厂一期工程	中央	新	199409		438 098	410 098	22 239	28 000
国营 7608 厂	中央	迁	199312		11 270	11 270	10 382	
湖北三环墙体有限公司石膏纤维板	省	新	199312	199712	10 795	16 067	16 067	
黄麦岭磷化工程磷化工程	地	扩	199007	199712	191 576	222 789	221 620	
江汉公路大桥	省	新	199411	199711	8 023	8 023	8 023	
汉川电厂二期工程	中央	扩	199501		256 054	242 306		13 748
湖北省荆江大堤加固工程	中央	改	198310		30 500	29 137	24 154	1 363
洪湖分蓄洪二期工程	中央	新	198801		46 956	13 061	13 061	33 895
黄冈市水利局黄广大堤加固工程	县	扩	199710		18 000	1 350		16 650
蒲圻市尿素工程指挥部尿素工程	县	扩	199312		8 680	4 913		3 767
利川市长顺电站工程建设指挥部	县	新	199111		26 310	8 339		17 971
建始小溪口水电枢纽工程	县	新	199512		22 100	4 080		18 020
中国长江动力公司(集团)长州电厂	其他	新	199401		30 000	29 008		992
三、收尾项目								
宜昌西北口水库	地	新	198301		9 424	10 174	8 700	
湖北清江隔河岩水电站	省	新	198709		516 953	439 486	377 526	77 467
宜昌三峡机场	地	新	199410		68 500	75 200	75 200	
咸丰县朝阳寺水电站	县	新	199210		25 587	33 117		
蒲圻市水泥总厂熟料窑外分解工艺	县	扩	198609		14 960	13 848	12 551	1 112
四、跨省区在鄂施工项目								
郑州铁路局焦枝复线襄樊枢纽	中央	扩	198711	199711	71 376	69 004	69 004	2 372
大桥工程局九江长江大桥(北岸)	中央	新	197312	199710	36 415	36 415	35 982	
郑州铁路局焦柳线襄石复线	中央	扩	199307		306 034	113 666	2 605	192 368
郑州铁路局京广线武广电化(武段)	中央	扩	199711		202 986	5 946		197 040

建设项目名称	本年计划投资	本年完成投资	本年新增固定资产	建设规模和新增能力(或效益)				
				生产能力(或效益)名称	计量单位	建设规模	累计新增	#本年
宜昌湖北省鄂西造纸厂	750	765	765	机制纸及纸板	万吨/年	1.20		
宜昌兴山县古洞口水电站	75	8 301		发电机组容量	万千瓦	3.60		
宜昌五峰锁金山电站	4 600	2 890	18 458	发电机组容量	万千瓦	4.50	4.50	3.00
湖北昌丰化纤工业有限公司聚脂切片		54 377	11 444	合成纤维聚合物	吨/年	66 000		
湖北清江高坝洲水电站	49 800	49 800	2 196	发电机组容量	万千瓦	25.20		
襄樊汽车轴承股份公司轿车轴承	1 124	1 124	3 759	轴承	万套/年	185	80	80
航空六一零研究所火箭撬滑轨工程	500	351	335					
襄樊发电有限责任公司火电厂	165 208	165 208		发电机组容量	万千瓦	120.00		
谷城县银隆电业有限公司白水峪电站	14 000	10 172		发电机组容量	万千瓦	4.50		
保康县过渡湾水电站	7 000	3 678		发电机组容量	万千瓦	2.55		
汉江王甫洲水利枢纽工程	59 383	30 429	100	发电机组容量	万千瓦	10.90		
鄂州电厂电厂一期工程	129 610	72 098	8 328	发电机组容量	万千瓦	60.00		
国营 7608 厂	400	400						
湖北三环墙体有限公司石膏纤维板		10	16 067					
黄麦岭磷化工程磷化工程	882	882	312	硫酸	万吨/年	26	26	26
江汉公路大桥	3 400	3 400	8 023	新建独立公路桥梁	延长米	1 500	1 500	1 500
汉川电厂二期工程		69 577		发电机组容量	万千瓦	60.00		
湖北省荆江大堤加固工程	2 300	2 944	2 659					
洪湖分蓄洪二期工程	3 600	2 669	2 669					
黄冈市水利局黄广大堤加固工程	4 300	1 350						
蒲圻市尿素工程指挥部尿素工程	2 100	252		农用氮,磷,钾	吨/年	70 000		
利川市长顺电站工程建设指挥部	10 000	3 558		发电机组容量	万千瓦	3.00		
建始小溪口水电枢纽工程		2 350		发电机组容量	万千瓦	3.00		
中国长江动力公司(集团)长州电厂	4 592	3 600		发电机组容量	万千瓦	5.50		
三、收尾项目								
宜昌西北口水库	100	100		水库容量	亿立方米	2.12	2.12	
湖北清江隔河岩水电站	22 000	8 200		发电机组容量	万千瓦	120	120	
宜昌三峡机场		3 325	3 325					
咸丰县朝阳寺水电站		5		水泥	万吨/年	22.00	22.00	
蒲圻市水泥总厂熟料窑外分解工艺	10 126	7 322		发电机组容量	万千瓦	4.50	4.50	
四、跨省区在鄂施工项目								
郑州铁路局焦枝复线襄樊枢纽	13 627	13 627	17 024	增建铁路运营里程	公里	13.70	13.70	
大桥工程局九江长江大桥(北岸)	1 009	1 009	35 049					
郑州铁路局焦柳线襄石复线	62 000	61 669	1 305	增建铁路运营里程	公里	303.30	87.56	56.16
郑州铁路局京广线武广电化(武段)	5 000	5 000						

4—33 全省各种分组的技术改造投资

单位:亿元

	1990年	1993年	1994年	1995年	1996年	1997年
一、投资总额	**33.30**	**71.12**	**122.17**	**150.94**	**191.97**	**212.57**
按资金来源分						
国家预算内投资	0.44	1.01	0.96	0.90	2.26	3.09
国内贷款	7.72	30.17	39.77	43.22	37.28	42.28
利用外资	0.61	0.88	6.09	11.86	9.28	15.13
自筹投资	23.22	36.94	69.43	86.93	118.84	133.43
其他投资	1.31	2.12	5.92	8.03	23.84	18.64
按构成分						
建筑工程	11.68	23.30	37.60	32.52	43.26	52.05
安装工程	2.43	5.38	9.31	15.82	16.90	16.16
设备、工器具构置	16.87	36.43	65.66	86.67	117.33	128.07
# 用于更新的设备	4.34	11.09	16.88	1.47	24.10	36.93
其他费用	2.32	6.01	9.61	15.93	14.48	16.29
按用途分						
物质生产性建设	29.53	65.06	112.40	139.27	172.14	178.82
增　产	12.96	27.72	38.91	40.26	49.67	66.51
节约能源	1.32	2.60	6.31	5.29	3.17	7.58
其他节约	0.10	0.69	1.40	0.50	0.78	1.98
增加品种	5.57	10.20	19.61	27.27	32.27	23.55
提高产品质量	2.76	6.87	10.99	11.00	15.19	16.86
三废治理	0.38	0.41	0.51	3.29	2.33	1.10
其他生产性	6.44	16.57	34.67	51.66	68.93	61.24
非物质生产性建设	3.77	6.06	9.78	11.67	19.83	33.75
# 住　宅	1.59	1.63	1.52	2.05	2.49	2.27
按三次产业分						
第一产业	0.03	0.68	0.04	0.16	0.52	1.65
第二产业	27.94	50.03	81.46	109.58	117.45	121.63
第三产业	3.74	18.78	40.67	41.20	74.00	89.29
按建设性质分						
# 新　建	0.83	2.43	3.44	5.32	9.09	10.63
扩　建	19.38	37.48	72.39	95.89	104.92	111.26
改　建	11.37	27.77	37.95	36.84	47.08	57.89
二、新增固定资产	**25.72**	**49.73**	**81.72**	**91.95**	**182.49**	**194.54**
固定资产交付使用率(%)	77.3	69.90	66.90	60.9	95.1	91.5
三、建设项目(个)						
施工项目	2 115	1 939	2 183	2 392	2 673	2 802
# 限额以上项目	27	40	63	93	85	74
建成投产项目	1 119	1 165	1 308	1 540	1 784	1 992
# 限额以上项目	7	13	5	24	24	27
四、项目平均建设周期(年)	**3.2**	**2.6**	**2.4**	**2.3**	**2.4**	**2.1**
五、房屋建筑面积(万平方米)						
施工面积	327.37	295.25	321.94	306.89	294.00	285.35
# 住　宅	114.09	53.93	45.48	32.68	41.11	44.33
竣工面积	182.02	175.28	147.86	160.79	179.42	168.60
# 住　宅	62.34	40.50	27.78	19.82	26.60	20.22

4—34 地方各种分组的技术改造投资

单位:亿元

	1990年	1993年	1994年	1995年	1996年	1997年
一、投资总额	**24.68**	**47.42**	**76.58**	**95.99**	**121.67**	**141.81**
按资金来源分						
国家预算内投资	0.30	0.76	0.77	0.55	1.58	1.50
国内贷款	7.09	24.29	31.33	29.27	28.72	27.58
利用外资	0.26	0.85	3.20	5.97	7.15	14.41
自筹投资	15.87	20.11	38.43	53.35	63.90	81.90
其他投资	1.16	1.41	2.85	6.85	20.32	16.42
按构成分						
建筑工程	8.79	15.32	23.87	22.64	26.23	35.72
安装工程	1.53	2.98	4.66	8.30	7.34	8.31
设备、工器具构置	12.46	24.81	41.56	56.72	77.85	87.73
# 用于更新的设备	2.68	8.91	14.31		19.37	30.72
其他费用	1.90	4.31	6.49	8.33	10.25	10.05
按用途分						
物质生产性建设	21.61	42.24	68.35	88.24	106.92	117.33
增　　产	10.62	24.12	30.13	32.26	41.26	51.99
节约能源	0.66	1.27	2.06	2.43	2.26	5.46
其他节约	0.06	0.26	0.57	0.35	0.55	1.20
增加品种	4.53	8.52	15.66	23.66	25.78	20.79
提高产品质量	2.33	5.49	9.05	9.08	10.74	12.44
三废治理	0.30	0.24	0.42	3.19	1.80	0.90
其他生产性	3.11	2.64	10.46	17.27	24.53	24.55
非物质生产性建设	3.07	5.18	8.23	7.75	14.75	24.48
# 住　　宅	1.22	1.13	0.90	1.15	1.32	0.83
按三次产业分						
第一产业	0.03	0.68	0.04	0.16	0.52	1.65
第二产业	21.86	40.13	62.21	85.4	91.81	98.72
第三产业	1.57	5.47	14.33	10.43	29.34	41.44
按建设性质分						
# 新　　建	0.79	2.32	3.41	3.43	8.50	9.31
扩　　建	17.33	22.14	39.70	57.99	61.18	65.13
改　　建	5.22	20.97	27.32	24.70	26.58	40.58
二、新增固定资产	**20.13**	**32.81**	**47.92**	**56.28**	**117.10**	**130.95**
固定资产交付使用率(%)	81.6	69.2	62.6	58.6	96.20	92.3
三、建设项目(个)						
施工项目	1 463	1 323	1 475	1 529	1 642	1 847
# 限额以上项目	22	25	48	74	67	60
建成投产项目	752	732	869	963	1 067	1 301
# 限额以上项目	7	8	2	19	16	21
四、项目平均建设周期(年)	**3.0**	**2.7**	**2.5**	**2.5**	**2.5**	**2.2**
五、房屋建筑面积(万平方米)						
施工面积	261.11	241.92	247.38	251.90	227.76	218.46
# 住　　宅	86.75	42.63	24.99	23.71	24.32	16.37
竣工面积	145.31	146.67	119.10	126.78	143.19	140.55
# 住　　宅	47.01	29.77	19.24	14.36	17.36	10.08

4—35　按国民经济行业分的国有经济单位技术改造投资

单位：亿元

行业	1995年		1996年		1997年	
	全省	地方	全省	地方	全省	地方
总计	**128.23**	**73.48**	**161.25**	**91.47**	**142.56**	**73.19**
一、农、林、牧、渔业	**0.03**	**0.03**	**0.23**	**0.23**	**0.55**	**0.55**
农业					0.11	0.11
农林牧渔服务业	0.03	0.03	0.21	0.21	0.28	0.28
二、采掘业	**2.51**	**1.24**	**3.00**	**1.39**	**3.88**	**1.11**
煤炭采选业	0.26	0.26	0.34	0.34	0.21	0.21
石油和天然气开采业	1.06		1.41		2.47	
有色金属矿采选业	0.79	0.58	0.26	0.09	0.22	0.11
非金属矿采选业	0.36	0.36	0.97	0.94	0.80	0.62
三、制造业	**72.56**	**61.39**	**73.25**	**61.88**	**58.38**	**46.67**
食品加工业	1.19	1.19	1.73	1.73	1.54	1.54
食品制造业	0.29	0.29	0.43	0.43	0.33	0.33
饮料制造业	0.98	0.98	0.75	0.75	0.64	0.64
烟草加工业	4.12	3.91	5.01	4.76	4.47	3.72
纺织业	4.49	4.48	7.38	6.81	3.51	3.36
服装及其他纤维制品制造业	0.03	0.03	0.63	0.63	0.37	0.36
皮革、毛皮、羽绒及其制品业	0.02	0.02	0.09	0.09		
木材加工及竹、藤、棕、草制品业	0.52	0.52	0.18	0.18	0.29	0.29
家具制造业			0.03	0.03	0.02	0.02
造纸及纸制品业	1.35	1.35	0.70	0.70	0.52	0.50
印刷业、记录媒介的复制	0.86	0.85	0.50	0.49	0.40	0.40
文教体育用品制造业			0.11	0.07		
石油加工及炼焦业	4.78	0.44	3.45	0.38	3.86	0.22
化学原料及化学制品制造业	6.54	6.46	6.75	6.45	6.90	6.47
医药制造业	0.74	0.67	1.52	1.08	0.78	0.64
化学纤维制造业	1.09	1.09	0.27	0.27	0.57	0.57
橡胶制品业	0.88	0.83	0.24	0.27	0.07	0.07
塑料制品业	1.32	1.32	0.80	0.80	0.24	0.24
非金属矿物制品业	2.29	2.25	3.44	3.40	3.35	3.29
黑色金属冶炼及压延加工业	25.04	25.04	22.76	22.75	16.61	16.61
有色金属冶炼及压延加工业	2.00	0.64	1.73	0.34	3.01	0.18
金属制品业	0.67	0.67	1.04	1.04	0.84	0.68
普通机械制造业	2.09	1.72	1.45	1.19	1.33	1.14
专用设备制造业	1.35	0.97	2.03	1.68	0.88	0.70
交通运输设备制造业	7.39	3.84	7.80	4.25	5.55	3.71
电气机械及器材制造业	0.99	0.92	0.73	0.68	0.66	0.66
电子及通信设备制造业	0.97	0.71	0.98	0.51	1.30	0.21
仪器仪表及文化、办公用机械制造业	0.42	0.07	0.54	0.08	0.22	0.01
其他制造业	0.12	0.12	0.16	0.16	0.12	0.11
四、电力、煤气及水的生产和供应业	**10.45**	**0.29**	**13.32**	**2.87**	**9.29**	**2.41**
电力、蒸汽、热水的生产和供应业	10.16		12.58	2.13	8.73	1.85
煤气生产和供应业	0.05	0.05	0.04	0.04	0.01	0.01
自来水的生产和供应业	0.24	0.24	0.70	0.70	0.55	0.55

4—35 续表

单位:亿元

行业	1995年		1996年		1997年	
	全省	地方	全省	地方	全省	地方
五、建筑业	**2.57**	**1.17**	**2.89**	**1.19**	**1.80**	**0.46**
土木工程建筑业	2.55	1.16	2.71	1.01	1.79	0.45
线路、管道和设备安装业	0.01	0.01	0.10	0.10	0.01	0.01
装修装饰业			0.09	0.09		
六、地质勘查业、水利管理业	**0.44**	**0.24**	**0.39**	**0.28**	**0.66**	**0.64**
地质勘查业	0.31	0.13	0.11		0.02	
水利管理业	0.11	0.11	0.28	0.28	0.64	0.64
七、交通运输、仓储及邮电通讯业	**31.98**	**1.80**	**47.30**	**6.20**	**49.49**	**10.93**
铁路运输业	1.86		1.88		2.84	
公路运输业	0.69	0.69	1.81	1.18	1.72	1.72
管道运输业						
水上运输业	0.32	0.29	1.18	0.29	1.51	0.05
航空运输业					3.14	3.14
交通运输辅助业	0.98	0.80	1.49	1.32	2.63	2.62
其他交通运输业						
仓储业	0.04	0.03	0.02		0.07	0.03
邮电通信业	28.10		40.92	3.40	37.58	3.37
八、批发和零售贸易、餐饮业	**1.39**	**1.29**	**0.85**	**0.57**	**0.97**	**0.89**
食品、饮料、烟草和家庭日用品批发业	0.35	0.35	0.26	0.18	0.14	0.14
能源材料和机械电子设备批发业	0.34	0.24	0.41	0.21	0.42	0.36
其他批发业			0.03	0.03		
零售业	0.71	0.71	0.14	0.14	0.36	0.34
餐饮业			0.01	0.01	0.04	0.04
九、金融、保险业	**0.04**	**2.79**	**2.79**		**5.41**	
金融业			2.23		4.81	
十、房地产业	**0.02**	**0.02**				
房地产开发与经营						
房地产管理业	0.02	0.02				
房地产经纪与代理业						
十一、社会服务业	**3.02**	**3.02**	**3.46**	**3.43**	**4.81**	**4.09**
公共设施服务业	3.00	3.00	3	2.99	4.14	3.96
旅馆业	0.02	0.02	0.37	0.37	0.59	0.06
其他社会服务业			0.09	0.06	0.08	0.07
十二、卫生、体育和社会福利业	**0.17**	**0.13**	**0.22**	**0.14**	**2.42**	**1.65**
卫生	0.17	0.13	0.22	0.14	2.42	1.65
十三、教育、文化艺术及广播电影电视业	**0.26**	**0.13**	**0.19**	**0.1**	**1.02**	**0.25**
教育	0.22	0.09	0.15	0.05	0.87	0.10
文化艺术业					0.14	0.14
广播电影电视业	0.04	0.04	0.04	0.04	0.01	0.01
十四、科学研究和综合技术服务业	**0.10**	**0.05**	**0.21**	**0.07**	**0.22**	**0.12**
科学研究业	0.08	0.04	0.21	0.07	0.12	0.05
综合技术服务业	0.02	0.01			0.10	0.07
十五、国家机关、政党机关和社会团体	**0.64**	**0.62**	**1.13**	**1.09**	**3.42**	**3.41**
国家机关	0.62	0.60	1.09	1.05	3.42	3.41
政党机关	0.01	0.01				
十六、其他行业	**2.07**	**2.06**	**12.02**	**12.01**	**0.24**	**0.01**

4—36 技术改造新增主要产品生产能力

能力名称	计算单位	1990年	1993年	1994年	1995年	1996年	1997年
炼铁	万吨/年			1			
炼钢	万吨/年	0.75	26	7.7			
初轧	万吨/年	0.4		10			
煤炭开采	万吨/年	4		4	7.50	3.00	14.00
烧碱	万吨/年	0.5		2	3.30		
合成氨	万吨/年	10	2.75	6.5	3.50	22.05	16.00
化肥	万吨/年	11.16	17.50	24.68	85.27	25.58	31.47
塑料	吨/年	12 100		10	400	9 000	10 265
轮胎外胎	万条/年	3.50		80	4	39	
发电机组容量	万千瓦	11.13		5.57	12.34	42.76	2.00
#火电	万千瓦	10.6		5	1.26	7.26	0.68
水电	万千瓦	0.5		0.57	11.08	35.50	1.17
余热发电	万千瓦						
汽车制造	辆/年	556	4 100	1 400	6 850	33 195	5 060
#载重汽车制造	辆/年		3 000		4 200	32 845	5 000
拖拉机制造	混和台/年	3 100					
手扶拖拉机制造	混和台/年	3 000					
电动机	万千瓦/年	25	15		4		10
金属切削机床制造	台/年	276	4 916	480	926	800	
胶合板	万立方米/年	1	3	0.13	0.10	1.00	6.40
水泥	万吨/年	37.7	82	88	145.03	89.40	86.80
棉纺锭	万锭	1.80	8	8	14.85	14.47	4.50
棉布织机	台	433	542	175	1 076	334	133
印染布	万米/年	344	1 524			1 200	3 000
毛纺锭	锭	400	2 500	3 564	3 200		
卷烟	万箱/年	34.1	47	11.7	43.08	6.43	25.60
酒	万吨/年	0.68	4.8	5.96	14.62	11.26	18.07
糖果	吨/年	1 000	4 000			20 000	
机制纸及纸板	万吨/年	1.42	7	2.42	13.09	2.22	11.78
肥皂	万箱/年		1		0.40		

4—36 续表

能力名称	计算单位	1990年	1993年	1994年	1995年	1996年	1997年
合成洗涤剂	万吨/年	5		3.9	0.63		2.50
制革	万张/年	7				5	1.00
皮鞋	万双/年	8	6		0.02	15	
热水瓶	万个/年	300	30				
灯泡	万只/年	1 120	200	324	1 427	4 427	2 037
自行车	万辆/年	10	80				
电视机	万台/年				10.0		
录音机	万台/年	14					
新(扩)建港口码头	万吨		20		80	63	
新(扩)建港口码头	泊位:个		1		1	4	
新建公路	公里			36.2		26.7	99.00
改建公路	公里	11	50	181.06	267.10	113.69	823.95
市内电话交换机	万门	2.53	20.45	39.4	58.70	84.69	52.07
商业冷藏库	万吨					52	
粮食仓库	万平方米	0.51					
粮食仓库	万公斤	6 450					
商业饮食服务网点	处	42	21	11	5	8	80
商业饮食服务网点	万平方米	3.6	5.99	6.2	3.84	2.52	5.21
医院病床床位	张	400		50		500	
自来水供水能力	万吨/日	27.4	13	7.2	4.50	18.04	15.00

4—37 技术改造投产工业项目的经济效益

单位:亿元

项目	全省			#地方		
	1990年	1996年	1997年	1990年	1996年	1997年
全年可增加工业产值	29.05	76.39	116.35	27.74	66.48	106.00
全年可增加利润税金	6.17	13.07	23.66	5.94	11.47	19.59
全年增加创汇(亿美元)	0.68	0.33	1.39	0.68	0.33	1.39

4—38　更新改造限额以上项目一览表

（1997年末）　　　　单位:万元

建设项目名称	隶属关系	建设性质	开工年月	投产年月	计划总投资	自开始建设至本年底止累计完成投资	#新增固定资产	未完工程尚需投资
一、筹建项目								
宜昌市拖拉机厂开发性移地搬迁	地	迁			4 200	267		3 933
二、正式施工项目								
武汉生物制品研究所生产线	中央	扩	199011		7 065	6 536	1 778	529
武汉市东西湖啤酒公司十万吨啤酒	地	扩	199508		4 688	4 688	4 339	
武汉锅炉集团公司技改配套设施	地	改	199412		5 500	3 807	3 045	1 693
武钢集团棒材有限公司棒材轧机改造	地	改	199312	199711	30 000	39 819	34 038	
武钢集团汉口轧钢厂热轧无缝钢管	地	扩	199411		21 846	22 535		
武钢集团汉阳带钢厂高强带钢生产线	地	扩	199508	199702	7 664	7 500	7 500	164
武汉中心百货集团公司中百商贸城	地	扩	1995005	199712	13 879	12 735	12 035	1 144
武汉市解放商业大楼改造工程	地	扩	199401		5 800	4 800		1 000
武汉塑料工业集团汽车塑料保险杠	地	扩	199604		7 086	4 593	4 490	2 493
武汉葛店化工集团公司三期热电	地	扩	199704		14 000	6 812		7 188
武钢热轧硅钢原料库	地	扩	199412	199712	6 143	5 243	5 243	900
武钢四烧车间	地	扩	199510		131 047	58 593		72 454
武钢轧钢变电所	地	扩	199501		14 507	11 197		3 310
武钢110KV外部出线工程	地	扩	199412		10 253	7 090		3 163
武钢零七供热电站	地	扩	199410	199712	17 778	16 739	15 902	1 039
武钢8号焦炉	地	改	199601		16 310	9 340		6 970
武钢综合煤场	地	改	199512		23 023	17 071		5 952
武钢硅钢CA－5机组	地	改	199701		20 782	16 150		4 632
武钢四烧原料小站	地	改	199701		25 219	6 570		18 649
武钢四烧烧结矿及高炉返矿运输小站	地	改	199701		8 111	3 590		4 521
武汉船用机械厂技术改造	中央	扩	199512		6 479	1 577	1 142	4 902
武汉市电信局市内程控电话改造	中央	扩	199701	199712	100 000	92 884	65 000	7 116
武汉市电信局模拟移动电话扩容	中央	扩	199701	199712	21 000	17 428	17 428	3 572
云鹤汽车座椅富康座椅生产线	中央	扩	199502	199702	14 625	14 783	9 042	
华新水泥股份有限公司节能环保工程	地	改	199710		112 520	17 957		94 563
湖北美尔雅扩建10万磋西服生产线	地	扩	199601	199709	5 548	5 48	5 548	
黄石康赛集团公司城山服饰工业城	地	迁	199601		5 800	709	709	5 091

4—38　续表1　　　　　　　　　　　(1997年末)　　　　　　　　　　　单位:万元

建设项目名称	本年计划投资	本年完成投资	本年新增固定资产	建设规模和新增能力(或效益)				
				生产能力(或效益)名称	计量单位	建设规模	累计新增	#本年
一、筹建项目								
宜昌市拖拉机厂开发性移地搬迁		117						
二、正式施工项目								
武汉生物制品研究所生产线		180						
武汉市东西湖啤酒公司十万吨啤酒	2 100	1 272	3 843	酒	万吨/年	10	3	3
武汉锅炉集团公司技改配套设施	2 260	157		蒸汽锅炉制造	小时吨/年	31.00		
武钢集团棒材有限公司棒材轧机改造	1 056	1 168	7 283	钢材	万吨/年	30.00	30.00	30.00
武钢集团汉口轧钢厂热轧无缝钢管		137		钢材	万吨/年	10.00		
武钢集团汉阳带钢厂高强带钢生产线		504	7 500	钢材	万吨/年	3.00	3.00	3.00
武汉中心百货集团公司中百商贸城	2 746	2 746	12 035					
武汉市解放商业大楼改造工程	2 900	400						
武汉塑料工业集团汽车塑料保险杠	7 000	2 553	4 470					
武汉葛店化工集团公司三期热电	6 500	6 812		发电机组容量	万千瓦	2.50		
武钢热轧硅钢原料库	2 420	2 420	5 243					
武钢四烧车间	44 648	39 123						
武钢轧钢变电所	1 300	1 300						
武钢110KV外部出线工程		1 020						
武钢零七供热电站	1 070	1 070	15 902					
武钢8号焦炉	7 396	6 570						
武钢综合煤场	1 619	1 619						
武钢硅钢CA—5机组	13 200	13 200						
武钢四烧原料小站	6 070	6 070						
武钢四烧烧结矿及高炉返矿运输小站	3 490	3 490						
武汉船用机械厂技术改造	4 857	535	100					
武汉市电信局市内程控电话改造	100 000	92 884	65 000	市内电话交换机	万门	25.7	25.7	25.7
武汉市电信局模拟移动电话扩容	10 000	17 428	17 428					
云鹤汽车座椅富康座椅生产线	1 048	1 048	1 048					
华新水泥股份有限公司节能环保工程	58 000	15 606		水泥	万吨/年	150.63		
湖北美尔雅扩建10万磋西服生产线	1 652	1 652	5 548	服装	万件/年	10.00	10.00	
黄石康赛集团公司城山服饰工业城		113	709	服装	万件/年	500.00		

4—38 续表 2 （1997 年末） 单位：万元

建设项目名称	隶属关系	建设性质	开工年月	投产年月	计划总投资	自开始建设至本年底止累计完成投资	#新增固定资产	未完工程尚需投资
大冶特殊钢集团公司汽车齿轮钢生产线	地	改	199406	199712	53 815	53 815	53 793	
黄石电缆集团引进辐照交联生产线	地	扩	199312		4 840	5 411	4 053	
大冶有色金属公司冶炼技术改造	中央	扩	199310	199712	44 824	47 118	47 118	
黄石银龙镀铝薄板公司镀铝焊管生产线	省	改	199506		3 852	1 916	1 539	1 936
湖北省阳新县铝厂轮毂分厂一期技改	县	改	199411	199708	16 000	16 000	16 000	
湖北劲酒厂滋补酒技改工程	县	扩	199603		8 800	2 404	1 162	6 396
东风汽车公司铸造一厂	中央	改	199104	199712	3 396	5 072	5 072	
东风汽车公司车轮厂	中央	改	199411		5 933	2 183		3 750
东风汽车公司轴瓦厂	中央	改	199506	199712	3 424	2 620	2 620	804
丹江口市化工股份有限公司碳铵改尿素	县	扩	199408		9 806	6 345	1 063	3 461
湖北汽车电器厂二期双加工程	省	扩	199711		5 883	74	74	5 809
汉江集团丹江口铝业有限公司三期技改	中央	扩	199703		47 200	2 790		44 410
湖北省宜昌县水泥厂技改	县	扩	199701		8 937	5 000		3 937
宜昌湖北化肥厂湖北化肥厂技改	中央	改	199606		15 950	4 555	632	11 395
湖北兴发化工集团三峡搬迁结合技改	县	迁	199511		23 330	10 300	10 300	13 030
宜化集团有限责任公司尿素四改六工程	地	扩	199609	199710	10 000	5 620	5 620	4 380
猴王集团公司宜昌猴王啤酒有限公司	地	扩	199401		6 666	4 010	4 010	2 656
宜昌当阳玻璃厂浮发玻璃	县	扩	199611	199711	17 700	17 700	17 700	
湖北摩擦密封材料总厂引进生产线	地	扩	199510	199707	11 097	8 008	3 519	3 089
国营华中制药厂维生素 B1 双加	中央	扩	199412		4 056	4 056		
湖北省鄂西化工厂填平补齐技改工程	省	扩	199709		6 681	4 849	419	1 832
湖北东力工业公司重型汽车车桥二万辆	地	扩	199701		9 760	2 854	806	6 906
襄阳县麻棉纺织集团二万锭纺纱改造	县	扩	199607	199703	12 000	11 000	11 000	1 000
湖北东方车桥轻型前轴前桥总成技改	县	改	199401		9 397	4 506		4 891

4—38 续表 3 （1997 年末） 单位：万元

建设项目名称	本年计划投资	本年完成投资	本年新增固定资产	建设规模和新增能力（或效益）				
				生产能力（或效益）名称	计量单位	建设规模	累计新增	本年
大冶特殊钢集团公司汽车齿轮钢生产线		5 362	53 793	钢材	万吨/年	20.00	20.00	20.00
黄石电缆集团引进辐照交联生产线		326	1 238					
大冶有色金属公司冶炼技术改造	11 514	15 896	47 118	铜冶炼	万吨/年	10	10	10
黄石银龙镀铝薄板公司镀铝焊管生产线		205	469					
湖北省阳新县铝厂轮毂分厂一期技改	5 890	5 890	5 890	铝加工	吨/年	3 000	3 000	3 000
湖北劲酒厂滋补酒技改工程	1 000	724	644	酒	吨/年	20 000	6 000	4 000
东风汽车公司铸造一厂	350	2 422	2 422					
东风汽车公司车轮厂		339						
东风汽车公司轴瓦厂	6	26	26					
丹江口市化工股份有限公司碳铵改尿素	3 000	2 515	1 063	农用氮磷钾	吨/年	60 000		
湖北汽车电器厂二期双加工程	74	74	56					
汉江集团丹江口铝业有限公司三期技改	6 000	2 790		电解铝	吨/年	30 000		
湖北省宜昌县水泥厂技改	7 500	5 000						
宜昌湖北化肥厂湖北化肥厂技改	4 750	4 351	632	农用氮磷钾	吨/年	120 000		
湖北兴发化工集团三峡搬迁结合技改	7 000	3 000	3 000	厂房	平方米	9 000	9 000	9 000
宜化集团有限责任公司尿素四改六工程	9 150	4 770	5 620	农用氮磷钾	吨/年	27 600	27 600	27 600
猴王集团公司宜昌猴王啤酒有限公司		10		酒	吨/年	100 000	30 000	
宜昌当阳玻璃厂浮发玻璃	16 5000	16 500	17 700	平板玻璃	万箱/年	212	212	212
湖北摩擦密封材料总厂引进生产线	2 500	4 100	3 450					
国营华中制药厂维生素 B1 双加	706	706		化学原料药	吨/年	500		
湖北省鄂西化工厂填平补齐技改工程	5 900	4 430	419	合成氨	吨/年	25 000		
湖北东力工业公司重型汽车车桥二万辆	3 500	2 854	806					
襄阳县麻棉纺织集团二万锭纺纱改造	1 000	1 000	1 500					
湖北东方车桥轻型前轴前桥总成技改	900	156		锻件能力	吨/年	16 000		

4—38 续表 4 （1997 年末） 单位：万元

建设项目名称	隶属关系	建设性质	开工年月	投产年月	计划总投资	自开始建设至本年底止累计完成投资	#新增固定资产	未完工程尚需投资
谷城县东银锻造公司汽车转向节技改	县	改	199510		3 749	2 737		1 012
鄂钢集团公司 3#连铸机	省	扩	199603	199711	8 018	8 200	8 200	
鄂钢集团公司 6000 立方米制氧机	省	扩	199607	199711	5 120	5 375	5 375	
湖北宝利玻璃棉制品有限公司玻璃棉	地	扩	199703		5 810	5 432	5 432	378
鄂州市斯达针织服饰公司服装生产线	地	扩	199402	199711	4 005	4 300	4 300	
湖北金龙泉啤酒有限公司啤酒扩建一期	地	扩	199507	199702	18 993	18 993	18 993	
湖北金龙泉啤酒有限公司啤酒扩建二期	地	扩	199701	199708	21 241	21 241	21 241	
湖北东光电子股份有限公司石英晶体	地	扩	199712		4 777	500		4 277
湖北祥达生物工程公司啤酒酶生产线	县	改	199503		7 423	5 888		1 535
三江雷诺汽车有限公司轻型汽车生产线	其他	扩	199609		70 635	2 544		68 091
湖北双环化工集团公司联碱扩建工程	省	扩	199503	199711	11 628	10 650	10 650	978
广水市卷烟厂引进硬盒包装机	地	改	199603	199710	5 500	5 500	5 500	
荆州市铝合金轮毂厂铝合金轮毂生产线	县	扩	199511		6 700	950	950	5 750
沙隆达股份有限公司 5000T/年磷对苯二酚	地	扩	199706		10 000	9 600		400
湖北神电汽车电机公司八五技改二期	地	扩	199501		5 833	3 004	2 520	2 829
湖北长源电力发展公司二号机组	省	改	199704		15 772	257		15 515
洪湖市化纤集团涤纶长丝工程	县	扩	199111	199710	6 556	6 556	6 556	
飞利浦汽车照明汽车灯泡生产线	县	新	199504		24 774	13 548	8 030	11 226
湖北气门厂八五技改项目	县	扩	199310		5 479	6 378	4 158	
湖北省嘉鱼县化肥厂尿素工程	县	扩	199210		9 000	7 055		1 945
巴东县卷烟厂烟厂工程迁建	县	迁	199206	199712	5 991	8 500	8 500	
江汉石油管理局江汉钻头厂	中央	改	199601		16 712	3 784	2 234	12 928
三、收尾项目								
东风汽车公司中重型车改造	中央	扩	198601		144 107	145 380	141 689	

4—38 续表 5 （1997 年末） 单位：万元

建设项目名称	本年计划投资	本年完成投资	本年新增固定资产	建设规模和新增能力（或效益）				
				生产能力（或效益）名称	计量单位	建设规模	累计新增	#本年
谷城县东银锻造公司汽车转向节技改	780	787		锻件能力	吨/年	3 000		
鄂钢集团公司 3#连铸机	5 325	6 135	8 200	连铸	万吨/年	25	25	25
鄂钢集团公司 6000 立方米制氧机	4 675	4 908	5 375	厂房	平方米	3 097	3 097	3 097
湖北宝利玻璃棉制品有限公司玻璃棉	5 810	5 432	5 432	厂房	平方米	6 174	6 174	6 174
鄂州市斯达针织服饰公司服装生产线	845	1 140	4 300	服装	万件/年	200	200	200
湖北金龙泉啤酒有限公司啤酒扩建一期	950	950	18 993	酒	吨/年	50 000	50 000	50 000
湖北金龙泉啤酒有限公司啤酒扩建二期	21 241	21 241	21 241	酒	吨/年	50 000	50 000	50 000
湖北东光电子股份有限公司石英晶体	1 774	500						
湖北祥达生物工程公司啤酒酶生产线	1 500	2 118						
三江雷诺汽车有限公司轻型汽车生产线	23 922	2 067		汽车制造	辆/年	40 000		
湖北双环化工集团公司联碱扩建工程	1 820	2 064	10 650	纯碱	吨/年	80 000	80 000	80 000
广水市卷烟厂引进硬盒包装机	2 672	2 672	5 500					
荆州市铝合金轮毂厂铝合金轮毂生产线	500	250	250					
沙隆达股份有限公司 5000T/年磷对苯二酚	10 000	9 600		化学农药	吨/年	2 000		
湖北神电汽车电机公司八五技改二期	1 073	413	208					
湖北长源电力发展公司二号机组	1 100	257		发电机组容量	万千瓦	5		
洪湖市化纤集团涤纶长丝工程		464	464					
飞利浦汽车照明汽车灯泡生产线	6 500	5 139	2 659	灯泡、灯管	万只/年	8 000	6 000	2 000
湖北气门厂八五技改项目	1 006	964	458					
湖北省嘉鱼县化肥厂尿素工程	1 787	1 787		农用氮磷钾	吨/年	25 120		
巴东县卷烟厂烟厂工程迁建		2 587	2 761	卷烟	万箱/年	5	5	
江汉石油管理局江汉钻头厂	1 520	1 520	2 234					
三、收尾项目								
东风汽车公司中重型车改造	1 372	1 280	580					

4—39 全省房地产投资

(1997年)　　单位:亿元

	总计	国有经济	集体经济	私营经济	联营经济	股份有限公司	有限责任公司
一、投资总额	**126.47**	**38.86**	**8.43**	**0.87**	**3.27**	**9.50**	**4.43**
按资金来源分							
国家预算内投资	0.16	0.08				0.03	0.04
国内贷款	24.31	9.33	1.42	0.06	1.20	2.38	0.85
利用境外资金	7.58	0.03					0.05
自筹投资	44.36	14.37	3.97	0.57	1.00	3.05	2.48
其他投资	50.06	15.05	3.04	0.24	1.07	4.04	1.01
按构成分							
建筑工程	80.55	28.13	6.15	0.73	1.86	6.52	2.46
安装工程	9.38	2.97	0.17	0.05	0.17	0.41	0.08
设备工器具购置	4.82	1.08	0.12		0.09	0.26	0.10
其他费用	31.72	6.68	1.99	0.10	1.16	2.31	1.79
按工程用途分							
住　宅	55.15	19.69	4.10	0.33	0.77	4.84	2.07
办公楼	13.67	3.34	0.48	0.42	0.26	1.50	0.18
商业营业用房	27.69	7.48	1.99	0.11	1.19	1.65	0.50
其　他	29.96	8.35	1.86	0.02	1.06	1.51	1.68
二、新增固定资产	**68.16**	**23.54**	**3.61**	**0.26**	**0.15**	**10.99**	**0.85**
三、房屋建筑面积(万平方米)							
施工面积	1 893.35	767.38	100.07	10.09	25.77	193.75	54.42
#住　宅	1 182.22	548.29	70.56	6.63	12.61	127.24	41.89
竣工面积	553.01	263.08	43.84	1.39	1.64	82.03	10.56
#住　宅	449.89	219.07	36.76	1.34	1.38	67.20	9.25

4—39 续表 单位:亿元

	中外合资经营	中外合作经营	外资企业	与大陆合作经营	与大陆合资经营	港澳台独资企业	其他经济
一、投资总额	**14.90**	**2.04**	**6.34**	**4.26**	**14.62**	**17.39**	**1.56**
按资金来源分							
国家预算内投资							0.01
国内贷款	2.07	0.47	0.58	0.04	3.15	2.19	0.57
利用境外资金	0.27	0.18	2.80	1.08	0.84	2.29	0.04
自筹投资	7.85	0.43	1.18	0.25	3.74	4.95	0.52
其他投资	4.71	0.96	1.78	2.89	6.89	7.96	0.42
按构成分							
建筑工程	9.62	1.32	4.44	3.06	8.32	7.17	0.76
安装工程	1.48	0.08	0.20	0.12	2.39	1.24	0.02
设备工器具购置	1.42	0.08	0.09	0.08	0.63	0.79	0.08
其他费用	2.38	0.56	1.61	1.00	3.28	8.19	0.67
按工程用途分							
住　宅	6.97	0.99	2.11	2.72	6.83	3.33	0.40
办公楼	0.73	0.27	0.19	0.04	2.79	3.36	0.11
商业营业用房	5.08	0.53	1.14	0.16	2.95	4.77	0.14
其　他	2.12	0.25	2.90	1.34	2.05	5.93	0.89
二、新增固定资产	**7.19**	**0.40**	**0.55**	**2.80**	**15.84**	**1.86**	**0.12**
三、房屋建筑面积(万平方米)							
施工面积	207.37	45.93	45.81	71.55	222.15	138.12	10.94
#住　宅	106.20	12.60	24.82	61.34	115.90	48.98	5.16
竣工面积	40.26	3.55	3.97	32.18	62.93	7.27	0.01
#住　宅	33.07	3.15	3.58	29.92	41.17	3.99	0.01

4—40 城镇集体经济单位固定资产投资

单位:亿元

项 目	1990年	1993年	1994年	1995年	1996年	1997年
一、投资总额	**6.00**	**14.55**	**18.97**	**26.73**	**27.55**	**29.74**
按资金来源分						
国家预算内投资	0.08	0.19	0.14	0.38	0.15	0.37
国内贷款	1.85	5.47	6.73	8.51	8.80	4.97
利用外资	0.25	0.77	0.82	0.23	0.09	0.13
自筹资金	3.07	7.39	9.43	14.57	15.27	17.43
其他资金	0.75	0.73	1.85	3.04	3.24	6.84
按构成分						
建安工程	3.16	7.36	9.37	14.59	15.05	17.29
设备、工器具构置	2.55	6.02	7.76	8.60	9.40	8.45
其他费用	0.29	1.17	1.84	3.54	3.1	4.00
按用途分						
物质生产性建设	4.97	11.32	13.84	17.79	16.38	16.72
非物质生产性建设	1.03	3.23	5.14	8.94	11.17	13.02
#住 宅	0.68	1.33	3.22	5.02	4.16	6.36
按三次产业分						
第一产业	0.19	0.22	0.04	0.17	0.14	0.22
第二产业	4.63	9.66	12.04	14.42	15.57	12.22
第三产业	0.50	3.35	6.89	12.14	11.84	17.30
二、新增固定资产	**6.16**	**10.81**	**11.45**	**17.87**	**18.68**	**20.82**
三、施工项目(个)	**817**	**907**	**788**	**908**	**828**	**1 123**
建成投产项目(个)	507	657	518	697	619	927
四、施工房屋面积(万平方米)	**161.97**	**208.33**	**214.77**	**303.5**	**265.6**	**249.17**
#住 宅	59.32	57.76	85.84	135.72	105.62	119.46
竣工房屋面积(万平方米)	99.54	122.12	119.27	153.43	138	150.10
#住 宅	32.50	40.48	50.97	68.18	52.6	74.62

4—41 其他经济单位固定资产投资

(1997 年)

单位:亿元

	总计	基建	技改	房地产开发	其他
总计	**248.32**	**81.25**	**70.01**	**79.19**	**17.87**
联营经济	13.28	1.31	8.40	3.28	0.29
股份制经济	38.03	7.39	21.01	9.50	0.13
中外合资经济	61.30	34.54	11.10	14.90	0.76
中外合作经济	4.97	2.34	0.59	2.04	
外资	8.40	0.93	0.90	6.34	0.23
与大陆合资经营	25.25	7.90	1.52	14.62	1.21
与大陆合作经营	5.44	0.27	0.91	4.26	
港澳台独资	24.10	5.20	1.39	17.39	0.12
其他经济	67.55	21.37	24.19	6.86	15.13

4—42 农村集体经济单位固定资产投资

单位:亿元

项目	1990年	1993年	1994年	1995年	1996年	1997年
一、投资总额	**9.59**	**15.21**	**25.86**	**45.85**	**68.95**	**77.38**
按资金来源分						
# 银行信用社贷款	2.64	4.24	6.00	7.46	15.87	12.56
集体自有资金	4.39	8.18	16.22	30.19	31.18	43.23
按资金用途分						
物质生产性建设	6.67	12.63	18.68	31.05	46.89	58.02
# 农林牧渔业	2.18	0.33	1.71	4.08	5.08	10.80
工业	3.65	10.13	15.52	24.69	34.79	33.65
交通	0.48	0.44	0.64	1.53	1.94	7.99
建筑业	0.12	0.22	0.79	0.75	1.52	1.56
非物质生产性建设	2.92	2.58	7.18	14.8	22.06	19.36
# 文化、教育	1.14	0.99	1.91	4.71	7.76	7.55
卫生社会福利	0.76	0.08	0.13	0.15	0.75	0.50
在总计中:住宅	0.74	0.72	1.19	0.27	5.52	4.74
二、竣工房屋建筑面积(万平方米)	**275.75**	**183.93**	**257.06**	**396.06**	**430.96**	**485.44**
# 住宅	75.18	26.40	40.55	56.52	93.36	84.14

4—43 城镇工矿区私人投资和建房情况

项　　目	1990年	1993年	1994年	1995年	1996年	1997年
一、本年竣工房屋建筑面积（万平方米）	**371.21**	**501.21**	**672.96**	**703.45**	**895.69**	**1 035.77**
#农业户	245.30	293.86	325.85	411.47	512.65	513.90
#住宅竣工建面积	329.99	458.16	584.41	615.03	794.84	859.76
#农业户	227.60	275.32	299.27	369.96	451.29	446.25
二、本年竣工房屋投资额（亿元）	**4.88**	**9.88**	**15.08**	**21.14**	**28.21**	**36.55**
#农业户	2.91	5.29	7.11	11.08	14.27	16.33
#住宅竣工投资额	4.36	8.97	13.30	18.02	25.07	30.50
#农业户	2.71	4.97	6.62	9.97	12.97	14.61
三、建房户数（户）	**35 798**	**41 922**	**42 780**	**48 801**	**57 045**	**59 522**
#农业户	25 630	25 074	23 553	28 105	34 016	33 478
四、生产性固定资产投资（亿元）				**20.09**	**21.77**	**28.71**

注：城镇私人生产性投资1995年纳入统计。

4—44 农村个人固定资产投资和建房

项　　目	1990年	1993年	1994年	1995年	1996年	1997年
总　计（亿元）	**23.62**	**30.49**	**41.54**	**58.67**	**74.80**	**95.30**
一、私人竣工房屋投资（亿元）	**17.90**	**24.49**	**33.64**	**44.88**	**56.31**	**72.41**
#住　　宅	16.58	22.27	28.41	41.24	44.81	67.14
私人竣工房屋间数（万间）	110.73	104.43	98.97	103.15	181.75	218.58
#住　　宅	100.50	92.59	83.37	93.58	100.39	200.16
私人竣工房屋建筑面积（万平方米）	2 443.73	1 780.60	2 319.08	2 568.70	2 755.17	3 050.83
#住　　宅	2 136.97	1 580.06	1 953.28	2 346.91	2 549.08	2 770.03
二、私人生产性固定资产投资（亿元）	**5.72**	**6.00**	**7.90**	**13.79**	**18.49**	**22.89**

主要统计指标解释

【全社会固定资产投资】 固定资产投资是社会固定资产再生产的主要手段。通过建造和购置固定资产的活动，国民经济不断采用先进技术设备，建立新兴部门，进一步调整经济结构和生产力的地区分布，增强经济实力，为改善人民物质文化生活创造物质条件，这对实现我国社会主义现代化建设具有重要意义。

固定资产投资额是以货币表现的建造和购置固定资产活动的工作量，是反映固定资产投资规模、速度、比例关系和使用方向的综合性指标。全社会固定资产投资按经济类型分，包括国有经济、集体经济、联营经济、股份制经济、外商投资、港澳台投资、其他经济；按报表种类分，包括基本建设、技术改造、全民其他、房地产开发、城乡集体投资、城镇私人建房、购买生产性固定资产的投资。

【基本建设投资】 基本建设是指国民经济各部门以扩大生产能力或工程效益为主要目的的新建、扩建工程及有关工作。包括工厂、矿山、铁路、桥梁、港口、农田水利、商店、住宅、学校、医院等工程的建造和机器、车辆、船舶、飞机等的购置。

基本建设投资额是以货币表现的基本建设完成的工作量，是反映一定时期内基本建设规模和建设进度的综合性指标，他是根据工程的实际进度原则上按实际价格（建安工程按施工图预算时所用的价格）计算的工作量。没有形成工程实体的建筑材料和没有开始安装的设备，都不计算投资完成额。

基本建设投资完成额与基本建设财务拨款贷款额和财务支出是含义完全不同的指标。“基本建设投资完成额”是按实际价格计算的工作量，财务拨款贷款额是银行根据国家计划拨给或贷给建设单位用于基本建设的资金，财务支出额是建设单位实际支出金额。使用时应加以区别。

【技术改造投资】 技术改造指企业、事业单位对原有设施进行固定资产更新和技术改造，以及相应配套的工程和有关工作(不包括大修理和维护工程)。技术改造投资是以货币表现的技术改造完成的工作量。根据我国现行统计制度，基本建设和技术改造的划分是：(1) 列入基本建设计划的项目作为基本建设投资，列入技术改造计划的项目作为技术改造投资；(2) 技术改造计划与基本建设计划结合安排的项目和未列入计划的项目，根据工程性质分别作为基本建设投资或更新改造投资。属于对企业事业单位原有设施进行技术改造或更新的项目和增建主要生产车间、分厂等，其新增生产能力或效益尚未达到大中型标准的项目，以及由于城市环境保护和安全生产的需要而进行的迁建工程，作为更新改造投资。

【国有其他固定资产投资】 国有其他固定资产投资是指按照国家规定不纳入基本建设和更新改造计划管理的全民所有制单位的其他固定资产投资，具体包括：用油田维护费和石油开发基金进行的油田维护和开发工程；矿山、森工等采掘采伐工业用维简费进行的开拓延伸工程；交通部门用公路养路费对原有公路，桥梁进行改建的工程：商、贸、粮、供销部门用简易建筑费建造的仓库。

【房地产开发投资】 房地产开发投资是指各种经济类型的房地产开发公司、商品房屋建设公司及其他房地产开发单位统一开发的商品住宅、厂房、仓库、饭店、宾馆、度假村、写字楼、办公楼等房屋建筑物及配套的服务设施，以及土地开发工程所完成的投资额。

【固定资产投资的资金来源】 根据固定资产投资的资金来源不同，分为国家预算内投资、国内贷款、股票、债券、利用外资、自筹资金和其他投资七种。

【国家预算内投资】 指列入国家固定资产投资计划并由国家财政预算拨款（包括拨改贷）完成的投资。基本建设国家预算内投资包括国家预算内拨款(中央财政中的基本建设拨款和地方财政中由国家统筹安排的基本建设贷款）和由拨款改为银行贷款形式完成的投资、中央财政中的其他专项建设拨款，更新改造国家预算内投资包括中央财政和地方财政预算内更新改造拨款完成的投资。

【国内贷款】 指利用建设银行、工商银行及其他国内贷款进行的建设工程实际完成的投资。

【股票】 指由股份制企业通过发行股票筹集的资金完成的投资。

【债券】 指由企业（公司）或金融机构，通过发行各种债券筹集的资金完成的投资。

【自筹和其他投资】 指由国务院各部，各省、自治区、直辖市及地（市）、县和企（事）业及行政单位自己筹集的资金（包括各级地方财政贷款）和上述各项以外的资金完成的投资。

【固定资产投资按国民经济行业分】 建设项目归哪个行业按它建成投产后的主要产品种类或主要用途及社

会经济活动种类来确定，基本建设按建设项目划分国民经济行业，技术改造、全民所有制单位其他固定资产投资及城镇集体投资根据整个企业、事业单位所属的行业来划分。一般情况下，一个建设项目或一个企业、事业单位只能属于一种国民经济行业。为了更准确地反映国民经济各行业之间的比例关系，联合企业（总厂）所属分厂属于不同行业的除按联合性企业划分国民经济行业外，还要按其下属单位划分行业。

【固定资产投资按建性质分】 建设项目的性质一般分为新建、扩建、改建、恢复。基本建设按建设项目划分建设性质，技术改造、全民所有制单位其他固定资产投资及城镇集体投资按整个企业、事业单位的建设情况确定建设性质。房地产开发单位免填。

【新建】 一般是指从无到有，"平地起家"新开始建设的单位。有的单位原有的基础很小，经过建设后其新增加的固定资产资产价值超过企业、事业和行政单位原有固定资产价值（原值）三倍以上的也算新建。

【扩建】 一般是指为扩大原有产品的生产能力，在厂内或其他地点增建主要生产车间、独立的生产线或总厂之下的分厂的企业；事业单位和行政单位在原单位增建业务用房（如学校增建教学用房、医院增建门诊部或病床用房、行政机关增建办公楼等）也作为扩建。

【改建】 一般是指现有企业、事业单位为了技术进步，提高产品质量，增加花色品种，促进产品升级换代、降低消耗和成本，如加强资源综合利用和三废治理，以及劳保安全等，采用新技术、新工艺、新设备、新材料等对现有设施工艺条件进行技术改造或更新(包括相应配套的辅助性生产、生活福利设施)。有的企业为充分发挥现有生产能力、生活福利设施)。有的企业为充分发挥现有生产能力，进行填平补齐而增建不增加本单位主要产品能力的车间等，也属于改建。

【固定资产投资按构成分】 固定资产投资活动按其工作内容和实现方式分为建筑安装工程，设备、工具、器具购置，其他费用三个部分。

【建筑安装工程（建安工程量）】 包括建筑工程和安装工程，这两部分投资必须兴工动料，通过施工活动实现。

【建筑工程（建筑工作量）】 包括：

(1) 各种房屋建造工程，如厂房、仓库、办公室、住宅、商店、学校、医院、俱乐部、食堂、车库、招待所的建设，包括列入房屋工程预算内的暖气、卫生、通风、照明、煤气等设备的价值及其装设油饰工程，列入建筑工程预算内的各种管道（如蒸汽、压缩空气、石油、给排水等管道）、电力、电讯电缆导线的敷设等工程。

(2) 设备基础、支柱、操作平台、梯子、烟囱、凉水塔、水池、灰塔等建筑工程、炼焦炉、裂解炉、蒸汽炉等各种窑炉的砌筑工程及金属结构工程。

(3)为施工而进行的建筑场地布置，工程地质勘探，原有建筑物和障碍物的拆除、平整土地，施工临时用水、电、汽、道路工程，以及完工后建设场地的清理、环境绿化美化工作等。

(4)矿井的开凿，井巷掘进延伸，露天矿的剥离，石油、天然气钻井工程和铁路、公路港口、桥梁等工程。

(5) 水利工程，如水库，堤坝、灌渠以及河道整治等工程。

(6) 防空、地下建筑等特殊工程。

【安装工程（安装工作量）】 指各种设备、装置的安装工程。

(1) 生产、动力起重、运输、传动和医疗、实验等各种需要安装设备的装配与设备相连的工作台，梯子，栏杆等装设工程，附属于被安装设备的管线，敷设工程，被安装设备的绝缘、防腐、保温、油漆等工作。

(2) 为测定安装工作质量，对单个设备、系统设备进行单机试运，系统联动无负荷试运工作（投料试运工作不包括在内）。

在安装工程中，不包括被安装本身价值。

【设备、工具、器具购置】 指购置或自制达到固定资产标准的设备、工具、器具的价值。固定资产的标准按财务部门规定，新建单位、扩建单位的新建车间，按照设计和计划要求购置或自制的全部设备、工具、器具、不论是否达到固定资产标准均计入"设备、工具、器具购置"中。

【其他费用】 指除建筑安装工程和设备工具、器具购置以外的各种应分摊计入固定资产的费用，具体包括：旧房屋购置；农林建设单位的基本畜禽支出；各种经济林木的造林费用；新建、扩建、改建项目投产初期购置的办公生活用家具和器具购置；建设单位管理费；土地征用及迁移补偿费、勘察设计费、研究实研费；可行性研究费；临时设施费施工机构转移费；设备检验费、负荷联合试车费、土地占用、作用费；投资方向调节税；建设期应付利息；包干节余；企业债券发行费等。

【基本建设项目按大中小型划分】 基本建设划分大中小型项目原则上应按照上级批准的设计任务书或初步设计所确定 的总规模或总投资划分，没有正式批准设计任务书或初步设计的，按国家或省、自治区、直辖市年度基本建设投资计划中所列的总规模或总投资划分。上述两条均不具备的，按本年计划施工工程的建设总规模或总投资划分。生产单一产品的工业项目，按产品的设计能力划分；生产多种产品的工业项目，按其主要产品的设计能力划分；品种繁多，难以按生产能力划分的按全部计划投资额划分。划分标准以国家颁发的《基本建设项目大中小型划分标准》为依据。国家曾在 1958 年、1962 年、1972 年和 1979 年先后五次修订《大中小型建设项目划分标准》。因此各历史时期的大中型项目数不完全可比。

【技术改造限额以上项目】 根据技术改造项目的计划总投资进行划分，有关部门规定能源交通、原材料工业项目在5000万元以上，其他行业项目在3000万元以上的项目为技术改造限额以上项目。

【施工项目】 指报告期内曾进行建筑或安装施工活动的建设项目。包括报告期内新开项目，报告期以前开工跨入报告期继续施工的项目，报告期施过工并在报告期内全部建成或投产的项目。

【全部建成投产项目】 工业项目是指设计文件规定形成生产能力的主体工程及其相应配套的辅助设施全部建成，经负荷试运转，证明具备生产设计规定合格产品的条件，并经过验收鉴定合格或达到竣工验收标准，与生产性工程配套的生活福利设施可以满足近期正常生产和需要。正式移交生产的建设项目；非工业项目是指设计文件规定的主体工程的相应的配套工程全部建成，能够发挥设计规定的全部效益，经验收鉴定合格或达到竣工验收标准，正式移交使用的建设项目。

【新增生产能力】 指通过固定资产投资活动而增加的设计能力或工程效益，他是用实物形态表示的固定资产投资的成果。新增生产能力的计算，是以能独立发挥生产能力或效益的单项工程（或项目）为对象。当单项工程（或项目）建成，经有关部门鉴定合格，正式移交投入生产，即可计算新增生产能力。

新增生产能力或工程效益有以下几种表现形式：

(1) 以建设项目或单项工程建成后的年产能力表示。如煤炭开采、石油开采等。

(2)以建设项目或单项工程建成后处理原料的能力表示，如选矿工程的年处理矿石能力，洗煤厂年洗原煤能力等。

(3) 以新增的主要设备数量或容量表示。如发电机组容量、棉纺锭枚数等。

(4) 以建筑物容积、容量、面积或长度表示。如铁路公路里程、水库容量等。

新增生产能力的数量一般按设计能力计算。设计能力是指设计文件中规定的在正常情况下能够达到的生产能力，而不论投产后的实际产量如何。以设备数量、建筑物容积、面积、长度等表示的新增生产能力（或效益）、则按建成的实际数量计算。

【施工和竣工房屋建筑面积】 房屋建筑面积是从房屋的外墙线算起，包括房屋结构（中柱、墙）占用的面积和地下室面积。多层建筑按各自然层面积总和计算，包括房屋内的楼隔层，突出墙面的眺望间、门斗、有柱雨罩的面积。不包括突出墙面结构的构件、艺术装饰等所占的面积，如台阶等。凹阳台、挑阳台按其水平投影面积一半计算建筑面积。

【施工面积】 指报告期内施工的全部房屋建筑面积。包括本期新开工的面积和上期开工跨入本期继续施工的房屋面积。以及上期已停建在本期继续施工的房屋建筑面积。

【竣工面积】 指在报告期内房屋建筑按照设计要求已全部完工，达到住人和使用条件，经验收鉴定合格，正式移交使用单位的建筑面积。

能源生产和消费 5

资料整理人员：蔡受清

5—1 能源生产量

年份	能源生产量合计（万吨标煤）	原煤（万吨）	原油（万吨）	天然气（万立方米）	水电（亿千瓦时）
1978	755.57	644.01	105.70	1 600	35.29
1979	641.81	458.05	104.70	1 938	40.24
1980	652.74	383.52	104.13	1 995	56.30
1981	725.65	434.12	101.05	2 157	66.44
1982	931.80	516.22	101.21	2 494	102.79
1983	1 139.00	624.66	102.00	2 691	135.85
1984	1 250.00	743.00	101.49	2 863	142.61
1985	1 352.42	885.98	102.41	3 491	147.44
1986	1 322.29	834.56	103.00	3 300	146.29
1987	1 468.05	849.12	101.00	5 111	179.19
1988	1 677.34	1 001.31	101.66	5 982	209.09
1989	1 874.80	1 037.97	93.00	7 004	253.70
1990	1 742.48	924.26	83.04	7 597	241.88
1991	1 548.52	810.43	73.35	6 400	225.47
1992	1 629.22	884.85	76.50	8 200	227.03
1993	1 145.41	986.64	81.00	8 300	255.40
1994	1 257.13	1 150.00	87.00	7 800	244.05
1995	1 554.66	1 533.31	85.03	7 581	258.82
1996	1 508.63	1 521.01	86.52	7 100	270.70
1997	1 455.13	1 517.22	82.06	6 600	245.26

注：从 1993 年起，电力折算系数由原来的 0.4040 千克标准煤/千瓦小时改为 0.1229 千克标准煤/千克小时（下表均同）。

5—2 能源生产构成

单位：%

年份	原煤	原油	天然气	水电
1978	60.86	19.99	0.28	18.87
1979	50.96	23.31	0.40	25.33
1980	41.95	22.80	0.41	34.84
1981	42.72	19.90	0.40	36.98
1982	39.56	15.52	0.36	44.56
1983	39.16	12.79	0.31	47.74
1984	42.24	11.60	0.30	45.86
1985	46.79	10.82	0.34	42.05
1986	45.07	11.13	0.33	43.47
1987	41.32	9.83	0.46	48.39
1988	42.64	8.66	0.48	48.22
1989	39.55	7.09	0.49	52.87
1990	37.89	6.81	0.58	54.72
1991	35.63	6.77	0.55	57.05
1992	38.79	6.71	0.67	53.83
1993	61.53	10.10	0.96	27.41
1994	65.34	9.89	0.82	23.95
1995	68.08	10.81	0.65	20.46
1996	68.30	8.19	0.63	22.09
1997	70.63	8.06	0.55	20.76

注：以当年能源生产量合计为 100。

5—3 能源消费总量

年份	能源消费量合计（万吨标煤）	煤炭（万吨）	石油（万吨）	天然气（亿立方米）	水电（亿千瓦时）
1980	2 010.66	1 807.23	334.15	0.20	56.08
1981	2 191.62	1 956.24	361.29	0.22	66.44
1982	2 388.87	1 989.50	381.56	0.25	102.79
1983	2 562.62	2 192.25	372.20	0.27	104.10
1984	2 755.83	2 383.44	384.36	0.29	114.34
1985	3 094.20	2 691.22	433.94	0.34	117.97
1986	3 291.47	2 917.20	444.96	0.26	122.08
1987	3 590.36	3 289.63	468.70	0.37	142.78
1988	3 870.12	3 507.52	493.49	0.47	166.40
1989	4 039.63	3 545.93	524.36	0.54	192.09
1990	4 002.39	3 504.30	535.51	0.58	184.29
1991	4 162.53	3 789.01	524.85	0.45	178.71
1992	4 472.41	3 935.58	574.64	0.64	181.58
1993	4 344.26	4 405.99	590.69	0.83	205.47
1994	4 762.86	5 025.02	595.26	0.78	202.49
1995	5 107.35	5 408.99	626.38	0.76	221.28
1996	5 406.96	5 668.20	702.93	0.71	225.12
1997	5 622.20	5 904.35	749.17	0.66	245.83

注：1.煤炭包括原煤及其制品，石油包括原油及其制品。2.本表能源消费量合计不包括加工转换投入量。

5—4 能源消费构成

单位：%

年份	煤炭	石油	天然气	水电
1980	66.4	22.3	0.1	11.2
1981	63.8	23.5	0.1	12.6
1982	59.5	22.8	0.1	17.6
1983	62.8	20.7	0.1	16.4
1984	63.2	19.9	0.1	16.8
1985	65.0	20.0	0.2	14.8
1986	65.7	19.8	0.1	14.4
1987	65.4	18.7	0.1	15.8
1988	64.7	18.2	0.2	16.9
1989	62.7	18.5	0.2	18.6
1990	62.5	19.1	0.2	18.2
1991	65.0	18.0	0.2	16.8
1992	65.7	18.4	0.2	15.7
1993	74.5	19.5	0.2	5.8
1994	75.7	17.9	0.2	5.2
1995	74.9	19.6	0.2	5.3
1996	75.9	18.8	0.2	5.1
1997	73.5	21.0	0.1	5.4

注：以当年能源消费量合计为100。

5—5 主要二次能源生产量

	焦 炭（万吨）	汽 油（万吨）	煤 油（万吨）	柴 油（万吨）	火 电（亿千瓦时）
1985	293.42	113.26	19.45	106.84	73.10
1986	313.05	110.02	20.28	112.88	86.52
1987	322.02	99.41	18.86	106.76	86.59
1988	323.79	117.56	19.53	124.08	90.12
1989	317.24	120.30	18.77	121.24	80.02
1990	328.07	119.86	19.02	123.67	98.51
1991	323.16	119.32	18.11	122.14	124.01
1992	359.90	126.02	16.07	127.02	140.17
1993	391.08	147.28	12.03	139.07	146.78
1994	396.07	124.86	12.47	135.25	182.36
1995	385.93	126.40	13.64	152.12	193.71
1996	394.31	154.24	19.52	173.56	204.89
1997	394.44	157.28	14.20	192.95	244.61

5—6 主要二次能源生产量增长速度

（比上年增长）

单位：%

	焦 炭	汽 油	煤 油	柴 油	火 电
1985	3.62	14.72	－14.47	－1.01	33.47
1986	6.69	－2.86	4.27	5.65	18.36
1987	2.89	－9.64	－7.00	－5.42	0.08
1988	0.55	18.26	3.55	16.22	4.08
1989	－2.02	2.33	－3.89	－2.29	－11.21
1990	3.41	－0.37	1.33	2.00	23.11
1991	－1.50	－0.45	－4.78	－1.24	25.89
1992	11.37	5.62	－11.26	3.99	13.03
1993	8.91	16.87	－25.14	9.49	4.72
1994	1.28	－15.22	3.66	－2.75	24.24
1995	－2.56	1.23	9.38	12.47	6.22
1996	2.17	22.03	43.11	14.09	5.77
1997	0.03	1.97	－27.25	11.17	19.39

5—7 主要能源品种总消费量

	单 位	1990 年	1994 年	1995 年	1996 年	1997 年
煤 炭	万吨	3 346.94	5 025.02	5 408.99	5 668.20	5 904.35
焦 炭	万吨	381.79	446.75	491.15	528.73	557.29
原 油	万吨	508.55	506.17	511.36	562.31	594.91
燃料油	万吨	132.31	125.56	125.26	158.41	168.91
汽 油	万吨	110.45	142.06	152.36	163.17	171.98
煤 油	万吨	12.15	11.47	14.93	15.89	16.74
柴 油	万吨	165.66	192.35	209.11	219.47	232.06
液化石油气	万吨	7.87	15.28	20.02	28.32	34.15
炼厂干气	万吨	13.32	10.62	10.39	13.61	15.03
天然气	亿立方米	0.58	0.78	0.76	0.71	0.66
焦炉煤气	亿立方米	13.77	13.73	14.78	15.24	14.61
石油制品	万吨	65.57	44.09	50.61	77.22	76.75
焦化产品	万吨	15.07	16.78	24.12	19.78	25.76
热 力	万百万千焦	3 089.10	4 436.74	4 230.88	5 325.21	4 876.64
电 力	亿千瓦时	282.80	383.97	414.99	430.01	444.85

注:本表总消费量包括用于加工转换能源的投入量。

5—8 能源可供消费资源总量

	1990年	1994年	1995年	1996年	1997年
能源资源合计（万吨标煤）	4 017.91	4 762.86	5 107.34	5 406.18	5 622.20
生　产　量	1 741.68	1 257.13	1 554.66	1 508.63	1 455.13
省外净调入	2 474.63	3 431.51	3 487.00	3 765.35	4 281.65
动用库存	－198.40	74.22	65.69	132.20	－114.58
原煤资源合计（万吨）	2 888.68	4 458.70	4 841.72	5 116.38	5 324.71
生　产　量	924.26	1 150.00	1 546.96	1 521.01	1 517.22
省外净调入	2 208.75	3 238.62	3 171.71	3 458.06	3 921.40
动用库存	－244.33	70.08	123.05	137.31	－113.91
洗精煤资源合计（万吨）	475.48	566.32	567.27	550.93	579.64
生　产　量	3.69	6.37	5.11	3.87	0.20
省外净调入	486.74	560.95	569.31	554.91	573.08
动用库存	－14.95	－1.00	－7.15	－7.85	6.36
焦炭资源合计（万吨）	383.32	446.75	491.15	528.73	557.29
生　产　量	328.07	397.39	385.93	394.31	394.44
省外净调入	62.75	57.15	107.35	123.99	170.94
动用库存	－7.5	－7.79	－2.13	10.43	－8.09
原油资源合计（万吨）	508.55	506.17	511.36	562.31	594.91
生　产　量	83.04	87.00	85.03	86.52	82.06
省外净调入	422.48	412.01	437.81	463.01	527.17
动用库存	3.03	7.16	－11.48	12.78	－14.32
燃料油资源合计（万吨）	132.98	125.56	125.26	158.41	168.91
生　产　量	135.45	109.77	94.59	68.91	63.50
省外净调入	－2.3	16.19	30.24	88.32	102.76
动用库存	－0.17	－0.40	0.43	1.18	2.65
汽油资源合计（万吨）	110.83	142.06	152.36	163.17	171.98
生　产　量	119.86	124.86	126.40	154.24	157.28
省外净调入	－3.47	3.03	25.09	5.96	15.13
动用库存	－5.56	14.17	0.87	3.17	－0.43

5—8 续表

	1990年	1994年	1995年	1996年	1997年
煤油资源合计（万吨）	12.15	11.47	14.93	15.89	16.74
生　产　量	19.02	12.47	13.64	19.52	14.20
省外净调入	−6.83	−2.61	1.30	−4.32	2.94
动用库存	−0.04	1.61	−0.01	0.69	−0.40
柴油资源合计（万吨）	165.69	192.35	209.11	219.47	232.06
生　产　量	123.67	135.25	152.12	173.56	192.95
省外净调入	41.67	57.51	56.56	42.08	44.02
动用库存	0.35	0.41	0.43	3.83	−4.91
液化石油气资源合计（万吨）	7.87	15.28	20.02	28.32	34.15
生　产　量	8.10	15.09	19.91	28.41	34.00
省外净调入	−0.29				
动用库存	0.06	0.19	0.11	−0.09	0.15
炼厂干气资源合计（万吨）	13.32	10.62	10.39	13.61	15.03
生　产　量	13.32	10.62	10.39	13.61	15.03
省外净调入					
天然气资源合计(亿立方米)	0.58	0.78	0.76	0.71	0.66
生　产　量	0.76	0.78	0.76	0.71	0.66
省外净调入	−0.18				
焦炉煤气资源合计(亿立方米)	13.77	13.73	14.78	15.24	14.61
生　产　量	13.77	13.73	14.78	15.24	14.61
省外净调入					
热力资源合计(万百万千焦)	3 089.10	4 436.74	4 230.88	5 325.21	4 876.64
生　产　量	3 089.10	4 436.74	4 230.88	5 325.21	4 876.64
省外净调入					
电力资源合计(亿千瓦时)	282.80	383.97	414.99	430.01	444.85
生　产　量	340.39	426.41	452.53	476.04	490.44
省外净调入	−57.59	−42.44	−37.54	−46.03	−45.59

5—9 能源自给率

	生产量	消费量	自给率(%)
能源总量（万吨标煤）			
1985	1 352.42	3 094.20	43.7
1990	1 742.48	4 002.39	43.5
1991	1 548.52	4 162.53	37.2
1992	1 629.22	4 472.41	36.4
1993	1 145.41	4 344.26	26.4
1994	1 257.13	4 762.86	26.4
1995	1 554.66	5 107.35	30.4
1996	1 508.63	5 406.96	27.9
1997	1 455.13	5 622.20	25.9
煤炭（万吨）			
1985	885.98	2 691.22	32.9
1990	924.26	3 504.30	26.4
1991	810.43	3 789.01	21.4
1992	884.85	3 935.58	22.5
1993	986.64	4 405.99	22.4
1994	1 150.00	5 025.02	22.9
1995	1 546.96	5 408.99	28.6
1996	1 521.01	5 668.20	26.8
1997	1 517.22	5 904.35	25.7
石油（万吨）			
1985	102.41	433.94	23.6
1990	83.04	535.51	15.5
1991	73.35	524.85	14.0
1992	76.50	574.64	13.3
1993	81.00	590.69	13.7
1994	87.00	595.26	14.6
1995	85.03	626.38	13.6
1996	86.52	702.93	12.3
1997	82.06	749.17	11.0

5—10 综合能源平衡表

单位:万吨标煤

项　　目	1990年	1993年	1994年	1995年	1996年	1997年
可 供 量	**4 017.91**	**4 344.26**	**4 762.86**	**5 107.34**	**5 406.18**	**5 622.20**
生 产 量	1 742.48	1 145.41	1 257.13	1 554.66	1 508.63	1 455.13
外省(市、区)调入量	3 439.51	4 113.79	4 242.87	4 237.20	4 350.95	4 844.92
本省调出量	964.88	818.38	811.36	750.20	585.6	563.27
年初年末库存差额	−199.2	−96.56	74.22	65.69	132.2	−114.58
消 费 量	**4 002.39**	**4 344.25**	**4 762.86**	**5 107.34**	**5 406.96**	**5 622.20**
在消费量中:						
一、第一产业	**213.61**	**133.97**	**123.59**	**169.63**	**162.16**	**176.59**
农、林、牧、渔、水利业	213.61	133.97	123.59	169.63	162.16	176.59
二、第二产业	**3 016.33**	**3 450.20**	**3 804.83**	**4 118.34**	**4 369.44**	**4 516.58**
工　业	2 988.69	3 431.84	3 761.90	4 076.11	4 292.29	4 435.09
轻工业	490.04	531.82	560.96	611.42	538.22	446.76
重工业	2 498.65	2 900.02	3 200.94	3 464.69	3 764.78	3 988.33
建筑业	27.64	18.36	42.93	42.23	77.15	81.49
三、第三产业	**371.21**	**353.87**	**365.95**	**317.02**	**339.79**	**367.32**
交通运输和邮电通讯业	173.74	186.54	211.40	249.73	266.88	286.09
商业、饮食、物资供销和仓储业	47.05	22.38	53.85	50.30	47.39	54.94
其　他	150.42	144.95	100.70	17.00	25.54	26.26
四、生活消费	**401.22**	**406.22**	**468.49**	**502.34**	**535.58**	**561.72**
在消费量中:						
一、终端消费	**3 854.12**	**3 862.39**	**4 177.93**	**4 492.91**	**4 752.61**	**4 897.45**
#工　业	2 840.42	2 949.98	3 176.97	3 461.68	3 637.95	3 710.34
二、加工转换损失	**33.79**	**47.14**	**78.51**	**77.66**	**21.61**	**46.56**
#炼　焦	19.40	3.62	10.25	11.53	9.02	3.42
炼　油	14.28	6.82	41.93	23.31	5.61	31.45
三、损 失 量	**114.48**	**48.00**	**55.62**	**56.95**	**51.88**	**54.35**
#油田原油损失量	7.13	5.16	5.40	4.40	7.11	7.49
输变电损失量	107.35	42.84	50.22	50.22	44.77	46.86
平衡差额	**15.52**	**0.01**			**−0.78**	

5—11 煤炭平衡表

单位:万吨

项目	1990年	1993年	1994年	1995年	1996年	1997年
可供量	**3 360.47**	**4 380.71**	**5 018.65**	**5 403.88**	**5 663.49**	**5 904.15**
生产量	924.26	986.64	1 150.00	1 546.96	1 521.01	1 517.22
外省(市、区)调入量	2 742.33	3 516.40	3 849.57	3 776.02	4 044.19	4 523.62
本省调出量	46.84	56.80	50.00	35.00	31.22	29.14
年初年末库存差额	−259.28	−62.63	69.08	115.90	129.51	−107.55
消费量	**3 343.25**	**4 383.92**	**5 025.02**	**5 408.99**	**5 668.20**	**5 904.35**
在消费量中:						
一、第一产业	**44.96**	**9.69**	**15.00**	**81.00**	**86.56**	**87.90**
农、林、牧、渔、水利	44.96	9.69	15.00	81.00	86.56	87.90
二、第二产业	**2 671.97**	**3 735.52**	**4 259.13**	**4 615.47**	**4 845.18**	**5 056.27**
工业	2 663.11	3 728.82	4 223.27	4 598.13	4 823.11	5 030.53
轻工业	340.56	486.00	514.53	551.78	512.95	446.51
重工业	2 322.55	3 242.82	3 708.74	4 046.35	4 310.16	4 584.02
建筑业	8.86	6.70	35.86	17.34	22.07	25.74
三、第三产业	**174.58**	**153.41**	**188.80**	**151.92**	**120.46**	**121.63**
交通运输和邮电通讯业	62.50	64.80	73.80	89.71	88.29	89.75
商业、饮食、物资供销和仓储业	44.13	19.69	35.00	27.10	25.70	27.56
其他	67.95	68.92	80.00	35.11	6.47	4.32
四、生活消费	**451.74**	**485.30**	**562.09**	**560.60**	**616.00**	**638.55**
在消费量中:						
一、中间消费(用于加工转换)	**1 122.3**	**1 580.79**	**1 812.29**	**1 976.00**	**2 108.16**	**2 311.67**
发电	498.13	799.64	1 008.38	1 122.95	1 269.83	1 467.66
供热	150.50	237.71	239.94	266.42	272.20	271.76
炼焦	473.68	511.38	544.21	541.24	541.23	551.79
制气		27.51	16.42	38.91	18.31	20.15
二、终端消费	**2 219.82**	**2 803.13**	**3 206.36**	**3 427.88**	**3 560.04**	**3 592.68**
#工业	1 539.68	2 151.24	2 404.61	2 601.10	2 714.95	2 718.86
三、洗选损耗	**1.12**	**1.38**	**3.34**	**6.48**	**2.78**	**0.04**
平衡差额	**17.22**	**3.21**	**6.37**	**5.11**	**0.89**	

5—12 电力平衡表

单位:亿千瓦小时

项目	1990年	1993年	1994年	1995年	1996年	1997年
可供量	**281.33**	**352.56**	**383.97**	**414.99**	**430.01**	**444.85**
生产量	338.92	402.49	426.41	452.53	476.04	490.44
水电	241.88	255.40	244.93	258.82	271.15	245.83
火电	97.04	147.09	181.48	193.71	204.89	244.61
外省(市、区)调入量	10.81	18.53	20.66	20.64	25.25	13.84
本省调出量	68.40	68.46	63.10	58.18	71.28	59.43
消费量	**281.33**	**352.56**	**383.97**	**414.99**	**430.01**	**444.85**
在消费量中:						
一、第一产业	**22.84**	**24.31**	**26.85**	**28.93**	**29.93**	**31.16**
农、林、牧、渔、水利业	22.84	24.31	26.85	28.93	29.93	31.16
二、第二产业	**226.89**	**280.85**	**299.47**	**319.58**	**326.24**	**291.82**
工业	223.84	277.20	294.80	314.08	320.48	323.88
轻工业	46.86	53.54	56.51	60.21	53.74	41.05
重工业	176.98	223.66	238.29	253.87	266.74	282.83
建筑业	3.05	3.65	4.67	5.50	5.76	6.07
三、第三产业	**16.00**	**22.61**	**26.81**	**29.24**	**32.29**	**36.48**
交通运输和邮电通讯业	3.50	6.03	7.35	7.86	8.50	9.27
商业、饮食、物资供销和仓储业	3.44	4.89	6.23	7.55	8.41	9.69
其他	9.06	11.69	13.23	13.83	15.38	17.52
三、生活消费	**15.60**	**24.79**	**30.84**	**37.24**	**41.55**	**47.26**
在消费量中:						
一、终端消费	**254.10**	**319.30**	**344.78**	**374.13**	**393.58**	**406.72**
#工业	196.61	243.94	255.61	273.22	284.05	285.75
二、输配损失	**27.23**	**33.26**	**39.19**	**40.86**	**36.43**	**38.13**

5—13 能源调出调入量

项目		单位	1990年	1993年	1994年	1995年	1996年	1997年
能源	省外调入	万吨标煤	3 439.51	4 180.12	4 242.87	4 237.20	4 350.95	4 844.92
	调出省外	万吨标煤	964.88	998.33	811.36	750.20	585.60	563.27
	净调入	万吨标煤	2 474.63	3 181.79	3 431.51	3 487.00	3 765.35	4 281.65
煤炭	省外调入	万吨	2 742.33	3 541.68	3 849.57	3 776.02	4 044.19	4 523.62
	调出省外	万吨	46.84	56.80	50.00	35.00	31.22	29.14
	净调入	万吨	2 695.49	3 484.88	3 799.57	3 741.02	4 012.97	4 494.48
焦炭	省外调入	万吨	81.63	54.09	70.80	107.35	123.99	170.94
	调出省外	万吨	18.88	13.10	14.60	13.65		
	净调入	万吨	62.75	39.49	57.15	107.35	123.99	170.94
原油	省外调入	万吨	422.48	462.51	412.01	437.81	463.01	527.17
	调出省外	万吨						
	净调入	万吨	422.48	462.51	412.01	437.81	463.01	527.17
燃料油	省外调入	万吨	11.09	35.09	34.19	47.09	97.58	104.80
	调出省外	万吨	13.39	20.40	18.00	16.85	9.26	2.04
	净调入	万吨	−2.3	14.69	16.19	30.24	88.32	102.76
汽油	省外调入	万吨	200.85	240.82	233.54	240.47	134.14	146.78
	调出省外	万吨	204.32	227.63	230.51	215.38	128.38	131.65
	净调入	万吨	−3.47	13.19	3.03	25.09	5.96	15.13
煤油	省外调入	万吨	24.09	23.95	21.90	23.90	14.88	15.68
	调出省外	万吨	30.92	21.90	24.51	22.60	19.20	12.74
	净调入	万吨	−6.83	2.05	−2.61	1.30	−4.32	2.94
柴油	省外调入	万吨	217.55	251.69	252.34	248.36	210.44	218.37
	调出省外	万吨	175.88	194.36	194.83	191.80	168.36	174.35
	净调入	万吨	41.67	57.33	57.51	56.56	42.08	44.02
电力	省外调入	亿千瓦时	10.81	18.53	20.66	20.64	25.25	13.84
	调出省外	亿千瓦时	68.40	68.46	63.10	58.18	71.28	59.43
	净调入	亿千瓦时	−57.59	−49.93	−42.44	−37.54	−46.03	−45.59

注:净调入负数是净调出。

5—14 分行业能源消费总量及构成

行业	1995年		1996年		1997年	
	数量（万吨标煤）	构成（%）	数量（万吨标煤）	构成（%）	数量（万吨标煤）	构成（%）
合计	**3 753.64**	**100**	**3 981.98**	**100**	**4 077.92**	**100**
工业	**3 461.68**	**92.22**	**3 637.95**	**91.36**	**3 710.34**	**90.99**
采掘业	128.01	3.41	133.67	3.36	122.01	2.99
制造业	3 229.73	86.04	3 396.97	85.31	3 480.99	85.36
食品加工业	36.90	0.98	34.03	0.85	35.16	0.86
食品制造业	17.95	0.48	19.94	0.50	13.63	0.33
饮料制造业	28.01	0.75	29.26	0.73	24.73	0.61
烟草加工业	9.05	0.24	8.64	0.22	8.55	0.21
纺织业	180.76	4.82	198.42	4.98	192.31	4.72
服装及其他纤维制品制造业	47.98	1.28	8.29	0.21	8.52	0.21
皮革、毛皮、羽绒及其制品业	1.13	0.03	2.66	0.07	2.12	0.05
木材加工及竹、藤、棕、草制品业	7.55	0.20	8.61	0.22	12.09	0.30
家具制造业	7.10	0.19	4.75	0.12	5.32	0.13
造纸及纸制品业	58.60	1.56	62.98	1.58	55.20	1.35
印刷业、记录媒介的复制	6.13	0.16	5.71	0.14	5.93	0.15
文教体育用品制造业	0.28	0.01	0.44	0.01	0.54	0.01
石油加工及炼焦业	154.68	4.12	167.44	4.20	165.30	4.05
化学原料及化学制品制造业	608.53	16.21	705.63	17.72	682.08	16.73
医药制造业	65.17	1.74	30.74	0.77	28.85	0.71
化学纤维制造业	39.47	1.05	40.4	1.01	39.29	0.96
橡胶制品业	17.34	0.46	18.86	0.47	19.11	0.47
塑料制品业	4.55	0.12	4.32	0.11	4.52	0.11
非金属矿物制品业	614.40	16.37	638.27	16.03	643.82	15.79
黑色金属冶炼及压延加工业	1 028.04	27.39	1 052.76	26.44	1 142.56	28.02
有色金属冶炼及压延加工业	35.99	0.96	32.89	0.83	27.82	0.68
金属制品业	20.10	0.54	28.39	0.71	29.00	0.71
普通机械制造业	54.25	1.45	57.77	1.45	51.43	1.26
专用设备制造业	10.75	0.29	21.2	0.53	34.89	0.86
交通运输设备制造业	155.13	4.13	168.52	4.23	219.06	5.37
电气机械及器材制造业	14.40	0.38	19.06	0.48	18.16	0.45
电子及通讯设备制造业	1.90	0.01	1.62	0.04	1.37	0.03
仪器仪表及文化、办公用机械制造业	2.10	0.06	2.68	0.07	1.86	0.05
其他制造业	5.00	0.13	20.34	0.51	5.91	0.14
电力、煤气及水的生产和供应业	103.96	2.77	107.31	2.69	107.34	2.63
建筑业	**42.23**	**0.12**	**77.15**	**1.94**	**81.49**	**2.00**
交通运输、仓储及邮电通讯业	**249.73**	**7.21**	**266.88**	**6.70**	**286.09**	**7.01**

注：1. 能源消费总量包括原煤、原油、天然气、电力以及加工转换的二次能源。不包括用于加工转换的投入量，包括加工转换损失、运输、输配等损失和终端消费量（下列品种同此口径）。

2. 工业分行业消费量中不包括“其他石油制品”和“其他焦化产品”的消费量。

5—15　分行业原煤消费量及构成

行　　业	1995年		1996年		1997年	
	数　量（万吨）	构　成（%）	数　量（万吨）	构　成（%）	数　量（万吨）	构　成（%）
合　　计	**2 708.15**	**100**	**2 819.48**	**100**	**2 810.17**	**100**
工　业	**2 601.10**	**96.05**	**2 709.12**	**96.09**	**2 694.68**	**95.89**
采 掘 业	69.69	2.57	87.22	3.09	75.60	2.69
制 造 业	2 494.32	92.10	2 575.04	91.33	2 571.48	91.51
食品加工业	30.57	1.13	29.04	1.03	32.23	1.15
食品制造业	18.45	0.68	23.72	0.84	14.23	0.51
饮料制造业	29.67	1.10	33.90	1.20	26.94	0.96
烟草加工业	10.17	0.38	9.97	0.35	9.57	0.34
纺 织 业	188.80	6.97	176.02	6.24	175.78	6.26
服装及其他纤维制品制造业	9.44	0.35	6.38	0.23	5.22	0.19
皮革、毛皮、羽绒及其制品业	1.00	0.01	2.43	0.09	1.85	0.07
木材加工及竹、藤、棕、草制品业	9.21	0.34	9.10	0.32	13.80	0.49
家具制造业	1.06	0.39	5.65	0.20	6.79	0.24
造纸及纸制品业	57.11	2.11	48.71	1.73	44.34	1.58
印刷业、记录媒介的复制	0.59	2.18	1.13	0.04	1.53	0.05
文教体育用品制造业	0.15	0.01	0.32	0.01	0.45	0.02
石油加工及炼焦业	109.01	4.03	122.89	4.36	122.72	4.37
化学原料及化学制品制造业	484.61	17.89	491.23	17.42	483.95	17.22
医药制造业	29.28	1.08	33.28	1.18	33.04	1.18
化学纤维制造业	34.93	1.29	36.90	1.31	36.24	1.29
橡胶制品业	20.38	0.75	22.69	0.80	22.79	0.81
塑料制品业	3.03	0.11	2.97	0.11	3.31	0.12
非金属矿物制品业	758.24	28.00	782.55	27.76	790.49	28.13
黑色金属冶炼及压延加工业	510.82	18.86	504.38	17.89	517.68	18.42
有色金属冶炼及压延加工业	15.81	0.58	12.52	0.44	13.05	0.46
金属制品业	5.68	0.21	24.02	0.85	27.24	0.97
普通机械制造业	15.94	0.59	17.29	0.61	18.69	0.67
专用设备制造业	4.44	0.16	17.40	0.62	12.26	0.44
交通运输设备制造业	128.02	4.73	138.56	4.91	135.67	4.83
电气机械及器材制造业	7.44	0.27	12.60	0.45	12.01	0.43
电子及通讯设备制造业	1.32	0.49	1.05	0.04	0.88	0.03
仪器仪表及文化、办公用机械制造业	1.90	0.70	1.31	0.05	1.67	0.06
其他制造业	4.71	0.17	4.73	0.17	5.56	0.20
电力、煤气及水的生产和供应业	37.09	1.37	46.86	1.66	47.60	1.69
建 筑 业	**17.34**	**0.64**	**22.07**	**0.78**	**25.74**	**0.92**
交通运输、仓储及邮电通讯业	**89.71**	**3.31**	**88.29**	**3.13**	**89.75**	**3.19**

5—16　分行业汽油消费量及构成

行　　业	1995年		1996年		1997年	
	数　量（万吨）	构　成（%）	数　量（万吨）	构　成（%）	数　量（万吨）	构　成（%）
合　　计	**148.86**	**100**	**159.63**	**100**	**168.26**	**100**
工　业	**66.63**	**44.76**	**63.99**	**40.09**	**67.44**	**40.08**
采掘业	2.11	1.42	1.63	1.02	1.66	0.99
制造业	64.38	4.33	61.85	38.75	65.21	38.76
食品加工业	5.95	4.00	5.28	3.31	5.57	3.31
食品制造业	1.38	0.93	1.10	0.69	1.40	0.83
饮料制造业	2.26	1.52	2.12	1.33	2.29	1.36
烟草加工业	0.25	0.17	0.18	0.11	0.25	0.15
纺织业	6.65	4.47	6.57	4.12	6.74	4.01
服装及其他纤维制品制造业	0.21	0.14	0.15	0.09	0.21	0.12
皮革、毛皮、羽绒及其制品业	0.05	0.03	0.04	0.03	0.05	0.03
木材加工及竹、藤、棕、草制品业	0.11	0.07	0.16	0.10	0.11	0.07
家具制造业	0.04	0.03	0.04	0.03	0.04	0.02
造纸及纸制品业	0.29	0.19	0.23	0.14	0.29	0.17
印刷业、记录媒介的复制	0.16	0.11	0.30	0.19	0.16	0.10
文教体育用品制造业	0.04	0.03	0.02	0.01	0.04	0.02
石油加工及炼焦业	0.26	0.17	0.13	0.08	0.26	0.15
化学原料及化学制品制造业	1.78	1.20	1.59	1.00	1.81	1.08
医药制造业	0.33	0.22	0.73	0.46	0.35	0.21
化学纤维制造业	0.11	0.07	0.10	0.06	0.11	0.07
橡胶制品业	0.26	0.17	0.21	0.13	0.27	0.16
塑料制品业	0.14	0.09	0.14	0.09	0.14	0.08
非金属矿物制品业	8.97	6.03	8.83	5.53	9.09	5.40
黑色金属冶炼及压延加工业	1.39	0.93	1.14	0.71	1.41	0.84
有色金属冶炼及压延加工业	0.36	0.24	0.24	0.15	0.37	0.22
金属制品业	0.30	0.20	1.39	0.87	0.30	0.18
普通机械制造业	20.48	13.76	19.21	12.03	21.14	12.56
专用设备制造业	0.80	0.54	0.84	0.53	0.82	0.49
交通运输设备制造业	7.33	4.92	7.76	4.86	7.42	4.41
电气机械及器材制造业	3.37	2.26	2.99	1.87	3.41	2.03
电子及通讯设备制造业	0.10	0.07	0.07	0.04	0.11	0.07
仪器仪表及文化、办公用机械制造业	0.12	0.08	0.13	0.08	0.13	0.08
其他制造业	0.82	0.55	0.08	0.05	0.85	0.51
电力、煤气及水的生产和供应业	0.14	0.09	0.36	0.23	0.57	0.34
建筑业	**2.85**	**1.92**	**6.85**	**4.29**	**7.22**	**4.29**
交通运输、仓储及邮电通讯业	**79.38**	**53.33**	**88.79**	**55.62**	**93.60**	**55.63**

5—17 分行业柴油消费量及构成

行业	1995年		1996年		1997年	
	数量（万吨）	构成（%）	数量（万吨）	构成（%）	数量（万吨）	构成（%）
合计	**136.04**	**100**	**154.59**	**100**	**157.88**	**100**
工业	**91.02**	**66.91**	**98.89**	**63.97**	**98.14**	**62.16**
采掘业	3.82	2.81	3.02	1.95	3.30	2.09
制造业	84.40	62.04	90.90	58.80	89.79	56.87
食品加工业	0.30	0.22	0.36	0.23	0.23	0.15
食品制造业	0.08	0.06	0.03	0.02	0.06	0.04
饮料制造业	0.09	0.07	0.08	0.05	0.11	0.07
烟草加工业	0.06	0.05	0.04	0.03	0.02	0.01
纺织业	1.65	1.21	1.63	1.05	1.97	1.25
服装及其他纤维制品制造业	0.45	0.33	0.12	0.08	0.28	0.18
皮革、毛皮、羽绒及其制品业	0.03	0.02	0.08	0.05	0.13	0.08
木材加工及竹、藤、棕、草制品业	0.04	0.03	0.10	0.06	0.24	0.15
家具制造业	0.02	0.01	0.03	0.02	0.02	0.01
造纸及纸制品业	6.06	4.46	7.11	4.60	7.17	4.54
印刷业、记录媒介的复制	0.05	0.04	0.15	0.10	0.13	0.08
文教体育用品制造业						
石油加工及炼焦业	0.19	0.14	0.14	0.09	0.16	0.10
化学原料及化学制品制造业	43.62	32.06	45.90	29.69	39.73	25.16
医药制造业	0.04	0.03	0.05	0.03	0.03	0.02
化学纤维制造业	0.11	0.08	0.07	0.05	0.27	0.17
橡胶制品业	0.11	0.08	0.18	0.12	0.23	0.15
塑料制品业	0.15	0.11	0.13	0.08	0.14	0.09
非金属矿物制品业	14.18	10.42	15.41	9.97	16.32	10.34
黑色金属冶炼及压延加工业	4.32	3.18	5.34	3.45	7.18	4.55
有色金属冶炼及压延加工业	0.72	0.53	0.59	0.38	0.75	0.48
金属制品业	0.46	0.34	0.53	0.34	0.34	0.22
普通机械制造业	0.46	0.34	0.37	0.24	0.53	0.34
专用设备制造业	0.43	0.32	0.72	0.47	0.46	0.29
交通运输设备制造业	10.38	7.63	11.21	7.25	12.71	8.05
电气机械及器材制造业	0.24	0.18	0.37	0.24	0.41	0.26
电子及通讯设备制造业	0.04	0.03	0.02	0.01	0.02	0.01
仪器仪表及文化、办公用机械制造业	0.03	0.02	0.02	0.01	0.01	0.01
其他制造业	0.07	0.06	0.10	0.06	0.12	0.08
电力、煤气及水的生产和供应业	2.80	2.06	4.97	3.21	5.05	3.20
建筑业	**10.46**	**7.69**	**22.07**	**14.28**	**21.91**	**13.88**
交通运输、仓储及邮电通讯业	**34.56**	**25.40**	**33.63**	**21.75**	**37.83**	**23.96**

5—18 分行业电力消费量及构成

行业	1995年		1996年		1997年	
	数量（亿千瓦时）	构成（%）	数量（亿千瓦时）	构成（%）	数量（亿千瓦时）	构成（%）
合计	**286.58**	**100**	**298.31**	**100**	**301.09**	**100**
工业	**273.22**	**95.34**	**284.05**	**95.22**	**285.75**	**94.90**
采掘业	12.45	4.34	17.97	6.02	16.57	5.50
制造业	226.80	79.14	246.84	82.75	239.57	79.57
食品加工业	4.71	1.64	2.34	0.78	2.39	0.79
食品制造业	2.11	0.74	1.09	0.37	1.03	0.34
饮料制造业	2.71	0.94	1.45	0.49	1.53	0.51
烟草加工业	1.06	0.37	0.98	0.33	1.02	0.34
纺织业	26.01	9.08	18.26	6.12	16.95	5.63
服装及其他纤维制品制造业	1.54	0.54	2.72	0.91	3.30	1.10
皮革、毛皮、羽绒及其制品业	0.24	0.08	0.60	0.2	0.43	0.14
木材加工及竹、藤、棕、草制品业	0.44	0.15	0.71	0.23	0.76	0.25
家具制造业	0.20	0.07	0.48	0.16	0.29	0.10
造纸及纸制品业	3.75	1.31	5.27	1.77	2.24	0.74
印刷业、记录媒介的复制	1.14	0.40	1.02	0.34	0.61	0.20
文教体育用品制造业	0.09	0.03	0.15	0.05	0.12	0.04
石油加工及炼焦业	3.88	1.35	4.79	1.61	4.21	1.40
化学原料及化学制品制造业	45.15	15.75	54.08	18.13	39.47	13.11
医药制造业	2.99	1.04	2.50	0.84	1.66	0.55
化学纤维制造业	2.75	0.96	2.58	0.86	2.21	0.73
橡胶制品业	1.68	0.59	1.46	0.49	1.23	0.41
塑料制品业	1.46	0.51	1.39	0.47	1.27	0.42
非金属矿物制品业	16.90	5.90	20.34	6.82	13.94	4.63
黑色金属冶炼及压延加工业	54.80	19.12	55.74	18.69	50.39	16.74
有色金属冶炼及压延加工业	16.82	5.87	15.93	5.34	12.10	4.02
金属制品业	8.24	2.88	3.90	1.31	1.95	0.65
普通机械制造业	6.00	2.10	9.72	3.26	3.34	1.11
专用设备制造业	3.04	1.06	3.64	1.22	3.84	1.28
交通运输设备制造业	15.58	5.44	17.00	5.70	70.21	23.32
电气机械及器材制造业	1.97	0.69	3.09	1.04	1.68	0.56
电子及通讯设备制造业	0.59	0.21	0.60	0.20	0.45	0.15
仪器仪表及文化、办公用机械制造业	0.41	0.14	1.18	0.40	0.33	0.11
其他制造业	0.26	0.09	13.50	4.53	0.33	0.11
电力、煤气及水的生产和供应业	33.97	11.85	19.24	6.45	29.61	9.83
建筑业	**5.50**	**1.92**	**5.76**	**1.93**	**6.07**	**2.02**
交通运输、仓储及邮电通讯业	**7.86**	**2.74**	**8.50**	**2.85**	**9.27**	**3.08**

5—19 能源生产弹性系数

年　　份	能源生产增长速度（%）	电力生产增长速度（%）	国内生产总值增长速度（%）	能源生产弹性系数	电力生产弹性系数
1980	1.70	14.39	6.4	0.27	2.25
1981	11.17	4.70	6.5	1.72	0.72
1982	28.41	12.02	12.1	2.35	0.99
1983	22.24	18.02	5.8	3.83	3.11
1984	9.75	8.82	20.9	0.47	0.42
1985	8.19	11.74	16.2	0.51	0.72
1986	−2.23	5.94	5.5	−0.41	1.08
1987	11.02	14.99	8.4	1.31	1.78
1988	14.26	11.37	7.8	1.83	1.46
1989	11.77	11.50	4.5	2.62	2.56
1990	−7.06	1.56	5.0	−1.41	0.31
1991	−11.13	3.12	6.6	−1.69	0.47
1992	5.21	5.07	14.1	0.34	0.36
1993	11.51	9.61	14.3	0.80	0.67
1994	9.75	5.94	15.2	0.64	0.39
1995	23.67	5.67	14.6	1.62	0.39
1996	−2.96	5.20	13.20	−0.22	0.39
1997	−3.55	3.02	13.0	−0.27	0.23

5—20 能源消费弹性系数

年　　份	能源消费增长速度（%）	电力消费增长速度（%）	国内生产总值增长速度（%）	能源消费弹性系数	电力消费弹性系数
1981	9.00	4.07	6.5	1.38	0.63
1982	9.00	4.61	12.1	0.74	0.38
1983	7.27	12.37	5.8	1.25	2.13
1984	7.54	6.77	20.9	0.36	0.32
1985	12.28	11.06	16.2	0.76	0.68
1986	6.38	8.49	5.5	1.16	1.54
1987	9.08	9.71	8.4	1.08	1.16
1988	7.80	10.30	7.8	1.00	1.32
1989	4.13	5.36	4.5	0.92	1.19
1990	−0.92	4.82	5.0	−0.18	0.96
1991	4.00	7.27	6.6	0.61	1.10
1992	7.44	6.32	14.1	0.53	0.45
1993	9.60	9.55	14.3	0.67	0.67
1994	9.63	8.91	15.2	0.63	0.59
1995	7.23	8.08	14.6	0.50	0.55
1996	5.87	3.62	13.2	0.44	0.27
1997	3.98	3.45	13.0	0.31	0.27

5—21 能源主要品种生活用量

年　份	生活用能合计（万吨标煤）	原　煤（万吨）	液化石油气（万吨）	煤　气（亿立方米）	电　力（亿千瓦时）
1983	270.36	321.95	5.73		7.59
1984	297.74	349.18	5.35		9.72
1985	323.72	392.63	7.21		8.00
“七五”时期平均	**377.95**	**439.19**	**7.37**		**11.59**
1986	333.30	398.00	7.89		7.80
1987	364.20	431.25	7.71		9.46
1988	377.05	436.09	8.83		11.47
1989	414.00	480.35	6.32		13.64
1990	401.22	451.74	6.09		15.60
“八五”时期平均	**459.85**	**515.22**	**9.65**	**0.95**	**27.16**
1991	414.08	458.88	5.10	0.31	17.55
1992	437.89	464.29	10.28	0.72	20.36
1993	471.27	485.30	11.37	0.79	24.79
1994	468.49	562.09	11.21	0.66	30.84
1995	502.34	590.60	9.83	2.29	37.24
1996	535.58	616.00	12.62	1.33	41.55
1997	561.72	638.55	16.21	1.19	47.26

5—22 能源消费水平

年　份	每人每年平均用能（千克标煤）	每人每年平均用电（千瓦时）	每人每年平均生活用能（千克标煤）	每人每年平均生活用电（千瓦时）
1983	530	335	56	16
1984	569	355	61	20
1985	631	390	65	16
“七五”时期平均	**730**	**482**	**73**	**22**
1986	658	418	66	16
1987	710	452	72	18
1988	754	495	73	22
1989	773	514	79	26
1990	745	524	75	29
“八五”时期平均	**835**	**633**	**83**	**48**
1991	769	560	77	32
1992	807	581	79	37
1993	867	624	83	44
1994	833	671	82	57
1995	885	719	87	64
1996	928	738	92	71
1997	957	758	96	80

5—23 每万元工业总产值能源、电力消费量

行业	能源（吨标煤）			电力（千瓦时）		
	1995年	1996年	1997年	1995年	1996年	1997年
工业合计	**1.99**	**1.83**	**1.74**	**1 335.50**	**1 214**	**1 120**
采掘业	2.56	1.95	1.61	1 963.72	2 342	1 793
制造业	1.72	1.59	1.51	1 179.51	1 126	1 001
食品加工业	0.25	0.19	0.24	324.72	131	164
食品制造业	0.60	0.52	0.33	706.39	282	247
饮料制造业	0.78	0.60	0.43	752.15	297	263
烟草加工业	0.17	0.15	0.14	201.52	168	165
纺织业	0.83	0.86	0.83	1 174.00	779	726
服装及其他纤维制品制造业	0.62	0.09	0.08	197.87	311	322
皮革、毛皮、羽绒及其制品业	0.06	0.12	0.09	118.64	260	177
木材加工及竹、藤、棕、草制品业	0.43	0.34	0.52	248.45	276	324
家具制造业	0.08	0.22	0.25	751.52	226	134
造纸及纸制品业	1.57	1.30	1.23	968.74	1 042	482
印刷业、记录媒介的复制	0.28	0.23	0.26	516.30	405	270
文教体育用品制造业	0.08	0.08	0.13	241.93	286	299
石油加工及炼焦业	6.17	5.12	4.94	1 302.89	1 380	1 032
化学原料及化学制品制造业	4.28	4.34	3.75	3 146.12	3 253	2 005
医药制造业	1.42	0.57	0.40	649.86	458	233
化学纤维制造业	3.55	3.18	2.06	2 086.49	1 755	993
橡胶制品业	0.67	0.66	0.66	653.44	514	425
塑料制品业	0.12	0.09	0.08	392.47	282	225
非金属矿物制品业	4.27	3.82	3.24	1 175.82	1 215	702
黑色金属冶炼及压延加工业	7.17	7.48	7.66	3 791.34	3 888	3 369
有色金属冶炼及压延加工业	0.96	0.84	0.67	4 475.78	4 074	2 893
金属制品业	0.28	0.30	0.29	1 161.71	417	195
普通机械制造业	0.60	0.68	0.51	659.12	1 014	330
专用设备制造业	0.17	0.29	0.42	491.99	499	467
交通运输设备制造业	0.66	0.65	0.69	581.89	590	2 067
武器弹药制造业	1.12	1.06	0.67	1 255.61	1 493	1 043
电气机械及器材制造业	0.24	0.29	0.25	330.65	466	228
电子及通讯设备制造业	0.05	0.04	0.03	168.42	165	87
仪器仪表及文化、办公用机械制造业	0.19	0.23	0.16	368.37	999	283
其他制造业	0.21	0.66	0.16	110.04	408	90
电力、煤气及水的生产和供应业	10.19	9.50	10.30	5 701.58	2 767	4 459

注：按1990年不变价的工业总产值计算。

5—24 县及县以上工业部门能源消费及节能情况

（1997 年）

地　区	能源消费量（万吨标煤）	电力消费量（亿千瓦时）	万元产值耗能（吨标准煤）	节　能　率（%）	万元产值耗电（千瓦时）	节　电　率（%）
全　省　合　计	**2 920**	**308.94**	**1.89**	**6.40**	**1 999**	**6.50**
武　汉　市	941.88	79.12	1.97	8.37	1 657	1.31
黄　石　市	281.46	19.57	2.65	1.85	1 840	0.91
十　堰　市	186.51	22.25	0.93	11.43	1 103	8.39
荆　州　市	164.22	18.14	1.33	5.00	1 448	3.50
宜　昌　市	272.68	25.32	2.21	3.91	2 049	6.14
襄　樊　市	277.90	27.72	1.27	1.55	1 264	1.02
鄂　州　市	118.50	6.72	3.92	6.67	2 225	8.96
荆　门　市	146.61	13.05	1.97	3.90	1 753	2.34
孝　感　市	161.67	19.16	1.68	9.68	1 991	18.33
黄　冈　市	137.90	11.76	1.21	2.42	1 032	3.00
咸宁地区	61.29	7.31	1.60	3.61	1 909	2.50
恩施自治州	49.30	3.31	1.75	14.22	1 177	15.93
随　州　市	31.41	2.54	1.14	1.72	925	27.17
仙　桃　市	22.60	2.89	0.85	13.27	1 088	18.99
天　门　市	25.37	2.30	0.53	3.64	484	7.10
潜　江　市	57.36	5.96	1.43	4.67	1 481	—4.96

5—25 加工转换二次能源消费量

能　源　名　称	单　位	1990年	1993年	1994年	1995年	1996年	1997年
一、加工转换消费量总计	**万吨标煤**	**1 664.53**	**1 981.29**	**2 056.99**	**2 125.38**	**2 334.41**	**2 453.39**
用于发电及供热	万吨标煤	510.90	754.32	845.93	876.02	1 014.26	1 090.75
原　煤	万吨	648.63	1 037.35	1 248.32	1 338.98	1 542.03	1 739.42
原　油	万吨	3.91	2.10	4.86	0.77	0.62	1.05
燃料油	万吨	31.69	16.05	20.34	11.60	26.61	25.70
柴　油	万吨	0.31	3.31	2.50	2.90	4.00	4.13
焦炉煤气	亿立方米	2.22	5.65	1.76	1.68	7.05	2.45
用于炼油	万吨标煤	713.41	728.41	696.44	716.41	793.03	837.26
原　油	万吨	499.38	509.88	487.50	501.58	555.11	586.07
用于炼焦	万吨标煤	436.79	472.99	489.79	496.24	508.50	510.09
洗精煤	万吨	473.68	511.38	544.21	541.24	541.23	551.79
用于洗选	万吨标煤	3.43	3.28	6.94	4.70	4.71	0.22
原　煤	万吨	4.81	4.59	9.71	6.59	6.59	0.31
二、加工转换损失量	**万吨标煤**	**33.79**	**13.76**	**57.66**	**47.09**	**21.61**	**46.56**
三、加工转换效率	%	**97.97**	**99.31**	**97.20**	**97.78**	**99.07**	**98.10**

5—26 重点工业企业单位产品能耗指标

项目	单位	1990年	1995年	1996年	1997年
一、煤炭工业					
原煤生产耗电	千瓦时/吨	89.2	88.5	92.6	91.1
二、石油工业					
原油(气)生产综合能耗	千克标准煤/吨	221.9	174.3	165.3	177.2
原油(气)液量生产综合能耗	千克标准煤/吨	47.8	33.7	32.0	33.8
原油加工综合能耗	千克标准煤/吨	119.6	107.6	112.9	111.3
原油加工耗电	千瓦时/吨	64.8	65.7	65.5	65.3
三、电力工业					
发电耗标准煤	千克标准煤/千瓦时	0.40	0.36	0.38	0.37
供热耗标准煤	千克标准煤/百万千焦	41.8	42.1	42.0	41.5
四、冶金工业					
吨钢综合能耗	千克标准煤/吨	1 824.9	1 223.6	1 184.5	1 204.1
冶金电炉钢耗电	千瓦时/吨	716.3	701.9	696.4	698.2
机械电炉钢耗电	千瓦时/吨	661.0	702.1	672.4	668.2
电解铝综合能耗	千克标准煤/吨	6 785.7	5 400.0	5 600.0	5 580.0
铜冶炼综合能耗	千克标准煤/吨	3 312.8	2 457.8	2 430.0	2 425.0
硅铁冶炼耗电	千瓦时/吨	7 776.9	7 730.3	7 777.5	7 758.9
五、化学工业					
合成氨综合能耗(大型企业)	千克标准煤/吨	1 564.9	1 508.4	1 485.6	1 480.3
合成氨综合能耗(中型企业)	千克标准煤/吨	2 364.9	2 510.6	2 418.5	2 420.5
合成氨综合能耗(小型企业)	千克标准煤/吨	2 425.6	1 825.3	1 901.8	1 900.0
电石综合能耗	千克标准煤/吨	2 199.6	1 600.8	15 718.0	15 709.0
烧碱综合能耗	千克标准煤/吨	2 024.3	1 225.0	1 163.0	1 160.5
烧碱综合能耗(氨碱法)	千克标准煤/吨	418.0	310.9	315.2	313.9
黄磷综合能耗	千克标准煤/吨	8 556.9	5 500.8	5 572.3	5 570.7
黄磷耗电	千瓦时/吨	1 401.6	1 503.4	1 536.6	1 515.0
硫酸耗电	千瓦时/吨	147.5	142.2	145.0	144.3
六、建材工业					
水泥综合能耗	千克标准煤/吨	164.0	149.6	164.3	164.0
平板玻璃综合能耗	千克标准煤/重量箱	59.1	57.0	54.8	58.1
万砖综合能耗	千克标准煤/万块	97.0	99.3	99.6	98.6
七、纺织工业					
棉纱耗电	千瓦时/吨	1 415.3	1 405.4	1 414.2	1 405.1
棉布耗电	千瓦时/百米	19.2	20.7	18.7	18.7
印染布耗标准煤	千克标准煤/百米	28.3	26.8	32.0	30.8
八、轻 工 业					
纸和纸板综合能耗	千克标准煤/百米	1 016.9	750.6	748.7	749.7
吨纸耗电	千瓦时/吨	693.6	711.4	710.5	705.2
原盐生产综合能耗	千克标准煤/吨	264.2	270.1	285.9	275.3

5—27 主要原材料消费量

单位:万吨

年份	生铁	钢材	铜	铝	铅	锌	铜材
1978	279.7	71.6	1.01	1.09	0.44	0.44	0.55
1980	340.0	122.8	1.01	1.46	0.67	1.65	0.95
1985	479.4	228.1	6.40	3.41	0.86	2.80	1.97
1986	520.7	227.2	6.41	3.97	0.91	3.21	1.95
1987	544.6	249.9	5.58	4.40	1.02	3.41	2.11
1988	561.5	262.5	5.28	3.56	0.95	3.30	2.01
1989	562.6	233.0	4.14	3.98	1.01	2.90	1.79
1990	570.1	212.4	2.50	2.96	1.09	2.74	1.73
1991	570.1	238.0	2.73	3.94	1.03	3.00	1.55
1992	629.7	263.9	2.95	4.24	1.21	3.24	1.98
1993	656.5	305.5	3.95	4.36	1.15	2.83	1.58
1994	713.0	296.8	2.87	3.94	1.39	3.10	1.93
1995	690.5	321.8	1.98	5.11	1.19	2.88	3.11
1996	717.2	301.7	1.94	5.53	0.80	2.78	2.48
1997	758.3	290.0	1.97	5.72	0.90	3.55	2.63

年份	铝材	硫酸	烧碱	纯碱	橡胶	水泥	木材(万立方米)
1978	0.19	12.31	4.77	2.38	1.34	162.7	72.7
1980	0.99	36.21	7.83	6.06	1.43	243.7	100.6
1985	1.37	42.90	11.52	11.19	3.43	374.5	115.6
1986	1.49	46.95	12.32	11.11	3.72	340.5	125.2
1987	1.68	61.58	13.52	10.99	3.88	347.8	103.5
1988	1.62	65.06	13.45	12.74	4.18	383.7	103.8
1989	1.32	67.20	12.52	13.10	3.98	321.8	83.3
1990	1.21	76.20	11.67	10.84	3.96	286.2	71.4
1991	1.19	71.77	11.25	13.40	4.07	327.1	68.4
1992	1.12	77.06	11.72	14.14	4.37	381.8	84.6
1993	1.15	60.14	10.77	11.86	4.47	418.6	70.3
1994	0.97	77.31	13.63	14.73	4.45	351.7	83.0
1995	3.22	103.36	16.44	16.45	4.80	506.8	76.9
1996	1.69	102.44	18.12	15.90	5.94	462.2	95.1
1997	2.26	108.27	14.94	20.16	4.94	414.4	89.2

5—28 分行业钢材、木材消费量

行业	钢材（万吨）			木材（万立方米）		
	1995年	1996年	1997年	1995年	1996年	1997年
合计	**321.76**	**301.72**	**290.02**	**76.90**	**95.06**	**89.19**
工业	**220.55**	**208.96**	**199.21**	**50.31**	**59.39**	**52.60**
采掘业	5.04	7.58	3.37	4.96	5.54	9.85
制造业	214.12	200.17	194.66	45.09	53.83	42.56
食品加工业	0.39	0.49	0.69	0.01	0.07	0.06
食品制造业	0.08	0.12	0.36	0.01	0.03	0.08
饮料制造业	0.05	0.06	0.13	0.01		
烟草加工业	0.04	0.02	0.02			
纺织业	0.39	0.52	0.47	0.11	0.26	0.16
服装及其他纤维制品制造业	0.15	0.16	0.02			
皮革、毛皮、羽绒及其制品业	0.08	0.15	0.04	1.06	0.15	0.01
木材加工及竹、藤、棕、草制品业	0.06	0.05	0.01	16.18	26.44	32.39
家具制造业	0.92	0.49	0.39	11.65	9.06	1.98
造纸及纸制品业	0.16	0.16	0.06	0.06	0.05	0.17
印刷业、记录媒介的复制	0.24	0.24	0.04		0.09	0.01
文教体育用品制造业	0.37	0.30	0.19	0.03	0.01	0.03
石油加工及炼焦业	2.38	2.58	1.99	0.41	0.32	0.20
化学原料及化学制品制造业	2.93	2.98	3.57	0.85	0.58	0.53
医药制造业	0.19	0.14	0.06	0.08	0.03	0.04
化学纤维制造业	0.26	0.20	0.04	0.05	0.02	
橡胶制品业	0.16	0.17	0.20	0.03	0.01	
塑料制品业	0.52	0.40	0.60	0.50	0.20	
非金属矿物制品业	7.98	7.06	5.39	3.24	2.01	0.42
黑色金属冶炼及压延加工业	41.62	38.69	38.13	3.05	4.82	2.30
有色金属冶炼及压延加工业	1.40	1.43	1.06	0.36	0.25	0.17
金属制品业	22.18	20.25	20.36	1.43	0.34	0.30
普通机械制造业	18.66	20.60	20.29	0.67	0.43	0.73
专用设备制造业	16.03	11.13	11.36	1.08	1.08	0.70
交通运输设备制造业	90.29	84.27	84.09	3.33	6.12	1.89
电气机械及器材制造业	4.73	4.79	4.33	0.21	0.24	0.26
电子及通讯设备制造业	0.58	0.45	0.30	0.03	0.08	0.06
仪器仪表及文化、办公用机械制造业	0.33	0.48	0.36	0.05	0.03	0.03
其他制造业	0.33	0.87	0.60	0.25	0.08	0.04
电力、煤气及水的生产和供应业	1.39	1.21	1.18	0.26	0.02	0.19
建筑业	**97.92**	**86.54**	**83.67**	**23.88**	**34.09**	**35.10**
交通运输、仓储及邮电通讯业	**3.29**	**6.22**	**6.44**	**2.71**	**1.58**	**1.17**

主要统计指标解释

【物资购进总值】 指报告期内本单位通过各种渠道实际购进的物资总值，购进总值的核算原则以实际到达本单位并经验收办完入库手续的数量为准，不包括待验收入库的物资、在途物资、外单位寄存物资。购进总值的价格按实际进货价计算。

【物资销售总值】 指报告期内本单位实际销售的物资总值，销售总值的核算原则以物资办完出库手续的数量为准，销售总值的价格按实际销售价计算。

【能源生产总量】 指一定时期内本地区一次能源生产量的总和。一次能源生产量包括原煤、原油、天然气、水电及其他动力能发电量（如风能、地热能）。不包括生物质能、太阳能等的利用和由一次能源加工转换而成的二次能源产量。能源生产总量是观察本地区能源生产水平、规模、构成和发展速度的总量指标。

【能源消费总量】 指一定时期内本地区用于生产和生活的各种能源消费量的总和。能源消费总量包括原煤和原油及其制品、天然气、电力，不包括生物质能和太阳能等的利用。能源消费总量分为三部分，即终端能源消费量、能源加工转换损失量和损失量。不包括用于加工转换二次能源的投入量。它是观察能源消费水平、构成和增长速度的总量指标。

【终端能源消费】 指一定时期内本地区物质生产部门、非物质生产部门和生活消费的各种能源数量。不包括用于加工转换的中间能源消费量、加工转换损失量。

【能源加工转换损失量】 指一定时期内本地区投入加工转换的各种能源数量之和与产出各种能源产品之和的差额。它是观察能源在加工转换过程中损失量变化的指标。

【能源损失量】 指一定时期内能源在输送、分配、储存过程中发生的经营管理损失和由于客观原因造成的各种损失量。不包括各种气体能源放空、放散量。

【能源消费弹性系数】 是反映能源消费增长速度与国民经济增长速度之间比例关系的指标。其计算公式为：

$$能源消费弹性系数=\frac{能源消费量年平均增长速度}{国民经济年平均增长速度}$$

国民经济年平均增长速度，可根据不同的目的或需要，用国内生产总值，国民收入等指标来计算。本资料是采用国内生产总值指标计算的。

【电力消费弹性系数】 是反映电力消费增长程度与国民经济增长速度之间比例关系的指标。其计算公式为：

$$电力消费弹性系数=\frac{电力消费量年平均增长速度}{国民经济年平均增长速度}$$

【能源加工转换效率】 指一定时期内能源加工转换后，产出的各种能源产品的数量与同期内投入加工转换的各种能源数量的比率。它是观察能源加工转换装置和生产工艺先进与落后、管理水平高低等的重要指标。计算公式为：

$$能源加工转换效率=\frac{加工转换产出量}{加工转换投入量}\times 100\%$$

【节能率】 指节能期可比能源消费量之比率。它是反映能源节约程度的综合指标。其计算公式为：

$$节能率=\left(1-\frac{报告期单位产值能源消费量}{基期单位产值能源消费量}\right)\times 100\%$$

所得值是（+）值为节能，是（-）值为超耗。

财　政　6

资料整理人员：董树平

6—1 财政收支额及指数

年份	总收入（亿元）	总支出（亿元）	指数（上年=100）	
			总收入	总支出
1953	4.87	1.96	100.0	100.0
1957	6.27	3.55	167.3	250.1
1965	11.26	6.85	122.4	105.2
1970	15.20	15.73	128.4	158.1
1975	24.05	17.52	139.5	103.9
1978	31.37	29.98	149.0	148.6
1980	34.01	26.53	107.6	94.5
1985	50.26	43.60	119.3	137.5
1986	57.58	58.04	114.6	133.1
1987	65.35	60.98	113.5	105.1
1988	69.02	68.66	105.6	112.6
1989	77.27	79.97	112.0	116.5
1990	77.85	84.82	100.8	106.1
1991	95.09	99.53	122.2	117.3
1992	94.14	98.97	99.0	99.4
1993	115.07	114.58	122.2	115.8
1994	77.46	137.20		119.7
1995	99.69	162.43	128.7	118.4
1996	124.51	197.44	124.9	121.6
1997	139.89	223.70	112.4	113.3

注：1. 1985 年以后企业收入中包括企业所得税，调节税。

2. 从 1994 年开始，全国实行分税制财政体制，财政收入为地方收入（不含上划中央收入）（下表同）。

6—2 财　政　收　入

单位：亿元

年份	收入合计	企业收入	#工业	#商业	#粮食	各项税收	#农业税	其他
1953	4.87	0.27	0.14			4.32	1.23	0.30
1957	6.27	0.73	0.54			5.16	1.19	0.38
1965	11.26	4.25	2.82	0.99		6.89	1.56	0.12
1970	15.20	4.05	2.29	1.85		11.06	1.80	0.09
1975	24.05	8.49	7.10	2.44	−1.65	15.51	1.60	0.05
1978	31.37	12.47	9.53	2.89	−1.57	18.84	1.49	0.06
1980	34.01	10.25	10.79	2.45	−1.26	23.69	1.42	0.07
1985	50.26	4.66	8.17	0.23	−1.80	45.13	2.50	0.48
1986	57.58	6.79	7.77	0.73	−1.67	50.01	2.48	0.78
1987	65.35	6.36	9.39	−0.68	−2.50	57.41	2.72	1.58
1988	69.02	0.27	8.96	−1.35	−2.79	64.20	2.47	4.55
1989	77.27	−3.18	9.01	−1.84	−4.63	73.58	3.31	6.87
1990	77.85	−5.17	7.05	−1.48	−4.80	74.15	3.32	8.87
1991	95.09	−1.17	7.30	−1.47	−4.97	78.66	3.05	17.60
1992	94.14	−3.87	4.24	−1.20	−5.65	91.41	3.86	6.60
1993	115.07	−4.12	3.93	−1.10	−5.75	111.40	3.87	7.79
1994	77.46	2.73	8.10	−0.99	−4.88	61.50	6.84	13.23
1995	99.69	2.86	8.74	−1.11	−5.28	73.64	12.95	23.19
1996	124.51	2.16	4.84	−0.72	−4.12	89.09	16.56	33.26
1997	139.89	2.52	3.44	−0.56	−4.23	102.83	18.36	34.54

6—3 财 政 支 出

单位:亿元

年 份	支出合计	#基本建设	#科技三项费用	#支援农业
1953	1.96	0.48		0.05
1957	3.55	1.11		0.30
1965	6.85	2.28	0.52	0.73
1970	15.73	9.25	0.27	1.14
1975	17.52	5.17	0.47	2.01
1978	29.98	9.55	0.31	4.72
1980	26.53	5.97	0.20	4.23
1985	43.50	4.38	0.42	3.80
1986	58.04	6.25	0.69	4.93
1987	60.98	6.21	0.76	5.09
1988	68.66	5.44	0.78	6.08
1989	79.07	5.12	0.74	4.10
1990	84.82	5.56	0.73	4.92
1991	99.52	5.80	0.65	5.20
1992	98.97	6.46	0.79	5.57
1993	114.58	6.61	0.79	6.09
1994	137.20	6.45	0.80	5.92
1995	162.43	6.40	1.07	4.93
1996	197.44	7.93	1.69	5.68
1997	223.70	9.21	2.14	5.96

年 份	#工交商事业费	#城市维护费	#文教卫生事业费	#抚恤和社会救济	#行政管理费
1953	0.0036	0.02	0.59	0.11	0.61
1957	0.09	0.01	0.99	0.15	0.82
1965	0.08	0.11	1.48	0.30	0.87
1970	0.08	0.16	1.88	0.42	1.28
1975	0.39	0.24	3.68	0.45	1.61
1978	0.35	0.26	4.64	0.66	1.97
1980	0.46	0.71	6.82	1.01	3.02
1985	0.89	2.08	11.70	1.18	6.01
1986	1.04	2.67	13.45	1.49	6.71
1987	0.93	2.92	13.64	1.52	6.86
1988	0.95	3.23	16.50	1.80	6.48
1989	1.32	3.59	18.11	2.08	7.26
1990	1.33	3.66	19.87	2.18	8.24
1991	1.55	3.90	21.55	2.41	9.19
1992	1.55	4.81	25.89	2.44	11.60
1993	1.80	5.03	30.99	3.05	14.54
1994	1.75	5.93	42.57	4.09	19.12
1995	2.40	6.74	46.90	4.22	20.63
1996	2.53	8.16	52.12	5.09	22.49
1997	3.13	9.55	59.78	6.13	25.25

注:1986 年以后财政支出中包括了粮棉油等补贴。

6—4 分项财政收入

单位:万元

项　　目	1990年	1993年	1994年	1995年	1996年	1997年
收入合计	**778 496**	**1 150 707**	**774 641**	**996 864**	**1 245 090**	**1 398 901**
工商税收	698 550	1 056 849	503 486	606 857	727 572	850 609
#增值税	226 117	407 057	184 010	209 375	239 297	270 711
营业税	185 899	258 356	175 618	217 380	267 700	311 991
个人所得税	95	492	13 591	26 289	38 918	54 536
外商投资企业和外国企业所得税	49	526	1 633	2 177	3 302	5 912
城市维护建设税	38 252	57 167	62 685	71 676	80 943	92 837
车船使用税		3 084	3 270	3 543	3 953	4 552
房产税		18 750	22 296	25 917	31 883	36 910
资源税		792	6 168	7 450	8 340	8 986
城镇土地使用税		6 349	12 523	12 580	12 714	16 471
印花税		4 747	5 210	5 950	6 899	8 872
固定资产投资方向调节税		10 561	11 430	12 162	14 829	16 094
农牧业税和耕地占用税	42 975	57 120	111 530	129 520	165 585	183 581
#农牧业税	33 175	38 675	68 435	68 591	91 307	93 544
农业特产税			29 259	44 220	57 090	71 365
耕地占用税	3 112	6 984	11 986	13 514	13 262	12 635
企业所得税	100 374	67 862	129 734	137 148	123 997	131 061
国有企业上缴利润	8 949	8 581	6 628	7 462	5 238	9 707
国有企业计划亏损补贴	−163 117	−117 778	−108 867	−116 058	−109 940	−109 208
其他收入	50 711	78 073	93 065	190 941	285 418	333 151
#海关罚没收入	53	24	1 305	2 075	797	3 551
工商罚没收入	1 339	1 258	3 121	3 588	2 899	3 453
政法罚没收入	4 456	7 793	15 990	24 018	23 416	22 162
其他罚没收入	5 656	6 819	13 800	27 175	41 689	61 395
专款收入	40 054	32 526	38 885	40 994	47 220	—

6—5 分项财政支出

单位:万元

项　　目	1990年	1993年	1994年	1995年	1996年	1997年
支出合计	**848 242**	**1 145 771**	**1 372 044**	**1 624 296**	**1 974 425**	**2 236 993**
基本建设支出	55 589	66 095	64 543	63 968	79 338	92 140
# 拨改贷		3 707	2 733	4 585	4 783	
预算拨款		62 388	61 810	59 383	74 555	92 140
企业挖潜改造资金	36 730	75 155	59 627	57 029	53 989	59 715
简易建筑费	2 538	3 418	3 334	3 736	3 642	3 841
科技三项费	7 303	7 946	8 031	10 726	16 867	21 401
支援农村生产支出	49 199	60 919	59 210	49 284	56 758	59 598
农林水利等部门的事业费	33 922	46 525	57 022	67 628	81 363	85 564
工业交通等部门的事业费	10 516	14 040	17 512	19 015	19 936	23 738
商业部门事业费	2 769	3 927	4 885	4 954	5 324	7 584
城市维护费	36 553	50 290	59 251	67 427	81 363	95 476
文教卫生事业费	198 696	309 868	425 737	469 031	521 164	597 802
# 文化事业费	6 349	9 099	11 610	12 731	14 338	16 190
教育事业费	114 007	183 571	263 177	289 579	312 274	367 082
卫生事业费	34 852	48 736	63 315	66 476	69 581	77 123
体育事业费	5 017	6 562	8 466	8 035	8 512	10 903
科学事业费	4 816	7 348	8 489	8 841	10 390	12 509
其他部门的事业费	35 828	58 048	77 370	92 836	112 231	126 874
抚恤和社会福利救济费	21 770	30 458	40 942	42 201	50 923	61 341
国防支出	914	987	986	1 085	1 265	1 342
行政管理费	82 359	145 388	191 165	206 319	224 878	252 505
政策性补贴支出	161 288	103 037	88 590	114 010	145 292	145 810
其他支出	68 653	131 302	167 850	305 866	461 585	589 753
专项支出	38 799	31 020	37 500	40 340	47 907	

主要统计指标解释

【财政收入】 通过财政分配渠道集中于国家预算的资金。由于从1994年起实行新的分税制财政管理体制，财政收入为地方收入（不含上划中央收入）。包括企业收入、专款收入和各项税收。(1) 企业收入包括国有企业上缴利润和事业收入。(2) 专款收入包括征收排污费收入，教育费附加收入。(3) 各项税收包括工商税收、农牧业税和耕地占用税、企业所得税等。

【财政支出】 通过国家预算支出的资金。指国家财政根据国民经济发展和行政事业管理需要由财政拨付的资金，主要有：基本建设支出、企业挖潜改造资金，科技三项费用，支持农村生产支出、各部门的事业费，抚恤和社会福利救济费、行政管理费、价格补贴支出、专款支出等。

物价指数 7

资料整理人员：杨　琳　田永春
李　红

7—1 物价总指数

基期	零售物价总指数	城市居民消费价格总指数	农产品收购价格总指数
以1950年价格为100	545.4	730.8	1 253.8
以1952年价格为100	486.7	643.1	1 040.0
以1957年价格为100	440.6	570.1	862.2
以1965年价格为100	394.6	501.4	610.3
以1970年价格为100	397.8	503.4	567.7
以1975年价格为100	398.5	498.6	549.7
以1978年价格为100	395.3	496.6	533.3
以1980年价格为100	372.6	453.3	407.8
以1985年价格为100	325.0	381.2	322.9
以1990年价格为100	201.5	240.4	198.1
以1995年价格为100	108.1	113.1	103.6
以上年价格为100	101.5	102.6	96.7

7—2 市、县各种物价指数

(1997年，上年＝100)

市县	零售物价指数	居民消费价格指数	农业生产资料价格指数	服务项目价格指数
武汉市	100.7	103.1		107.0
黄石市	100.1	101.0		110.0
襄樊市	101.4	104.4		116.0
荆州市	99.2	100.9		101.2
宜昌市	99.9	101.5		104.5
十堰市	101.2	102.9		115.3
孝感市	101.4	102.3		106.4
麻城市	101.3	104.6	97.4	116.2
天门市	101.4	104.5	99.4	110.7
洪湖市	102.2	103.1	93.8	107.8
浠水县	101.1	101.3	97.8	106.1
咸宁市	101.4	101.5	95.3	99.6
恩施市	105.3	105.9	93.2	116.5
老河口市	102.2	104.0	94.4	108.4
大悟县	101.8	103.4	102.7	112.0
竹山县	103.5	105.2	97.8	113.9
崇阳县	101.5	100.7	86.5	119.1
枝城市	102.6	102.6	91.8	103.8

7—3 零售物价、居民消费价格分类指数

(1997年,上年=100)

类别	全省	城市	农村
零售物价总指数	**101.5**	**100.8**	**102.2**
一、食品类	100.6	99.9	101.3
粮食	93.1	94.4	92.0
鲜菜	93.5	91.4	96.6
干菜	100.8	99.3	102.7
肉禽蛋	106.0	105.5	106.7
水产品	99.3	97.1	102.6
二、饮料、烟酒类	102.7	103.0	102.5
三、服装鞋帽类	103.1	101.8	105.1
四、纺织品类	103.0	102.1	103.8
五、中、西药品类	105.0	103.7	106.7
六、化妆品类	107.0	111.9	102.3
七、书报、杂志类	106.7	106.4	107.0
八、文化体育用品类	100.3	98.6	103.1
九、日用品类	103.3	104.3	101.8
十、家用电器类	94.4	93.8	95.3
十一、首饰类	98.6	98.5	98.9
十二、燃料类	107.5	108.8	106.1
十三、建筑装璜材料类	101.5	102.0	100.6
十四、机电产品类	97.5	96.1	99.2
农业生产资料价格指数	**96.0**		**96.0**
居民消费价格指数	**103.2**	**102.6**	**103.6**
一、食品类	101.1	100.2	102.1
二、衣着类	102.6	101.0	104.6
三、家庭设备及用品类	102.2	102.5	101.8
四、医疗保健类	105.4	104.7	106.3
五、交通和通讯工具类	100.0	101.3	99.0
六、娱乐、教育、文化用品类	97.1	95.1	98.6
七、居住类	113.5	120.0	105.9
八、服务项目	108.9	107.4	110.4
电讯费	112.4	112.9	112.0
邮费	204.7	215.0	195.0
交通费	103.2	101.0	106.0
洗理美容费	105.5	102.8	110.7
文娱费	110.9	110.9	110.9
学杂保育费	101.7	95.1	106.4
修理及其他服务费	108.6	110.6	106.4
医疗保健服务	159.3	172.0	147.7

7—4 工业品出厂价格指数

分类	上年＝100				1990 年＝100				
	1990 年	1995 年	1996 年	1997 年	1993 年	1994 年	1995 年	1996 年	1997 年
总　　指　　数	**109.0**	**113.1**	**102.7**	**98.7**	**151.6**	**191.3**	**216.4**	**222.2**	**219.3**
一、按轻重工业分									
1.轻　工　业	111.4	121.8	101.1	98.0	120.7	154.4	188.1	190.2	186.4
以农产品为原料	113.1	123.2	101.1	98.2	123.8	162.7	200.4	202.6	199.0
以非农产品为原料	103.1	115.6	101.3	97.0	107.4	119.3	137.9	139.1	134.9
2.重　工　业	106.4	106.4	103.8	99.2	180.7	226.1	240.6	249.7	247.7
采掘工业	103.7	114.9	105.6	97.7	174.4	197.1	226.5	239.1	233.6
原料工业	108.6	100.1	103.7	100.4	206.9	286.6	286.9	297.5	298.7
制造工业	100.6	113.9	103.7	98.8	139.0	159.0	181.1	187.8	185.5
二、按两大部类分									
1.生产资料	106.2	108.4	103.4	98.8	174.3	216.7	234.9	242.9	240.0
采　　掘	103.7	114.9	105.6	97.7	174.4	197.1	226.5	239.2	233.7
原　　料	108.5	103.0	103.0	99.3	171.3	234.2	241.2	248.4	246.7
制　　造	100.9	115.2	103.9	98.7	137.1	152.7	175.9	182.8	180.4
2.生活资料	112.1	120.4	101.4	98.5	122.0	157.7	189.9	192.6	189.7
食　　品	119.3	123.6	105.2	95.2	136.4	165.7	204.8	215.4	205.1
衣　　着	109.8	118.0	95.6	103.8	113.2	163.1	192.5	184.0	191.0
一般日用品	106.2	125.6	105.8	97.0	124.2	145.2	182.4	193.0	187.2
耐用消费品	100.4	104.8	104.4	93.0	100.9	108.8	114.0	119.0	110.7
三、按工业部门分									
冶金工业	113.7	92.7	102.2	95.8	250.7	283.3	252.6	258.2	247.4
电力工业	100.8	110.7	110.3	112.3	126.7	223.5	247.4	272.9	306.5
煤炭及炼焦工业	88.2	119.9	118.9	98.4	146.3	173.5	208.0	247.3	243.3
石油工业	106.5	108.2	98.9	102.1	230.9	326.5	353.3	349.4	356.7
化学工业	102.2	127.1	105.5	93.7	110.1	127.3	161.8	170.7	160.0
机械工业	100.3	107.9	101.6	100.3	136.8	149.5	161.3	163.9	164.4
建筑材料工业	99.7	105.4	104.3	98.4	167.1	180.0	189.7	197.9	194.7
森林工业	101.5	91.5	104.3	96.6	128.4	143.4	131.2	136.8	132.1
食品工业	119.8	123.6	105.2	94.8	135.7	165.3	204.3	214.9	203.7
纺织工业	109.9	120.4	96.5	104.2	116.9	166.8	200.8	193.7	201.8
缝纫工业	101.9	122.4	105.4	97.9	110.8	136.2	166.7	175.7	172.0
皮革工业	122.2	129.4	100.3	102.1	189.1	220.3	285.1	286.0	292.0
造纸工业	104.6	150.7	97.5	92.6	100.4	100.3	151.2	147.4	136.5
文教艺术用品工业	130.9	100.9	101.0	106.3	102.2	114.5	115.5	116.7	124.1
其他工业	99.2	125.9	106.0	97.8	129.1	152.7	192.2	203.7	199.2

7—5 分行业工业品出厂价格指数

行业	上年＝100				1990 年＝100				
	1990 年	1995 年	1996 年	1997 年	1993 年	1994 年	1995 年	1996 年	1997 年
总　指　数	**109.0**	**113.1**	**102.7**	**98.7**	**151.6**	**191.3**	**216.4**	**222.2**	**219.3**
煤炭采选业	87.9	123.1	118.2	97.1	115.9	136.5	168.0	198.6	192.8
石油及天然气开采业		114.0	100.2	100.1	252.4	309.2	352.5	353.2	353.6
黑色金属矿采选业		105.2		101.4	169.8	167.1			
有色金属矿采选业	153.3	97.2		97.4	192.7	181.3	176.2		
建筑材料及其他非金属矿采选业	98.1	113.1	105.9	96.2	122.6	156.9	177.5	188.0	180.9
采盐业	166.1				103.3	161.8			
自来水生产与供应业	104.4	113.6	110.5	105.8	165.0	185.0	210.2	232.3	245.8
食品制造业	139.7	128.7	102.4	91.7	142.4	195.9	252.1	258.2	236.8
饮料制造业	98.2	119.6	103.9	98.5	133.5	156.5	187.2	194.5	191.6
烟草加工业	102.5	116.4	109.4	101.5	123.1	120.1	139.8	152.9	155.2
饲料工业	94.3	145.4	111.4	98.1	120.3	162.4	236.1	263.0	258.0
纺织业	109.9	120.0	97.2	104.6	116.6	166.7	200.0	194.4	203.3
缝纫业	101.9	122.3	105.4	97.9	110.8	136.2	166.6	175.6	171.9
皮革、毛皮及其制品业	122.2	118.6	100.3	102.1	189.1	220.3	261.3	262.1	267.6
木材加工及竹藤棕草制品业	108.6	91.5		95.3			115.0		
家具制造业	110.0	124.8	106.5	103.3	131.2	135.0	168.5	179.5	185.4
造纸及纸制品业	104.6	150.7	97.5	92.6	102.7	102.6	154.6	150.7	139.5
文教体育用品制造业	130.9	100.9	101.0	104.4	102.2	114.5	115.5	116.7	121.8
电力、蒸汽、热水生产和供应业	100.8	110.6	110.3	112.3	126.7	223.4	247.1	272.6	306.1
石油加工业	106.5	101.0	98.5	108.2	227.9	369.4	373.1	367.5	397.6
炼焦、煤气及煤制品业	88.6	102.4	129.2	147.1	202.0	246.0	251.9	325.5	478.8
化学工业	102.1	128.0	107.6	93.8	110.6	125.6	160.8	173.0	162.3
医药工业	100.5	126.1	93.4	92.6	100.0	112.9	142.4	133.0	123.2
化学纤维工业	101.2	134.6	74.7	79.3	127.8	170.2	229.1	171.1	135.7
橡胶制品工业	109.4	116.0	107.1	98.4	114.1	132.4	153.6	164.5	161.9
塑料制品业	100.0	124.4	95.0	90.1	116.1	150.2	186.8	177.5	159.9
建筑及其他非金属矿制品业	100.3	105.0	104.2	98.3	171.9	183.2	192.4	200.5	197.1
黑色金属冶炼及压延加工业	114.1	92.3	102.4	96.1	245.4	278.3	256.9	263.1	252.8
有色金属冶炼及压延加工业	90.2	114.0	90.6	92.9	172.3	181.1	206.5	187.1	173.8
金属制品业	90.6	100.1	99.3	99.2	130.3	139.2	139.3	138.3	137.2
机械工业	99.4	109.3	101.7	98.1	149.3	166.5	182.0	185.1	181.6
交通运输设备制造业	101.6	104.7	99.4	101.1	168.8	184.3	193.0	191.8	193.9
电力机械及器材制造业	98.0	111.7	101.4	99.2	121.4	133.7	149.3	151.4	150.2
电子及通讯设备制造业	105.8	107.5	103.1	94.3	87.9	105.0	112.9	116.4	109.8
仪器仪表及其他计量器具的制造业	108.7	97.8	99.6	97.4	120.7	126.3	123.5	123.0	119.8

7—6 原材料、燃料、动力购进价格指数

分类	上年=100				1990年=100				
	1990年	1995年	1996年	1997年	1993年	1994年	1995年	1996年	1997年
总指数	**108.4**	**118.2**	**108.4**	**100.7**	**168.8**	**196.8**	**232.6**	**252.1**	**253.9**
燃料、动力类	107.3	109.4	108.9	107.6	181.6	209.7	229.4	249.8	268.8
黑色金属材料类	111.2	98.6	101.0	98.8	210.4	215.4	212.4	214.5	211.9
#钢材	.	100.3	100.5	99.2					
其他		95.9	101.8	98.1					
有色金属材料类	92.1	130.2	92.7	98.7	137.0	142.8	185.9	172.3	170.1
化工原料类	94.3	118.2	106.6	97.4	127.6	136.9	161.8	172.5	168.0
木材及纸浆类	101.0	112.6	95.1	103.5	118.5	122.2	137.6	130.9	135.5
建筑材料类	126.2	108.0	105.7	98.8	151.4	185.8	200.7	212.1	209.6
非金属矿类	100.0	97.7	100.1	91.1	128.9	147.2	143.8	143.9	131.1
农副产品类	119.6	159.3	124.5	100.3	121.9	168.3	268.1	333.8	334.8
纺织原料类	117.0	124.3	92.1	97.7	111.6	159.8	198.6	182.9	178.7

7—7 固定资产投资价格指数

分类	上年=100				1990年=100				
	1990年	1995年	1996年	1997年	1993年	1994年	1995年	1996年	1997年
总指数	**106.3**	**105.0**	**104.0**	**102.1**	**161.4**	**174.2**	**182.9**	**190.2**	**194.2**
建筑安装工程	104.8	103.5	105.2	102.3	164.4	175.6	181.7	191.1	195.5
设备、工器具	109.6	107.9	101.8	100.4	153.5	167.8	181.1	184.4	185.1
其他费用	107.0	106.4	103.4	104.6	161.8	178.0	189.4	195.8	204.8

7—8 农产品收购价格分类指数

（上年＝100）

商品类型	1990年	1993年	1994年	1995年	1996年	1997年
总指数	**99.1**	**114.5**	**147.2**	**115.7**	**107.1**	**96.7**
一、粮食类	90.1	116.8	166.9	116.0	112.1	93.8
二、经济作物类	113.7	113.6	148.5	122.8	100.8	97.7
食用植物油脂油料	108.8	115.8	166.9	106.5	90.8	100.5
棉花	121.5	109.8	160.1	128.1	102.2	98.9
麻	96.3	109.7	126.1	152.8	81.6	74.8
烟叶	103.1	121.4	110.2	127.9	135.5	99.7
茶叶	74.9	137.9	104.3	114.4	105.8	93.9
三、竹木材类	68.7	105.1	100.0	101.8	104.4	100.8
木材	67.2	107.9	100.4	102.8	100.2	100.4
竹材	91.2	103.8	98.2	97.3	124.4	102.4
四、工业用油漆类	84.8	107.0	102.1	110.0	103.8	100.5
工业用油脂油料	84.5	106.4	102.2	109.2	102.9	100.4
工业用漆胶	88.8	120.8	100.1	132.1	128.2	102.7
五、禽畜产品类	95.5	117.4	138.1	109.0	112.7	99.7
肉畜	93.8	120.0	154.5	108.7	106.5	105.6
禽蛋	101.3	121.5	123.4	109.8	124.8	91.6
皮张	145.6	92.2	105.8	116.7	100.4	99.0
鬃毛	94.5	101.6	95.2	0.0	0.0	0.0
其他畜产品	103.9	91.5	100.7	98.3	117.0	0.0
六、蚕茧蚕丝类	101.2	108.3	136.6	86.0	83.3	126.4
七、干鲜果类	104.8	94.1	122.6	113.9	106.0	88.3
瓜果	108.9	92.5	122.0	106.8	101.3	98.4
干果	97.9	97.1	124.0	134.0	118.4	71.7
八、干鲜菜及调味品类	105.7	127.1	116.3	107.4	100.2	86.4
鲜菜	98.8	133.0	131.2	117.8	104.2	72.1
干菜	108.6	122.9	106.4	100.2	97.2	113.9
九、中药材类	110.7	104.2	103.2	108.4	112.8	100.9
十、土副产品类	116.1	96.1	112.8	115.3	103.3	103.6
十一、水产品类	96.8	125.7	105.4	101.3	90.6	104.6
淡水鲜品	96.8	125.7	105.4	101.3	90.6	104.6

主要统计指标解释

【零售物价指数】 是指全面反映市场零售物价总水平变动趋势和程度的相对数。通过他可以观察国营商业零售价、集市贸易价格和个体商业价格总升降水平，说明货币购买力的强弱。零售物价指数采用加权算术平均公式计算。每年根据住户调查资料调整一次权数。1995年全省有18个市和县城作为基层填报单位。所选商品有353种，每种商品的指数采用代表规格品的平均价格计算。

【城市居民消费价格指数】 指反映城镇居民所购买的生活消费品的价格和服务项目价格变动趋势和程度的相对数。根据城市居民消费价格指数，可以观察和分析消费品零售价格和服务项目价格变动对居民生活费用支出的影响程度，消除物价变动对职工货币工资的影响，并计算实际工资指数，作为研究居民生活和确定工资政策的依据。城市居民消费价格指数根据消费品零售价格指数与服务项目价格指数汇编。目前计算指数所选商品和服务项目为325种。

【农村消费价格指数】 指反映农民家庭所购买的生活消费品的价格和服务项目价格变动趋势和程度的相对数。用他可以观察农村消费品的零售价格和服务项目价格变动对农民生活消费支出的影响，直接反映农民生活水平的实际变化情况。计算农民生活费用价格指数所选商品和服务项目为325种。

【城市农贸市场农产品价格指数】 指反映城市集市贸易商品价格变动趋势和程度的相对数。通过它，可以观察集市贸易商品价格的变化情况，研究集市价格和国营商业价格的比例关系，以及集市价格变化对农业生产和城镇居民生活的影响程度。城市农贸市场农产品价格指数根据集市贸易主要农产品的平均价格，以成交额为权数，采用加权倒数平均公式计算。

【农村工业品零售价格指数】 反映农村市场工业零售价格水平变动趋势和程度的相对数。用它可以观察工业品零售价格变动对农民货币支出的影响。农村工业品零售价格指数根据农村零售物价指数中有关类别加权计算。

【农产品收购价格指数】 反映各种经济类型的工、商企业及其他单位和个人，以各种没价格形式收购农产品的价格变动趋势和程度的相对数。采用加权倒数平均公式计算。目前计算指数所选的商品有11个大类，包括276余种农副土特产品。

【主要农产品与工业品的交换比价】 反映农产品和工业品交换比价变化情况的经济指数。用以说明计算期农产品对工业品的交换量比基期增了还是减少了。根据农产品收购价格和农村工业品零售价格计算。

【固定资产投资价格指数】 指反映固定资产投资的规模、速度和分析各项价格因素变动对固定资产投资额的影响程度的相对数。他不仅是国民经济核算和宏观经济调控的主要指标，而且还是计算、考核实际投资规模和制定国民经济计划的重要依据。由于固定资产投资额是由建筑安装工程投资完成额，设备、工器具购置投资完成额和其它费用投资完成额三部分组成，因此编制固定资产投资价格指数应首先分别编制上述三部分投资的价格指数，然后采取加权算术平均法计算求出。

【建筑业产值价格指数】 建筑业产值是以当年的预算价格为基础计算的。预算价格可由于受建筑材料、人工费价格及取费标准的变动而不断调整，造成建筑产品价格不可比。编制建筑业产值价格指数就是为了消除价格因素对建筑产品的影响，使其正确反映建筑业的发展速度和企业经济效益。

建筑业产值价格指数的计算方法，是以报告期全部竣工的单位工程为对象，采取等距抽样（或划类选点）调查方法，确定所调查的样本单位工程。然后根据样本单位工程的竣工决算资料和样本施工企业报告期、基期建筑材料、人工费、机械台班单价及取费标准、运用价格指数计算方法，分别求得各样本工程的材料费、人工费、机械使用费和其他费用价格指数。再采取加权调和平均数的计算方法，求得样本工程产值价格指数和样本总体的各类费用价格指数，并用样本总体的价格指数代替全部整体的价格指数。

人民生活　8

资料整理人员：李邦志　叶福生
徐　菁

8—1 人民物质文化生活改善情况

项 目	单 位	1990年	1993年	1994年	1995年	1996年	1997年
一、城乡就业							
每一农村劳动力负担人数	人	1.65	1.67	1.61	1.58	1.55	1.60
每一城镇就业者负担人数	人	1.70	1.66	1.66	1.68	1.66	1.71
城镇登记失业率	%	1.7	2.2	2.4	2.7	2.9	3.1
二、城乡居民收入							
农村居民人均纯收入	元	670.80	783.18	1 170.06	1 511.22	1 863.62	2 102.20
农村居民人均纯收入指数	%	100.0	116.8	174.4	225.3	277.8	313.4
城镇居民人平年可支配收入	元	1 427.15	2 438.72	3 345.95	4 016.68	4 350.18	4 673.15
城镇居民人平年可支配收入指数	%	100.0	170.9	234.5	281.5	304.8	327.4
国有职工平均工资	元	2 045	3 141	4 348	4 991	5 411	5 741
三、城乡居民人平消费水平							
农业居民	元	665	873	1 052	1 325	1 624	1 741
非农民居民	元	1 353	2 520	2 984	3 759	4 544	4 768
四、储　　蓄							
城乡居民人平储蓄存款余额	元	454.79	846.41	1 210.80	1 657.71	2 180.13	2 422.00
五、平均每人居住面积							
城　　市(大、中)	平方米	9.80	10.54	11.11	11.92	11.82	12.77
农　　村	平方米	25.73	25.80	25.22	25.92	26.58	27.99
六、交　　通							
每百人拥有自行车	辆	25.71	30.87	32.73	33.82	34.01	47.38
七、文　　化							
每百人拥有电视机	部	15.76	21.45	22.76	23.89	25.27	29.10
每百人每天有报纸	份	3.18	3.12	3.08	3.32	3.57	3.94
每人每年有图书、杂志	册	8.86	7.31	7.47	8.07	8.81	9.03
八、教　　育							
学龄儿童入学率	%	99.0	98.7	99.1	99.2	99.5	99.6
每万人口有大学生数	人	24.3	27.9	30.1	31.9	32.6	33.5
九、卫　　生							
每千人有医院病床数	张	2.45	2.41	2.36	2.29	2.24	2.24
每千人有医生	人	1.62	1.64	1.66	1.68	1.67	1.70

8—2 居民消费水平

年份	居民消费（亿元）	非农业居民	农业居民	居民消费水平（元）	非农业居民	农业居民
1952	19.78	4.26	15.52	73	139	64
1957	32.59	7.72	24.87	108	192	96
1965	42.89	11.64	31.25	124	240	106
1970	48.41	14.46	33.95	122	280	98
1975	59.40	19.06	40.34	136	323	106
1978	74.70	23.81	50.89	164	362	131
1980	93.51	32.04	61.47	201	437	156
1985	203.23	73.45	129.78	414	744	332
1986	247.13	88.82	158.31	498	834	406
1987	271.22	98.75	172.47	540	901	439
1988	328.82	124.61	204.21	644	1 104	515
1989	398.09	143.00	255.09	769	1 227	636
1990	434.62	161.35	273.27	820	1 353	665
1991	575.85	189.77	286.08	879	1 559	682
1992	546.61	245.01	301.60	998	1 949	713
1993	700.07	329.13	370.94	1 261	2 520	873
1994	858.77	412.82	445.95	1 527	2 984	1 052
1995	1 122.60	557.77	564.83	1 954	3 759	1 325
1996	1 390.56	698.42	692.14	2 398	4 544	1 624
1997	1 496.82	753.66	743.16	2 559	4 768	1 741

8—3 居民消费水平指数

(1978年=100)　　单位：%

年份	居民消费指数	非农业居民	农业居民	居民消费水平指数	非农业居民	农业居民
1979	115.1	111.8	116.7	114.0	105.8	116.0
1980	117.7	121.0	116.1	115.2	108.5	114.5
1981	134.7	123.6	140.4	130.2	107.1	137.1
1982	156.7	132.2	169.1	149.6	111.5	163.4
1983	172.7	145.3	186.5	163.4	119.2	179.4
1984	197.2	181.3	205.4	185.2	137.4	199.1
1985	219.1	233.2	212.2	203.6	155.5	209.3
1986	254.1	267.5	247.6	233.4	165.2	245.1
1987	264.1	282.5	255.1	239.7	169.6	250.9
1988	269.9	295.8	257.2	240.8	172.4	250.2
1989	279.9	292.8	273.8	246.0	165.4	263.3
1990	291.8	312.9	281.5	250.6	172.6	264.0
1991	305.4	346.5	284.5	257.0	187.4	261.6
1992	325.2	409.1	281.6	270.1	214.1	256.8
1993	343.2	449.4	287.8	281.4	226.5	261.2
1994	388.7	528.8	315.5	314.7	251.5	286.6
1995	434.7	615.1	340.1	344.4	272.8	307.7
1996	495.1	685.2	395.9	388.8	317.5	330.8
1997	521.8	734.5	410.5	406.3	331.2	342.0

8—4 城乡储蓄存款年末余额

单位:亿元

年份	总计	城镇储蓄	#定期	农户储蓄	#定期	全省人平储蓄(元)
1978	6.96	4.91		2.04		15.20
1979	10.08	6.33		3.75		21.76
1980	13.36	8.85	6.09	4.51	2.75	28.52
1981	17.48	11.30	7.82	6.18	3.91	35.52
1982	23.69	14.56	10.29	9.13	5.65	49.34
1983	30.45	19.39	13.69	11.06	7.08	62.97
1984	44.35	28.90	18.67	15.45	9.35	90.96
1985	59.37	41.24	28.15	18.13	11.17	120.40
1986	81.74	58.01	46.08	23.73	15.78	163.83
1987	117.24	85.57	64.10	31.67	19.92	231.88
1988	147.16	112.19	78.80	34.97	20.95	286.85
1989	186.36	146.09	117.04	40.27	25.97	356.75
1990	244.38	193.09	160.32	51.29	34.55	454.79
1991	308.12	244.49	197.64	63.78	31.80	569.81
1992	372.59	302.92	237.39	69.67	57.16	675.76
1993	473.18	385.57	296.95	87.61	71.34	846.41
1994	684.92	556.58	418.96	128.34	105.21	1 210.80
1995	952.43	776.39	591.28	176.04	144.95	1 657.71
1996	1 264.17	1 041.00	738.82	223.17	186.08	2 180.13
1997	1 416.68	1 151.64	850.76	265.04	220.75	2 422.00

8—5 城镇居民家庭生活基本情况

年份	调查户数(户)	平均每户家庭人口(人)	平均每户就业人口(人)	每一就业者负担人数(人)	平均每户就业面(%)	平均每人实际收入(元)	可支配收入	平均每人实际支出(元)	消费性支出	#食品	平均每人居住面积(平方米)
1962	205	5.24	1.67	3.14	31.87	241.08	241.08	244.99	225.83	144.37	
1963	240	5.30	1.63	3.25	30.75	238.12	238.12	237.17	218.40	133.85	
1964	299	5.36	1.61	3.33	30.04	232.94	232.94	228.29	211.66	122.72	
1965	370	5.22	1.60	3.26	30.65	224.30	224.30	218.78	204.43	118.01	3.26
1980	571	4.20	2.32	1.81	55.24	413.68	413.68	394.22	369.28	210.59	5.05
1981	979	4.21	2.28	1.85	54.16	456.39	456.39	454.78	422.73	241.18	5.40
1982	981	4.16	2.32	1.79	55.77	481.39	481.39	460.17	430.73	248.04	5.75
1983	980	4.04	2.31	1.75	57.18	519.96	511.22	497.59	464.97	273.07	6.48
1984	980	3.97	2.30	1.73	57.93	599.66	590.64	552.78	516.40	291.10	6.83
1985	1 658	3.84	2.15	1.79	55.99	713.32	704.16	693.05	644.20	324.52	7.88
1986	1 910	3.76	2.13	1.77	56.65	861.50	851.32	815.49	751.50	387.50	8.23
1987	1 900	3.73	2.12	1.76	56.84	960.55	951.76	919.14	836.09	443.18	8.40
1988	1 950	3.61	2.07	1.74	57.34	1 136.39	1 128.13	1 153.07	1 058.76	538.92	8.88
1989	1 990	3.52	2.05	1.72	58.24	1 271.56	1 262.55	1 249.97	1 130.69	606.97	9.12
1990	1 990	3.47	2.04	1.70	58.79	1 437.05	1 427.15	1 349.44	1 220.28	652.37	9.80
1991	1 990	3.45	2.04	1.69	59.13	1 603.74	1 592.91	1 538.15	1 380.23	717.39	9.59
1992	1 940	3.36	2.02	1.66	60.12	1 886.38	1 874.15	1 799.93	1 577.68	799.02	9.90
1993	1 890	3.29	1.98	1.66	60.18	2 453.49	2 438.72	2 358.09	2 097.60	941.54	10.54
1994	1 330	3.23	1.95	1.66	60.37	3 359.97	3 345.95	3 588.57	2 733.10	1 307.12	11.11
1995	1 330	3.22	1.92	1.68	59.63	4 031.90	4 016.68	3 977.28	3 433.79	1 680.60	11.92
1996	1 390	3.24	1.95	1.66	60.19	4 367.00	4 350.18	4 290.64	3 713.51	1 731.43	11.82
1997	1 790	3.23	1.89	1.71	58.51	4 693.82	4 673.15	4 549.71	3 855.59	1 773.55	12.77

8—6 城镇居民家庭收支情况

(1997 年)

单位:元

项目	总计	最低收入户	低收入户	中等偏下户	中等收入户	中等偏上户	高收入户	最高收入户
调查户数(户)	1 790.00	179.00	179.00	358.00	358.00	358.00	179.00	179.00
比　重(%)	100.00	10.00	10.00	20.00	20.00	20.00	10.00	10.00
平均每户家庭人口(人)	3.23	3.74	3.50	3.38	3.24	3.08	2.91	2.72
平均每户离退休人口(人)	0.30	0.39	0.30	0.24	0.26	0.28	0.36	0.40
平均每一就业者负担人数(人)	1.71	2.21	1.82	1.69	1.67	1.60	1.57	1.55
平均每户就业面(%)	58.51	45.19	54.86	59.17	59.88	62.34	63.57	64.34
平均每人实际收入	4 693.82	2 304.30	3 032.63	3 690.09	4 473.50	5 520.73	6 777.11	9 041.44
# 可支配收入	4 673.15	2 286.44	3 018.19	3 671.97	4 454.10	5 495.63	6 755.20	9 010.98
平均每人借贷收入	982.24	487.49	383.73	571.52	804.02	1 189.42	1 911.72	2 416.91
# 提取储蓄存款	735.81	311.60	253.94	388.63	603.33	862.90	1 527.90	1 984.58
平均每人借贷支出	1 067.36	283.32	376.37	574.83	589.25	1 238.10	1 967.71	3 407.58
# 存入储蓄款	728.88	183.68	262.78	348.11	556.68	864.50	1 333.01	2 483.58
平均每人实际支出	4 549.71	2 491.27	3 016.74	3 656.52	4 363.10	5 391.16	6 588.47	7 936.12
# 消费性支出	3 855.59	2 211.31	2 692.32	3 180.77	3 747.52	4 517.06	5 402.88	6 398.97
一、食　品	**1 773.55**	**1 229.96**	**1 419.63**	**1 613.04**	**1 767.48**	**1 953.39**	**2 167.00**	**2 562.88**
粮　食	197.35	187.10	187.19	196.21	191.57	191.22	212.72	238.61
淀粉及薯类	17.34	15.03	16.02	15.30	17.40	18.83	20.09	20.79
干豆类及豆制品	36.35	29.49	31.66	32.59	34.64	37.39	47.83	50.62
油脂类	77.35	71.80	78.80	73.18	72.78	76.65	93.19	90.06
肉禽及其制品	393.42	261.20	307.01	351.58	398.38	437.95	491.67	572.90
蛋　类	61.50	46.76	54.54	57.20	60.79	64.96	79.21	76.36
水产品	92.92	58.87	72.38	84.52	89.87	101.09	122.69	144.02
菜　类	212.48	158.44	188.98	200.69	203.24	225.53	264.00	283.85
调味品	26.02	20.26	25.10	23.76	25.49	27.90	31.19	32.29
糖　类	22.27	13.36	17.36	20.20	24.00	24.99	28.53	29.02
烟草类	102.25	74.23	84.51	97.43	103.22	113.18	91.87	159.66
酒和饮料	79.78	52.78	61.62	73.34	79.73	93.21	93.26	111.60
干鲜瓜果类	77.44	39.09	52.54	65.27	79.57	92.49	108.95	119.68
坚果及果仁	16.84	9.13	11.16	14.50	15.58	19.56	24.81	28.87
糕点类	33.65	15.20	21.55	27.79	36.09	41.05	47.72	51.60
奶及奶制品	22.21	8.42	13.01	19.51	27.76	26.64	25.51	32.99
其他食品	20.37	11.88	14.11	16.46	20.94	26.94	25.78	27.85
在外用餐	283.20	156.72	182.19	242.87	285.35	332.85	357.19	490.91
食品加工服务费	0.80	0.20	0.70	0.64	1.06	0.97	0.77	1.22

8-6 续表　　　　(1997年)　　　　单位:元

项目	总计	最低收入户	低收入户	中等偏下户	中等收入户	中等偏上户	高收入户	最高收入户
二、衣着	**564.38**	**242.25**	**356.68**	**480.52**	**600.46**	**681.41**	**791.12**	**890.15**
服装	374.23	150.01	230.24	321.05	401.08	453.44	535.66	584.48
衣着材料	38.91	17.23	21.29	33.92	40.93	46.19	56.50	63.73
鞋、袜、帽及其他衣着	138.83	68.16	96.08	115.44	147.33	106.79	180.50	221.14
衣着加工服务费	12.41	6.84	9.08	10.11	11.11	14.99	18.46	20.81
三、家庭设备、用品及服务	**250.55**	**89.99**	**135.41**	**133.80**	**215.05**	**321.09**	**446.75**	**625.15**
耐用消费品	119.21	29.84	47.91	33.39	86.61	161.78	242.73	396.60
室内装饰品	9.97	1.72	4.31	4.21	8.96	13.73	15.74	30.60
床上用品	12.67	2.46	4.75	9.90	10.85	17.99	25.42	22.46
家庭日用杂品	91.30	49.43	68.33	72.62	92.24	104.98	128.88	151.57
家具材料	2.78	1.84	0.82	1.09	4.12	3.31	5.28	3.73
家庭服务	14.62	4.70	9.28	12.58	12.27	19.29	28.71	20.19
四、医疗保健	**148.57**	**83.94**	**80.43**	**127.36**	**141.60**	**169.55**	**208.65**	**202.88**
医疗器具	0.67	0.53	0.06	0.76	0.38	1.19	0.60	0.97
保健用品	4.96	0.34	1.80	4.21	3.70	10.18	5.32	8.03
医药费	123.13	76.53	68.25	108.43	112.58	140.98	158.11	241.84
滋补药品	5.60	2.01	3.14	3.20	5.53	7.24	13.19	7.78
医疗保健服务	12.88	4.10	7.14	9.22	18.65	7.85	29.62	21.22
其他	1.34	0.44	0.04	1.46	0.76	2.11	1.82	3.04
五、交通和通讯	**186.25**	**66.56**	**97.26**	**139.94**	**183.97**	**244.86**	**313.15**	**317.63**
交通	80.47	32.04	46.40	58.86	70.42	110.90	126.03	150.95
通讯	105.78	34.52	50.86	81.08	113.55	133.96	187.12	166.68
六、娱乐、教育、文化服务	**449.62**	**227.95**	**272.33**	**318.95**	**381.40**	**581.69**	**733.00**	**868.22**
文娱耐用消费品	88.80	11.10	27.80	32.57	64.42	126.01	222.15	245.34
教育	266.18	186.01	199.29	224.21	234.94	326.73	339.88	425.41
文化娱乐	94.64	30.84	45.23	62.17	82.04	128.95	170.96	197.47
七、居住	**329.78**	**202.29**	**248.58**	**275.09**	**323.65**	**381.10**	**456.99**	**508.13**
住房	129.80	56.81	83.04	89.22	120.85	162.70	201.22	261.80
水、电、燃料及其他	199.98	145.49	165.54	185.87	202.81	218.40	255.77	246.33
八、杂项商品和服务	**152.89**	**68.37**	**82.00**	**92.07**	**133.92**	**183.97**	**286.22**	**343.94**
个人消费	116.00	44.77	56.22	73.07	108.16	154.43	182.35	258.51
其他商品	15.78	15.65	7.88	9.99	15.42	16.17	38.23	16.57
其他服务	21.10	7.96	17.90	9.01	10.34	13.38	65.64	68.85

8—7 城镇居民家庭平均每百户年末耐用消费品拥有量

(1997 年)

品名	单位	总平均	最低收入户	低收入户	中等偏下户	中等收入户	中等偏上户	高收入户	最高收入户
毛皮大衣	件	36.73	11.11	25.36	30.35	44.82	44.68	44.73	46.41
呢大衣	件	243.39	183.57	198.48	239.04	254.39	254.33	282.01	274.37
毛毯	条	133.92	105.78	109.40	122.89	145.49	143.58	153.17	146.90
地毯	平方米	113.56	13.13	56.82	68.83	96.13	217.75	180.79	119.44
组合家具	套	60.43	49.52	49.03	57.91	63.39	63.63	70.16	65.73
沙发床	个	38.15	18.77	34.23	42.12	36.70	40.10	48.74	41.86
沙发	个	209.59	165.31	172.97	182.28	215.92	226.79	241.27	266.33
大衣柜	个	88.11	89.57	84.99	90.88	77.42	86.85	103.79	92.47
写字台	张	104.85	98.72	94.74	102.54	103.98	110.19	117.23	104.40
摩托车	辆	4.43	2.16	4.01	2.18	1.99	8.00	10.53	3.26
自行车	辆	153.03	135.71	151.07	159.72	149.99	159.17	154.45	151.33
家用汽车	辆	0.15				0.18	0.55		
缝纫机	台	58.58	52.61	50.06	58.62	55.86	63.48	64.56	62.65
洗衣机	台	90.27	70.92	83.58	89.22	93.10	93.46	98.83	97.80
电风扇	台	229.18	197.02	210.64	221.26	225.64	251.58	239.09	248.07
电冰箱	台	81.70	62.59	71.95	80.13	85.02	87.41	84.65	92.73
冰柜	台	3.82	5.39	2.16	4.13	1.28	3.42	5.78	7.23
彩色电视机	台	93.96	77.51	80.39	89.40	96.12	99.20	104.65	107.59
影碟机	台	6.55	1.81	2.87	4.52	5.02	8.78	8.65	15.54
录放像机	台	13.83	3.91	12.92	12.30	13.45	17.92	18.66	15.44
家用电脑	台	1.36		0.71	0.35	1.79	1.06	3.94	2.49
组合音响	套	12.85	7.91	8.27	14.79	13.52	13.29	11.78	17.31
录音机	台	52.99	36.69	43.96	50.27	54.89	58.04	58.88	63.92
摄象机	台	0.46			0.35	0.89	0.53	0.71	0.36
照相机	架	32.01	12.53	22.32	27.28	29.65	37.94	47.18	48.32
钢琴	架	0.60		0.36	0.18	0.71	1.06	1.07	0.71
其他中高档乐器	件	5.91	1.42	3.23	5.43	4.70	8.67	7.59	9.30
微波炉	台	1.32	0.36	0.36		0.53	1.79	3.55	4.26
空调器	台	20.68	6.14	10.68	14.23	22.25	26.78	30.60	32.83
电炊具	台	78.69	62.74	60.63	80.52	76.74	83.75	95.88	85.63
淋浴热水器	台	35.99	13.23	17.21	28.48	37.06	44.21	53.54	56.45
脱排油烟机	台	36.89	18.24	27.28	34.28	40.13	41.94	48.28	42.44
吸尘器	台	4.05	1.07	1.07	2.68	4.52	6.62	4.61	6.07
健身器材	件	2.25	1.81	0.36	0.89	2.13	2.70	5.39	3.55
移动电话	台	2.25	0.71	1.07	1.24	2.49	2.68	2.87	5.07

8—8 城镇居民家庭平均每百人全年购买商品数量

(1997 年)

品名	单位	总平均	最低收入户	低收入户	中等偏下户	中等收入户	中等偏上户	高收入户	最高收入户
粮食	千克	8 363.84	8 475.45	8 287.38	8 468.66	8 083.13	7 907.54	8 802.58	9 281.67
#细粮	千克	8 278.10	8 254.76	8 243.33	8 383.45	8 037.01	7 821.91	8 736.52	9 210.92
粗粮	千克	85.73	220.69	44.05	85.21	46.13	85.63	66.06	70.76
淀粉及薯类	千克	967.39	957.07	939.65	834.88	972.15	993.09	1 081.50	1 155.33
大豆	千克	46.99	28.49	39.81	47.65	40.16	63.17	56.65	49.36
杂豆	千克	92.96	61.60	73.70	75.40	89.38	109.69	120.24	146.02
花生油	千克	34.89	42.43	12.50	27.23	27.44	36.93	64.83	53.50
菜籽油	千克	237.60	297.59	281.48	238.83	213.87	216.61	258.16	177.59
芝麻油	千克	37.49	22.48	19.98	26.86	33.51	40.99	35.46	110.91
豆油	千克	131.10	109.39	165.68	144.36	146.21	115.28	107.24	108.78
卫生油	千克	83.17	90.21	85.70	88.75	65.86	79.43	107.03	80.50
其他植物油	千克	253.02	184.16	244.31	230.01	229.89	275.01	352.86	314.64
动物油	千克	94.95	95.75	99.59	83.94	99.32	90.82	117.89	89.70
猪肉	千克	1 779.30	1 288.15	1 474.89	1 604.97	1 807.66	1 912.04	2 178.66	2 485.55
牛肉	千克	216.94	145.58	170.54	205.02	216.08	244.90	220.21	339.75
羊肉	千克	45.86	24.51	30.83	42.24	51.49	47.18	58.08	74.22
其他肉及制品	千克	156.22	96.99	132.05	135.28	163.34	182.81	195.36	201.93
白条鸡	千克	84.73	49.21	58.21	72.75	91.24	103.06	104.72	119.17
活鸡	千克	243.16	160.20	173.19	212.10	241.12	272.20	331.98	367.94
活鸭	千克	41.36	20.32	16.90	36.54	37.75	55.89	77.26	51.04
鸡蛋	千克	718.72	557.01	660.47	691.32	713.53	757.96	849.63	867.76
鸭蛋	千克	43.91	32.28	29.77	34.62	45.16	48.91	76.25	52.31
其他蛋制品	千克	76.30	58.60	56.51	53.54	75.74	83.66	132.96	106.83
黄花鱼	千克	1.69	0.48	0.98	2.57	1.23	1.37	1.40	4.18
带鱼	千克	19.12	11.02	11.67	19.82	16.79	21.40	27.40	29.70
草鱼	千克	146.15	103.90	142.09	128.15	135.56	145.58	220.31	201.53
鲤鱼	千克	82.98	63.63	82.43	71.42	82.08	94.71	98.30	98.24
鲢鱼	千克	214.76	205.17	218.07	251.63	186.41	188.17	255.13	216.61
鲫鱼	千克	86.21	60.13	70.95	73.56	79.31	93.49	109.65	148.16
鲜菜	千克	11 865.39	9 583.20	10 748.22	11 284.99	11 243.84	12 639.31	14 396.20	14 908.09
干菜	千克	30.07	21.78	23.33	23.42	27.71	31.46	52.03	45.65
食糖	千克	159.73	145.30	160.18	152.72	165.38	147.08	203.28	165.06
糖果	千克	53.26	28.47	43.34	44.29	54.11	66.80	66.82	75.21
卷烟	盒	2 944.54	3 156.68	2 802.05	2 720.18	3 066.02	2 990.80	2 530.15	3 443.61
白酒	千克	291.41	371.44	275.87	247.46	299.94	295.15	325.40	245.50
果酒	千克	5.02	3.02	2.04	4.43	4.02	6.77	6.20	10.20
啤酒	千克	394.62	239.99	362.78	347.21	393.50	477.04	370.30	608.22
其他酒	千克	18.49	12.69	10.19	13.80	20.79	22.62	32.85	18.63
干鲜瓜果	千克	3 858.56	2 360.70	2 701.70	3 209.77	3 954.42	4 492.07	5 457.62	5 649.82

8—8 续表 (1997 年)

品名	单位	总平均	最低收入户	低收入户	中等偏下户	中等收入户	中等偏上户	高收入户	最高收入户
坚果及果仁	千克	218.41	145.81	151.21	184.24	203.69	254.58	317.01	337.56
糕点	千克	255.60	131.77	183.24	204.93	278.15	313.84	347.52	361.21
鲜乳品	千克	120.38	49.79	59.20	102.42	147.00	119.89	188.89	205.49
奶粉	千克	43.01	20.15	31.17	39.12	49.02	53.67	41.38	62.62
酸奶	千克	18.38	2.60	5.03	11.93	20.41	28.19	25.78	38.39
男士服装	件	199.27	115.91	158.05	178.87	205.30	224.28	249.45	293.09
女士服装	件	277.05	136.07	198.49	237.76	274.89	341.34	408.33	389.01
各式童装	件	87.97	56.72	70.43	90.30	85.25	98.07	122.44	94.50
棉布	米	27.71	11.30	19.11	20.84	29.77	38.0	38.49	38.74
棉花化纤混纺布	米	27.25	21.12	19.46	26.53	16.18	34.20	44.66	39.47
化纤布	米	65.97	27.69	57.17	65.43	72.12	76.26	81.29	76.93
呢绒	米	4.07	1.28	1.56	7.41	3.24	2.69	5.59	6.28
绸缎	米	5.92	1.57	4.93	2.28	5.54	10.43	9.94	8.61
毛线	千克	28.16	16.00	15.62	23.27	27.69	34.96	40.64	45.57
皮鞋	双	79.23	46.04	60.70	68.17	83.03	94.30	97.27	113.74
旅游鞋	双	24.29	19.41	22.52	22.44	26.30	26.70	22.12	29.97
布鞋	双	17.21	14.42	15.36	15.48	16.30	19.52	20.11	21.56
雨鞋	双	6.01	5.42	5.79	5.48	7.36	7.07	4.74	4.13
凉鞋	双	36.04	29.92	31.59	33.08	35.79	41.39	41.24	40.42
各种袜子	双	239.42	117.51	160.31	205.19	239.77	305.35	321.58	356.13
各种帽子	顶	7.29	4.78	6.10	7.67	8.20	8.27	7.31	6.95
沙发	个	1.26	0.30	0.10	0.37	0.33	1.06	4.78	5.22
洗衣机	台	0.75		0.92	0.26	0.50	1.17	1.50	1.60
电风扇	台	2.30	1.17	1.55	1.50	2.06	3.00	3.00	5.06
电冰箱	台	0.47	0.30	0.21	0.05	0.61	0.35	1.52	0.80
空调器	台	0.42				0.11	0.82	1.10	1.73
电炊具	台	1.64	1.73	0.51	1.06	1.78	2.14	3.00	1.44
淋浴热水器	台	0.99	0.19	0.30	0.48	1.01	1.46	1.34	2.77
脱排油烟机	台	0.17				0.44		0.50	0.41
时钟	个	1.81	1.17	0.81	1.50	1.63	2.70	2.36	2.53
床单	条	2.18	0.37	1.66	2.50	1.39	3.53	2.88	2.65
肥皂	块	258.92	223.45	233.59	211.66	272.16	233.68	367.98	366.97
洗衣粉	千克	120.87	83.59	107.18	124.60	136.34	121.24	140.93	121.41
摩托车	辆	0.19				0.05	0.35	0.75	0.53
自行车	辆	1.84	0.76	1.87	2.09	2.01	2.33	1.00	1.99
电话	部	1.48	0.09	0.41	1.22	2.52	1.93	1.73	1.58
BP机	部	0.21		0.21	0.16	0.22	0.05	1.11	
彩色电视机	台	0.92		0.51	0.48	0.62	1.23	2.25	2.40
家用电脑	台	0.07					0.12	0.50	
水	吨	4 274.39	3 288.21	3 355.85	3 393.08	4 050.72	4 671.93	5 678.73	5 644.57
电	千瓦小时	18 116.84	12 088.40	14 077.50	15 952.36	18 697.16	20 055.07	24 218.96	24 699.20
煤炭	千克	11 856.13	16 670.00	13 620.83	11 215.38	11 216.51	10 232.44	12 308.14	9 273.67
液化石油气	千克	2 114.81	1 319.74	1 491.07	2 107.17	2 419.03	2 244.65	2 447.69	2 656.62
管道煤气	立方米	2 343.45	898.82	2 223.04	2 253.81	1 747.57	3 149.69	3 793.61	2 749.55

8—9 城镇居民家庭房屋居住分布情况

分组	调查户数（户）		各组户数占总户数比重（%）		家庭常住人口（人）	
	1996 年	1997 年	1996 年	1997 年	1996 年	1997 年
总计	**1 390**	**1 790**	**100**	**100**	**4 500**	**5 780**
一、按居住面积分	**1 390**	**1 790**				
无房户						
4 平方米以下	7	3	0.50	0.17	26	10
4—6 平方米	38	56	2.73	3.13	128	194
6—8 平方米	51	110	3.67	6.15	175	404
8—10 平方米	60	142	4.32	7.93	204	507
10—12 平方米	37	219	2.66	12.23	115	751
12—14 平方米	34	280	2.45	15.64	104	903
14 平方米以上	1 163	980	83.67	54.75	3 749	3 011
二、按房屋产权分	**1 390**	**1 790**				
公房	730	577	52.52	32.23	2 322	1 849
租赁私房	7	8	0.50	0.45	21	22
自有房	653	269	46.98	15.03	2 157	929
部分产权的自有房		936		52.29		2 980
三、按自来水使用情况分	**1 390**	**1 790**				
无自来水	9	18	0.65	1.00	29	58
独用自来水	1 261	1 643	90.72	91.79	4 085	5 305
公用自来水	120	129	8.63	7.21	386	417
四、按卫生设备拥有情况分	**1 390**	**1 790**				
无卫生设备	110	95	7.91	5.31	363	320
有浴室厕所	389	369	27.99	20.61	1 275	1 197
有厕所无浴室	736	1 146	52.95	64.02	2 368	3 683
公用卫生设备	155	180	11.15	10.06	495	580

补充资料：1997 年全部调查户居住面积 92 933.97 平方米，居住间数 4 924.08 间，辅助面积 19 910.63 平方米。

分组	调查户数（户）		各组户数占总户数比重（%）		家庭常住人口（人）	
	1996年	1997年	1996年	1997年	1996年	1997年
五、按取暖设备拥有情况分	**1 390**	**1 790**				
无取暖设备	1 313	1 607	94.38	89.77	4 246	5 155
空调设备	42	31	3.02	1.73	134	104
暖　　气	36	76	2.59	4.25	120	256
其　　他		76		4.25		265
六、按厨房使用情况分	**1 390**	**1 790**				
无 厨 房	46	42	3.31	2.35	148	140
独用厨房	1 290	1 664	92.81	92.96	4 179	5 379
公用厨房	54	84	3.88	4.69	173	261
七、按燃料使用情况分	**1 390**	**1 790**				
管道煤气	168	265	12.09	14.80	553	864
液化石油气	716	1 055	51.50	58.94	2 260	3 332
煤	466	425	33.53	23.74	1 559	1 440
其　　他	40	45	2.88	2.52	128	144
八、按电话拥有情况分	**1 390**	**1 790**				
无 电 话	737	655	53.02	36.59	2 375	2 123
公费电话	124	101	8.92	5.64	384	313
自费电话	529	1 009	38.06	56.37	1 741	3 259
公用电话		25		1.40		85
九、按住宅建筑式样分	**1 390**	**1 790**				
家庭单栋配套楼房	68	94	4.89	5.25	259	349
单元式配套住宅	1 014	1 371	72.95	76.59	3 240	4 371
一 居 室	105	131	7.55	7.32	312	405
二 居 室	483	775	34.75	43.30	1 528	2 469
三 居 室	314	395	22.59	22.07	1 039	1 274
四居室及以上	112	70	8.06	3.90	362	223
普通楼房	179	163	12.88	9.11	372	520
其他住宅	129	162	9.28	9.05	429	540

8—10 农民家庭基本情况

年份	调查户数（户）	常住人口（人）	平均每户常住人口（人）	平均每户整半劳动力（人）	平均每个劳动力负担人口（人）	平均每户经营耕地面积（亩）	平均每户年末拥有生产性固定资产原值（元）	平均每户年内新建房屋间数（间）
1978	1 072	6 453	6.02	2.52	2.39	0.26		0.25
1979	956	5 647	5.91	2.58	2.29	0.42		0.19
1980	954	5 586	5.86	2.59	2.26	0.49		0.25
1981	954	5 497	5.76	2.67	2.16	0.52	12.63	0.26
1982	948	5 364	5.66	2.73	2.08	0.57	159.20	0.20
1983	1 470	8 267	5.62	2.99	1.88	8.95	389.97	0.23
1984	1 510	8 317	5.51	3.02	1.83	8.66	530.20	0.27
1985	3 300	16 473	5.07	2.98	1.71	7.60	557.86	0.33
1986	3 300	16 432	4.98	2.96	1.68	7.48	610.47	0.34
1987	3 300	16 195	4.91	2.94	1.67	7.31	672.87	0.31
1988	3 300	15 966	4.84	2.93	1.65	7.04	759.61	0.19
1989	3 300	15 567	4.72	2.86	1.65	6.95	819.53	0.21
1990	3 300	15 411	4.67	2.84	1.65	6.79	861.91	0.24
1991	3 300	15 094	4.57	2.66	1.72	6.58	1 068.45	0.16
1992	3 300	14 900	4.52	2.63	1.71	6.47	1 146.94	0.15
1993	3 300	14 651	4.44	2.65	1.67	6.36	1 281.66	0.17
1994	3 300	14 466	4.38	2.72	1.61	6.69	1 542.58	0.15
1995	3 300	14 447	4.38	2.77	1.58	6.73	1 775.57	0.18
1996	3 300	14 053	4.26	2.75	1.55	6.82	2 291.60	0.18
1997	3 200	13 453	4.20	2.64	1.60	6.56	2 688.67	0.20

年份	平均每户年内新建房屋面积（平方米）	平均每人年末使用房屋面积（平方米）	平均每户年末使用房屋价值（元）	平均每人总收入（元）	平均每人纯收入（元）	平均每人生活费收入（元）	平均每人生活费支出（元）
1978				122.78	110.52		107.00
1979				174.64	159.68		148.65
1980		14.00	1 173.80	182.89	169.96		152.74
1981	6.51	15.31	1 249.13	232.64	217.44		183.78
1982	5.36	16.45	1 261.51	311.51	286.07		226.96
1983	5.65	18.04	1 688.93	405.14	299.24		252.47
1984	6.70	19.03	1 786.54	525.86	392.29		305.03
1985	8.24	21.18	2 068.78	569.74	421.24	402.94	334.63
1986	8.45	22.63	2 319.44	605.67	445.13	433.64	373.53
1987	7.79	23.50	2 514.22	638.64	460.66	443.75	408.69
1988	4.90	24.15	2 751.40	710.47	497.84	479.24	450.62
1989	5.50	25.10	3 095.15	820.70	571.84	555.60	540.13
1990	6.20	25.73	3 545.5	957.01	670.80	654.41	607.58
1991	4.56	27.33	4 661.58	936.57	626.92	604.80	615.40
1992	4.07	27.94	4 885.77	1 015.62	677.82	660.22	611.84
1993	3.75	25.80	5 004.02	1 135.77	783.18	764.10	722.09
1994	3.91	25.22	5 887.81	1 690.49	1 170.06	1 136.60	1 012.95
1995	4.66	25.92	6 729.46	2 184.20	1 511.22	1 478.31	1 245.10
1996	4.25	26.58	10 050.26	2 642.45	1 863.62	1 815.75	1 630.41
1997	4.98	27.99	11 432.61	2 913.16	2 102.20	2 060.63	1 660.13

8—11 农民家庭户均种植业、林业及动物饲养业生产情况

单位:亩、千克、头、只

指　　标	1993年	1994年	1995年	1996年	1997年
粮食产量	2 901.52	2 923.54	3 047.33	2 898.11	3 120.91
棉花产量	57.89	59.77	66.20	66.04	82.36
油料产量	144.29	188.59	244.07	203.50	232.86
麻类产量	11.83	4.94	5.89	8.75	12.21
糖类产量	67.01	50.18	65.03	38.70	54.45
烟叶产量	6.16	11.31	15.38	17.38	26.94
蔬菜产量	1 238.21	1 183.36	1 086.41	1 174.86	1 264.06
水果总产量	56.74	50.58	73.11	92.35	179.66
茶叶总产量	6.13	4.16	4.39	5.08	6.97
油桐籽总产量	2.92	1.17	1.85	1.41	1.04
油茶籽总产量	0.65	0.53	1.34	0.63	1.10
核桃总产量	0.04	0.13	0.32	0.13	0.44
板栗总产量	1.32	1.21	2.36	3.46	5.74
出售自宰猪肉产量	180.84	174.29	196.35	197.12	199.28
出售自宰羊肉产量	0.47	0.37	0.58	0.74	0.67
禽蛋产量	28.41	25.62	26.38	41.76	53.75
渔业产量	26.97	31.27	33.98	31.35	33.49

8—12 农民家庭人均纯收入

单位:元

指　　标	1993年	1994年	1995年	1996年	1997年
全年总收入	**1 135.79**	**1 690.49**	**2 184.20**	**2 642.45**	**2 913.16**
全年纯收入	**783.18**	**1 170.06**	**1 511.22**	**1 863.62**	**2 102.20**
一、按来源分类					
劳动者报酬收入	105.86	147.81	192.37	272.65	337.54
家庭经营收入	646.62	969.30	1 234.37	1 479.01	1 677.78
转移性收入	28.02	32.69	51.01	68.58	76.94
财产性收入	2.68	20.26	33.47	43.38	9.94
二、按类别分类					
生产性纯收入	747.16	1 110.95	1 416.54	1 739.24	2 010.11
农业生产收入	596.06	898.53	1 126.07	1 335.30	1 545.14
非农业生产收入	151.10	212.42	290.47	403.94	464.97
非生产性纯收入	36.02	59.11	94.68	124.38	92.09
比　重(纯收入＝100)					
一、按来源分类					
劳动者报酬收入	13.52	12.63	12.73	14.63	16.06
家庭经营收入	82.56	82.84	81.68	79.36	79.81
转移性收入	3.58	2.79	3.38	3.68	3.66
财产性收入	0.34	1.74	2.21	2.33	0.47
二、按类别分类					
生产性纯收入	95.40	94.95	93.73	93.33	95.62
农业生产收入	76.11	76.79	74.51	71.65	73.50
非农业生产收入	19.29	18.15	19.22	21.68	22.12
非生产性纯收入	4.60	5.05	6.27	6.67	4.38

8—13 农民家庭年人均经营收入

单位:元

指　　标	1993年	1994年	1995年	1996年	1997年
家庭经营收入	**999.23**	**1 489.72**	**1 907.35**	**2 257.85**	**2 488.74**
农业收入	616.40	1 008.88	1 279.19	1 496.15	1 554.80
# 粮食收入	341.33	604.64	750.79	909.23	835.95
林业收入	16.14	15.27	20.56	22.71	25.92
牧业收入	234.70	300.15	386.28	471.87	577.88
渔业收入	20.34	28.12	35.85	36.82	45.35
手工业收入	11.16	12.31	19.67	23.10	30.72
采集捕猎收入	14.33	17.44	20.84	28.62	39.49
工业收入	9.11	10.58	17.90	22.40	25.23
建筑业收入	9.95	13.15	20.35	27.77	37.92
运输业收入	12.68	16.27	20.57	34.28	44.19
商业、饮食业收入	26.65	33.27	42.92	44.05	47.00
服务业收入	9.52	11.57	15.37	17.00	20.58
其他家庭经营收入	18.25	22.69	27.83	33.07	39.67

8—14 农民家庭年人均收入分组

单位:户

<table>
<tr><th>指　　标</th><th>1993年</th><th>1994年</th><th>1995年</th><th>1996年</th><th>1997年</th></tr>
<tr><td>调查户总计</td><td>3 300</td><td>3 300</td><td>3 300</td><td>3 300</td><td>3 200</td></tr>
<tr><td>200元以下</td><td>23</td><td>10</td><td>5</td><td>2</td><td>7</td></tr>
<tr><td>200—400元</td><td>278</td><td>104</td><td>36</td><td>11</td><td>6</td></tr>
<tr><td>400—600元</td><td>744</td><td>250</td><td>136</td><td>43</td><td>46</td></tr>
<tr><td>600—800元</td><td>803</td><td>453</td><td>246</td><td>126</td><td>93</td></tr>
<tr><td>800—1000元</td><td>648</td><td>610</td><td>378</td><td>233</td><td>165</td></tr>
<tr><td>1000—1500元</td><td>641</td><td>1 064</td><td>1 041</td><td>842</td><td>581</td></tr>
<tr><td>1500—2000元</td><td>124</td><td>508</td><td>700</td><td>752</td><td>753</td></tr>
<tr><td>2000—3000元</td><td rowspan="4">39</td><td rowspan="4">301</td><td>565</td><td>907</td><td>978</td></tr>
<tr><td>3000—4000元</td><td>137</td><td>270</td><td>368</td></tr>
<tr><td>4000—5000元</td><td>43</td><td>73</td><td>120</td></tr>
<tr><td>5000元以上</td><td>13</td><td>41</td><td>83</td></tr>
</table>

8—15 农民家庭年人均生产支出

单位:元

指　　标	1993年	1994年	1995年	1996年	1997年
全年总支出	**1 091.15**	**1 594.22**	**1 971.58**	**2 509.28**	**2 497.60**
一、家庭经营费用支出	**265.93**	**394.39**	**510.24**	**569.93**	**586.43**
农业生产支出	134.71	215.63	284.45	300.90	299.66
#购买化肥	64.56	89.30	128.41	158.01	139.63
购买农药	7.37	10.10	15.04	19.97	21.01
购买农用薄膜	1.64	1.80	2.69	4.03	3.09
林业生产支出	1.66	1.75	2.08	2.49	3.39
牧业生产支出	101.79	148.60	186.34	215.32	219.33
渔业生产支出	4.11	6.62	6.47	5.49	6.88
手工业生产支出	1.41	1.84	3.28	7.97	7.62
工业生产支出	3.03	4.03	7.04	8.10	9.81
建筑业支出	0.84	0.87	2.22	2.40	5.55
运输业支出	5.10	5.52	5.51	11.16	18.87
商业、饮食业支出	7.41	5.84	8.53	9.13	10.91
服务业支出	1.25	1.73	1.67	2.12	2.57
其他经营支出	4.61	1.96	2.30	4.83	1.83
二、购置生产性固定资产支出	**13.31**	**23.24**	**26.40**	**37.37**	**29.67**
#大中型铁木农具	0.25	0.47	0.50	0.92	0.88
农林牧渔业机械	1.96	4.41	5.16	9.46	9.42
工业机械	1.44	2.55	2.98	5.60	2.20
三、上缴税款	**20.42**	**34.47**	**43.34**	**56.38**	**55.48**
四、上交集体承包任务	**19.60**	**30.54**	**36.98**	**43.68**	**39.29**
五、集体提留和摊派	**24.47**	**33.88**	**51.89**	**70.51**	**76.09**
附:生产性固定资产折旧	**19.24**	**23.46**	**27.04**	**35.88**	**42.63**

8—16 农民家庭年人均生活消费支出

单位:元

指　　标	1993年	1994年	1995年	1996年	1997年
生活费收入	**764.10**	**1 136.60**	**1 478.31**	**1 815.75**	**2 060.63**
生活费支出	**722.09**	**1 012.95**	**1 245.10**	**1 636.41**	**1 660.13**
一、生活消费品支出	**626.80**	**890.14**	**1 062.82**	**1 382.68**	**1 377.42**
食　品	440.52	650.04	745.01	964.17	916.99
#主　食	147.94	244.87	290.82	395.24	315.75
副　食	266.77	320.52	340.76	412.19	428.34
衣　着	45.52	61.34	79.83	102.09	98.69
住　房	38.08	51.24	74.90	99.15	90.74
燃　料	28.59	42.11	55.76	67.23	104.69
日用品	38.67	45.08	54.43	74.55	85.93
文教娱乐用品	17.91	20.27	27.96	35.98	38.44
医药卫生用品	16.27	18.05	21.94	33.98	34.96
其他用品	1.24	2.01	2.99	5.53	6.98
二、非商品支出	**95.31**	**122.81**	**182.28**	**253.73**	**282.71**
文教娱乐服务支出	53.40	68.17	100.32	132.57	156.78
#学杂费	48.52	63.39	96.23	125.51	146.69
文娱费	1.35	0.80	1.08	1.45	1.28
技术培训费	1.71	2.39	1.36	2.25	4.39
生活服务支出	41.91	54.64	81.96	121.16	125.93
#医疗费	5.80	8.16	12.93	18.03	21.78
交通、邮电费	7.14	8.81	11.73	17.83	22.34
食品加工费	6.10	7.12	8.90	10.25	11.55
修理费	2.60	2.90	3.80	5.58	5.70
电　费	6.04	8.34	10.45	14.24	18.02
房　租	0.09	0.17	0.07	0.19	0.28

8—17 农民家庭年人均现金收支

单位:元

指　　标	1993年	1994年	1995年	1996年	1997年
期内现金收入合计	**880.12**	**1 209.93**	**1 608.40**	**1 968.07**	**2 198.78**
劳动者报酬现金收入	105.53	147.52	192.18	272.63	337.17
家庭经营现金收入	549.04	799.93	1 076.16	1 173.43	1 305.61
# 出售产品现金收入	457.89	691.28	931.09	991.86	1 080.38
工业加工费现金收入	6.83	7.41	8.94	17.04	15.11
建筑业现金收入	9.95	13.15	20.35	27.77	37.92
运输业现金收入	12.68	16.27	20.57	34.28	44.19
商业、饮食业现金收入	26.65	33.27	42.92	44.05	47.00
服务业现金收入	9.52	11.57	15.37	17.00	20.58
其他家庭经营现金收入	25.51	26.98	36.92	41.42	60.43
转移性现金收入	62.10	67.49	92.96	135.32	156.84
财产性现金收入	13.59	18.24	18.98	21.39	22.36
储蓄借贷现金收入	149.86	176.75	228.11	365.30	376.80
期内现金支出合计	**851.10**	**1 129.00**	**1 517.91**	**1 913.70**	**2 080.15**
家庭经营费用支出的现金	183.19	252.47	376.25	413.65	462.89
缴纳税款	20.03	34.20	41.77	54.85	54.02
上交集体的承包任务	18.65	30.25	36.23	40.60	39.17
购买生产性固定资产支出的现金	13.31	23.24	26.40	37.37	29.67
生活消费支出的现金	403.58	515.70	700.18	940.06	988.09
其他非借贷性现金支出	83.01	99.63	108.50	173.13	176.59
储蓄借贷现金支出	104.85	139.62	176.70	183.54	253.64
期末手存现金	**191.88**	**284.63**	**390.80**	**339.43**	**464.10**
期末存款余额	**78.46**	**135.18**	**200.01**	**201.03**	**293.14**

8—18 农民家庭年生活消费品中商品性和自给性比重

单位：%

年 份	项 目	生活消费品支出	食 品	衣 着	住 房	燃 料	用品及其他
	合 计	100	100	100		100	100
1978	商品性	34.04	22.57	93.33		13.42	97.31
	自给性	65.96	77.43	6.67		86.58	2.69
	合 计	100	100	100	100	100	100
1980	商品性	45.11	25.87	97.90	95.87	16.14	95.75
	自给性	54.89	74.13	2.10	4.13	83.86	4.25
	合 计	100	100	100	100	100	100
1987	商品性	58.93	39.87	97.63	98.18	10.76	99.88
	自给性	41.07	60.13	2.37	1.82	89.24	0.12
	合 计	100	100	100	100	100	100
1988	商品性	63.85	48.83	97.41	97.84	15.54	99.81
	自给性	36.15	56.17	2.59	2.16	84.46	0.19
	合 计	100	100	100	100	100	100
1989	商品性	58.21	41.40	98.26	97.48	14.51	99.91
	自给性	41.79	58.60	1.74	2.52	85.49	0.09
	合 计	100	100	100	100	100	100
1990	商品性	53.21	36.11	97.67	98.72	14.06	99.86
	自给性	46.79	63.89	2.33	1.28	85.94	0.14
	合 计	100	100	100	100	100	100
1991	商品性	54.63	36.87	97.71	98.08	13.80	99.58
	自给性	45.37	63.13	2.29	1.92	86.20	0.42
	合 计	100	100	100	100	100	100
1992	商品性	54.42	38.00	97.97	98.09	15.23	99.89
	自给性	45.58	62.00	2.03	1.91	84.27	0.11
	合 计	100	100	100	100	100	100
1993	商品性	49.18	33.54	97.34	99.92	14.27	99.96
	自给性	50.82	66.45	2.66	0.08	85.73	0.04
	合 计	100	100	100	100	100	100
1994	商品性	44.91	30.40	99.76	99.98	12.78	99.81
	自给性	55.09	69.60	0.24	0.02	87.22	0.19
	合 计	100	100	100	100	100	100
1995	商品性	49.84	33.53	97.93	99.96	13.85	100
	自给性	50.16	66.47	2.07	0.04	86.15	
	合 计	100	100	100	100	100	100
1996	商品性	50.63	33.78	97.42	99.74	18.52	99.98
	自给性	49.37	66.22	2.58	0.26	81.48	0.02
	合 计	100	100	100	100	100	100
1997	商品性	52.21	36.91	97.85	99.97	12.83	99.97
	自给性	47.79	63.09	2.15	0.03	87.17	0.03

8—19 农民家庭年人均粮食收支

单位：千克

项　　目	1993年	1994年	1995年	1996年	1997年
年内粮食收入合计	**691.54**	**703.38**	**726.79**	**714.92**	**774.48**
从集体统一经营得到的	0.06	0.02	0.01		0.02
家庭经营生产的	653.54	666.92	696.07	680.55	742.36
购　入	35.06	32.82	29.37	34.07	30.68
# 从集市上购入的	11.97	11.56	10.01	11.18	10.13
借　入	0.59	1.62	0.56	0.23	0.19
收回借出粮	1.83	1.83	0.35	0.06	1.22
其他粮食收入	0.46	0.16	0.43		0.02
年内粮食支出合计	**631.97**	**618.35**	**629.38**	**621.10**	**626.50**
主食用粮	308.76	293.56	292.10	289.26	283.11
# 稻　谷	245.49	236.32	232.05	230.05	220.89
小　麦	34.88	31.66	32.10	30.05	30.12
其他生活用粮	1.96	1.49	1.07	1.28	0.48
出　售	226.23	231.75	247.69	240.25	263.21
# 出售给国家的	111.70	127.42	137.59	125.36	153.33
# 稻　谷	84.21	102.50	112.32	91.33	115.05
小　麦	23.76	20.69	20.55	30.16	35.29
种　籽	18.14	18.53	16.55	17.23	14.05
饲　料	74.25	72.08	71.02	71.70	64.97
借　出	0.75	0.30	0.35	0.13	0.02
归还借粮	0.08	0.10	0.08	0.11	0.04
上交集体承包任务	0.91	0.13	0.01	0.23	0.04
其他粮食支出	0.89	0.41	0.50	0.91	0.57
年末粮食结存	**418.11**	**449.92**	**409.83**	**322.80**	**438.69**
# 口　粮	221.42	229.89	207.40	170.83	228.63
饲　料	48.74	51.31	47.80	38.56	45.56
种　籽	13.04	15.88	12.46	10.086	10.95
附：生产加工用粮	0.28	1.61	1.17	0.53	0.18

8—20 农民家庭年人均出售主要农副产品情况

品　名	单位	1993年	1994年	1995年	1996年	1997年
粮　食（原　粮）	千克	226.43	231.75	247.69	240.25	263.21
棉　花	千克	9.67	9.54	11.18	9.98	13.90
油　料	千克	12.29	15.78	22.09	16.28	17.93
麻　类	千克	1.55	0.71	0.84	1.19	1.75
糖　类	千克	5.92	5.61	7.03	2.64	7.30
烟　叶	千克	2.54	2.07	2.37	2.73	4.92
蔬　菜	千克	59.31	57.31	46.68	58.88	57.80
果用瓜	千克	17.47	10.41	13.15	15.09	17.99
水　果	千克	6.81	7.56	11.25	15.10	29.51
茶　叶	千克	0.88	0.59	0.83	1.03	1.21
肉　猪	头	0.32	0.29	0.27	0.38	0.36
家　禽	千克	0.70	0.53	0.30	0.65	0.59
蛋　类	千克	2.95	2.39	1.95	5.96	8.16
蚕　茧	千克	0.32	0.44	0.37	0.23	0.33
蜂　蜜	千克	0.03	0.02	0.04	0.02	0.03
水产品	千克	3.56	4.05	4.10	3.93	3.79
树　苗	株	5.07	9.43	3.56	1.60	3.48
油桐籽	千克	0.41	0.23	0.30	0.24	0.23
油茶籽	千克	0.06	0.03	0.19		0.06

8—21　农民家庭年人均主要实物消费量

品　　名	单位	1993年	1994年	1995年	1996年	1997年
粮　食	千克	308.77	293.57	292.10	289.26	283.11
蔬　菜	千克	177.11	161.64	148.64	155.09	144.24
食用油	千克	9.20	9.30	9.52	10.08	10.09
#植物油	千克	6.77	7.16	7.42	7.86	8.02
猪　肉	千克	13.76	13.36	14.25	15.01	14.82
牛羊肉	千克	0.24	0.26	0.20	0.26	0.37
奶及奶制品	千克	0.03	0.03	0.03	0.03	0.02
家　禽	千克	1.41	1.49	1.31	1.46	1.56
蛋类及蛋制品	千克	3.51	3.32	3.11	3.47	3.58
鱼　虾	千克	3.86	4.19	4.51	5.25	5.58
食　糖	千克	1.27	1.23	1.32	1.34	1.25
酒	千克	4.73	5.36	5.95	6.98	7.07
茶　叶	千克	0.15	0.15	0.18	0.14	0.15
糖果、糕点	千克	1.30	1.45	1.42	1.71	1.30
水　果	千克	4.71	4.67	5.83	6.64	9.33
棉　布	米	0.51	0.31	0.27	0.27	0.25
化纤布	米	2.00	1.69	1.75	1.83	1.66
呢　绒	米	0.08	0.04	0.04	0.04	0.03
绸　缎	米	0.01	0.01	0.01	0.01	
毛线及毛线织品	千克	0.08	0.10	0.10	0.12	0.12
肥　皂	块	0.85	0.79	0.68	0.71	0.47
洗衣粉	千克	1.03	0.99	1.33	1.62	2.02
皮　鞋	双	0.10	0.13	0.17	0.20	0.20
胶球鞋	双	0.67	0.62	0.66	0.67	0.58

8—22 农民家庭每百户主要耐用物品拥有量

品名	单位	1993年	1994年	1995年	1996年	1997年
自行车	辆	110.67	116.39	117.42	114.94	112.09
缝纫机	架	49.88	51.30	51.64	53.40	49.03
钟	只	46.48	40.73	44.85	59.18	55.66
手表	只	146.48	141.21	140.61	132.61	118.84
# 电子表	只	23.64	22.33	22.67	29.15	28.19
收音机	台	20.79	22.39	22.18	22.33	17.44
电视机	台	74.03	77.67	81.88	89.33	93.16
# 彩电	台	3.52	5.15	7.03	11.52	14.22
收录机	台	19.30	20.27	21.70	23.64	21.47
照相机	架	0.97	0.67	0.61	0.73	0.72
电风扇	台	82.64	94.55	101.15	120.88	119.94
洗衣机	台	11.36	13.42	13.15	13.94	13.78
电冰箱	台	0.45	0.79	0.85	2.61	3.16
摩托车	辆	0.48	1.06	2.64	5.91	7.94
大型家具	件	876.21	878.64	872.67	913.45	915.69
# 沙发	个	39.73	42.15	42.55	42.36	44.63
大衣柜	个	104.12	106.09	106.94	100.40	105.09
写字台	张	96.76	100.64	101.94	104.64	107.84

8—23 地、市、州农民年人均纯收入

单位:元

地区	1993年	1994年	1995年	1996年	1997年
全省	**783.18**	**1 170.06**	**1 511.22**	**1 863.62**	**2 102.20**
武汉市	1 015.00	1 351.00	1 878.34	2 210.00	2 555.00
黄石市	737.30	1 000.50	1 270.00	1 593.74	1 771.00
十堰市	592.00	815.00	951.00	1 280.89	1 089.00
荆州市	890.00	1 419.00	1 732.000	1 892.00	2 150.00
宜昌市	757.00	1 127.67	1 452.00	1 796.00	2 100.00
襄樊市	871.00	1 229.08	1 475.24	1 911.88	2 176.00
鄂州市	1 045.50	1 532.23	1 997.37	2 350.03	2 650.00
荆门市	983.00	1 622.00	1 963.00	2 486.00	2 810.00
孝感市	731.87	1 129.58	1 421.00	1 847.52	2 106.00
黄冈市	703.00	1 094.86	1 329.40	1 663.93	1 944.00
咸宁地区	700.59	1 031.84	1 307.00	1 617.54	1 925.00
恩施自治州	479.18	665.39	851.34	1 125.27	1 368.00
随州市	953.74	1 527.00	1 890.16	2 412.74	2 643.00
仙桃市	908.75	1 478.00	2 005.00	2 486.40	2 718.00
天门市	867.11	1 418.00	1 966.00	2 321.22	2 523.00
潜江市	983.48	1 410.00	1 929.00	2 370.96	2 411.00
神农架林区	598.00	894.00	1 104.00	1 293.50	1 367.00

主要统计指标解释

【农民全年总收入】 指农村住户年内从各种来源得到的全部实际收入。包括从集体统一经营中得到的收入，从经济联合体得到的收入，家庭经营的收入和其他非生产性的收入。

【农民全年纯收入】 指在总收入中扣除相对应的各项费用性支出后，归农民所有的收入。他可以用于生产、非生产投资，改善物资和文化生活，以及用于再分配的支出和结余的收入。这个指标用来观察农民实际收入水平，以及农民扩大再生产和改善生活的能力。(纯收入＝总收入－家庭经营费用支出－生产性固定资产折旧－税收－上交集体的承包任务－调查补贴)

【农民全年生活费收入】 指在纯收入中可以用于安排生活的那部分收入。包括已用生活消费和尚未用于生活消费两部分，不是指生活消费的实现数，而是指有财力可以实现的生活消费数。(生活费收入＝纯收入－纯收入中用于购置生产性固定资产支出－寄给和带给在外人口支出－赠送农村外部亲友－生产费基金)

【农民全年生活消费支出】 指农村住户年内用于物质生活和精神生活方面的实际支出。是直接反映农民生活水平，研究农民消费结构变化的基本指标。生活消费支出包括生活消费品支出（如衣、食、住、用、烧消费资料）和非商品性支出（如用于文化服务、生活服务方面的支出和其他非商品支出）两部分。赠送农村亲友的消费品，为便于计算，谁支出，作为谁消费。

【农民生活用房面积】 指实际住人或可以用来住人的房屋面积。与住房连成一体的起居室或者放置灶具的地方、专用厨房、均包括在内，但不包括专用仓库等生产用房面积。

【城镇居民家庭人口】 指居住在一起。经济上合在一起共同生活的家庭成员。凡计算为家庭人口的成员其全部收支都应包括在一起。

【城镇居民家庭就业人口】 指从事社会劳动并取得劳动报酬或经营收入的人口。不论在全民所有制、集体所有制单位工作或从事个体劳动，不论有固定性职业或临时性职业都是就业人口。

【实际收入】 指家庭的全部实际的现金收入，包括经常或固定得到的收入和一次性收入。不包括周转性的收入，如提取银行存款、向亲友借入款、收回借出款以及其他各种暂收款。

【可支配收入】 指居民家庭在支付个人所得税之后，所余下的实际收入。计算公式为：可支配收入＝实际收入－个人所得税－家庭副业生产支出－记帐补贴。

【实际支出】 指实际用于家庭日常生活的各项支出以及赡养赠送给亲友的现金。不包括存入储蓄款、存入储金会款、借出款、归还借款以及各种暂垫款等周转性支出。

【居住面积】 指家庭成员在调查时点实际居住的住房面积，不包括厨房、厕所、走廊面积和临时搭建房屋的面积。

【辅助面积】 指除了居住面积以外的住房使用面积。包括厨房、走廊、卫生间、阳台、壁柜、门厅、过道等，不包括公用楼道和三家以上公用的院子。

【居住间数】 指自然分隔间数，不管大间、小间均作一间计算。

【家庭常住人口】 按户籍管理部门登记的常住户口统计。可包括家庭成员中在部队服役的士兵（不包括干部），户口在本市学校或工作单位住单身宿舍的学生或职工、入全托儿童。

城市概况 9

资料整理人员：张金兰

9—1 10个城市社会经济主要指标

(1997年)

城市	年末总人口（万人）	#非农业人口	年出生人口（人）	年死亡人口（人）	年末总户数（万户）
总计	**1 245.76**	**763.71**	**122 170**	**60 847**	**360.67**
武汉	524.13	387.69	45 398	31 286	152.84
黄石	63.80	56.61	8 931	2 044	18.10
十堰	45.96	37.01	5 187	1 934	15.37
荆州	143.04	65.94	13 488	6 053	39.48
宜昌	59.43	47.01	5 083	2 048	17.43
襄樊	68.66	57.97	7 832	2 545	19.45
鄂州	101.37	29.12	14 330	4 737	30.84
荆门	119.39	37.19	9 791	5 346	31.76
孝感	84.78	20.97	9 127	3 387	24.41
黄冈	35.20	24.20	3 003	1 467	10.99

注:此资料系市区资料,不包括市辖县(下表同)。

9—1 续表1

(1997年)

城市	土地面积（平方公里）	#建成区面积（平方公里）	年末全部从业人员数（万人）	#城镇个体劳动者	城镇失业人员年末数（人）
总计	**17 533**	**550**	**736.38**	**83.53**	**161 002**
武汉	4 727	202	320.40	61.59	61 440
黄石	234	43	43.88	2.78	9 352
十堰	1 193	49	27.79	2.48	7 591
荆州	2 632	67	93.06	2.47	26 529
宜昌	448	40	36.13	5.03	14 591
襄樊	338	53	38.20	1.74	7 780
鄂州	1 504	23	54.18	1.25	12 800
荆门	4 412	28	62.24	2.30	8 582
孝感	946	27	39.61	2.98	9 837
黄冈	1 099	18	20.89	0.91	2 500

9—1 续表 2　　(1997 年)　　单位:万元

城市	国内生产总值(当年价)			国内生产总值(1990 年不变价)		
	第一产业增加值	第二产业增加值	第三产业增加值	第一产业增加值	第二产业增加值	第三产业增加值
总计	**1 551 015**	**7 306 779**	**6 037 469**	**796 663**	**4 853 106**	**3 179 346**
武汉	444 389	3 687 056	3 761 056	256 046	2 151 273	1 900 127
黄石	15 072	366 740	298 930	8 385	289 027	170 171
十堰	15 195	419 909	201 739	6 585	341 335	107 999
荆州	292 237	358 853	333 230	112 889	269 705	184 142
宜昌	31 954	519 107	238 577	16 736	429 582	129 930
襄樊	43 687	515 472	325 209	19 624	384 027	171 450
鄂州	173 622	521 212	313 592	97 089	427 028	204 213
荆门	380 770	669 765	322 006	189 792	391 302	182 759
孝感	116 878	143 565	149 910	68 924	96 597	80 078
黄冈	37 211	105 100	93 220	20 593	73 230	48 477

9—1 续表 3　　(1997 年)

城市	农、林、牧、渔业总产值(当年价)(万元)	年末实有耕地面积(千公顷)	蔬菜产量(万吨)	牛羊奶产量(吨)	水果产量(吨)
总计	**2 258 835**	**427**	**502.08**	**42 299**	**224 530**
武汉	686 679	118	206.29	32 512	56 404
黄石	22 573	2	7.89	533	1 387
十堰	22 065	3	9.00	445	2 280
荆州	409 953	84	66.87	70	27 255
宜昌	49 510	8	12.05	2 845	64 438
襄樊	66 016	6	39.37	80	1 616
鄂州	248 257	41	41.00		5 859
荆门	539 438	122	77.92	5 714	49 641
孝感	156 424	34	24.68	100	13 240
黄冈	57 920	9	17.01		2 410

9—1 续表4 (1997年)

城市	禽肉产量(吨)	猪肉产量(吨)	牛羊肉产量(吨)	禽蛋产量(吨)	水产品产量(吨)
总计	**91 111**	**342 516**	**9 159**	**186 576**	**506 247**
武汉	33 389	107 442	2 057	53 453	188 481
黄石	488	5 772	17	818	4 547
十堰	1 200	4 943	243	1 674	1 321
荆州	13 973	53 610	1 153	33 641	84 011
宜昌	4 314	8 576	115	1 287	5 793
襄樊	2 917	10 103	1 001	5 019	2 655
鄂州	4 391	34 366	701	15 129	71 863
荆门	24 138	85 198	3 146	56 052	99 101
孝感	5 463	25 191	604	16 766	30 766
黄冈	838	7 315	122	2 737	17 709

9—1 续表5 (1997年) 单位:万元

城市	全部工业总产值(当年价)	#乡及乡以上	#国有经济	工业增加值(生产法)	流动资产年平均余额
总计	**21 654 912**	**15 382 725**	**8 849 706**	**4 578 680**	**11 312 908**
武汉	9 805 777	7 157 125	4 091 058	2 192 033	5 836 892
黄石	1 091 739	1 054 934	478 694	301 189	951 461
十堰	1 834 363	1 823 278	1 352 506	466 024	1 523 331
荆州	1 401 040	982 489	318 100	301 155	689 332
宜昌	858 473	770 010	560 984	284 987	619 210
襄樊	1 095 454	1 036 462	785 389	352 384	723 485
鄂州	1 907 833	911 208	302 651	263 318	355 835
荆门	2 420 061	1 229 154	765 987	303 691	378 671
孝感	911 580	236 865	94 876	67 912	130 656
黄冈	328 592	181 200	99 461	45 987	104 035

9—1 续表 6 (1997 年) 单位:万元

城市	固定资产原值合计	固定资产净值年平均余额	产品销售收入	#销售税金及附加	利润总额
总计	**15 772 483**	**10 086 688**	**13 918 016**	**279 893**	**247 570**
武汉	7 950 825	5 046 720	6 696 807	168 470	87 325
黄石	1 325 071	766 642	885 831	6 059	-13 606
十堰	1 316 044	801 824	1 825 736	15 132	6 608
荆州	901 897	598 085	794 941	8 325	4 221
宜昌	1 558 776	1 117 704	673 829	4 625	39 083
襄樊	903 579	582 449	776 553	26 393	9 309
鄂州	585 628	399 698	767 951	4 011	19 064
荆门	850 301	511 693	1 078 726	42 005	39 546
孝感	199 273	139 051	251 858	3 915	4 490
黄冈	181 089	122 822	165 784	958	24 318

9—1 续表 7 (1997 年)

城市	铁路客运量（万人）	铁路货运量（万吨）	公路客运量（万人）	公路货运量（万吨）	水运客运量（万人）	水运货运量（万吨）
总计	**2 653.26**	**7 962**	**15 693.17**	**1 2330**	**727.79**	**3 075**
武汉	1 974.10	5 004	5 811.04	4 437	388.83	2 331
黄石	21.01	376	1 129.29	2 569	124.50	153
十堰	109.50	67	1 138.64	863		
荆州		107	1 489.90	1 085	12.68	240
宜昌	112.60	99	528.90	664	148.98	20
襄樊	275.47	188	1 055.40	776		117
鄂州	11.01	1 345	1 568.00	940	22.00	99
荆门	41.00	638	1 080.00	668	4.00	54
孝感	108.57	138	1 680.00	270		16
黄冈			212.00	58	26.80	45

9—1 续表 8 (1997 年)

城市	年末邮电局（所）数（处）	年末电话机数（部）	全年用电量（万千瓦小时）	#工业用电	#居民生活用电
总计	**572**	**2 289 647**	**2 042 238**	**1 465 648**	**230 541**
武汉	276	1 461 376	1 026 406	692 098	121 071
黄石	21	118 255	287 565	261 840	15 904
十堰	23	120 037	65 242	43 231	5 854
荆州	51	147 399	129 730	88 901	17 455
宜昌	27	111 906	113 056	77 462	16 884
襄樊	47	117 571	100 802	58 392	15 445
鄂州	37	70 140	114 183	91 791	10 779
荆门	43	68 857	160 991	136 138	9 328
孝感	17	40 435	28 359	9 346	11 978
黄冈	30	33 671	15 904	6 449	5 843

9—1 续表 9 (1997 年)

城市	全社会固定资产投资完成额（万元）	#住宅建设	房地产开发投资完成额（万元）	#商品住宅	商品房销售额（万元）	商品房销售建筑面积（万平方米）
总计	**6 444 445**	**812 239**	**1 148 756**	**484 941**	**419 753**	**231.63**
武汉	3 748 466	470 919	1 000 058	398 625	333 073	142.94
黄石	193 161	27 516	14 853	9 736	9 786	12.63
十堰	158 630	13 528	11 300	7 156	5 616	4.68
荆州	224 433	54 210	22 587	15 849	10 949	12.93
宜昌	1 138 861	75 788	55 418	25 953	33 418	25.40
襄樊	344 121	25 454	19 720	11 937	9 456	9.72
鄂州	223 443	30 903	9 709	3 976	7 964	11.74
荆门	245 231	73 170	2 877	2 446	2 337	2.37
孝感	73 794	25 271	9 770	7 137	5 190	6.75
黄冈	74 305	15 480	2 464	2 126	1 964	2.47

9—1 续表 10 (1997年)

城市	全年新增固定资产（万元）	民用运输车辆拥有量（辆）	年末实有住宅建筑面积（万平方米）	年末实有住宅使用面积（万平方米）	居住人口（与使用面积同口径）（万人）	全年供水总量（万吨）
总计	**4 634 377**	**229 744**	**11 527.01**	**8 751.48**	**717.57**	**281 982**
武汉	3 215 471	118 497	5 568.00	4 142.00	356.42	103 048
黄石	275 352	17 102	787.00	662.00	58.70	62 141
十堰	110 418	7 953	725.00	580.00	46.00	12 943
荆州	180 937	17 916	830.00	664.00	51.80	24 226
宜昌	271 845	16 012	908.00	681.00	47.01	19 208
襄樊	114 453	17 832	863.21	612.73	57.97	22 547
鄂州	141 599	6 979	475.00	360.47	30.57	22 587
荆门	227 184	23 100	660.00	551.79	37.60	10 356
孝感	51 318	1 308	294.00	187.49	15.90	1 826
黄冈	45 800	3 045	416.00	310.00	15.60	3 100

9—1 续表 11 (1997年)

城市	生活用水量（万吨）	年末实有公共汽车（电）车营运车辆数（辆）	全年公共汽（电）车客运总数（万人次）	年末实有出租汽车数（辆）	液化石油气供气总量（吨）	#家庭用量（吨）
总计	**91 277**	**7 340**	**135 620.21**	**20 567**	**148 647**	**143 557**
武汉	42 697	4 355	94 349.00	12 600	68 667	68 667
黄石	8 554	514	6 626.00	518	15 400	15 400
十堰	4 964	294	7 423.00	845	2 703	2 703
荆州	6 577	456	3 419.00	1 650	12 380	10 380
宜昌	8 110	369	6 675.00	1 471	8 738	8 738
襄樊	8 695	421	7 837.21	1 310	12 812	12 657
鄂州	4 085	397	3 563.00	363	6 661	6 466
荆门	4 584	311	3 589.00	250	12 366	12 366
孝感	1 411	87	381.00	1 020	5 840	3 100
黄冈	1 600	136	1 758.00	540	3 080	3 080

9—1 续表 12 (1997 年)

城 市	用液化气人口(人)	年末实有铺装道路总面积(万平方米)	城市下水道总长度(公里)	园林绿地面积(公顷)	建城区绿化覆盖面积(公顷)
总 计	**4 203 000**	**4 855**	**2 985**	**27 678**	**27 062**
武 汉	1 690 800	1 431	1 337	5 270	6 308
黄 石	348 800	308	181	1 041	1 188
十 堰	209 000	384	293	11 444	12 001
荆 州	361 100	629	274	1 697	1 172
宜 昌	261 000	482	155	2 010	1 497
襄 樊	467 000	403	182	3 672	2 067
鄂 州	254 300	373	135	702	997
荆 门	302 000	381	163	1 203	1 271
孝 感	204 000	326	155	435	361
黄 冈	105 000	138	110	204	200

9—1 续表 13 (1997 年)

城 市	工业废水排放总量(万吨)	工业废水处理量(万吨)	生活垃圾粪便清运量(万吨)	生活垃圾粪便无害化处理量(万吨)	工业二氧化硫排放量(吨)	环境噪声达标面积(平方公里)
总 计	**79 236**	**79 994**	**462**	**365**	**250 074**	**395**
武 汉	48 792	42 981	270	237	109 499	134
黄 石	8 154	9 419	29	21	58 242	34
十 堰	2 495	2 308	15	13	9 273	33
荆 州	3 883	2 544	20	12	14 765	19
宜 昌	5 881	2 013	20	16	10 328	32
襄 樊	3 850	1 820	18	18	1 189	51
鄂 州	3 506	13 910	19	13	8 317	23
荆 门	2 522	4 929	14	8	38 074	28
孝 感	87	34	41	18	61	27
黄 冈	66	36	16	9	326	14

9—1 续表14 (1997年)

城市	外国和港澳台地区在华直接投资				中央财政预算内收入(万元)	地方财政预算内收入(万元)
	客商协议(合同)投资额(万美元)	客商实际投资(万美元)	年末实有企业数(个)	年末从业人员(人)		
总计	**111 170**	**69 014**	**4 397**	**133 131**	**691 658**	**662 283**
武汉	90 781	45 333	3 069	38 898	437 528	393 646
黄石	10 015	6 436	236	28 165	25 564	52 795
十堰	33	240	22	6 749	39 398	22 843
荆州	678	313	163	9 824	2 1885	23 040
宜昌	3 512	9 536	378	17 874	26 311	45 805
襄樊	2 125	1 097	184	9 500	43 872	31 603
鄂州	1 373	1 807	163	12 112	16 495	25 688
荆门	215	1 920	88	3 802	70 044	39 781
孝感	2 241	675	76	4 160	5 621	12 167
黄冈	197	1 657	18	2 047	4 940	14 915

9—1 续表15 (1997年)

城市	年末全部职工平均人数(万人)	全部职工工资总额(万元)	高等学校(个)	中等专业学校(个)	普通中学(个)	小学(个)
总计	**366.15**	**2 245 382**	**52**	**237**	**869**	**2 804**
武汉	185.52	1 219 174	33	134	386	972
黄石	26.53	140 463	2	11	36	107
十堰	20.75	161 235	3	9	43	180
荆州	30.13	146 961	4	23	85	370
宜昌	25.94	173 451	1	8	47	93
襄樊	28.20	151 170	3	13	65	91
鄂州	14.75	74 403	2	3	67	339
荆门	17.35	102 780	2	14	79	346
孝感	9.53	41 716	1	8	43	223
黄冈	7.45	34 029	1	14	18	83

9—1 续表 16 (1997 年)

城市	高等学校教师数（人）	中等专业学校教师数（人）	普通中学教师数（人）	小学教师数（人）	各类专业技术人员（万人）
总计	**24 884**	**14 857**	**48 564**	**58 072**	**86.47**
武汉	20 240	7 400	20 970	24 686	45.00
黄石	569	550	2 898	3 430	6.54
十堰	668	660	2 604	2 549	5.80
荆州	1 318	1 557	5 250	5 921	3.50
宜昌	595	639	2 529	2 651	11.66
襄樊	481	1 032	3 314	2 780	4.22
鄂州	269	284	3 112	4 990	2.90
荆门	221	913	4 779	5 537	4.00
孝感	243	801	2 144	4 007	1.95
黄冈	280	1 021	964	1521	0.90

9—1 续表 17 (1997 年)

城市	剧场、剧院（个）	公共图书藏量（千册、件）	医院、卫生院数（个）	医生（人）	社会福利院数（个）
总计	**166**	**10523**	**496**	**39 413**	**274**
武汉	124	6 738	146	20 992	129
黄石	8	699	22	2 466	4
十堰	2	567	29	2 566	15
荆州	3	668	46	2 347	25
宜昌	3	550	29	2 816	10
襄樊	2	512	41	2 372	3
鄂州	19	275	92	1 579	29
荆门	2	103	48	2 067	34
孝感	1	198	20	1 358	16
黄冈	2	213	23	850	9

农　　业　10

资料整理人员：宋学广　程蕾华

10—1 农村基层组织和乡村劳动力情况

项 目	单位	1990 年	1993 年	1994 年	1995 年	1996 年	1997 年
一、农村基层组织个数							
乡政府	个	1 121	1 069	1 060	1 040	1 007	558
镇政府	个	844	848	853	861	866	837
办事处	个	153	169	167	184	132	179
村民委员会	个	32 765	32 848	32 804	32 802	32 783	32 704
村民小组	个	260 847	261 354	261 026	260 641	260 863	260 624
二、乡村户数、劳动力							
乡村户数	万户	1 005.32	1 008.48	1 004.69	1 004.21	996.85	991.67
乡村人口数	万人	4 110.59	4 077.82	4 060.27	4 041.67	4 027.74	4 003.03
乡村劳动力	万人	1 791.30	1 822.75	1 826.21	1 810.44	1 792.83	1 783.50
1.按性别分组							
男劳动力	万人	944.72	962.29	965.44	955.74	943.58	938.92
女劳动力	万人	846.58	860.46	860.77	854.70	849.25	844.58
2.按行业分组							
农林牧渔业劳动力	万人	1 453.96	1 422.49	1 379.52	1 329.18	1 296.46	1 266.04
工业劳动力	万人	112.29	111.53	121.68	130.91	131.49	130.56
建筑业劳动力	万人	55.33	71.11	79.48	82.82	86.32	90.08
交通运输、仓储及邮电通讯业劳动力	万人	24.20	29.33	32.23	35.6	40.70	41.68
批发、零售贸易业、餐饮业劳动力	万人	29.53	43.70	51.93	55.61	60.16	63.11
其他非农行业劳动力	万人	115.99	144.59	161.37	176.32	177.70	192.03
# 外出合同工、临时工	万人	38.11	73.93	86.70	91.95	99.00	110.86
三、国营农林牧渔场劳动力		**60.55**	**61.86**	**61.07**	**59.05**	**61.27**	**61.1**
农业劳动力	万人	38.71	37.45	36.42	35.59	36.72	35.63
非农业劳动力	万人	25.53	24.41	24.65	23.46	24.55	25.47

10—2 乡村劳动力情况

单位:万人

年份	合计	农林牧渔业	工业	建筑业	交通运输仓储邮电业	批发零售贸易业、餐饮业	其他
1957	969.62						
1965	1 181.58	1 145.04					36.54
1970	1 340.75	1 292.25					48.50
1975	1 434.83	1 367.13					67.70
1978	1 468.48	1 354.92	39.11				74.45
1980	1 500.56	1 393.69	34.81				72.06
1985	1 648.88	1 324.44	126.90	45.99	19.10	25.17	107.28
1986	1 668.51	1 335.48	128.09	53.51	21.40	27.70	102.33
1987	1 699.18	1 356.02	127.40	55.66	22.74	27.50	109.86
1988	1 733.51	1 381.77	127.78	57.30	24.22	29.84	112.60
1989	1 757.41	1 419.39	119.52	54.74	23.88	28.19	111.69
1990	1 791.30	1 453.96	112.29	55.33	24.20	29.53	115.99
1991	1 808.96	1 486.44	104.75	54.41	24.56	29.26	109.54
1992	1 805.11	1 452.23	109.50	59.46	27.06	34.26	122.60
1993	1 822.75	1 422.49	111.53	71.11	29.33	43.70	144.59
1994	1 826.21	1 379.52	121.68	79.48	32.23	51.93	161.37
1995	1 810.44	1 329.18	130.91	82.82	35.60	55.61	176.32
1996	1 792.83	1 296.46	131.49	86.32	40.70	60.16	177.70
1997	1 783.50	1 266.04	130.56	90.08	41.68	63.11	192.03

10—3 耕地面积变化情况

单位:千公顷

年份	年末实有耕地面积			年内减少的耕地面积	#国家基建占地	#乡村集体占地	#农民个人建房占地
		水田	旱地				
1952	4 015.90	1 876.62	2 139.28				
1957	4 172.31	1 945.05	2 227.26				
1965	4 239.93	1 966.31	2 273.62				
1970	3 964.01	1 982.20	1 981.81				
1975	3 822.00	1 996.23	1 825.77				
1978	3 768.07	1 959.64	1 808.43	30.77	7.75	6.83	
1980	3 738.51	1 929.50	1 809.01	35.82	4.69	5.87	
1985	3 584.61	1 864.15	1 720.46	71.70	8.56	8.06	4.59
1986	3 545.00	1 847.63	1 697.37	49.30	7.30	5.99	4.62
1987	3 517.99	1 845.17	1 672.82	36.16	7.13	5.00	2.89
1988	3 498.47	1 838.37	1 660.10	25.98	4.55	3.41	1.29
1989	3 486.57	1 858.25	1 628.32	17.47	1.83	4.25	0.75
1990	3 476.77	1 871.77	1 605.00	15.60	2.73	2.75	0.41
1991	3 458.46	1 869.19	1 589.27	24.11	4.03	2.47	0.47
1992	3 421.57	1 845.29	1 576.28	41.67	4.95	2.99	0.67
1993	3 392.74	1 815.75	1 576.99	32.84	6.11	3.41	1.04
1994	3 375.60	1 805.42	1 570.18	21.21	3.77	3.41	0.71
1995	3 358.01	1 780.40	1 577.61	21.36	4.23	3.04	0.72
1996	3 349.25	1 800.00	1 549.25	13.80	2.85	2.46	0.74
1997	3 342.45	1 796.07	1 546.38	12.24	2.43	2.45	0.63

10—4 农、林、牧、渔业分项产值

项　　　目	绝对数(亿元)		构成(%)		1997年为1996年%
	1996年	1997年	1996年	1997年	
农林牧渔业总产值	**1 140.76**	**1 243.68**	**100**	**100**	**109.5**
农业总产值	**670.27**	**711.91**	**58.8**	**57.2**	**107.8**
一、种植业产值	**655.56**	**704.98**	**57.5**	**56.7**	**110.6**
(一)粮食作物	368.42	351.03	32.3	28.2	106.1
主产品	335.12	319.17	29.4	25.7	106.1
副产品	33.30	31.87	2.9	2.5	106.1
(二)棉花	65.82	76.70	5.8	6.2	134.9
主产品	62.68	73.04	5.5	5.9	134.9
副产品	3.13	3.65	0.3	0.3	134.9
(三)油料	48.83	54.18	4.3	4.4	107.3
主产品	47.05	52.20	4.1	4.2	107.3
副产品	1.79	1.98	0.2	0.2	107.8
(四)麻类	3.36	3.15	0.3	0.3	107.7
主产品	3.30	3.09	0.3	0.2	107.9
副产品	0.07	0.06		0.1	100.0
(五)糖料	5.06	5.64	0.4	0.5	117.9
(六)烟叶	11.47	12.68	1.0	1.0	137.9
(七)药材	5.25	6.49	0.5	0.5	103.8
(八)蔬菜瓜果	103.35	139.64	9.1	11.2	105.9
(九)茶桑果	25.59	33.83	2.2	2.7	117.5
(十)其他农作物	18.40	21.64	1.6	1.7	126.6
二、其他农业	**14.71**	**6.93**	**1.3**	**0.5**	**45.9**
(一)采集野生植物	3.32	2.93	0.3	0.2	80.3
(二)农民家庭兼营商品性工业	11.40	4.00	1.0	0.3	36.2
林业产值	**33.62**	**37.33**	**2.9**	**3.0**	**106.4**
(一)营林	10.12	11.61	0.9	0.9	103.4
(二)林产品	10.49	12.55	0.9	1.0	121.7
(三)竹木采伐	13.01	13.17	1.1	1.1	99.6
牧业产值	**337.02**	**381.40**	**29.5**	**30.7**	**109.9**
(一)大牲畜	11.96	13.24	1.0	1.1	111.5
(二)猪(出栏)	222.88	268.47	19.5	21.6	107.7
(三)羊	3.02	3.72	0.3	0.3	122.8
(四)兔	0.14	0.08			60.7
(五)家禽(出笼)	32.53	31.37	2.9	2.5	130.1
(六)活的畜禽产品	62.64	58.96	5.5	4.7	108.1
(七)其他动物及产品	3.07	4.89	0.3	0.4	105.6
(八)捕猎野兽野禽	0.78	0.67		0.1	90.3
渔业产值	**99.86**	**113.04**	**8.8**	**9.1**	**115.8**
(一)鱼类	80.30	93.91	7.0	7.5	109.1
(二)虾蟹类	5.61	8.31	0.5	0.6	141.7
(三)贝类	0.99	0.97	0.1	0.1	102.7
(四)其他	12.96	9.85	1.1	0.8	148.6

注:本表绝对数、构成按当年价格计算,发展速度按1990年不变价格计算。

10—5 农、林、牧、渔业总产值

单位:亿元

年份	合计	农业	林业	牧业	渔业
1952	16.59	12.08	0.79	1.48	0.18
1957	28.59	20.55	1.46	3.81	0.46
1965	47.48	37.44	1.98	6.02	0.51
1970	51.27	40.62	2.07	6.41	0.92
1975	74.68				
1978	84.46				
1980	94.95	64.70	7.28	17.29	1.46
1985	192.32	129.61	8.15	39.08	8.18
1986	219.10	146.79	8.75	43.86	10.77
1987	249.68	160.13	9.97	54.86	14.19
1988	297.51	175.12	10.98	80.80	18.83
1989	335.04	198.56	11.75	91.47	20.66
1990	402.23	252.92	14.15	98.04	23.88
1991	405.04	247.01	16.81	102.19	25.06
1992	435.42	265.53	17.36	110.37	27.59
1993	501.17	301.99	22.39	134.02	42.77
1994	786.84	481.82	26.48	219.53	59.01
1995	988.53	612.12	28.33	268.10	79.98
1996	1 140.76	670.27	33.62	337.02	99.86
1997	1 243.68	711.91	37.33	381.40	113.04

注:本表产值按当年价格计算。

10—6 农、林、牧、渔业总产值指数

(上年=100)

单位:%

年份	合计	农业	林业	牧业	渔业
1978	104.01	103.09	104.9	107.6	94.2
1979	109.6	109.2	101.8	118.8	109.2
1980	88.8	83.7	102.8	108.1	111.3
1981	111.2	112.0	91.2	98.1	110.3
1982	113.3	113.8	109.1	118.4	117.0
1983	100.1	99.5	101.2	102.6	115.5
1984	120.9	120.8	105.0	125.2	140.2
1985	106.3	101.7	103.0	127.8	133.3
1986	103.4	100.6	98.5	107.3	129.8
1987	102.7	101.2	104.5	101.0	120.1
1988	97.2	93.9	90.6	105.4	105.6
1989	105.0	104.5	101.6	105.2	108.3
1990	107.1	108.4	106.0	104.9	106.7
1991	99.2	95.8	110.0	105.8	98.1
1992	107.0	107.4	95.4	108.0	109.1
1993	106.7	105.9	107.8	113.9	135.8
1994	109.8	103.9	116.5	115.1	128.8
1995	114.1	111.6	102.6	115.9	127.2
1996	106.8	101.4	108.0	114.2	113.2
1997	109.5	107.8	106.4	109.9	115.8

注:1.本表指数按1990年不变价格计算。2.按新的统计制度规定,1993年以后为农、林、牧、渔四业产值(下同)。

10—7 农、林、牧、渔业总产值指数

(1978 年=100)

单位:%

年份	合计	农业	林业	牧业	渔业
1978	100.0	100.0	100.0	100.0	100.0
1979	109.6	109.2	101.8	118.8	109.2
1980	97.3	91.4	104.7	127.9	121.5
1981	108.2	102.4	95.4	138.2	134.1
1982	122.6	116.5	104.1	135.6	156.8
1983	122.7	115.9	105.3	160.5	181.2
1984	148.4	140.0	110.6	164.7	254.0
1985	157.7	142.4	114.0	206.2	338.6
1986	163.1	143.3	112.3	263.5	439.5
1987	167.5	145.0	117.3	282.7	527.8
1988	162.9	136.1	106.3	285.5	557.3
1989	171.0	142.3	108.0	301.0	603.6
1990	183.1	154.2	114.5	315.7	644.0
1991	181.7	147.7	125.9	334.0	631.8
1992	194.4	158.7	120.1	360.7	689.3
1993	207.4	168.0	129.5	410.9	936.1
1994	227.8	175.0	152.0	461.7	1 203.0
1995	259.9	195.3	156.0	535.1	1 530.2
1996	277.6	198.0	168.5	611.1	1 732.0
1997	304.0	213.4	179.3	671.6	2 007.4

10—8 农业商品产值

单位:亿元

项目	1990 年	1993 年	1994 年	1995 年	1996 年	1997 年
农、林、牧、渔业商品产值	**210.99**	**312.69**	**477.61**	**603.00**	**687.88**	**757.56**
农业	131.73	178.82	269.36	342.33	365.27	397.41
林业	4.46	8.00	12.97	13.74	15.13	18.04
牧业	58.09	95.21	151.54	187.67	237.32	262.42
渔业	16.71	30.66	43.74	59.26	70.16	79.69

注:本表商品产值按当年价格计算(下表同)。

10—9 农、林、牧、渔业增加值

（1997年）　　单位：亿元

项　　目	合　计	农　业	林　业	牧　业	渔　业
一、总 产 值	**1 243.68**	**711.91**	**37.33**	**381.40**	**113.04**
二、中间消耗	**475.76**	**252.71**	**11.76**	**173.54**	**37.75**
中间物质消耗	437.73	227.00	10.33	166.31	34.09
对非物质生产部门劳务支出	38.03	25.71	1.43	7.23	3.66
三、增 加 值	**767.92**	**459.20**	**25.57**	**207.86**	**75.29**

10—10 农业机械年末拥有量

项　　目	单　位	1990年	1993年	1994年	1995年	1996年	1997年
农业机械总动力	亿瓦特	110.00	110.90	113.61	117.43	122.22	127.60
大中型农用拖拉机混合台	万台	8.60	7.89	7.38	7.12	7.03	7.11
	亿瓦特	18.00	16.24	15.39	14.78	14.68	14.94
小型及手扶拖拉机混合台	万台	17.70	16.99	15.72	15.47	16.47	18.50
	亿瓦特	15.20	14.31	13.04	12.53	13.12	14.02
机动收割机	万台	0.20	0.06	0.05	0.04	0.05	0.11
机动脱粒机	万台	12.50	11.97	11.39	11.25	12.33	11.11
农 用 泵	万台	24.30	23.95	24.37	26.56	27.62	28.76
大中型农用拖拉机机引农具	万台	2.70	3.05	2.91	2.85	3.05	3.63
农用汽车	万辆	1.30	1.31	1.51	1.58	1.67	1.83
	亿瓦特	9.60	9.40	10.47	11.12	11.87	12.81
机动喷雾器	万部	3.70	4.77	5.29	6.44	6.74	7.36
渔用机动船	万艘	1.40	0.92	1.09	1.17	1.26	1.24
排 水 量	万吨	19.40	2.09	2.24	2.35	3.02	3.66
	亿瓦特	1.30	0.43	0.62	0.64	0.68	0.65

10—11 农业机械化、用电、化肥、水利情况

项　　目	单 位	1990 年	1993 年	1994 年	1995 年	1996 年	1997 年
一、农业机械化情况							
当年实际机耕面积	千公顷	1 097.23	1 050.45	833.62	796.24	829.35	947.05
占耕地面积比重	%	31.5	31.0	24.7	23.7	24.7	28.3
二、农村用电情况							
乡村及村以下办水电站	个	1 563	1 177	1 165	1 177	1 131	1 073
发电量	亿千瓦		5.12	5.05	5.54	7.12	6.65
已通电的村	万个			3.17	3.21	3.23	3.25
农村用电量	亿千瓦小时	27.21	33.41	40.84	47.36	50.64	55.42
三、化肥施用量(折纯量)	**万吨**	**148.61**	**182.82**	**200.15**	**228.41**	**239.97**	**262.18**
# 氮　肥	万吨	91.20	108.49	115.10	129.64	134.67	147.51
磷　肥	万吨	31.05	35.02	39.43	44.76	47.25	59.16
钾　肥	万吨	7.33	11.18	12.67	14.90	15.48	16.13
四、农药使用量	**万吨**	**4.63**	**6.00**	**8.26**	**11.24**	**9.25**	**10.32**
五、农田水利情况							
有效灌溉面积	千公顷	2 324.35	2 240.10	2 238.77	2 172.08	2 384.64	2 150.37
占耕地比重	%	66.8	66.0	66.3	64.7	71.0	64.3
旱涝保收面积	千公顷	1 961.22	2 279.3	1 814.05	1 817.85	1 917.48	1 754.13
占耕地比重	%	56.4	67.2	53.7	54.1	57.1	52.5

10—12 主要农作物播种面积

单位:万亩

年份	总播种面积	粮食作物	#稻谷	#小麦	#玉米	#薯类	#大豆	棉花	油料
1952	9 612	7 609	2 845	1 386	676	330	420	785	537
1957	10 514	8 260	3 164	1 676	694	386	510	839	610
1965	11 541	8 737	3 536	1 678	777	584	400	893	479
1970	10 975	8 092	3 974	1 485	643	467	320	874	345
1975	11 907	8 368	4 646	1 583	548	596	272	895	430
1978	11 897	8 317	4 342	1 683	604	644	329	890	454
1980	11 216	8 028	4 062	1 938	610	581	260	888	496
1985	10 997	7 662	3 808	1 997	561	531	251	697	907
1986	11 062	7 638	3 810	1 958	573	537	274	620	1 080
1987	11 006	7 715	3 836	2 023	591	530	258	645	992
1988	10 843	7 632	3 791	1 996	576	554	250	671	943
1989	10 891	7 783	3 910	2 012	584	584	261	628	989
1990	11 042	7 800	3 955	2 028	579	588	247	684	1 116
1991	11 136	7 792	3 934	2 021	593	604	226	692	1 206
1992	16 170	7 800	3 955	2 028	579	588	247	684	1 116
1993	10 688	7 218	3 567	1 907	549	576	273	729	1 100
1994	10 772	7 197	3 560	1 838	560	594	302	746	1 235
1995	11 121	7 165	3 613	1 770	591	597	282	753	1 571
1996	11 368	7 320	3 672	1 845	607	629.30	262	711	1 589
1997	11 609	7 417	3 701	1 915	600	623.61	274	721	1 558

年份	#花生	#油菜籽	#芝麻	麻类	#苎麻	糖料	#甘蔗	烟叶	#烤烟	其他作物
1952	47	204	285	23	13	7	7	21		627
1957	102	213	294	42	32	2	2	13		741
1965	43	176	259	27	20	2	2	25	7	1 364
1970	40	134	165	26	20	1	1	10	5	1 613
1975	41	244	145	34	17	5	5	31	22	2 122
1978	51	248	154	30	15	4	4	51	37	2 122
1980	61	264	170	37	16	2	2	23	15	1 721
1985	99	542	260	172	29	12	12	90	57	1 414
1986	106	656	312	132	84	15	15	97	61	1 451
1987	98	647	242	175	132	14	14	87	50	1 348
1988	97	629	212	127	78	13	13	123	75	1 305
1989	98	678	208	86	40	13	13	132	78	1 236
1990	95	825	190	63	22	12	12	114	70	1 227
1991	92	915	192	45	15	13	13	140	85	1 222
1992	96	825	190	63	22	12	12	114	70	1 227
1993	120	783	191	48	14	23	23	149	96	1 398
1994	130	924	172	45	27	24	24	107	58	1 418
1995	138	1 258	165	48	32	24	24	101	62	1 459
1996	136	1 282	161	42	30	24	24	119	77	1 560
1997	143	1 245	161	42	27	27	27	153	106	1 691

10—13 主要农作物播种面积和产量

指标	1995年		1996年		1997年	
	播种面积（万亩）	产量（万吨）	播种面积（万亩）	产量（万吨）	播种面积（万亩）	产量（万吨）
粮食	7 164.98	2 463.84	7 320.42	2 484.40	7 416.99	2 634.40
#稻谷	3 612.90	1 730.71	3 672.87	1 721.80	3 701.27	1 818.50
小麦	1 769.90	363.60	1 845.21	378.75	1 914.78	446.80
玉米	590.66	150.18	607.61	165.81	600.45	161.00
薯类	596.48	135.23	629.30	137.30	623.61	132.25
大豆	282.02	39.45	262.07	33.28	273.77	30.00
棉花	753.05	58.60	711.57	43.01	720.84	58.09
油料	1 570.53	189.44	1 589.54	181.82	1 557.98	195.47
#花生	137.87	27.28	136.23	30.77	142.8	31.24
油菜籽	1 258.23	146.24	1 282.89	134.88	1 244.70	147.53
芝麻	165.06	15.07	161.58	15.04	161.03	15.62
麻类	48.23	8.14	42.96	7.53	42.41	8.81
#苎麻	31.77	3.42	30.06	3.38	27.23	3.15
黄红麻	16.25	4.68	12.89	4.15	15.15	5.63
糖料	24.00	73.58	24.89	85.57	27.00	100.90
#甘蔗	23.96	73.58	24.89	85.57	27.00	100.90
烟叶	101.07	11.11	119.48	14.68	153.26	19.99
#烤烟	61.74	6.74	77.88	9.45	106.49	13.91
蔬菜	876.11	1 663.36	984.62	2 037.58	1 174.53	2 303.38
青饲料	90.95		101.03		111.74	
绿肥	319.43		296.49		295.64	
蚕茧、茶叶、水果						
1.蚕茧		2.24		1.26		1.26
#桑蚕茧		2.23		1.24		1.25
2.茶叶	170.08	3.90	168.85	4.37	169.38	4.77
#绿毛茶		3.05		3.42		3.71
3.水果	299.71	114.70	329.40	129.70	352.22	179.08
#桃子	36.79	14.59	40.71	17.78	49.94	22.48
柑桔	147.59	58.14	154.08	59.83	167.20	84.92
苹果	20.49	3.21	20.24	4.30	20.71	5.86

10—14 主要农作物产量

单位:万吨

年份	粮食	#稻谷	#小麦	#玉米	#薯类	#大豆	棉花	油料	#花生
1952	747.60	469.20	72.20	44.25	35.00	23.75	12.17	22.34	4.56
1957	986.10	642.70	110.80	55.45	47.60	33.75	21.02	25.26	11.23
1965	1 241.35	775.10	151.70	78.80	83.65	26.75	38.29	22.32	5.15
1970	1 268.65	914.55	127.30	58.15	65.30	23.55	29.64	14.93	4.82
1975	1 561.50	1 178.20	165.90	59.15	82.90	19.40	40.61	21.44	5.12
1978	1 725.65	1 207.86	227.82	102.80	90.15	30.13	36.67	23.71	4.90
1980	1 536.45	1 037.80	266.30	86.25	87.80	11.70	31.63	20.58	5.85
1985	2 216.13	1 571.80	345.43	115.33	101.01	23.80	49.22	72.98	13.52
1986	2 304.51	1 623.60	381.49	115.65	102.66	29.04	43.91	81.86	15.08
1987	2 320.66	1 595.01	421.08	117.87	104.09	27.56	43.90	75.54	14.62
1988	2 252.65	1 576.08	408.07	92.04	97.56	24.46	36.19	65.76	12.54
1989	2 370.40	1 697.45	375.49	109.26	111.53	29.40	31.28	76.71	14.18
1990	2 475.03	1 789.60	391.14	122.17	99.60	26.43	51.73	95.75	12.79
1991	2 244.10	1 553.94	388.70	120.28	106.62	20.58	49.11	106.29	11.44
1992	2 426.60	1 746.50	372.30	130.10	113.30	24.70	60.99	99.74	15.72
1993	2 325.70	1 621.50	386.70	116.40	117.80	35.20	42.50	111.74	20.68
1994	2 422.10	1 690.20	383.30	133.70	124.20	42.40	45.00	137.77	24.81
1995	2 463.84	1 730.71	363.60	150.18	135.23	39.45	58.60	189.44	27.28
1996	2 484.40	1 721.80	378.75	165.81	137.30	33.28	43.01	181.82	30.77
1997	2 634.40	1 818.50	446.80	161.00	132.25	30.00	58.09	195.47	31.24

年份	#油菜籽	#芝麻	麻类	#苎麻	糖料	#甘蔗	烟叶	#烤烟
1952	7.09	10.69	1.43	0.92	13.73	13.73	1.28	
1957	4.86	9.16	2.11	1.72	4.58	4.39	0.66	
1965	6.76	10.20	1.34	0.97	2.83	2.83	2.02	0.96
1970	3.94	5.94	1.24	0.93	1.84	1.84	0.66	0.42
1975	10.65	5.61	2.00	0.86	9.92	9.77	2.76	2.10
1978	10.72	8.02	1.74	0.58	8.73	8.65	5.37	3.80
1980	11.59	3.07	4.13	0.98	4.54	4.47	2.28	1.42
1985	41.14	17.81	31.35	2.29	39.64	39.64	9.70	5.84
1986	47.12	19.12	14.83	5.25	52.38	52.38	8.98	5.30
1987	47.58	13.07	19.83	10.98	41.66	41.66	8.38	4.44
1988	42.63	10.29	16.11	6.38	37.75	37.75	11.96	6.76
1989	52.56	9.68	14.84	3.44	39.57	39.57	11.96	6.63
1990	70.90	11.75	12.27	1.52	34.66	34.63	10.74	6.24
1991	83.75	10.82	6.82	0.94	33.49	33.48	14.48	8.62
1992	70.86	12.68	6.90	0.91	51.62	51.56	17.18	11.48
1993	78.35	12.15	8.78	1.09	79.49	79.49	14.81	8.70
1994	98.07	14.18	6.75	2.28	64.62	64.61	10.78	5.8
1995	146.24	15.07	8.14	3.42	73.58	73.58	11.11	6.74
1996	134.88	15.04	7.53	3.38	85.57	85.57	14.68	9.45
1997	147.53	15.62	8.81	3.15	100.90	100.90	19.99	13.91

10—15 主要农产品单位面积产量

单位:千克/亩

年份	粮食	#稻谷	#小麦	#玉米	#薯类	#大豆	棉花	油料	#花生
1952	98	165	52	65	106	57	16	42	96
1957	119	203	66	80	123	66	25	41	110
1965	142	219	90	101	146	67	43	47	119
1970	157	230	86	90	140	74	34	43	120
1975	187	254	105	108	139	71	45	50	126
1978	207	278	135	170	140	92	41	52	96
1980	187	235	137	141	151	45	36	41	96
1985	289	413	173	205	190	95	71	80	137
1986	302	426	195	202	191	106	71	76	143
1987	301	416	208	200	196	107	68	76	149
1988	295	416	204	160	176	98	54	70	129
1989	305	434	187	187	191	113	50	78	144
1990	317	453	193	211	169	107	76	86	134
1991	288	395	122	203	179	91	71	92	124
1992	327	459	193	231	192	117	80	91	160
1993	322	455	203	212	204	129	58	102	173
1994	334	475	209	238	209	140	60	112	190
1995	344	479	205	254	227	140	78	121	198
1996	339	468	205	272	249	127	60	114	225
1997	355	491	233	268	212	110	81	125	219

年份	#油菜籽	#芝麻	麻类	#苎麻	糖料	#甘蔗	烟叶	#烤烟
1952	35	38	62	71	1 853	1 853	60	
1957	19	31	50	54	1 868	2 230	52	
1965	38	39	50	50	1 848	1 848	82	130
1970	29	36	47	47	1 578	1 578	68	81
1975	44	39	59	52	2 042	2 147	89	96
1978	43	52	58	39	2 379	2 494	105	102
1980	44	18	112	60	1 876	1 996	101	98
1985	76	69	183	78	3 368	3 368	107	103
1986	72	61	113	63	3 382	3 382	93	87
1987	74	54	113	83	3 077	3 077	96	90
1988	68	49	127	82	2 840	2 840	97	90
1989	77	46	172	87	3 111	3 111	90	85
1990	86	62	194	69	2 862	2 862	94	90
1991	92	56	150	65	2 630	2 634	104	101
1992	88	67	165	63	3 228	3 231	108	105
1993	100	64	185	79	3 526	3 533	100	90
1994	106	82	149	83	2 738	2 738	101	100
1995	116	91	169	108	3 066	3 066	110	109
1996	105	93	175	112	3 437	3 437	122	121
1997	119	96	208	116	3 737	3 737	130	131

注:本表按播种面积计算。

10—16 林业生产情况

指标	单位	1990年	1993年	1994年	1995年	1996年	1997年
当年造林面积	千公顷	221.17	360.96	341.69	271.63	231.55	223.61
人工造林	千公顷	167.79	342.10	335.56	269.18	231.55	223.61
飞机播种造林	千公顷	53.38	18.86	6.13	2.46		
按主要林种分							
用材林	千公顷	155.13	199.15	153.49	99.33	88.44	90.79
经济林	千公顷	34.29	104.01	122.75	136.69	113.71	112.66
防护林	千公顷	24.09	41.33	42.25	21.67	18.70	14.14
薪炭林	千公顷	5.06	15.67	23.02	13.72	9.89	5.80
特种用途林	千公顷	2.60	0.80	0.18	0.23	0.80	0.22
当年零星植树	万株	17 981	24 333	27 374	27 899	29 472	30 792
迹地更新面积	千公顷	15.95	34.12	23.26	29.75	31.27	45.20
育苗面积	千公顷	6.53	7.39	6.69	7.48	6.35	8.82
幼林抚育作业面积	千公顷	264.55	366.40	403.92	444.75	395.08	384.01
成林抚育面积	千公顷	140.14	254.52	301.71	353.16	464.08	445.22
主要林产品产量							
生漆	万吨	0.04	0.05	0.04	0.04	0.04	0.04
油桐籽	万吨	2.18	2.58	2.31	2.15	2.49	3.05
油茶籽	万吨	1.06	0.84	1.23	1.32	1.52	1.66
乌桕籽	万吨	1.97	1.67	1.46	1.62	1.54	1.74
五倍子	万吨	0.12	0.08	0.11	0.11	0.14	0.22
棕片	万吨	0.27	0.26	0.27	0.31	0.31	0.32
松脂	万吨	0.04	0.07	0.16	0.12	0.20	0.25
竹笋干	万吨	0.03	0.03	0.04	0.06	0.06	0.13
核桃	万吨	0.15	0.22	0.18	0.22	0.17	0.17
板栗	万吨	0.94	1.74	2.34	2.90	3.56	4.52
木材采伐量	万立方米	104.90	97.13	105.64	112.80	144.46	163.38
楠竹采伐量	万根	1 237.00	1 773.66	2 156.12	2 882.06	3 437.55	4 094.48

10—17 主要土特产品产量

单位:万吨

年份	茶叶	#绿毛茶	蚕茧	#桑蚕茧	水果	#桃子	#柑桔	#苹果	白木耳（千克）	黑木耳
1952	0.54	0.13	0.08	0.08	22.91				2 500	0.12
1957	0.56		0.25	0.20	23.53				3 000	0.18
1965	0.78		0.12	0.16	6.83				1 100	0.06
1970	0.90		0.22	0.18	5.35				5 900	0.07
1975	1.43		0.42	0.36	11.13	1.91	2.22	0.32	299 901	0.08
1978	1.74		0.47	0.36	10.27	1.38	0.38	0.26	137 005	0.08
1980	1.73	0.81	0.69	0.57	11.39	1.68	1.63	0.31	252 188	0.07
1985	2.27	1.03	0.50	0.46	21.73	1.79	7.66	0.73	233 399	0.16
1986	2.30	1.04	0.42	0.39	23.79	2.14	10.45	0.55	176 597	0.18
1987	2.61	1.33	0.43	0.42	35.67	2.84	17.17	1.51	109 734	0.26
1988	2.72	1.47	0.49	0.43	21.63	2.60	6.04	0.95	56 737	0.17
1989	2.83	1.54	0.58	0.51	44.36	2.51	27.26	1.68	156 886	0.20
1990	2.84	0.55	0.79	0.70	26.89	2.50	13.08	1.20	121 048	0.13
1991	2.98	1.87	1.04	1.00	46.47	3.41	28.40	2.37	51 189	0.12
1992	3.05	2.13	1.42	1.41	33.81	4.41	14.12	2.21	117 735	0.11
1993	3.41	2.62	1.62	1.61	56.39	6.26	27.18	2.89	24 332	0.12
1994	3.59	2.73	2.08	2.07	68.41	9.05	30.35	2.42	32 168	0.13
1995	3.90	3.05	2.24	2.23	114.70	14.59	58.14	3.21	39 655	0.14
1996	4.37	3.42	1.26	1.24	129.70	17.78	59.83	4.30	39 940	0.12
1997	4.77	3.71	1.26	1.25	179.08	22.48	84.92	5.86	152 262	0.10

10—18 水产品生产情况

年份	水产品产量（万吨）	#鱼类	养殖面积（千公顷）	养殖产量（万吨）	鱼苗（亿尾）
1952	7.85	7.54	44.67	1.05	11.24
1957	12.36	12.10	175.33	4.71	45.62
1965	11.39	11.39	289.89	6.70	59.15
1970	11.40	11.40	320.47	7.36	48.95
1975	11.40	11.33	268.97	8.72	93.57
1978	11.00	10.90	236.63	8.98	94.20
1980	13.57	13.35	275.35	10.70	135.84
1985	37.49	37.11	411.95	33.03	272.06
1986	46.66	45.97	435.63	41.54	298.50
1987	58.27	57.55	442.24	51.33	322.72
1988	61.83	61.08	443.07	54.16	306.54
1989	66.50	66.22	445.77	57.38	292.55
1990	70.98	67.96	439.86	60.41	262.36
1991	69.63	66.77	431.17	57.90	252.72
1992	81.63	77.91	442.50	69.90	284.97
1993	101.29	95.68	473.68	87.83	328.01
1994	129.41	120.31	501.66	111.20	351.51
1995	150.91	141.44	533.75	131.69	373.84
1996	174.64	165.78	538.98	148.81	397.59
1997	202.37	189.05	549.14	171.23	402.24

10—19 畜牧业生产情况

指　　标	单位	1990年	1994年	1995年	1996年	1997年
主要牲畜年末存栏情况						
大牲畜合计	万头	356.64	385.64	413.86	435.70	451.88
牛	万头	351.50	380.94	409.45	431.31	447.59
马	万头	2.56	2.59	2.52	2.41	2.37
驴	万头	2.28	1.76	1.60	1.48	1.44
骡	万头	0.30	0.35	0.29	0.49	0.48
猪年末存栏	万头	2 063.55	2 339.13	2 449.11	2 513.72	2 542.46
# 能繁殖的母猪	万头	108.05	148.91	157.92	156.64	166.78
羊年末存栏	万只	163.15	185.13	263.23	327.16	348.73
# 山　羊	万只	160.72	182.73	260.04	323.28	343.34
年末家禽存笼	万只	15 434.83	19 821.47	22 387.67	24 559.96	26 710.48
# 鸡	万只	13 780.50	17 010.01	19 112.75	20 720.7	22 171.72
鸭	万只	1 448.23	2 290.53	2 662.31	3 199.91	3 921.90
主要畜禽出栏和畜禽产品产量						
当年出售和自宰的肉用牛	万头	12.44	50.82	67.40	86.55	102.10
当年出售和自宰的肉用羊	万只	78.70	123.99	197.46	268.25	329.24
当年出售和自宰的肉猪	万头	1 714.30	2 516.17	2 981.48	3 240.67	3 479.83
当年出笼家禽	万只	7 341.80	17 052.66	22 457.83	26 832.83	32 372.76
肉类总产量	万吨	146.83	234.79	279.40	309.51	342.23
# 猪　肉	万吨	134.97	205.91	239.60	261.14	282.54
牛　肉	万吨	1.34	5.95	8.33	10.95	12.83
羊　肉	万吨	1.07	2.08	2.78	3.86	4.82
牛奶产量	万吨	5.19	4.65	3.82	4.29	4.63
禽蛋产量	万吨	51.87	79.01	87.92	101.56	118.16
蚕茧产量	万吨	0.79	2.08	2.24	1.26	1.26
# 桑蚕茧	万吨	0.70	2.07	2.23	1.24	1.25
羊毛产量	吨	98	90.08	251.64	159.02	174.00
# 绵羊毛产量	吨	83	57.59	141.55	130.63	139.32

10—20 按人平均粮、棉、油、猪、水产品生产水平

单位:千克

年份	粮食	棉花	油料	肉类	水产品	禽蛋
按总人口平均						
1978	379	8.1	5.2		2.40	
1980	330	6.8	4.4	11.9	2.90	
1985	452	10.0	14.9	20.7	7.60	8.2
1986	462	8.8	16.4	21.8	9.35	8.6
1987	459	8.7	14.9	22.4	11.52	8.6
1988	442	7.1	12.9	25.6	12.12	9.2
1989	457	6.0	14.8	26.9	12.83	9.5
1990	467	9.8	18.1	27.7	13.40	9.8
1991	415	8.9	19.6	29.0	12.90	10.1
1992	443	11.1	18.2	31.9	14.89	11.5
1993	416	7.6	20.0	35.3	18.10	12.5
1994	431	8.0	24.5	41.8	23.0	14.0
1995	429	10.2	33.0	48.6	26.3	15.3
1996	428	7.4	31.4	53.4	30.1	17.5
1997	450	9.9	33.4	58.5	34.6	20.2
按农业人口平均						
1978	444	9.4	6.1		2.82	
1980	392	8.1	5.2	14.1	3.46	
1985	566	12.6	18.6	25.9	9.57	10.2
1986	590	11.2	20.9	27.9	11.94	10.9
1987	588	11.1	19.1	28.7	14.76	11.1
1988	567	9.1	16.6	32.9	15.57	11.8
1989	590	7.8	19.1	34.7	16.55	12.3
1990	603	12.6	23.3	35.8	17.29	12.6
1991	545	11.9	25.8	38.5	16.92	13.5
1992	575	14.4	23.6	41.4	19.30	15.0
1993	546	10.0	26.2	46.3	23.70	16.4
1994	571	10.6	32.5	55.4	30.5	18.6
1995	578	13.8	44.5	65.6	35.4	20.6
1996	585	10.1	42.8	72.9	41.2	23.9
1997	619	13.6	45.9	80.4	47.6	27.8

10—21 乡镇企业单位数

单位:万个

年份	合计	#集体企业	#私有企业	农业	工业	建筑业	交通运输业	商业饮食业及其他
1978	11.15	1.60	9.55	4.36	4.06	0.26	0.38	2.09
1979	11.37	1.55	9.82	4.31	4.04	0.27	0.43	2.32
1980	11.18	1.58	9.60	4.07	4.00	0.27	0.46	2.38
1981	10.66	1.60	9.06	3.59	3.94	0.26	0.45	2.38
1982	10.81	1.64	9.17	3.37	4.17	0.29	0.48	2.50
1983	10.85	1.71	9.14	3.11	4.40	0.29	0.55	2.50
1984	39.90	2.29	12.94	2.74	30.08	0.53	1.24	5.31
1985	84.06	2.61	12.27	2.44	37.41	8.12	14.56	21.53
1986	99.52	2.64	11.07	2.47	40.17	7.63	15.19	34.06
1987	105.03	2.33	11.01	2.75	41.24	8.02	17.57	35.45
1988	109.26	2.12	11.39	2.93	42.84	8.37	18.94	36.18
1989	107.38	2.01	11.02	3.10	41.73	7.89	18.89	35.77
1990	105.34	1.92	10.65	3.13	40.80	7.38	18.24	35.79
1991	104.33	1.86	10.40	3.18	40.01	7.51	18.87	34.76
1992	110.35	1.86	11.19	3.62	41.70	7.79	20.00	37.24
1993	137.76	2.16	12.20	4.00	48.72	9.92	22.82	52.30
1994	149.25	2.24	13.77	4.99	50.02	11.13	24.20	58.91
1995	146.75	2.26	13.65	4.72	44.11	11.30	27.29	59.33
1996	159.79	2.26	13.92	4.67	49.42	11.92	29.52	64.26
1997	29.73	14.55	15.18	3.89	12.57	3.11	2.73	7.43

注:1.1997年乡镇企业有关指标按新口径统计与1996年以前年份数据不可比。2.1978—1983年为乡、村两级数,1984—1996年为乡镇企业全部数,1997年为集体企业和私有企业数。(以下表同)

10—22 乡镇企业职工人数

单位:万人

年份	合计	#集体企业	#私有企业	农业	工业	建筑业	交通运输业	商业饮食业及其他
1978	162.74	70.67	92.07	56.56	73.64	8.95	6.26	17.33
1979	157.57	69.18	88.39	54.21	69.42	10.56	6.01	17.37
1980	152.71	69.98	83.73	46.92	72.10	11.85	5.56	16.28
1981	144.52	69.46	75.06	39.85	72.88	12.20	5.36	14.23
1982	147.36	72.50	74.86	35.36	78.74	14.37	5.33	13.56
1983	153.98	77.38	76.60	30.91	88.35	16.20	5.72	12.80
1984	245.09	91.37	87.59	22.74	156.81	23.40	7.30	34.84
1985	358.72	104.45	96.75	19.67	201.93	53.49	25.54	58.09
1986	379.67	108.19	93.31	19.63	207.77	54.59	26.69	70.99
1987	389.95	107.01	100.83	20.90	215.08	54.35	28.83	91.69
1988	407.19	108.04	106.80	22.54	223.51	57.93	30.33	72.87
1989	401.57	105.99	104.92	23.73	218.79	57.11	29.80	72.14
1990	388.98	100.23	101.96	23.11	210.05	55.25	28.46	72.11
1991	387.87	99.91	100.61	24.35	208.14	56.36	29.73	69.29
1992	413.54	101.59	106.04	25.90	215.51	60.86	31.49	79.78
1993	519.84	124.12	122.52	31.84	262.76	76.81	38.30	110.13
1994	600.33	135.00	136.93	34.87	299.84	92.50	43.18	135.39
1995	663.65	147.33	154.74	38.52	333.40	101.88	50.48	139.37
1996	747.87	157.36	168.52	41.26	369.75	118.53	59.98	158.35
1997	417.03	320.70	96.33	40.49	246.23	69.37	14.95	45.99

10—23 乡镇企业总产值

单位:亿元

年 份	合 计	#集体企业	#私有企业	农 业	工 业	建筑业	交 通 运输业	商业饮食 业及其他
1978	19.17	11.88	7.29	2.63	12.12	1.07	1.06	2.29
1979	22.02	13.11	8.91	3.15	13.99	1.36	1.03	2.49
1980	24.06	14.60	9.45	3.10	15.67	1.69	1.04	2.55
1981	26.26	16.25	10.01	2.88	17.58	1.89	1.05	2.86
1982	30.55	18.75	11.89	3.00	20.72	2.45	1.20	3.18
1983	40.13	24.63	15.50	3.27	27.64	3.67	1.51	4.04
1984	73.90	34.89	24.58	3.83	51.60	7.99	2.63	7.85
1985	118.84	49.63	34.99	4.63	71.79	19.76	10.57	12.09
1986	151.29	59.74	42.25	5.55	89.06	23.00	11.85	21.83
1987	201.59	73.45	59.54	7.17	121.86	28.31	16.38	27.87
1988	274.40	99.07	79.85	9.83	167.51	37.66	21.42	37.98
1989	327.27	117.75	97.59	12.64	201.51	42.31	25.45	45.36
1990	367.74	130.51	109.62	15.13	228.52	45.70	27.45	50.94
1991	393.01	145.06	115.44	16.75	249.41	52.44	31.89	42.52
1992	527.64	187.56	152.21	21.45	324.55	69.02	41.12	70.50
1993	1 019.88	354.55	265.35	39.62	605.83	133.09	76.13	165.21
1994	1 777.35	636.70	511.88	57.87	1 090.30	221.96	128.24	278.98
1995	3 033.89	999.32	1 028.09	138.58	1 943.66	380.29	180.88	390.48
1996	4 572.16	1 339.80	1 593.59	207.73	2 925.09	559.70	308.29	571.35
1997	4 126.51	3 105.10	1 021.41	240.03	2 769.84	480.04	150.09	486.51

注:本表按当年价格计算。1991、1992年商业饮食业及其他总产值中不包括服务业及其他。

10—24 乡镇企业总产值指数

(1978年=100)

单位:%

年 份	合 计	#集体企业	#私有企业	农 业	工 业	建筑业	交 通 运输业	商业饮食 业及其他
1978	100	100	100	100	100	100	100	100
1980	120.8	118.3	124.7	117.4	121.2	157.9	98.1	115.7
1985	582.9	393.6	441.1	169.4	541.1	1 846.7	996.2	517.9
1986	734.3	466.6	534.2	209.4	663.3	2 110.3	1 107.5	929.7
1987	935.8	568.7	701.2	267.5	835.7	2 597.2	1 531.1	1 225.3
1988	1 232.0	731.5	935.5	357.7	1 112.3	3 367.3	1 952.8	1 591.7
1989	1 456.7	859.0	1 117.9	454.3	1 320.5	3 777.6	2 310.4	1 909.6
1990	1 622.5	951.9	1 234.2	536.6	1 488.6	4 019.6	2 493.4	2 117.0
1991	1 906.1	1 108.7	1 425.9	604.8	1 740.3	4 673.0	2 933.3	2 639.3
1992	2 575.4	1 458.9	1 886.5	773.4	2 296.0	6 177.8	3 889.3	4 287.4
1993	4 824.9	2 632.3	3 213.1	1 389.0	4 156.9	11 170.3	6 949.3	9 580.3
1994	7 930.8	4 554.9	5 974.5	2 043.6	6 963.7	19 298.8	10 400.5	15 626.2
1995	12 078.6	6 655.2	10 233.7	4 544.1	10 209.5	32 256.0	15 598.7	23 119.0
1996	17 272.4	8 784.9	14 736.5	6 725.3	14 803.8	44 513.3	20 746.3	32 597.8
1997								

主要统计指标解释

【农业总产值】 以货币表现的农、林、牧、渔四业全部产品的总量。它用价值量形式综合说明了一定时期内（通常指一年）农林牧渔业的总规模和总成果。它是观察农林牧渔业生产水平和发展速度、研究其内部比例关系及其在国民经济中产业布局的一个重要指标。

农、林、牧、渔产值统计范围是：

（1）农作物种植业：包括粮、棉、油料、麻类、烟叶、蔬菜、药材、瓜类和其他农作物的种植，以及茶园、桑园、果园的生产经营，采集野生植物及农民家庭兼营工业（商品部分）。

（2）林业：包括林木的栽培（不包括茶园、桑园和果园的栽培、管理和收获等活动。）林产品的采集和村及村以下的竹木采伐。

（3）牧业：包括除渔业养殖以外的一切畜禽饲养和放牧，以及捕猎野兽、野禽。

（4）渔业：包括水生动物、海藻类植物的养殖和捕捞。

从所有制看，包括全民所有制的各种专业农（林、牧、渔）场和农业试验场、所；集体所有制的农村各种经济组织经营的农、林、牧、渔业；农民自营的农作物栽培、动物饲养及农民家庭兼营工业（商品部分）等。

农业总产值的计算方法通常是以农、林、牧、渔业产品及其副产品的产量乘以该项产品单位、价格而得该项产品的产值。少数生产周期较长，当年没有产品或产品产量不易统计的则采用间接方法匡算产值。四业产品产值之和即为农业总产值。

【农村工业总产值】 以货币表现的乡办工业（即原来的社办工业），村办工业（即原大队办工业）和村以下办工业（即原生产队办工业、农民联办工业和个体办工业）企业生产的产品总量，包括成果价值和对外承做的工业性作业价值两部分。出售的半成品的价值也计入总产值。

农村工业总产值按“工厂法”计算，即按每个工业企业生产活动的最终成果计算，在企业内部不允许重复计算，即不允许将企业内部各个车间生产的成果相加。计算工业产值的工业产品必须符合国务院和各省、自治区、直辖市主管部门规定的质量标准或订货合同规定的技术条件。凡不符合产品质量标准的不合格品，一律不准计算产量、产值。工业性作业只恢复或提高原来产品价值或只完成成品生产中个别工序，应按加工费计算总产值，不包括原材料的价值。

【农村建筑业总产值】 以货币表现的农村各种合作经济组织的建筑队（组）和个体的专业人员从事建筑生产活动的总成果。建筑生产活动包括各种建筑物的建筑工程、各种机械设备的安装工程（不包括被安装的机械设备本身的价值）、建筑物和房屋修理产值以及与工程项目有关的勘察设计和地质勘探活动。

农村建筑业总产值主要包括兴建房屋、农田水利建设（包括安装工程和地质勘探的产值）及开垦荒地的产值。其产值按兴工动料的全部投资额（但不包括被安装设备本身的价值）计算。

【农村运输业总产值】 指农村各级合作经济组织和农户从事货物运输活动的产值，包括水运（装卸驳运和堆存活动）、汽车运输、拖拉机运输、畜力车运输、人力车运输和装卸搬运等货物运输活动。其产值按这些农村运输单位的全部货运收入计算。

【农村商业总产值】 指农村供销合作社及其他各种合作经济组织和农户从事商业活动的产值。其产值按这些农村商业单位的商品附加费（已销售产品购销差价减托运费和装卸搬运费）计算。在搜集资料比较困难的情况下，也可根据这些农村商业单位的零售额乘以毛利率（购销差价率）再减去托运费和装卸搬运费来估算。

【农村饮食业总产值】 指农村各种合作经济组织和农户从事饮食业活动的产值。其产值按饮食业的营业额计算。

【农林牧渔业商品产值】 是指本生产年度内农业生产单位（包括国营、各种合作经济组织和农户）全年生产的农副产品产量中实际出售商品的部分价值。它是各种农业产品商品产量的价值表现形式，可以反映整个农业部门商品生产的规模、速度和比例关系。农林牧渔业商品产值计算范围应同农业总产值计算范围一致。

【农林牧渔业增加值】 也叫附加值或追加价值，是指各单位生产经营或劳务活动的最终成果，即本单位或本行业对社会所作的贡献。

【农林牧渔业中间消耗】 指在农业生产过程中所投入或消耗的各种物质产品和劳务价值总和。分为中间物质消耗和中间劳务消耗。计算中间消耗有两个原则，一是中间消耗仅包括以生产为目的，在生产过程中消耗掉的物质产品和劳务、不包括人民生活消费的物质产品和劳务，其计算口径和价值必须和总产值保持一致。二是中间消耗必须是本期投入生产并一次性消耗的不属于固定资产的低值易耗产品和劳务。某些小农具(价值在50元以下)的仍作为当年中间消耗处理。

【农村经济总收入】 指本单位当年经营的收入中可用以抵偿本年开支在国家、集体、农民之间进行分配的收入总和。包括一年内获得的实物产品折价和现金在内的农、林、牧、渔业及农村工业、建筑业、交通运输业、商业饮食业、服务业等各项生产经营收入和利息租金等非生产性收入;但不包括那些不能用来分配的属于借贷性质或暂收性质的收入,如贷款收入、预购定金、国家投资、农民投资等。

【乡村劳动力】 指乡村人口中实际参加各种行业劳动并取得实物或货币收入的劳动力人数。包括劳动年龄内实际参加劳动的人口和不足或超过劳动年龄实际参加劳动的人口数。不包括户口在家的在外学生和丧失劳动能力的人,也不包括待业人员、家务劳动者和户口在外而离退休在农村领取国家工资的职工。

【耕地面积】 是指能够种植农作物、经常进行耕作的田地。包括熟地、当年新开荒地、连续撂荒未满三年的耕地和当年的休闲地(轮歇地)。以种植农作物为主并附带种植桑树、茶树、果树和其他林木的土地以及沿海、沿湖地区已围垦利用的"海涂"、"湖田"等也应包括在内。但专业性的桑园、茶园、果园、果木苗圃、林地、芦苇地、天然草原等不应包括在内。

【农业机械总动力】 是指主要用于农、林、牧、渔业的各种动力机械的动力总和。包括耕作机械、排灌机械、收获机械、农产品加工机械、运输机械、植保机械、牧业机械、林业机械、渔业机械和其它农业机械。按能源又分为柴油、汽油、电力和其他动力,总动力的计算单位为千瓦。

【农村固定资产】 是指农村区域范围内的各类型经济组织、家庭生产经营等单位在生产过程中长期使用并基本保持其原有实物形态的主要劳动资料、其他物质资料和集体生活福利设备。农村固定资产同时需具备以下两个条件,一是使用年限应在二年以上,二是价值必须超过50元。在乡村工业企业中规定单位价值在200元以上,使用年限在一年以上。如企业的主要设备虽低于200元,而使用年限在一年以上,也划为固定资产。

【水产品产量】 指本年度内捕捞的水产品(包括人工养殖捕捞的水产品和天然生长捕捞的水产品)产量。捕捞多少就算多少产量,不论自食的还是出售的,都应计算在内。

用作继续扩大再生产的水产品(如鱼种、鱼苗、亲鱼、鱼饵及转塘鱼、存塘鱼等)不作水产品产量统计。在渔业生产单位出售以前已经变质的水产品,不论是改作饲料、肥料还是其它用途,也不作水产品产量统计。

在淡水中生长的各种水生植物如莲藕、菱角等,同属农作物的范畴,均不包括在水产品产量之内。

【猪牛羊肉产量】 指当年出栏已屠宰的猪、牛、羊的肉产量。即屠宰后除去头蹄下水后带骨肉的重量,也叫胴体重。此项指标可通过典型调查、抽样调查和收购部门掌握的资料,取得平均每头胴体重数据和出栏头数推算。

工　业 11

资料整理人员：冯坤林　邹玮炜
何良伟　潘天曙

11—1 工业企业单位数

单位:个

分类	1990年	1993年	1994年	1995年	1996年	1997年
合计	**25 913**	**22 600**	**23 275**	**27 815**	**25 986**	**24 498**
一、按经济类型分						
国有经济	6 227	5 545	5 701	7 373	6 569	5 861
集体经济	19 583	16 374	16 745	19 115	18 213	17 233
其他经济	103	681	829	1 327	1 204	1 404
二、按轻重工业分						
轻工业	14 885	11 958	12 096	14 827	13 618	12 723
重工业	11 028	10 642	11 179	12 988	12 368	11 775
三、按企业规模分						
大型企业	169	195	208	262	276	298
中型企业	385	585	603	660	654	667
小型企业	25 359	21 820	22 464	26 893	25 056	23 533

注:本表为乡及乡以上工业企业单位数(下表同)。

11—2 工业企业单位数构成

单位:%

分类	1990年	1993年	1994年	1995年	1996年	1997年
合计	**100**	**100**	**100**	**100**	**100**	**100**
一、按经济类型分						
国有经济	24.0	24.5	24.5	26.5	25.3	23.9
集体经济	75.6	72.5	71.9	68.7	70.1	70.4
其他经济	0.4	3.0	3.6	4.8	4.6	5.7
二、按轻重工业分						
轻工业	57.4	52.9	52.0	53.3	52.4	51.9
重工业	42.6	47.1	48.0	46.7	47.6	48.1
三、按企业规模分						
大型企业	0.6	0.9	0.9	0.9	1.1	1.2
中型企业	1.5	2.6	2.6	2.4	2.5	2.7
小型企业	97.9	96.5	96.5	96.7	96.4	96.1

11—3 全部工业总产值

单位:亿元

年份	合计	#乡及乡以上	#乡镇工业	按经济类型分				按轻重工业分	
				国有	集体	城乡个体	其他	轻工业	重工业
1952	9.99	9.99		6.64	0.10	2.43	0.82	7.79	2.20
1957	24.31	24.31		17.74	5.29	1.28		16.29	8.02
1965	52.90	50.09	2.88	43.70	9.07	0.13		30.35	22.55
1970	86.27	82.83	4.25	71.19	15.08			44.17	42.10
1975	127.99	123.34	6.65	101.98	26.01			63.33	64.66
1978	167.21	159.34	15.07	129.31	37.90			78.71	88.50
1980	228.02	220.80	16.37	179.33	47.86	0.02	0.81	110.14	117.88
1985	467.22	423.10	65.32	321.22	134.42	10.18	1.50	216.47	250.75
1986	538.28	492.99	81.28	362.67	161.11	13.57	0.93	256.06	282.22
1987	659.19	593.10	108.54	434.92	201.38	21.20	1.69	315.49	343.70
1988	834.84	740.46	152.53	534.18	266.64	31.28	2.74	405.13	429.71
1989	976.93	861.93	186.13	620.50	313.07	39.49	3.87	463.35	513.58
1990	1 008.20	879.84	207.90	627.79	329.05	43.96	7.40	476.76	531.44
1991	1 136.02	997.91	225.85	717.56	357.10	49.12	12.24	531.26	604.76
1992	1 373.66	1 198.69	284.49	860.46	420.66	65.80	26.74	605.11	768.55
1993	1 992.31	1 658.66	477.46	1 143.47	613.18	144.11	91.55	770.20	1 222.11
1994	3 024.72	2 205.97	1 092.74	1 342.44	1 082.86	382.03	217.39	1 360.78	1 663.94
1995	3 697.91	2 416.96	1 617.04	1 348.17	1 377.98	616.97	354.79	1 870.12	1 827.79
1996	4 836.33	2 957.72	2 207.48	1 428.90	2 020.52	977.37	409.54	2 470.90	2 365.43
1997	5 977.00	3 396.47	2 927.66	1 442.01	2 752.51	1 180.40	602.08	3 158.47	2 818.53

注:1. 本表按当年价计算。2. 1995—1997 年工业总产值为新规定(下表同)。

11—4 全部工业总产值构成

单位:%

年份	合计	#乡及乡以上	#乡镇工业	按经济类型分				按轻重工业分	
				国有	集体	城乡个体	其他	轻工业	重工业
1952	100	100		66.5	1.0	24.3	8.2	78.0	22.0
1957	100	100		73.0	21.8	5.2		67.0	33.0
1965	100	94.7	5.4	82.6	17.2	0.2		57.4	42.6
1970	100	96.0	4.9	82.5	17.5			51.2	48.8
1975	100	96.4	5.2	79.7	20.3			49.5	50.5
1978	100	95.3	9.0	77.3	22.7			47.1	52.9
1980	100	96.8	7.2	78.6	21.0	…	0.4	48.3	51.7
1985	100	92.5	14.0	68.7	28.8	2.2	0.3	46.3	53.7
1986	100	91.6	15.1	67.4	29.9	2.5	0.2	47.6	52.4
1987	100	90.0	16.5	66.0	30.5	3.2	0.3	47.9	52.1
1988	100	88.7	18.3	64.0	31.9	3.8	0.3	48.5	51.5
1989	100	88.2	19.1	63.5	32.1	4.0	0.4	47.4	52.6
1990	100	87.3	20.6	62.3	32.6	4.4	0.7	47.3	52.7
1991	100	87.8	19.9	63.2	31.4	4.3	1.1	46.8	53.2
1992	100	87.3	20.7	62.6	30.6	4.8	2.0	44.1	55.9
1993	100	83.3	24.0	57.4	30.8	7.2	4.6	38.7	61.3
1994	100	72.9	36.1	44.4	35.8	12.6	7.2	45.0	55.0
1995	100	65.4	43.7	36.4	37.3	16.7	9.6	50.6	49.4
1996	100	61.2	46.3	29.5	41.8	20.2	8.5	51.1	48.9
1997	100	56.8	49.0	24.1	46.1	19.7	10.1	52.8	47.2

注:本表集体经济中包括乡及乡以上、村办、城镇、农村合作经营工业;1977 年以前乡及乡以上工业中,包括了个体手工业。1958 年至 1984 年的城乡个体工业中不包括农村个体工业。

11—5 工业总产值指数

(上年=100)

单位:%

年份	合计	#乡及乡以上	#乡镇工业	按经济类型分				按轻重工业分	
				国有	集体	城乡个体	其他	轻工业	重工业
1978	120.3	120.8	109.0	123.5	110.3			112.4	128.1
1979	117.7	118.0	108.6	119.5	111.2			116.6	118.6
1980	116.3	117.2	106.2	115.8	116.2			121.2	112.1
1981	109.9	110.2	110.0	108.2	115.4	250.0	148.8	119.5	100.9
1982	111.3	110.5	126.8	107.9	122.9	300.0	119.2	107.5	115.4
1983	115.2	114.7	126.7	113.1	122.0	226.7	86.6	113.0	117.4
1984	117.4	114.9	149.4	111.9	133.7	144.1	103.1	116.3	118.6
1985	119.3	117.7	135.8	114.3	123.0		124.1	118.0	120.6
1986	110.9	109.4	124.0	107.5	117.5	133.3	60.0	114.1	108.0
1987	115.5	115.0	119.2	113.7	117.6	130.9	176.8	115.6	115.5
1988	119.1	117.0	136.4	114.6	125.5	142.6	144.0	119.6	118.5
1989	106.7	105.4	117.4	103.2	111.3	121.7	124.2	105.1	108.3
1990	101.8	100.4	112.4	98.4	105.4	111.3	196.5	101.8	101.9
1991	109.1	109.1	111.4	107.8	110.1	114.0	162.6	109.8	108.6
1992	116.2	114.1	130.3	111.2	119.8	139.1	214.8	113.4	118.8
1993	126.6	117.7	160.8	108.6	136.6	211.2	292.7	121.9	130.8
1994	134.9	125.2	178.9	108.6	149.7	189.0	218.1	142.7	128.7
1995	126.0	117.0	141.5	106.4	129.3	153.1	175.3	135.4	117.6
1996	127.3	120.1	136.3	107.6	139.2	149.2	117.5	127.5	127.2
1997	121.6	117.5	126.9	102.6	130.8	113.8	154.7	125.2	118.0

11—6 工业总产值指数

(1978年=100)

单位:%

年份	合计	#乡及乡以上	#乡镇工业	按经济类型分				按轻重工业分	
				国有	集体	城乡个体	其他	轻工业	重工业
1979	117.7	118.0	108.6	119.5	111.2			116.6	118.6
1980	136.9	138.3	115.3	138.4	129.2			141.3	133.0
1981	150.4	152.4	126.9	149.7	149.1		148.8	168.9	134.1
1982	167.4	168.4	160.9	161.6	183.3		177.4	181.5	154.8
1983	192.9	193.2	203.8	182.7	223.6		153.6	205.1	181.7
1984	226.4	221.9	304.5	204.5	298.9		158.4	238.6	215.5
1985	270.2	261.2	413.5	233.7	367.7		196.5	281.5	259.9
1986	299.6	285.8	512.8	251.2	432.0	133.3	117.9	321.2	280.7
1987	346.0	328.6	611.2	285.6	508.1	174.5	208.5	371.3	324.3
1988	412.1	384.5	833.7	327.4	637.6	248.8	300.2	444.1	384.2
1989	439.7	405.3	978.8	337.8	709.7	302.8	372.9	466.8	416.1
1990	447.7	406.9	1 100.1	332.4	748.0	337.0	732.7	475.2	424.0
1991	488.4	443.9	1 225.5	358.4	823.5	384.2	1 191.3	521.7	460.5
1992	567.5	506.5	1 596.9	398.5	986.6	534.4	2 558.9	591.6	547.1
1993	718.5	596.2	2 567.8	432.8	1 347.7	1 128.8	7 490.1	721.2	715.6
1994	969.2	746.4	4 593.7	470.0	2 017.5	2 133.3	16 335.8	1 029.2	921.0
1995	1 221.2	873.3	6 500.1	500.1	2 608.6	3 266.1	28 636.7	1 393.5	1 083.1
1996	1 554.6	1 048.8	8 859.7	538.1	3 631.1	4 873.1	3 364.8	1 776.7	1 377.7
1997	1 890.4	1 232.4	11 242.9	552.1	4 749.5	5 544.6	5 205.3	2 224.3	1 625.7

注:按经济类型分中城乡个体和其他,分别以1985年、1980年为100计算的。

11—7 分行业工业总产值

单位:亿元

分　　组	1995年	1996年	1997年	1997年为1996年%
总　　计	**2 416.96**	**2 957.72**	**3 396.47**	**117.5**
一、按经济类型分:				
国有经济	1 348.17	1 428.90	1 442.01	102.6
集体经济	781.66	1 119.28	1 352.38	120.8
其他经济	287.13	409.54	602.08	154.7
二、按轻重工业分				
轻 工 业	1 012.13	1 287.27	1 493.22	119.5
以农产品为原料	832.90	1 045.54	1 140.41	112.4
以非农产品为原料	179.23	241.73	352.81	145.0
重 工 业	1 404.83	1 670.45	1 903.25	115.9
采掘工业	78.10	107.73	121.21	115.3
原料工业	555.63	610.43	603.46	99.7
加工工业	771.10	952.29	1 178.58	122.9
三、按企业规模分				
大型企业	838.25	915.15	1 084.75	120.3
中型企业	355.44	385.41	386.05	104.9
小型企业	1 223.27	1 657.16	1 925.67	118.9
四、按工业行业分				
煤炭采选业	8.94	14.32	17.04	124.9
石油和天然气开采业	25.27	27.78	28.51	109.8
黑色金属矿采选业	5.02	8.54	11.29	123.8
有色金属矿采选业	6.21	9.01	11.04	121.4
非金属矿采选业	32.98	46.62	58.17	124.2
其他矿采选业	0.35	0.51	0.47	107.4
木材及竹材采运业	2.16	2.28	3.77	178.9
食品加工业	219.42	281.47	305.25	117.8
食品制造业	32.45	46.12	52.78	127.0
饮料制造业	39.10	59.75	81.60	132.2

注:此表统计范围为乡及乡以上工业企业,绝对数按当年价格计算。指数按不变价格计算。

11—7 续表

分　　组	1995年	1996年	1997年	1997年为1996年%
烟草加工业	53.36	69.25	77.47	109.2
纺 织 业	280.21	301.98	343.24	118.1
服装及其他纤维品制造业	72.91	104.73	123.44	117.9
皮革、毛皮、羽绒及其制品业	19.38	25.28	28.05	109.6
木材加工及竹、藤、棕、草制品业	18.75	28.36	32.00	112.2
家具制造业	13.34	23.99	28.43	121.7
造纸及纸制品业	42.28	59.50	63.32	105.0
印刷业、记录媒介的复制	20.04	27.43	30.48	112.7
文教体育用品制造业	3.75	5.66	6.90	121.8
石油加工及炼焦业	73.81	87.21	106.74	118.1
化学原料及化学制品制造业	164.90	213.22	231.24	116.3
医药制造业	40.97	51.30	67.94	133.6
化学纤维制造业	16.41	15.97	21.67	151.4
橡胶制品业	23.06	27.37	27.84	103.4
塑料制品业	36.07	51.37	62.59	121.8
非金属矿物制品业	160.34	217.42	257.25	119.0
黑色金属冶炼及压延加工业	238.21	228.12	234.47	105.8
有色金属冶炼及压延加工业	43.52	49.14	53.24	109.8
金属制品业	70.88	103.80	118.64	114.1
普通机械制造业	103.09	109.04	109.24	96.7
专用设备制造业	60.82	79.06	88.48	115.0
交通运输设备制造业	269.08	299.26	373.84	128.1
电气机械及器材制造业	53.58	69.22	76.15	114.6
电子及通信设备制造业	28.54	36.36	49.02	144.7
仪器仪表及文化、办公用机械制造业	10.68	11.35	11.64	103.9
其他制造业	22.01	31.71	44.31	128.0
电力、蒸汽、热水的生产和供应业	91.51	114.58	134.43	98.5
煤气生产和供应业	1.08	0.55	1.84	380.5
自来水的生产和供应业	9.75	16.33	19.47	113.5

11—8 全部独立核算工业企业主要经济指标

单位:亿元

指 标	1990年	1993年	1994年	1995年	1996年	1997年
企业单位数(个)	19 665	19 763	19 671	21 021	20 769	19 779
#亏损企业(个)	5 370	4 411	3 731	4 367	3 779	3 413
工业总产值(当年价)	816.49	1 587.29	2 060.31	2 193.91	2 662.21	3 063.05
工业总产值(不变价)	885.58	1 328.88	1 630.35	1 796.86	2 174.20	2 550.92
工业增加值(当年价)	313.24	597.50	658.42	611.30	745.25	995.42
全部职工年平均人数(万人)	358.65	357.97	381.45	379.84	369.80	362.50
资 本 金		612.17	686.33	811.17	865.83	990.10
流动资产合计		1 000.35	1 258.29	1 353.91	1 550.60	1 763.95
流动资产年平均余额	265.36	855.52	1 139.65	1 322.96	1 444.30	1 743.37
固定资产合计		940.25	1 131.12	1 539.15	1 793.18	1 993.83
固定资产原价	660.22	1 114.69	1 353.60	1 806.93	2 100.48	2 394.91
#生产经营用	538.57	877.97	1 072.74	1 460.39	1 571.84	1 790.97
本年折旧	30.35	55.69	76.17	94.20	98.17	111.05
固定资产净值年平均余额	455.70	709.12	812.45	1 007.75	1 306.56	1 557.12
资产总计		1 951.82	2 545.34	3 085.91	3 631.99	4 141.44
流动负债		899.90	1 171.98	1 348.52	1 590.59	1 775.63
长期负债		422.95	541.86	659.69	808.49	913.89
所有者权益		628.97	831.50	1 067.40	1 232.79	1 416.70
全部资金	721.06	1 564.64	1 952.10	2 330.71	2 750.86	3 300.49
产品销售收入	705.97	1 500.71	1 690.94	2 066.38	2 305.57	2 681.36
#产品销售成本	595.40	1 164.91	1 329.48	1 668.13	1 891.15	2 167.57
产品销售费用	10.99	39.81	43.97	59.11	72.79	103.61
产品销售税金及附加	62.51	100.92	43.67	40.09	47.66	54.09
产品销售利润	31.62	177.37	269.94	299.05	292.77	335.17
管理费用		80.30	152.79	168.28	170.23	194.83
利润总额	26.73	67.00	74.06	52.26	43.93	57.71
亏损企业亏损总额	17.35	19.21	25.09	36.81	50.29	57.79
利税总额	88.40	167.92	190.29	181.57	181.41	221.53
本年应交增值税			72.57	88.22	89.82	109.73

11—9　全部独立核算工业企业主要经济效益指标

指　　标	单　位	1990 年	1993 年	1994 年	1995 年	1996 年	1997 年
亏　损　面	%	27.31	22.32	18.97	20.77	18.20	17.26
百元固定资产原值实现产值（当年价）	元	123.67	142.40	152.21	121.42	126.74	127.90
百元固定资产原值实现利税	元	13.39	15.06	14.06	10.05	8.64	9.25
百元固定资产原值实现利润	元	4.05	6.01	5.47	2.89	2.09	2.41
百元资金实现产值(当年价)	元	113.23	101.45	105.54	92.90	96.78	92.81
百元资金实现利税	元	12.26	10.73	9.75	7.79	6.59	6.71
百元资金实现利润	元	3.71	4.28	3.79	2.24	1.60	1.75
百元产值实现销售收入（当年价）	元	86.46	94.54	82.07	94.19	86.60	87.54
百元产值实现利税(当年价)	元	10.83	10.58	9.24	8.28	6.81	7.23
百元产值实现利润(当年价)	元	3.27	4.22	3.59	2.38	1.65	1.88
流动资金周转次数	次	2.66	1.75	1.48	1.56	1.60	1.54
流动资金周转天数	天	135	206	243	231	225	234
百元销售收入实现利润	元	3.79	4.46	4.38	2.53	1.91	2.15
百元销售收入实现利税	元	12.52	11.19	11.25	8.79	7.87	8.26
工业增加值率	%		37.64	31.96	27.86	27.99	29.35

11—10 各种分组的全部独立核算工业企业主要经济指标

分组	企业单位数（个）		亏损企业数（个）		工业总产值(当年价)(亿元)	
	1996年	1997年	1996年	1997年	1996年	1997年
总计	**20 769**	**19 779**	**3 779**	**3 413**	**2 662.21**	**3 063.05**
一、按轻重工业分						
轻工业	10 377	9 764	1 937	1 722	1 080.64	1 257.00
以农产品为原料	7 278	6 373	1 386	1 105	854.29	927.90
以非农产品为原料	3 099	3 391	551	617	226.35	329.10
重工业	10 392	10 015	1 842	1 691	1 581.57	1 806.05
采掘工业	1 337	1 300	189	118	98.78	112.23
原料工业	2 035	1 822	383	353	595.25	588.97
加工工业	7 020	6 893	1 270	1 220	887.54	1 104.85
二、按企业规模分						
大型企业	276	298	101	105	915.15	1 084.75
中型企业	654	667	284	332	385.41	386.05
小型企业	19 839	18 814	3 394	2 976	1 361.65	1 592.25
三、按工业行业分						
煤炭采选业	434	443	51	46	13.02	16.60
石油和天然气开采业	1	1	1	1	27.77	28.51
黑色金属矿采选业	96	93	13	5	7.98	10.69
有色金属矿采选业	116	118	13	9	8.22	10.24
非金属矿采选业	673	677	105	65	41.58	53.28
其他矿采选业	19	13	1	—	0.48	0.44
木材及竹材采运业	15	16	1	2	0.98	1.68
食品加工业	1 494	1 458	258	255	182.34	193.59
食品制造业	506	498	120	98	36.20	44.78
饮料制造业	995	983	153	118	53.52	74.17
烟草加工业	31	26	9	6	68.11	75.02
纺织业	1 107	992	364	277	260.33	280.01
服装及其他纤维制品制造业	724	631	113	100	98.59	114.59

11—10 续表 1

分组	企业单位数（个）		亏损企业数（个）		工业总产值(当年价)(亿元)	
	1996 年	1997 年	1996 年	1997 年	1996 年	1997 年
皮革、毛皮、羽绒及其制品业	310	264	57	47	24.22	26.59
木材加工及竹、藤、棕、草制品业	509	479	64	54	23.36	25.99
家具制造业	489	440	54	46	19.79	24.02
造纸及纸制品业	581	574	110	95	48.51	55.61
印刷业、记录媒介的复制	585	541	104	103	21.82	24.44
文教体育用品制造业	118	111	12	13	4.46	4.37
石油加工及炼焦业	61	52	11	8	87.07	106.44
化学原料及化学制品制造业	1 218	1 190	203	200	203.51	221.92
医药制造业	220	205	63	58	49.26	66.31
化学纤维制造业	31	32	12	9	15.91	21.67
橡胶制品业	146	137	29	31	27.03	27.40
塑料制品业	675	653	134	108	47.90	58.22
非金属矿物制品业	3 201	3 158	418	370	192.02	228.57
黑色金属冶炼及压延加工业	244	227	63	58	226.95	232.02
有色金属冶炼及压延加工业	120	114	32	30	47.24	52.22
金属制品业	1 143	1 068	198	181	98.16	111.51
普通机械制造业	942	874	206	190	95.36	108.05
专用设备制造业	676	629	169	143	76.93	86.71
交通运输设备制造业	977	910	237	258	289.71	350.24
电气机械及器材制造业	456	409	122	119	66.82	73.89
电子及通信设备制造业	152	125	49	41	29.57	48.14
仪器仪表及文化、办公用机械制造业	122	109	30	35	10.99	11.00
其他制造业	524	487	69	68	29.27	41.13
电力、蒸汽、热水的生产和供应业	600	578	85	101	108.09	130.07
煤气生产和供应业	7	7	…	3	0.55	1.77
自来水的生产和供应业	447	453	44	60	15.83	17.97

11—10 续表 2

分组	工业增加值 （亿元）		全部职工年平均人数（万人）	
	1996 年	1997 年	1996 年	1997 年
总计	**745.25**	**995.42**	**369.80**	**362.50**
一、按轻重工业分				
轻工业	270.16	420.50	152.91	145.65
以农产品为原料	215.12	310.10	116.99	104.96
以非农产品为原料	55.04	110.40	35.92	40.69
重工业	475.09	574.92	216.89	216.85
采掘工业	38.30	45.44	21.97	19.15
原料工业	200.74	214.14	53.50	56.04
加工工业	236.05	315.34	141.42	141.66
二、按企业规模分				
大型企业	275.13	361.30	97.23	105.24
中型企业	94.65	115.60	66.08	63.63
小型企业	375.47	518.52	206.49	193.63
三、按工业行业分				
煤炭采选业	5.02	8.07	6.42	6.40
石油和天然气开采业	14.11	14.43	3.65	3.14
黑色金属矿采选业	3.75	3.45	1.15	1.30
有色金属矿采选业	3.10	3.31	1.91	1.72
非金属矿采选业	11.79	18.56	9.70	8.50
其他矿采选业	0.10	0.12	0.08	0.06
木材及竹材采运业	0.39	0.59	0.36	0.51
食品加工业	47.62	55.17	12.73	12.85
食品制造业	8.87	14.62	5.45	4.71
饮料制造业	14.12	24.95	7.26	6.91
烟草加工业	30.24	35.57	2.34	2.33
纺织业	51.31	87.21	51.63	48.00
服装及其他纤维制品制造业	21.04	35.49	12.75	11.54

注：工业增加值按生产法计算（下表同）。

11—10　续表 3

分　　组	工业增加值　（亿元）		全部职工年平均人数（万人）	
	1996 年	1997 年	1996 年	1997 年
皮革、毛皮、羽绒及其制品业	6.24	8.45	3.68	2.97
木材加工及竹、藤、棕、草制品业	7.10	8.41	3.16	2.91
家具制造业	5.49	9.71	2.83	2.67
造纸及纸制品业	11.54	18.56	7.54	6.95
印刷业、记录媒介的复制	6.51	9.12	4.78	4.46
文教体育用品制造业	1.14	1.12	1.10	0.83
石油加工及炼焦业	15.68	27.17	2.33	2.31
化学原料及化学制品制造业	55.92	64.13	23.12	23.50
医药制造业	12.85	25.41	5.82	6.05
化学纤维制造业	3.23	7.75	2.07	2.92
橡胶制品业	6.50	8.97	3.57	3.49
塑料制品业	13.88	20.08	6.43	6.91
非金属矿物制品业	56.03	74.92	42.59	42.44
黑色金属冶炼及压延加工业	67.69	70.28	16.86	22.92
有色金属冶炼及压延加工业	12.24	11.26	4.87	4.71
金属制品业	23.98	36.06	13.90	12.97
普通机械制造业	25.30	32.58	21.14	20.38
专用设备制造业	25.54	28.00	14.60	14.94
交通运输设备制造业	62.23	84.86	39.03	37.05
电气机械及器材制造业	20.93	24.27	9.47	9.00
电子及通信设备制造业	10.54	17.42	4.59	3.76
仪器仪表及文化、办公用机械制造业	3.35	3.49	3.80	3.34
其他制造业	6.84	13.25	3.78	3.36
电力、蒸汽、热水的生产和供应业	67.00	81.46	9.26	9.08
煤气生产和供应业	−0.20	−0.88	0.19	0.46
自来水的生产和供应业	5.83	7.37	2.75	3.08

11—10 续表 4

单位:亿元

分组	资本金		流动资产年平均余额		固定资产原价	
	1996 年	1997 年	1996 年	1997 年	1996 年	1997 年
总计	**865.83**	**990.10**	**1 444.30**	**1 743.37**	**2 100.48**	**2 394.91**
一、按轻重工业分						
轻工业	244.29	292.67	445.73	564.48	538.72	625.89
以农产品为原料	164.76	195.76	334.30	401.04	390.69	435.07
以非农产品为原料	79.53	96.91	111.43	163.44	148.03	190.82
重工业	621.54	697.43	998.57	1 178.89	1 561.76	1 769.02
采掘工业	42.92	42.31	43.36	53.17	102.79	111.57
原料工业	279.55	286.63	393.29	445.62	845.89	935.06
加工工业	299.07	368.49	561.92	680.10	613.08	722.39
二、按企业规模分						
大型企业	470.83	540.77	747.41	897.60	1 204.61	1 400.62
中型企业	142.07	157.47	250.92	280.08	360.09	393.49
小型企业	252.93	291.86	445.97	565.69	535.78	600.80
三、按工业行业分						
煤炭采选业	5.50	5.99	4.79	6.40	12.86	13.73
石油和天然气开采业	23.31	23.64	21.91	23.85	60.75	64.94
黑色金属矿采选业	1.41	1.96	1.93	3.24	1.59	2.08
有色金属矿采选业	4.43	3.03	2.21	4.20	5.73	6.71
非金属矿采选业	21.61	10.71	14.26	21.21	28.36	32.45
其他矿采选业	0.11	0.33	0.08	0.12	0.07	0.06
木材及竹材采运业	0.56	0.80	0.57	0.88	0.91	1.20
食品加工业	21.34	26.21	41.99	61.20	51.01	60.13
食品制造业	9.68	11.97	14.05	17.33	21.21	25.48
饮料制造业	21.04	32.44	27.78	39.13	40.27	44.55
烟草加工业	10.03	11.32	37.18	44.97	31.40	36.93
纺织业	57.21	62.47	116.16	125.33	147.14	165.54
服装及其他纤维制品制造业	13.11	18.49	30.17	45.82	25.73	32.78

11—10 续表5

单位:亿元

分组	资本金		流动资产年平均余额		固定资产原价	
	1996年	1997年	1996年	1997年	1996年	1997年
皮革、毛皮、羽绒及其制品业	3.98	4.19	8.72	9.90	6.38	6.50
木材加工及竹、藤、棕、草制品业	4.88	6.31	5.76	9.49	8.97	11.13
家具制造业	2.86	3.29	4.48	6.67	5.17	5.26
造纸及纸制品业	9.01	12.96	18.50	23.97	25.51	25.19
印刷业、记录媒介的复制	6.85	7.50	11.28	13.13	15.22	18.14
文教体育用品制造业	1.00	0.88	2.31	2.02	1.90	1.90
石油加工及炼焦业	13.79	14.90	22.45	22.71	41.80	49.18
化学原料及化学制品制造业	48.45	64.28	78.99	109.80	126.13	140.28
医药制造业	13.04	16.49	27.20	34.37	26.80	38.25
化学纤维制造业	5.85	6.54	8.62	13.66	19.12	20.01
橡胶制品业	8.33	9.22	15.68	19.76	18.22	18.94
塑料制品业	12.68	13.44	17.63	23.55	23.11	27.83
非金属矿物制品业	55.45	61.06	67.97	84.33	125.97	138.43
黑色金属冶炼及压延加工业	101.83	105.98	209.04	229.39	338.96	377.22
有色金属冶炼及压延加工业	14.16	15.16	23.27	25.68	35.20	40.59
金属制品业	23.55	27.30	44.62	49.84	37.74	46.53
普通机械制造业	30.57	34.26	70.76	79.70	77.03	78.63
专用设备制造业	21.25	27.09	44.13	48.22	48.38	55.14
交通运输设备制造业	129.50	159.43	254.61	280.52	244.97	269.53
电气机械及器材制造业	18.84	23.49	49.00	61.07	43.75	49.74
电子及通信设备制造业	10.21	18.40	28.71	45.11	18.65	29.56
仪器仪表及文化、办公用机械制造业	5.69	5.34	13.76	13.08	13.46	11.04
其他制造业	5.17	5.20	7.62	11.83	7.11	8.79
电力、蒸汽、热水的生产和供应业	108.29	117.59	86.20	118.32	322.53	389.60
煤气生产和供应业	0.68	3.42	0.72	1.50	1.69	5.52
自来水的生产和供应业	19.10	15.80	6.06	8.48	35.45	40.92

11—10 续表6 单位:亿元

分组	生产经营用固定资产原价		本年折旧		固定资产净值年平均余额	
	1996年	1997年	1996年	1997年	1996年	1997年
总计	**1 571.84**	**1 790.97**	**98.17**	**111.05**	**1 306.56**	**1 557.12**
一、按轻重工业分						
轻工业	391.67	444.33	22.07	27.03	369.55	433.48
以农产品为原料	277.88	312.15	15.72	18.28	265.92	302.42
以非农产品为原料	113.79	132.18	6.35	8.75	103.63	131.06
重工业	1 180.17	1 346.64	76.10	84.02	937.01	1 123.64
采掘工业	58.85	88.51	4.97	5.31	62.49	65.25
原料工业	688.62	782.99	44.34	45.82	502.99	555.88
加工工业	432.70	475.14	26.79	32.89	371.53	502.51
二、按企业规模分						
大型企业	938.40	1 081.40	60.55	69.02	707.35	863.33
中型企业	264.88	285.16	13.84	15.91	229.09	261.87
小型企业	368.56	424.41	23.78	26.12	370.12	431.92
三、按工业行业分						
煤炭采选业	9.10	10.78	0.56	0.44	8.48	9.55
石油和天然气开采业	30.50	52.53	3.19	3.67	32.99	32.87
黑色金属矿采选业	1.11	1.80	0.06	0.16	0.90	1.49
有色金属矿采选业	2.89	5.22	0.31	0.23	4.32	5.00
非金属矿采选业	21.78	25.06	1.17	1.31	19.64	21.51
其他矿采选业	0.05	0.05			0.07	0.05
木材及竹材采运业	0.58	0.75	0.01	0.05	0.68	0.78
食品加工业	34.52	41.50	1.90	1.93	36.25	45.95
食品制造业	16.98	17.21	0.69	1.15	14.92	17.36
饮料制造业	29.86	35.13	1.66	2.27	27.08	34.81
烟草加工业	22.87	26.12	2.23	2.21	22.82	25.29
纺织业	102.13	117.47	4.88	6.15	95.51	107.28
服装及其他纤维制品制造业	16.73	23.03	1.35	1.38	17.78	23.02

11—10 续表 7

单位:亿元

分组	生产经营用固定资产原价		本年折旧		固定资产净值年平均余额	
	1996年	1997年	1996年	1997年	1996年	1997年
皮革、毛皮、羽绒及其制品业	4.56	4.10	0.26	0.25	4.76	4.43
木材加工及竹、藤、棕、草制品业	5.61	7.59	0.36	0.43	6.52	8.07
家具制造业	3.54	3.17	0.19	0.18	3.88	3.88
造纸及纸制品业	18.47	17.46	0.84	0.81	17.62	19.23
印刷业、记录媒介的复制	11.57	13.90	0.72	0.82	10.18	11.32
文教体育用品制造业	1.53	1.22	0.14	0.10	1.21	1.29
石油加工及炼焦业	31.74	37.55	3.21	3.88	22.18	26.21
化学原料及化学制品制造业	96.23	103.51	6.78	6.58	76.30	89.13
医药制造业	19.39	29.79	1.06	1.77	18.57	25.32
化学纤维制造业	16.66	16.38	0.65	0.98	13.72	13.04
橡胶制品业	13.15	13.78	1.10	0.69	12.48	14.40
塑料制品业	17.52	21.02	1.05	1.74	15.50	19.80
非金属矿物制品业	83.95	101.95	5.22	5.11	85.75	96.94
黑色金属冶炼及压延加工业	285.37	320.12	20.09	20.58	173.93	184.43
有色金属冶炼及压延加工业	27.72	29.69	1.37	1.20	20.95	22.61
金属制品业	26.95	31.65	1.65	2.36	24.94	31.14
普通机械制造业	52.37	53.61	2.92	3.61	44.68	49.29
专用设备制造业	31.67	36.84	1.85	2.53	31.27	38.88
交通运输设备制造业	175.18	151.14	10.47	11.82	133.71	204.69
电气机械及器材制造业	34.96	35.23	2.04	1.72	37.04	34.35
电子及通信设备制造业	13.78	21.59	0.92	1.47	12.13	18.51
仪器仪表及文化、办公用机械制造业	7.69	8.62	0.35	0.29	6.87	7.73
其他制造业	5.36	6.47	0.36	0.47	5.32	6.78
电力、蒸汽、热水的生产和供应业	264.79	338.86	14.61	18.57	216.76	265.41
煤气生产和供应业	1.40	2.30	0.36	0.13	1.22	4.42
自来水的生产和供应业	28.45	23.41	1.42	1.81	25.50	28.73

11—10 续表 8　　单位:亿元

分　组	流动负债		产品销售收入		产品销售税金及附加	
	1996年	1997年	1996年	1997年	1996年	1997年
总　　计	**1 590.59**	**1 775.63**	**2 305.57**	**2 681.36**	**47.66**	**54.09**
一、按轻重工业分						
轻 工 业	546.18	612.72	880.41	1 035.15	25.96	30.08
以农产品为原料	419.70	453.05	685.49	768.45	23.72	25.79
以非农产品为原料	126.48	159.67	194.92	266.70	2.24	4.29
重 工 业	1 044.41	1 162.91	1 425.16	1 646.21	21.70	24.01
采掘工业	39.29	43.27	84.86	96.29	2.48	1.69
原料工业	414.81	444.30	593.58	577.69	11.42	8.94
加工工业	590.31	675.34	746.72	972.23	7.80	13.38
二、按企业规模分						
大型企业	742.40	874.89	900.15	1 059.56	22.52	25.76
中型企业	325.72	352.78	332.02	340.22	8.91	9.07
小型企业	522.47	547.96	1 073.40	1 281.58	16.23	19.26
三、按工业行业分						
煤炭采选业	5.64	7.10	12.09	13.38	0.19	0.35
石油和天然气开采业	15.05	15.64	26.97	27.08	0.51	0.49
黑色金属矿采选业	1.43	1.82	6.04	9.44	0.11	0.12
有色金属矿采选业	2.59	3.02	6.17	8.21	0.19	0.08
非金属矿采选业	17.62	22.05	34.71	44.31	0.67	0.81
其他矿采选业	0.07	0.04	0.41	0.33	0.02	0.01
木材及竹材采运业	0.53	0.82	0.81	1.27	0.04	0.08
食品加工业	59.41	69.59	136.13	154.25	1.16	1.72
食品制造业	19.21	21.94	30.31	37.75	0.29	0.43
饮料制造业	35.37	38.40	45.31	64.07	2.90	3.39
烟草加工业	46.77	59.07	59.27	70.94	17.26	17.91
纺 织 业	156.98	167.17	215.95	227.82	1.04	1.34
服装及其他纤维制品制造业	32.35	38.58	76.12	91.82	0.68	0.69

11—10 续表 9

单位:亿元

分组	流动负债		产品销售收入		产品销售税金及附加	
	1996 年	1997 年	1996 年	1997 年	1996 年	1997 年
皮革、毛皮、羽绒及其制品业	8.99	8.42	18.27	21.97	0.12	0.14
木材加工及竹、藤、棕、草制品业	6.82	8.22	17.53	21.37	0.36	0.29
家具制造业	4.96	5.68	15.06	16.71	0.23	0.22
造纸及纸制品业	23.65	25.17	39.30	44.79	0.41	0.84
印刷业、记录媒介的复制	10.73	12.80	17.37	21.43	0.20	0.30
文教体育用品制造业	2.43	2.26	3.52	3.35	0.05	0.05
石油加工及炼焦业	21.45	28.03	85.44	109.72	7.06	7.18
化学原料及化学制品制造业	94.64	108.59	174.47	191.34	1.22	1.22
医药制造业	30.52	33.16	45.90	57.26	0.36	0.40
化学纤维制造业	11.31	10.84	13.04	15.11	0.03	0.02
橡胶制品业	21.06	23.22	23.86	24.80	0.93	1.02
塑料制品业	19.11	22.46	39.91	48.63	0.43	0.49
非金属矿物制品业	87.05	92.27	158.57	187.19	2.43	2.85
黑色金属冶炼及压延加工业	209.96	223.10	242.88	245.22	1.91	2.07
有色金属冶炼及压延加工业	27.38	30.86	43.26	44.56	0.26	0.24
金属制品业	44.30	44.87	87.05	92.51	0.79	0.86
普通机械制造业	70.67	77.59	79.77	93.32	0.87	0.96
专用设备制造业	44.51	47.41	61.26	71.38	0.50	0.78
交通运输设备制造业	263.04	301.21	245.96	319.59	1.58	3.30
电气机械及器材制造业	47.16	54.84	53.56	61.28	0.63	0.44
电子及通信设备制造业	27.22	31.83	24.55	42.56	0.37	0.15
仪器仪表及文化、办公用机械制造业	15.23	15.23	10.42	9.59	0.14	0.11
其他制造业	7.52	8.93	22.67	33.66	0.35	0.62
电力、蒸汽、热水的生产和供应业	86.56	100.85	115.33	132.59	1.21	1.95
煤气生产和供应业	0.92	1.67	0.58	1.83	…	…
自来水的生产和供应业	6.82	8.15	13.24	15.85	0.16	0.17

11—10 续表 10

单位:亿元

分组	利润总额		利税总额		本年应交增值税	
	1996 年	1997 年	1996 年	1997 年	1996 年	1997 年
总计	**43.93**	**57.71**	**181.41**	**221.53**	**89.82**	**109.73**
一、按轻重工业分						
轻工业	5.51	18.25	60.15	83.44	28.68	35.11
以农产品为原料	4.68	15.74	50.93	68.41	22.53	26.88
以非农产品为原料	0.83	2.51	9.22	15.03	6.15	8.23
重工业	38.42	39.46	121.26	138.09	61.14	74.62
采掘工业	0.69	0.97	5.75	5.54	2.59	2.88
原料工业	28.71	25.89	74.88	75.01	34.74	40.18
加工工业	9.02	12.60	40.63	57.54	23.81	31.56
二、按企业规模分						
大型企业	28.54	32.74	95.61	116.84	44.55	58.34
中型企业	−3.68	−4.37	18.74	19.26	13.50	14.56
小型企业	19.07	29.34	67.06	85.43	31.77	36.83
三、按工业行业分						
煤炭采选业	0.18	0.04	0.87	0.95	0.50	0.56
石油和天然气开采业	−0.31	−0.59	1.18	0.86	0.98	0.96
黑色金属矿采选业	0.18	0.23	0.42	0.50	0.13	0.15
有色金属矿采选业	0.39	0.32	0.72	0.56	0.14	0.17
非金属矿采选业	0.29	1.25	1.90	3.38	0.93	1.32
其他矿采选业	0.01	0.01	0.04	0.03	0.01	0.01
木材及竹材采运业	−0.01	0.02	0.05	0.12	0.02	0.02
食品加工业	1.25	2.18	4.67	6.30	2.26	2.40
食品制造业	0.21	0.49	1.54	2.44	1.04	1.53
饮料制造业	0.70	2.01	5.77	8.88	2.16	3.48
烟草加工业	1.75	1.17	23.02	24.91	4.02	5.83
纺织业	−6.82	−2.74	0.91	5.65	6.68	7.06
服装及其他纤维制品制造业	3.69	5.60	6.43	8.72	2.07	2.43

11—10 续表11

单位:亿元

分组	利润总额		利税总额		本年应交增值税	
	1996年	1997年	1996年	1997年	1996年	1997年
皮革、毛皮、羽绒及其制品业	0.47	0.31	1.05	1.00	0.47	0.55
木材加工及竹、藤、棕、草制品业	0.69	0.48	1.57	1.47	0.53	0.70
家具制造业	0.41	0.71	0.99	1.32	0.35	0.38
造纸及纸制品业	0.04	0.15	1.85	2.80	1.40	1.81
印刷业、记录媒介的复制	0.38	0.79	1.20	1.98	0.62	0.89
文教体育用品制造业	0.09	0.08	0.26	0.22	0.12	0.09
石油加工及炼焦业	0.86	3.43	10.27	17.24	2.35	6.63
化学原料及化学制品制造业	7.40	5.41	12.89	11.35	4.27	4.72
医药制造业	1.87	5.39	4.04	8.11	1.81	2.33
化学纤维制造业	—1.13	—0.03	—0.84	0.43	0.26	0.43
橡胶制品业	—0.14	0.01	1.88	2.52	1.09	1.40
塑料制品业	1.09	1.64	2.78	3.50	1.26	1.37
非金属矿物制品业	2.92	3.51	10.85	12.77	5.50	6.41
黑色金属冶炼及压延加工业	5.33	2.99	23.06	22.88	15.82	17.82
有色金属冶炼及压延加工业	—0.12	—0.19	1.71	1.48	1.57	1.43
金属制品业	2.51	2.09	5.59	5.41	2.29	2.47
普通机械制造业	0.04	0.78	4.12	5.45	3.21	3.71
专用设备制造业	1.11	1.30	3.79	4.47	2.18	2.40
交通运输设备制造业	—3.09	—8.57	7.02	4.86	8.53	10.13
电气机械及器材制造业	1.94	0.76	4.49	3.01	1.92	1.80
电子及通信设备制造业	0.63	5.84	1.77	7.67	0.77	1.68
仪器仪表及文化、办公用机械制造业	—0.49	—0.48	0.14	—0.01	0.49	0.36
其他制造业	0.59	1.29	1.60	2.82	0.65	0.92
电力、蒸汽、热水的生产和供应业	18.29	19.64	30.24	34.38	10.74	12.78
煤气生产和供应业	…	0.10	0.02	0.15	0.02	0.05
自来水的生产和供应业	0.73	0.21	1.54	0.91	0.65	0.52

11—11 独立核算大中型工业企业主要经济指标

指标	单位	合计		大型企业		中型企业	
		1996年	1997年	1996年	1997年	1996年	1997年
企业单位数	个	930	965	276	298	654	667
#亏损企业	个	385	437	101	105	284	332
工业总产值(当年价)	亿元	1 300.56	1 470.80	915.15	1 084.75	385.41	386.05
工业总产值(1990年不变价)	亿元	1 003.04	1 157.41	681.36	819.90	321.68	337.51
工业增加值(当年价)	亿元	369.78	476.90	275.13	361.30	94.65	115.60
全部职工年平均人数	万人	163.31	168.88	97.23	105.25	66.08	63.63
资本金	亿元	612.90	698.25	470.83	540.77	142.07	157.48
流动资产年平均余额	亿元	998.33	1 177.68	747.41	897.60	250.92	280.08
固定资产原价	亿元	1 564.70	1 794.11	1 204.61	1 400.62	360.09	393.49
#生产经营用	亿元	1 203.28	1 366.56	938.40	1 081.40	264.88	285.16
本年折旧	亿元	74.39	84.93	60.55	69.02	13.84	15.91
固定资产净值年平均余额	亿元	936.44	1 125.20	707.35	863.33	229.09	261.87
流动负债	亿元	1 068.12	1 227.67	742.40	874.89	325.72	352.78
长期负债	亿元	584.16	682.52	458.17	547.27	125.99	135.25
所有者权益	亿元	963.52	1 104.51	795.31	923.40	168.21	181.11
全部资金	亿元	1 934.77	2 302.88	1 454.76	1 760.93	480.01	541.95
产品销售收入	亿元	1 232.17	1 399.78	900.15	1 059.56	332.02	340.22
#产品销售成本	亿元	993.78	1 119.96	725.52	843.91	268.26	276.05
产品销售费用	亿元	28.94	46.05	16.26	32.48	12.68	13.57
产品销售税金及附加	亿元	31.43	34.83	22.52	25.76	8.91	9.07
产品销售利润	亿元	176.82	195.96	134.66	157.07	42.16	38.89
管理费用	亿元	106.31	120.76	76.31	89.17	30.00	31.59
利润总额	亿元	24.86	28.38	28.54	32.75	—3.68	—4.37
亏损企业亏损总额	亿元	31.18	38.31	15.05	20.61	16.13	17.70
利税总额	亿元	114.35	136.10	95.61	116.84	18.74	19.26
本年应交增值税	亿元	58.05	72.89	44.55	58.33	13.50	14.56

11—12 独立核算大中型工业企业主要经济效益指标

指标	单位	合计		大型企业		中型企业	
		1996年	1997年	1996年	1997年	1996年	1997年
亏损面	%	41.40	45.28	36.59	35.23	43.43	49.78
百元固定资产原值实现产值	元	83.12	81.98	75.97	77.45	107.03	98.11
百元固定资产原值实现利税	元	7.31	7.59	7.94	8.34	5.20	4.89
百元固定资产原值实现利润	元	1.59	1.58	2.37	2.34	−1.02	−1.11
百元资金实现产值	元	67.22	63.87	62.91	61.60	80.29	71.23
百元资金实现利税	元	5.91	5.91	6.57	6.64	3.90	3.55
百元资金实现利润	元	1.28	1.23	1.96	1.35	−0.77	−0.81
百元产值实现销售收入	元	94.74	95.17	98.36	97.68	86.15	88.13
百元产值实现利税	元	8.79	9.25	10.45	10.77	4.86	4.99
百元产值实现利润	元	1.91	1.93	3.12	3.02	−0.95	−1.13
流动资金周转次数	次	1.23	1.19	1.20	1.18	1.32	1.21
流动资金周转天数	天	293	303	300	305	273	296
百元销售收入实现利税	元	9.28	9.72	10.62	11.03	5.64	5.66
百元销售收入实现利润	元	2.02	2.03	3.17	3.09	−1.11	−1.28
工业增加值率	%	28.43	28.37	30.06	28.94	24.56	26.71
平均每一企业拥有固定资产原值	万元	16 825	18 650	43 645	47 001	5 506	5 899

注:本表按当年价格计算。

11—13 国有独立核算工业企业主要经济指标

单位:亿元

指　　标	1990年	1993年	1994年	1995年	1996年	1997年
企业单位数(个)	3 813	4 069	3 992	4 229	3 997	3 611
#亏损企业	1 206	1 264	1 246	1 487	1 446	1 453
工业总产值(当年价)	596.53	1 100.65	1 262.41	1 220.72	1 264.42	1 276.11
工业总产值(不变价)	656.07	858.18	915.04	918.81	958.38	974.57
工业增加值(当年价)		391.00	402.44	361.24	358.36	415.03
全部职工年平均人数(万人)	213.69	204.36	209.66	210.16	193.55	184.13
资本金		479.17	500.51	551.43	574.13	581.80
流动资产合计		750.97	909.11	900.48	980.92	1 046.97
流动资产年平均余额	195.11	633.73	822.81	903.49	924.80	1 002.55
固定资产合计		726.07	874.24	1 153.76	1 251.09	1 275.41
固定资产原价	548.72	907.28	1 063.31	1 382.74	1 515.44	1 600.84
#生产经营用	448.97	723.55	852.54	1 109.23	1 108.48	1 215.77
本年折旧	23.95	44.88	60.16	72.13	69.64	71.99
固定资产净值年平均余额	375.33	558.04	616.43	724.28	918.72	983.28
资产总计		1 510.41	1 888.63	2 186.30	2 408.29	2 552.76
流动负债		686.99	846.12	925.88	1 065.68	1 127.06
长期负债		315.07	395.32	453.16	465.12	498.08
所有者权益		508.35	647.19	803.61	877.48	910.74
全部资金	570.44	1 191.77	1 439.24	1 627.77	1 843.52	1 985.83
产品销售收入	548.59	1 098.93	1 082.17	1 176.62	1 160.54	1 179.86
#产品销售成本		845.87	833.88	938.41	942.78	958.41
产品销售费用		25.45	20.84	26.50	26.57	26.98
产品销售税金及附加	53.70	81.23	28.60	27.19	30.87	32.17
产品销售利润	30.12	138.75	195.00	184.52	160.31	157.15
管理费用		60.40	110.24	113.17	108.83	111.15
利润总额	26.78	54.38	51.05	24.40	8.67	3.68
亏损企业亏损总额	11.54	12.74	17.40	24.32	33.56	35.45
利税总额	79.79	135.61	132.37	109.80	92.37	99.30
应交增值税			52.73	58.10	52.83	63.45

注:固定资产净值年平均余额1990年为固定资产净值年末数。

11—14 国有独立核算工业企业主要经济效益指标

指　　标	单 位	1990 年	1993 年	1994 年	1995 年	1996 年	1997 年
亏损面	%	31.63	31.06	31.21	35.16	36.18	40.24
百元固定资产原值实现产值(当年价)	元	108.71	121.31	118.72	88.28	83.44	79.72
百元固定资产原值实现利税	元	14.54	14.95	12.45	7.94	6.10	6.20
百元固定资产原值实现利润	元	4.88	5.99	4.80	1.76	0.57	0.23
百元资金实现产值(当年价)	元	104.57	92.35	87.71	74.99	68.59	64.26
百元资金实现利税	元	13.99	11.38	9.20	6.75	5.01	5.00
百元资金实现利润	元	4.69	4.56	3.55	1.50	0.47	0.19
百元产值实现销售收入(当年价)	元	91.96	99.84	85.72	96.39	91.78	92.46
百元产值实现利税(当年价)	元	13.38	12.32	10.49	8.99	7.31	7.78
百元产值实现利润(当年价)	元	4.49	4.94	4.04	2.00	0.69	0.29
流动资金周转次数	次	2.81	1.73	1.32	1.30	1.25	1.18
流动资金周转天数	天	128	208	277	281	288	305
百元销售收入实现利润	元	4.88	4.95	4.72	2.07	0.75	0.31
百元销售收入实现利税	元	14.54	12.34	12.23	9.33	7.96	8.41
工业增加值率	%		35.52	31.88	29.59	28.34	28.60

11—15 各种分组的国有独立核算工业企业主要经济指标

单位:亿元

分　　组	企业单位数(个)		亏损企业数(个)		工业总产值(当年价)		工业增加值	
	1996年	1997年	1996年	1997年	1996年	1997年	1996年	1997年
总　　计	**3 997**	**3 611**	**1 446**	**1 453**	**1 264.41**	**1 276.11**	**358.36**	**415.03**
一、按轻重工业分								
轻工业	1 977	1 795	757	739	401.89	380.09	102.80	123.12
以农产品为原料	1 492	1 325	592	537	338.90	318.08	86.95	103.30
以非农产品为原料	485	470	165	202	62.99	62.01	15.85	19.82
重工业	2 020	1 816	689	714	862.52	896.02	255.56	291.91
采掘工业	147	122	48	41	46.18	44.73	20.52	21.17
原料工业	475	394	152	153	411.55	397.01	140.30	148.59
加工工业	1 398	1 300	489	520	404.79	454.28	94.74	122.15
二、按企业规模分								
大型企业	203	208	80	79	719.98	772.39	215.05	260.70
中型企业	483	437	221	242	263.65	228.46	64.62	66.46
小型企业	3 311	2 966	1 145	1 132	280.78	275.26	78.69	87.88
三、按工业行业分								
煤炭采选业	52	45	8	13	5.17	5.29	2.09	2.79
石油和天然气开采业	1	1	1	1	27.78	28.51	14.11	14.43
黑色金属矿采选业	7	4	4	1	0.31	0.29	0.10	0.10
有色金属矿采选业	14	12	2	5	2.25	3.04	0.88	1.41
非金属矿采选业	81	73	32	28	11.03	12.43	2.75	3.88
其他矿采选业	2	2			0.01	0.01		
木材及竹材采运业	4	7	1	2	0.62	0.99	0.30	0.50
食品加工业	490	475	195	210	86.43	77.55	22.68	22.18
食品制造业	176	163	77	63	11.40	11.17	2.65	2.80
饮料制造业	157	137	63	48	13.60	13.24	3.39	5.51
烟草加工业	21	20	6	4	63.51	69.74	28.01	33.86
纺织业	237	209	120	105	110.75	105.31	18.34	28.37
服装及其他纤维制品制造业	53	48	19	16	9.96	8.24	1.92	2.23

注:工业增加值按生产法计算(下表同)。

11—15 续表 1

单位:亿元

分组	企业单位数（个）		亏损企业数（个）		工业总产值(当年价)		工业增加值	
	1996年	1997年	1996年	1997年	1996年	1997年	1996年	1997年
皮革、毛皮、羽绒及其制品业	27	17	7	2	2.26	2.25	1.07	0.56
木材加工及竹、藤、棕、草制品业	47	47	24	19	2.54	2.24	0.50	0.48
家具制造业	33	30	13	12	0.93	0.77	0.28	0.22
造纸及纸制品业	80	69	29	28	17.99	11.20	4.18	2.34
印刷业、记录媒介的复制	157	155	41	50	9.01	9.74	3.10	4.40
文教体育用品制造业	12	10	1	3	0.43	0.29	0.13	0.10
石油加工及炼焦业	10	9	4	5	81.93	92.73	14.15	22.34
化学原料及化学制品制造业	260	224	75	82	96.96	85.18	23.99	22.72
医药制造业	86	69	34	32	21.55	15.40	4.86	4.48
化学纤维制造业	9	8	5	4	12.12	11.37	2.37	2.06
橡胶制品业	20	17	7	10	6.50	6.35	1.50	1.72
塑料制品业	65	57	20	22	6.03	6.49	1.68	1.98
非金属矿物制品业	418	378	133	138	42.29	42.96	12.11	12.94
黑色金属冶炼及压延加工业	54	47	27	32	169.64	175.85	57.59	57.14
有色金属冶炼及压延加工业	30	27	16	15	29.29	33.01	6.71	8.04
金属制品业	128	112	43	47	14.43	11.07	5.14	2.89
普通机械制造业	211	192	89	79	32.70	26.84	6.97	7.71
专用设备制造业	227	212	81	80	35.35	38.73	12.71	12.82
交通运输设备制造业	278	251	101	100	199.50	209.41	38.04	52.46
电气机械及器材制造业	105	99	45	45	23.66	27.59	5.23	9.06
电子及通信设备制造业	68	54	28	27	14.76	17.50	3.65	3.39
仪器仪表及文化、办公用机械制造业	55	45	14	22	7.94	6.52	2.52	2.06
其他制造业	49	37	21	15	2.68	3.58	0.65	1.21
电力、蒸汽、热水的生产和供应业	161	135	33	43	77.59	87.03	47.71	58.92
煤气生产和供应业	3	5	…	3	0.49	1.67	−0.24	−0.91
自来水的生产和供应业	106	106	26	41	10.29	11.35	4.16	5.21

11—15 续表 2

单位:亿元

分组	资本金		流动资产年平均余额		固定资产原价	
	1996年	1997年	1996年	1997年	1996年	1997年
总计	**574.13**	**581.80**	**924.80**	**1 002.55**	**1 515.44**	**1 600.84**
一、按轻重工业分						
轻工业	111.13	113.16	227.61	239.41	311.52	326.37
以农产品为原料	75.31	79.66	181.01	180.57	222.74	235.68
以非农产品为原料	35.82	33.50	46.60	58.84	88.78	90.69
重工业	463.00	468.64	697.19	763.14	1 203.92	1 274.47
采掘工业	36.07	35.04	32.92	35.20	90.20	97.35
原料工业	237.39	236.99	300.27	325.12	690.62	732.01
加工工业	189.54	196.61	364.00	402.82	423.10	445.11
二、按企业规模分						
大型企业	382.74	388.63	577.61	647.56	977.20	1 066.85
中型企业	101.62	100.17	186.71	191.39	290.25	288.55
小型企业	89.77	93.00	160.48	163.60	247.99	245.45
三、按工业行业分						
煤炭采选业	4.43	4.55	3.30	3.54	10.50	10.63
石油和天然气开采业	23.31	23.64	21.91	23.85	60.75	64.94
黑色金属矿采选业	0.13	0.13	0.22	0.23	0.42	0.38
有色金属矿采选业	3.60	2.14	0.97	1.94	3.63	5.14
非金属矿采选业	18.34	6.84	8.55	10.29	22.06	24.31
其他矿采选业	…		0.01	0.01	0.01	0.01
木材及竹材采运业	0.55	0.66	0.51	0.72	0.84	0.96
食品加工业	11.92	13.17	28.07	31.32	36.00	38.81
食品制造业	2.31	4.44	7.16	7.74	9.75	13.44
饮料制造业	4.65	3.40	10.45	8.68	16.97	13.03
烟草加工业	9.77	11.01	34.80	41.92	28.57	34.01
纺织业	29.10	31.98	62.58	61.05	85.47	93.20
服装及其他纤维制品制造业	3.31	2.65	5.42	5.15	5.51	6.01

11—15 续表3

单位:亿元

分组	资本金		流动资产年平均余额		固定资产原价	
	1996年	1997年	1996年	1997年	1996年	1997年
皮革、毛皮、羽绒及其制品业	0.31	0.30	0.73	0.93	0.89	0.90
木材加工及竹、藤、棕、草制品业	1.11	1.25	1.44	1.82	3.14	3.30
家具制造业	0.51	0.30	0.84	0.63	1.80	1.15
造纸及纸制品业	4.54	5.72	11.07	10.05	15.10	12.40
印刷业、记录媒介的复制	3.59	3.04	5.37	5.84	9.68	10.41
文教体育用品制造业	0.29	0.20	0.49	0.32	0.56	0.44
石油加工及炼焦业	13.11	13.02	20.49	19.85	40.52	42.62
化学原料及化学制品制造业	27.45	33.80	46.65	52.84	83.36	82.94
医药制造业	6.52	5.01	16.32	12.39	16.37	14.24
化学纤维制造业	3.08	3.71	6.64	11.82	14.73	15.37
橡胶制品业	2.55	2.81	5.74	6.16	8.60	8.51
塑料制品业	2.47	2.20	3.51	4.97	7.06	7.67
非金属矿物制品业	30.04	31.34	30.50	28.80	75.32	70.00
黑色金属冶炼及压延加工业	89.95	94.24	167.26	182.36	300.02	331.99
有色金属冶炼及压延加工业	11.40	11.83	19.10	20.79	29.71	35.90
金属制品业	6.74	6.83	16.50	16.61	14.07	15.23
普通机械制造业	19.52	16.17	42.39	40.58	54.33	48.94
专用设备制造业	14.57	17.01	30.21	32.07	37.74	40.04
交通运输设备制造业	87.09	91.37	188.97	197.76	183.10	177.18
电气机械及器材制造业	7.11	6.50	23.77	28.49	23.88	24.72
电子及通信设备制造业	6.55	7.77	17.81	28.87	14.97	18.89
仪器仪表及文化、办公用机械制造业	4.54	3.84	12.18	10.66	12.69	9.65
其他制造业	0.79	0.68	1.44	2.20	1.97	2.47
电力、蒸汽、热水的生产和供应业	98.80	99.06	62.58	77.65	246.33	274.79
煤气生产和供应业	0.67	3.42	0.72	1.48	1.69	5.52
自来水的生产和供应业	17.93	14.27	5.01	6.60	33.11	36.21

11—15 续表 4

单位:亿元

分组	生产经营用固定资产原价		本年折旧		固定资产净值年平均余额	
	1996 年	1997 年	1996 年	1997 年	1996 年	1997 年
总计	**1 108.48**	**1 215.77**	**69.64**	**71.99**	**918.72**	**983.28**
一、按轻重工业分						
轻工业	220.69	218.06	11.54	12.71	211.36	218.65
以农产品为原料	153.53	160.29	7.92	8.74	150.00	156.68
以非农产品为原料	67.16	57.77	3.62	3.97	61.36	61.97
重工业	887.79	997.70	58.10	59.28	707.36	764.63
采掘工业	50.45	77.64	4.16	4.49	53.91	55.09
原料工业	553.55	616.52	36.39	35.15	394.66	407.60
加工工业	283.79	303.55	17.55	19.64	258.79	301.94
二、按企业规模分						
大型企业	733.18	837.45	50.09	52.96	563.50	622.39
中型企业	209.84	208.51	10.54	10.99	184.00	187.20
小型企业	165.46	169.80	9.01	8.03	171.22	173.69
三、按工业行业分						
煤炭采选业	7.40	8.50	0.43	0.26	6.96	7.60
石油和天然气开采业	30.51	52.53	3.19	3.67	32.98	32.87
黑色金属矿采选业	0.23	0.32	0.01	0.05	0.14	0.05
有色金属矿采选业	1.95	3.84	0.12	0.18	2.89	3.66
非金属矿采选业	17.30	19.24	0.77	0.84	15.32	15.70
其他矿采选业	0.01	0.01	…		0.01	0.01
木材及竹材采运业	0.52	0.69	0.01	0.03	0.61	0.72
食品加工业	23.06	27.35	1.16	0.96	25.51	29.15
食品制造业	7.45	7.40	0.25	0.48	6.37	7.47
饮料制造业	10.91	8.55	0.33	0.53	11.41	9.13
烟草加工业	20.82	24.10	2.09	2.08	20.69	23.14
纺织业	57.67	62.88	2.51	3.14	54.51	59.70
服装及其他纤维制品制造业	2.48	2.85	0.15	0.14	3.61	4.05

11—15　续表 5　　　　单位:亿元

分组	生产经营用固定资产原价		本年折旧		固定资产净值年平均余额	
	1996 年	1997 年	1996 年	1997 年	1996 年	1997 年
皮革、毛皮、羽绒及其制品业	0.64	0.59	0.06	0.02	0.74	0.57
木材加工及竹、藤、棕、草制品业	1.78	1.85	0.08	0.05	2.18	2.14
家具制造业	1.34	0.69	0.02	0.02	1.44	0.88
造纸及纸制品业	11.29	8.32	0.38	0.31	9.95	9.40
印刷业、记录媒介的复制	7.13	7.59	0.43	0.46	6.47	6.13
文教体育用品制造业	0.48	0.36	0.04	0.01	0.31	0.30
石油加工及炼焦业	30.73	31.45	3.15	3.44	21.15	20.99
化学原料及化学制品制造业	62.37	58.95	4.63	3.86	50.32	50.53
医药制造业	11.01	9.47	0.55	0.46	11.38	9.21
化学纤维制造业	12.67	12.29	0.51	0.80	9.80	9.54
橡胶制品业	4.24	5.37	0.56	0.17	4.87	6.12
塑料制品业	5.56	5.98	0.31	0.45	4.21	5.69
非金属矿物制品业	49.12	53.32	2.57	1.96	51.59	48.76
黑色金属冶炼及压延加工业	254.69	287.24	18.84	18.63	149.67	157.37
有色金属冶炼及压延加工业	22.81	25.71	1.00	1.10	16.51	18.73
金属制品业	10.12	10.58	0.36	0.68	9.82	10.69
普通机械制造业	36.40	31.29	1.62	2.21	31.72	29.56
专用设备制造业	24.10	27.38	1.28	1.57	24.63	28.48
交通运输设备制造业	121.89	115.12	7.90	7.80	104.94	134.17
电气机械及器材制造业	18.18	17.39	1.41	0.94	21.30	15.84
电子及通信设备制造业	10.60	13.07	0.76	0.78	9.45	10.85
仪器仪表及文化、办公用机械制造业	7.04	7.91	0.31	0.22	6.32	6.80
其他制造业	1.64	1.76	0.09	0.09	1.58	1.91
电力、蒸汽、热水的生产和供应业	190.95	238.54	9.94	11.68	160.27	173.19
煤气生产和供应业	1.40	2.30	0.36	0.13	1.22	4.41
自来水的生产和供应业	26.86	19.61	1.29	1.60	23.74	25.53

分组	流动负债		产品销售收入		产品销售税金及附加	
	1996年	1997年	1996年	1997年	1996年	1997年
总计	**1 065.68**	**1 127.06**	**1 160.54**	**1 179.86**	**30.87**	**32.17**
一、按轻重工业分						
轻工业	308.11	324.83	323.99	311.71	17.92	19.65
以农产品为原料	249.25	256.46	272.82	260.86	17.47	18.04
以非农产品为原料	58.86	68.37	51.17	50.85	0.45	1.61
重工业	757.57	802.23	836.55	868.15	12.95	12.52
采掘工业	29.27	31.84	41.95	40.91	1.53	0.62
原料工业	323.65	344.13	437.26	409.95	9.79	6.81
加工工业	404.65	426.26	357.34	417.29	1.63	5.09
二、按企业规模分						
大型企业	594.58	657.33	716.62	770.20	19.60	20.44
中型企业	248.66	252.10	231.77	199.16	7.81	7.55
小型企业	222.44	217.63	212.15	210.50	3.46	4.18
三、按工业行业分						
煤炭采选业	3.94	4.67	4.97	4.48	0.04	0.03
石油和天然气开采业	15.05	15.64	26.97	27.08	0.51	0.49
黑色金属矿采选业	0.29	0.30	0.26	0.27		0.01
有色金属矿采选业	1.51	1.95	1.42	2.45	0.01	0.01
非金属矿采选业	11.96	15.00	10.30	10.89	0.19	0.20
其他矿采选业	0.01	0.01	…	0.01	…	—
木材及竹材采运业	0.48	0.78	0.50	0.59	0.04	0.05
食品加工业	44.69	49.67	55.90	51.40	0.23	0.29
食品制造业	9.29	9.86	9.67	9.63	0.05	0.09
饮料制造业	18.21	13.87	11.43	9.88	1.18	1.03
烟草加工业	43.53	54.98	54.96	65.26	16.30	16.66
纺织业	92.29	98.22	96.81	88.73	0.34	0.42
服装及其他纤维制品制造业	5.22	5.09	8.18	6.62	0.06	0.01

11—15 续表 7 单位:亿元

分 组	流动负债		产品销售收入		产品销售税金及附加	
	1996 年	1997 年	1996 年	1997 年	1996 年	1997 年
皮革、毛皮、羽绒及其制品业	1.28	1.27	1.20	1.81	…	—
木材加工及竹、藤、棕、草制品业	1.90	2.28	1.94	1.88	0.02	0.03
家具制造业	1.37	1.22	0.55	0.55	0.01	—
造纸及纸制品业	14.74	12.99	14.59	10.08	0.08	0.43
印刷业、记录媒介的复制	6.16	6.62	7.14	7.48	0.06	0.08
文教体育用品制造业	0.36	0.46	0.38	0.29	…	0.01
石油加工及炼焦业	19.37	23.77	81.57	91.12	7.04	7.09
化学原料及化学制品制造业	58.72	59.21	85.04	74.41	0.30	0.24
医药制造业	16.44	14.57	17.82	11.49	0.09	0.06
化学纤维制造业	7.75	7.26	10.00	10.75	0.02	0.02
橡胶制品业	6.60	6.75	6.71	7.05	0.03	0.04
塑料制品业	4.21	5.70	4.91	5.72	0.02	0.02
非金属矿物制品业	47.91	44.71	36.07	35.62	0.32	0.35
黑色金属冶炼及压延加工业	167.22	181.45	189.10	194.74	1.48	1.65
有色金属冶炼及压延加工业	23.09	26.98	27.48	28.14	0.10	0.13
金属制品业	15.73	16.02	13.46	10.77	0.13	0.08
普通机械制造业	46.74	46.85	28.93	24.85	0.14	0.15
专用设备制造业	31.92	34.16	30.23	32.63	0.17	0.16
交通运输设备制造业	206.83	211.81	181.17	198.70	0.74	0.85
电气机械及器材制造业	25.52	26.69	19.62	21.93	0.12	0.11
电子及通信设备制造业	19.04	22.30	11.98	16.92	0.03	0.07
仪器仪表及文化、办公用机械制造业	13.98	13.36	7.43	5.91	0.06	0.04
其他制造业	2.13	2.17	1.56	2.43	0.01	—
电力、蒸汽、热水的生产和供应业	69.78	77.65	88.52	92.61	0.86	1.04
煤气生产和供应业	0.92	1.67	0.55	1.73	…	—
自来水的生产和供应业	5.95	6.37	8.72	9.91	0.09	0.09

11—15 续表 8 · 单位:亿元

分组	亏损企业亏损额		利润总额		利税总额		本年应交增值税	
	1996年	1997年	1996年	1997年	1996年	1997年	1996年	1997年
总计	**33.56**	**35.45**	**8.67**	**3.68**	**92.37**	**99.30**	**52.83**	**63.45**
一、按轻重工业分								
轻工业	14.65	15.48	−8.21	−10.37	22.21	22.84	12.51	13.56
以农产品为原料	11.36	10.89	−6.36	−6.93	21.34	22.31	10.23	11.20
以非农产品为原料	3.29	4.59	−1.85	−3.45	0.87	0.53	2.28	2.36
重工业	18.91	19.97	16.88	14.05	70.16	76.46	40.32	49.89
采掘工业	1.32	1.55	−1.17	−1.30	1.91	0.79	1.55	1.47
原料工业	7.65	7.04	20.32	17.47	57.38	56.73	27.27	32.46
加工工业	9.94	11.38	−2.27	−2.11	10.87	18.94	11.50	15.96
二、按企业规模分								
大型企业	10.59	10.09	19.18	20.12	74.28	86.25	35.50	45.70
中型企业	13.00	14.00	−5.47	−9.18	11.91	8.39	9.58	10.02
小型企业	9.97	11.36	−5.04	−7.26	6.18	4.66	7.75	7.73
三、按工业行业分								
煤炭采选业	0.29	0.52	−0.19	−0.46	0.10	−0.18	0.25	0.24
石油和天然气开采业	0.31	0.59	−0.31	−0.59	1.18	0.86	0.98	0.96
黑色金属矿采选业	0.01	—	…	0.0	0.01	0.01	0.01	0.01
有色金属矿采选业	0.02	0.04	…	0.09	0.07	0.17	0.06	0.07
非金属矿采选业	0.75	0.46	−0.62	−0.34	−0.05	0.38	0.38	0.52
其他矿采选业	…	—	…	—	…	—	…	—
木材及竹材采运业	0.01	—	−0.01	—	0.04	0.06	0.01	0.01
食品加工业	2.08	2.79	−1.44	−2.17	−0.63	−1.35	0.58	0.53
食品制造业	0.33	0.32	−0.07	−0.14	0.32	0.35	0.34	0.40
饮料制造业	0.45	0.31	−0.33	−0.15	1.47	1.50	0.63	0.63
烟草加工业	0.25	0.25	1.61	1.08	21.66	23.29	3.76	5.55
纺织业	6.89	5.34	−6.48	−4.72	−2.88	−1.42	3.26	2.89
服装及其他纤维制品制造业	0.13	0.13	0.10	−0.07	0.29	0.18	0.13	0.14

11—15　续表 9　　单位:亿元

分　　组	亏损企业亏损总额		利润总额		利税总额		本年应交增值税	
	1996 年	1997 年	1996 年	1997 年	1996 年	1997 年	1996 年	1997 年
皮革、毛皮、羽绒及其制品业	0.01	0.1	…	−0.08	0.06	−0.06	0.05	0.02
木材加工及竹、藤、棕、草制品业	0.16	0.16	−0.15	−0.09	−0.05	0.01	0.09	0.07
家具制造业	0.09	0.03	−0.08	−0.02	−0.05	—	0.02	0.01
造纸及纸制品业	0.64	+1.31	−0.51	−1.05	0.19	−0.13	0.62	0.49
印刷业、记录媒介的复制	0.20	0.23	0.10	−0.01	0.49	0.43	0.32	0.36
文教体育用品制造业	0.03	0.02	−0.03	−0.02	…	—	0.02	0.02
石油加工及炼焦业	0.08	0.11	0.82	1.61	9.90	15.03	2.03	6.33
化学原料及化学制品制造业	1.47	1.91	2.26	0.31	4.57	2.30	2.02	1.75
医药制造业	0.78	1.00	−0.15	−0.77	0.74	−0.19	0.80	0.52
化学纤维制造业	0.34	0.18	−0.14	0.03	0.07	0.39	0.20	0.34
橡胶制品业	0.31	0.26	−0.26	−0.23	0.06	0.16	0.28	0.35
塑料制品业	0.09	0.18	0.13	0.03	0.33	0.31	0.18	0.25
非金属矿物制品业	2.53	2.67	−1.41	−1.73	0.85	0.50	1.94	1.88
黑色金属冶炼及压延加工业	3.01	1.77	4.95	2.59	20.62	20.70	14.18	16.46
有色金属冶炼及压延加工业	0.48	0.75	−0.43	−0.73	0.78	0.57	1.11	1.16
金属制品业	0.57	0.81	0.09	−0.73	0.59	−0.46	0.37	0.18
普通机械制造业	2.44	2.23	−1.90	−1.86	−0.51	−0.13	1.25	1.58
专用设备制造业	1.11	1.54	0.17	0.11	1.45	1.59	1.12	1.31
交通运输设备制造业	2.65	3.25	−0.73	−0.61	6.03	7.32	6.01	7.08
电气机械及器材制造业	0.65	0.88	−0.21	−0.19	0.80	0.71	0.89	0.79
电子及通信设备制造业	0.64	0.62	−0.10	0.93	0.30	1.56	0.37	0.56
仪器仪表及文化、办公用机械制造业	0.79	0.74	−0.67	−0.59	−0.22	−0.30	0.40	0.25
其他制造业	0.11	0.22	−0.10	−0.21	−0.05	−0.14	0.05	0.05
电力、蒸汽、热水的生产和供应业	2.47	2.92	14.21	14.40	22.63	24.63	7.55	9.19
煤气生产和供应业	…	0.06	…	0.1	0.02	0.14	0.02	0.04
自来水的生产和供应业	0.35	0.66	0.55	0.01	1.18	0.49	0.54	0.39

11—16 主要工业产品产量

产品名称	单位	1994年	1995年	1996年	1997年	1997年为1996年%
化学纤维	万吨	5	5.92	5.75	6.62	115.13
#合成纤维	万吨	3	3.11	3.72	4.16	111.83
纱	万吨	45.33	49.84	48.41	50.04	103.37
#纯棉纱	万吨	29.34	33.81	31.28	29.53	94.41
布	亿米	21.74	23.24	19.63	22.08	112.48
#纯棉布	亿米	14.30	14.60	11.73	14.84	126.51
针棉织品(折用棉纱线量)	万吨	4.07	3.99	3.56	2.97	83.43
毛线	吨	6 129	7 622	8 450	7 008	82.93
#纯毛	吨	654	706	370	237	64.05
呢绒	万米	666	691	927.08	431.12	46.50
#纯毛织品	万米	394	216	236.69	227.91	96.29
麻袋	亿条	0.88	0.83	0.75	0.93	124.00
丝	万吨	0.13	0.18	0.13	0.15	115.38
机制纸及纸板	万吨	56.07	83.08	85.18	72.51	85.13
缝纫机	万架	4.39	1.05	0.81	0.79	97.53
自行车	万辆	126	79.94	23.36	8.58	36.73
表	万只	96.00	92.06	98.92	92.67	93.68
#手表	万只	74.00	80.40	91.93	85.53	93.04
钟	万只	28.68	50.45	45.14	27.12	60.08
日用搪瓷制品	万吨	0.75	0.88	0.99	1.50	151.52
日用陶瓷器	亿件	0.40	0.58	0.43	0.40	93.02
日用精铝制品	万吨	0.51	1.05	1.20	1.43	119.17
日用玻璃制品	万吨	16.72	21.14	13.37	14.31	107.03
自来水笔	万支	139	138.20	157.60	80.51	51.09
灯炮	亿只	1.21	2.04	1.91	2.03	106.28
合成洗涤剂	万吨	14.82	13.53	11.73	11.39	97.10
肥皂	万吨	3.09	4.20	4.42	4.34	98.19
牙膏	万支	523	111.24	300.02	342.85	114.28
火柴	万件	54.92	85.97	75.17	81.76	108.77
干电池(折手电池)	亿只	3.79	3.79	4.15	3.85	92.77
原盐	万吨	167.03	177.12	192.88	214.08	110.99
糖	万吨	0.97	1.10	0.78	0.85	108.97
卷烟	万箱	219.93	220.03	210.71	213.55	101.35
罐头	万吨	6.27	8.56	6.39	6.45	100.94
饮料酒(商品量)	万吨	87.14	115.36	129.84	134.29	103.43
#白酒(商品量)	万吨	30.04	44.89	50.68	41.64	82.16
啤酒	万吨	55.29	67.90	75.99	89.57	117.87
葡萄酒(商品量)	万吨	0.17	0.36	0.02	0.02	100.00
乳制品	方吨	0.60	1.09	1.08	1.40	129.63

11—16 续表1

产品名称	单位	1994年	1995年	1996年	1997年	1997年为1996年%
味精	万吨	1.05	1.24	1.50	1.66	110.67
柠檬酸	万吨	1.43	1.04	0.96	0.91	94.79
食用植物油	万吨	53.38	140.29	101.08	99.35	98.29
化学原料药	万吨	0.88	0.75	1.17	1.85	158.12
中成药	万吨	1.65	1.80	2.77	1.66	59.93
塑料制品	万吨	19.96	51.02	45.70	41.28	90.33
鞣制皮革(折牛皮)	万张	104	119.77	119.97	109.91	91.61
家用洗衣机	万台	20.54	20.90	31.19	36.51	117.06
电风扇	万台	32.86	34.31	32.83	29.74	90.59
收音机	万台	0.65	4.25	3.75	0.38	10.13
电视机	万台	25.00	14.56	7.01	3.54	50.50
#彩电	万台	9.68	8.95	5.60	3.03	54.11
录音机	万台	3.86	0.11	0.46	0.51	110.87
硫酸	万吨	107.68	127.39	127.54	163.30	128.04
纯碱	万吨	29.53	30.33	37.08	42.92	115.75
烧碱	万吨	11.34	16.53	18.37	17.09	93.03
合成氨	万吨	139.95	157.67	178.80	163.68	91.54
农用化肥	万吨	157.54	186.89	225.31	237.77	105.53
#氮肥	万吨	99.40	111.55	134.15	126.32	94.16
磷肥	万吨	58.03	75.47	90.95	111.17	122.23
化学农药	万吨	1.82	2.05	3.22	3.45	107.14
电石(折合量)	万吨	10.30	11.15	9.19	8.72	94.89
塑料	万吨	6.59	8.11	10.50	11.33	107.90
轮胎外胎	万条	197	220.38	231.37	273.40	118.17
矿山设备	万吨	1.37	1.87	1.51	1.32	87.42
石油钻采设备	万吨	0.35	2.37	1.17	1.22	104.27
化工设备	万吨	0.78	0.45	0.30	0.27	90.00
发电设备	万千瓦	39.29	80.56	72.78	87.81	120.65
交流电动机	万千瓦	151.32	124.45	105.22	89.63	85.18
金属切削机床	台	5 144	4 634	4 235	2 133	50.37
#数控机床	台	131	48	36	116	322.22
高精度机床	台	104	16	26	27	103.85
大型机床	台	127	57	21	26	123.81
#重型机床	台	106	46	21	21	100.00
汽车	万辆	17.97	15.52	14.64	16.51	112.77
#载货汽车	万辆	12.33	9.98	9.37	8.21	87.62

11—16 续表 2

产品名称	单位	1994 年	1995 年	1996 年	1997 年	1997 年为 1996 年%
摩托车	万辆	2.16	2.89	3.57	3.43	96.08
拖拉机(14.7 千瓦及以上)	万台	0.32	0.49	1.32	1.41	106.82
小型拖拉机	万台	0.40	0.57	0.90	1.16	128.89
内燃机(商品量)	万千瓦	178	470	1 380.15	1 557.78	112.87
机动脱粒机	万台	1.90	1.93	2.76	2.66	96.38
电话机(单机)	万部	39.97	39.32	19.65	24.93	126.87
原煤	万吨	1 150	1 533.31	1 521.01	1 517.22	99.75
原油	万吨	87.00	85.03	86.52	82.06	94.85
汽油	万吨	124.86	126.32	154.24	157.28	101.97
柴油	万吨	135.25	153.05	173.56	192.95	111.17
天然气	亿立方米	0.78	0.76	0.71	0.66	92.96
发电量	亿千瓦小时	426.41	452.74	476.04	490.45	103.03
#水电	亿千瓦小时	244.05	258.82	270.70	245.26	90.60
生铁	万吨	624.01	645.73	625.97	702.48	112.22
钢	万吨	721.73	711.57	707.73	790.26	111.66
成品钢材	万吨	652.35	661.34	645.62	699.91	108.41
#重轨	万吨	8.99	4.13	2.36	3.65	154.66
普通大型钢材	万吨	34.77	39.57	33.93	37.86	111.58
普通中型钢材	万吨	24.37	17.55	18.57	11.46	61.71
普通小型钢材	万吨	86.55	58.21	57.49	58.58	101.90
优质钢材型	万吨	60.69	51.78	45.29	52.63	116.21
线材	万吨	51.51	63.09	55.51	80.43	144.89
特厚钢板	万吨	4.66	6.49	8.83	8.32	94.22
中厚钢板	万吨	149.73	139.29	143.24	148.92	103.97
薄钢板	万吨	174.40	208.57	209.13	208.50	99.70
硅钢片	万吨	16.82	17.76	17.89	23.64	132.14
钢带	万吨	12.70	26.87	28.08	35.72	127.21
无缝钢管	万吨	3.64	4.17	4.56	5.62	123.25
铁合金	万吨	8.08	9.59	9.33	10.54	112.97
焦炭	万吨	396.07	398.44	394.31	394.44	100.03
#机制焦炭	万吨	396.07	385.93	382.36	383.16	100.21
水泥	万吨	1 522	1 838.25	1 786.66	2 093.50	117.17
平板玻璃	万重量箱	249.05	496.54	549.62	459.63	83.63
木材	万立方米	155	119.68	159.75	129.78	81.24

主要统计指标解释

【工业】 我国的工业包括以下四个方面的生产活动：(1)对自然资源的开采：如采矿、森林采伐等，但禽兽捕猎和水产捕捞按我国国家标准《国民经济行业分类和代码》的划分，均属农业生产活动，不包括在工业生产活动内。(2)对农副产品的加工、再加工；如粮油加工、食品加工、轧花、缫丝、纺织、制革等。(3)对采掘品的加工、再加工；如冶金加工、石油加工、化学加工、机械加工、木材加工以及电力、自来水、煤气的生产和供应等。(4)对工业品修理、翻新：如机器设备的修理、交通运输工具(包括小卧车)的修理等。

1984年以前农村的村及村以下办工业归属农业，1984年及以后划归工业。

【独立核算法人工业企业】 是指从事工业生产经营活动的单位。独立核算法人工业企业应同时具备以下条件：①依法成立，有自己的名称、组织机构和场所，能够承担民事责任；②独立拥有和使用资产，承担负债，有权与其他单位签订合同；③独立核算盈亏，并能够编制资产负债表。

【国有经济】 是指生产资料归国家所有的一种经济类型，是社会主义公有制经济的重要组成部分。包括中央和地方各级国家机关、事业单位和社会团体使用国有资产投资举办的企业，也包括实行企业化经营，国家不再核拨经费或核拨部分经费的事业单位和从事经营性活动的社会团体，以及上述企业、事业单位和社会团体使用的自有资金投资举办的企业。

【集体经济】 是指生产资料归公民集体所有的经济类型。包括城乡所有使用集体投资举办的企业，以及部分个人通过集资自愿放弃所有权依法经工商行政管理机关认定为集体所有制的企业。

【其他类型经济】 指除国有经济、集体经济、个体经济以外的其他类型的工业企业。包括私营经济、联营经济、股份制经济、外商投资经济及港、澳、台投资经济等企业。

【个体经济】 指个人参加生产劳动，生产资料和产品或收入归个人所有的一种经营形式。包括城镇个体经营工业和农村个体经营工业。多人合股经营仍领取个体经营执照的也包括在个体经营工业内。

【乡及乡以上工业】 包括农村乡办工业、县(市)工业、地市工业、省及中央工业。不包括农村村办工业、农村合作工业、农村个体工业以及城镇合作工业、城镇个体工业。

【村及村以下工业】 包括农村村办工业、农村合作经营工业、农村个体工业。

【乡镇工业】 包括乡办工业、村办工业、农村合作经营工业及农村个体工业。

【轻工业】 指提供生活消费品和制作手工工具的工业，是为满足人民吃、穿、用需要的工业。按其所使用的原料不同，可分为两大类：(1)以农产品为原料的轻工业，是指直接或间接以农产品为原料的轻工业。主要包括食品制造、饮料制造、烟草加工、纺织、缝纫、皮革和毛皮制作、造纸以及印刷等工业；(2)以非农产品为原料的轻工业，是指以工业品为原料的轻工业。主要包括文教体育用品、化学药品制造、合成纤维制造、日用化学制品、日用玻璃制品、日用金属制品、手工工具制造、医疗器械制造、文化和办公用品制造等工业。

【重工业】 指生产生产资料的工业，是为国民经济各部门提供物质技术基础的工业。按其生产和产品用途，可分为下列三类：(1)采掘(伐)工业，是指对自然资源的开采，包括石油开采，煤炭开采、金属矿开采、非金属矿开采和木材采伐等工业；(2)原料工业，是指提供国民经济各部门使用的原料、动力和燃料的工业。包括金属冶炼及加工、炼焦及焦炭、化学、化工原料、水泥、人造板以及电力、石油和煤炭加工等工业；(3)加工工业，是指对原料进行加工制造的工业。包括装备国民经济各部门的机械设备加工工业、金属结构、水泥制品等工业以及为农业提供的生产资料如化肥、农药等工业。根据上述划分原则，修理业中修理作业对象是重工业的划分为重工业，否则划分为轻工业。

【大、中、小型工业企业】 大、中、小型工业企业的划分标准有下列两类：

(1)按企业产品的年生产能力划分，凡产品较单一行业，如电力、原煤、石油、钢铁、有色金属、硫酸、烧碱、合成氨、汽车、拖拉机、水泥、平板玻璃、纺织、造纸、制糖、手表、缝纫机、自行车等均以产品生产能力作为划分大、中、小型的标准(生产多种产品的企业，以其主要产品的生产能力来划分)。

(2)按企业拥有的工业生产用固定资产原值划分。凡产品种类繁多，难以按生产能力划分的，则以企业的工业生产用固定资产原值作为划分大、中、小型的标准。

【工业总产值】 是以货币表现的工业企业在一定时期

内生产的工业产品总量。它反映工业生产的总规模和总水平。包括在本企业内不再进行加工,经检验、包装入库的产品价值,工业性作用价值,自制半成品、在制品期末期初差额价值(生产周期较长的企业计算)。工业总产值采用“工厂法”计算,即以工业企业作为一个整体,按企业工业生产活动的最终成果来计算,企业内部不允许重复计算,不能把企业内部各个车间(分厂)生产的成果相加。但在企业之间、行业之间、地区之间存在着重复计算。

轻重工业总产值的划分也是按“工厂法”计算的,即一个企业在正常生产情况下生产的主要产品的性质属于轻工业,则该企业的全部总产值作为轻工业总产值。一个工业企业的生产主要产品的性质属于重工业,则该企业的全部总产值作为重工业总产值。

【工业增加值】 指工业企业一定时期内以货币表现的工业生产活动的社会最终成果,是国民(内)生产总值的组成部分。工业增加值和工业净产值的主要区别:工业增加值包括折旧和大修理基金,但不包括支付给非物质生产部门的费用和利息支出。

【固定资产原价】 指企业在建造、购置、安装、改建、扩建、技术改造某项固定资产时所支出的全部货币总额。它一般包括买价、包装费、运杂费和安装费等。

【固定资产净值】 是指固定资产原值减去历年已提折旧额后的净值。

【流动资产】 指可以在一年或超过一年的营业周期内变现或耗用的资产,包括现金及各种存款、短期投资、应收及预付货款、存货等。

【资产总计】 指企业在报告期末拥有或控制的能以货币计量的经济资源,包括各种财产、债权和其它权利。

资产按其流动能力划分为:流动资产、长期投资、固定资产、无形资产、递延资产和其他资产。

【产品销售收入】 是指企业销售商品产品(包括产成品、代制品、代修品、自制半成品和工业性作业等)所取得的收入。产品销售收入是企业经营活动的主要收入,在企业销售收入中占有较大的比重,直接影响着企业的经济效益。

产品销售收入不仅包括企业对外单位销售商品产品所取得的收入,也包括企业对实行单独经济核算的本企业建设单位销售商品产品所取得的收入,还包括企业对企业内部非生产性部门,如专项工程、福利事业及单位销售商品所取得的收入。企业对外进行来料加工装配业务节省的材料,如按合同规定留归企业所有,也算企业的产品销售收入。

【利润总额】 是企业在一定时期内实现盈亏的总额。利润总额若为正数,表现该企业为盈利企业,若为负数,则表现为亏损企业。按照国家有关规定,企业利润总额为产品销售利润加其他销售利润,加营业外收入,减营业外支出后净额。

【工业产品销售率】 指报告期销售产值与同期全部工业总产值之比,反映工业产品生产已实现销售的程度。计算公式为:

$$工业产品销售率(\%)=\frac{报告期现价工业销售产值}{报告期现价工业总产值}$$

【总资产贡献率】 该指标反映企业全部资产的获利能力,是企业经营业绩和管理水平的集中体现,是评价和考核企业盈利能力的核心指标。计算公式为:

$$总资产贡献率=(利润总额+税金总额+利息支出)/平均资产总额\times\frac{12}{累计月数}$$

其中:税金总额为产品销售税金及附加与应交增值税之和;平均资产总额为期初期末资产总计的算术平均值。

【资本保值增值率】 该指标反映企业净资产的变动状况,是企业发展能力的集中体现。计算公式为:

资本保值增值率=报告期期末所有者权益/上年同期期末所有者权益

所有者权益等于资产总计减负债总计。

【资产负债率】 该指标既反映企业经营风险的大小,也反映企业利用债权人提供的资金从事经营活动的能力。计算公式为:

资产负债率=负债总额/资产总额

资产及负债均为报告期期末数。

【流动资产周转率】 指一定时期内流动资产完成的周转次数,反映投入工业企业流动资金的周转速度。计算公式为:

$$流动资产周转率=销售收入/流动资产平均余额\times\frac{12}{累计月数}$$

【成本费用利润率】 反映工业投入的生产成本及费用的经济效益,同时也反映企业降低成本所取得的经济效益。计算公式为:

成本费用利润率=利润总额/成本费用总额

其中:成本费用总额为产品销售成本、销售费用、管理费用、财务费用之和。

【全员劳动生产率】 该指标反映企业的生产效率和劳动投入的经济效益。计算公式为:

$$全员劳动生产率=工业增加值/全部职工平均人数\times\frac{12}{累计月数}$$

由于工业增加值是按现行价格计算的,而职工人数不含价格因素,因此应将增加值价格因素予以消除。具体方法可采用总产值价格变动系数消除价格影响。

建筑业 12

资料整理人员：刘艳丽

12—1 建筑业企业单位数

单位:个

年份	总计	国有经济	中央企业	地方企业	城镇集体经济	其他经济
1978	183	94	13	81	89	
1979	206	101	13	88	105	
1980	290	119	13	109	171	
1981	323	145	15	130	178	
1982	319	139	14	125	180	
1983	399	134	17	117	265	
1984	417	137	36	101	280	
1985	514	157	38	119	357	
1986	510	174	39	135	336	
1987	602	175	44	131	426	
1988	589	173	42	131	416	
1989	571	173	41	132	398	
1990	570	174	42	132	396	
1991	575	179	42	137	396	
1992	603	184	42	142	419	
1993	898	241	40	208	642	15
1994	823	307	39	268	492	24
1995	912	323	46	277	539	50
1996	1 696	403	53	350	1 198	95
1997	1 761	429	51	378	1 207	125

注:1995年以前统计范围为城镇以上各经济类型的建筑企业,1996年开始为四级以上各种经济类型建筑企业。

12—2 建筑业平均人数

单位:万人

年份	总计	国有经济	中央企业	地方企业	城镇集体经济	其他经济
1978	25.94	22.79	10.56	12.23	3.15	
1979	26.57	23.19	10.60	12.59	3.38	
1980	30.71	25.68	9.78	15.90	5.03	
1981	31.42	26.08	9.86	16.22	5.34	
1982	32.50	26.11	9.17	16.94	6.39	
1983	32.76	25.18	10.19	14.99	7.58	
1984	37.95	28.43	17.98	10.45	9.52	
1985	39.49	27.49	13.89	13.60	12.00	
1986	39.98	28.28	14.12	14.16	11.70	
1987	43.04	28.78	14.46	14.32	14.26	
1988	46.05	31.70	16.87	14.83	14.35	
1989	43.51	30.95	16.60	14.35	12.56	
1990	41.88	29.35	15.38	13.97	12.53	
1991	43.08	30.34	15.82	14.52	12.74	
1992	46.13	30.92	16.03	14.89	15.21	
1993	55.75	36.41	16.76	19.65	19.15	0.19
1994	52.66	36.83	17.76	19.07	15.43	0.40
1995	57.28	38.05	19.19	18.86	16.62	2.61
1996	76.51	36.83	18.25	18.58	36.20	3.48
1997	76.09	36.36	17.76	18.60	35.96	3.77

12—3 建筑业总产值

单位:万元

年份	总计	国有经济	中央企业	地方企业	城镇集体经济	其他经济
1978	111 065	98 334	50 734	47 600	12 731	
1979	104 209	89 919	42 760	47 159	14 290	
1980	131 862	109 974	45 984	63 990	21 888	
1981	132 092	108 899	40 655	68 244	23 193	
1982	148 643	119 950	41 818	78 132	28 693	
1983	176 349	139 487	62 169	77 318	36 852	
1984	237 902	189 964	120 427	69 537	47 939	
1985	280 088	212 219	108 910	103 307	67 869	
1986	306 475	239 415	121 760	117 655	67 060	
1987	361 426	271 143	143 364	127 779	90 283	
1988	434 748	334 488	182 387	152 101	100 260	
1989	457 294	362 169	206 087	156 082	95 125	
1990	493 016	389 211	225 812	163 409	103 805	
1991	575 593	441 935	250 288	191 647	133 658	
1992	784 379	595 070	344 749	250 321	189 309	
1993	1 199 016	902 712	541 046	361 666	290 964	5 340
1994	1 692 795	1 402 876	833 382	569 494	277 515	12 404
1995	2 274 060	1 785 099	1 195 458	589 641	337 039	151 922
1996	2 844 273	1 869 986	1 261 712	608 274	791 426	182 861
1997	3 059 698	1 995 259	1 359 351	635 908	846 971	217 468

12—4 建筑业全员劳动生产率

单位:元/人

年份	总计	国有经济	中央企业	地方企业	城镇集体经济	其他经济
1978	4 282	4 315	4 804	3 892	4 041	
1979	3 922	3 877	4 043	3 746	4 228	
1980	4 294	4 282	4 702	4 025	4 351	
1981	4 204	4 176	4 123	4 207	4 343	
1982	4 574	4 594	4 560	4 612	4 490	
1983	5 383	5 540	6 101	5 158	4 861	
1984	6 269	6 682	6 699	6 654	5 035	
1985	7 093	7 720	7 840	7 596	5 656	
1986	7 665	8 466	8 623	8 309	5 732	
1987	8 397	9 421	9 915	8 923	6 331	
1988	9 441	10 552	10 811	10 256	6 987	
1989	10 510	11 702	12 415	10 877	7 574	
1990	11 772	13 261	14 682	11 697	8 285	
1991	13 361	14 566	15 821	13 199	10 491	
1992	17 004	19 245	21 506	16 811	12 446	
1993	21 507	24 793	32 282	18 405	15 194	28 105
1994	32 146	38 091	46 924	29 863	17 985	31 010
1995	39 701	46 915	62 296	31 264	20 279	58 208
1996	37 175	50 773	69 134	32 738	21 863	52 546
1997	40 214	54 873	76 521	34 194	23 552	57 797

12—5 国有建筑业企业房屋建筑面积、竣工率

年份	房屋建筑施工面积(万平方米)	#本年新开工面积	房屋建筑竣工面积(万平方米)	#住宅	房屋建筑面积竣工率(%)	人平施工面积(平方米)	人平竣工面积(平方米)
1978	596.0		297.4		49.09	26.16	13.05
1979	639.4		285.2		44.61	27.57	12.30
1980	747.2		352.3		47.15	29.09	13.71
1981	737.0		337.9		45.85	28.48	13.04
1982	782.2		358.3		45.81	29.96	13.73
1983	816.9	352.2	374.6	209.0	45.87	30.17	13.84
1984	852.3	379.2	390.4	185.8	45.81	27.40	12.55
1985	955.7	481.1	425.7	182.8	44.55	31.85	14.19
1986	955.3	429.7	481.4	202.4	48.37	32.23	15.59
1987	1 025.6	482.0	424.6	161.1	41.40	32.79	14.75
1988	1 191.9	536.0	426.5	153.9	35.78	35.32	12.64
1989	1 167.0	356.1	433.5	164.4	37.15	35.07	13.03
1990	1 061.4	378.4	455.9	185.8	42.95	32.54	13.98
1991	1 103.3	478.5	474.9	180.0	43.0	33.1	14.3
1992	1 190.4	572.8	508.4	187.6	42.7	34.7	14.8
1993	1 439.3	711.3	480.5	176.2	33.9	39.5	13.2
1994	1 894.5	851.5	577.5		30.5	51.4	15.7
1995	2 122.8	873.9	622.2		41.2	55.8	16.4
1996	2 224.6	726.1	653.3		29.4	60.4	17.7
1997	2 330.6	848.4	765.3		32.8	64.1	21.1

12—6 地方国有建筑业企业房屋建筑面积、竣工率

年份	房屋建筑施工面积(万平方米)	#本年新开工面积	房屋建筑竣工面积(万平方米)	#住宅	房屋建筑面积竣工率(%)	人平施工面积(平方米)	人平竣工面积(平方米)
1978	444.5		218.7		49.2	36.4	17.9
1979	484.4		213.7		44.0	38.6	17.0
1980	618.6		290.5		47.0	38.9	18.3
1981	581.8		277.1		47.0	35.9	17.1
1982	637.8		297.5		46.6	37.7	17.6
1983	663.7	275.3	298.3	171.2	45.0	41.9	18.8
1984	584.1	266.8	277.3	139.3	47.5	51.7	24.5
1985	697.2	350.5	326.3	157.3	46.8	48.0	22.5
1986	701.3	303.9	344.5	166.6	49.1	46.5	22.9
1987	717.9	362.4	322.8	133.9	45.0	47.3	21.3
1988	820.7	395.0	316.8	135.1	38.6	52.2	20.1
1989	820.7	272.4	344.4	148.3	40.8	53.4	21.8
1990	746.1	290.7	351.6	172.9	47.1	49.8	23.5
1991	758.1	359.2	338.7	162.0	44.7	48.9	21.9
1992	829.9	422.9	378.5	170.9	45.6	51.4	25.5
1993	989.1	475.6	384.4	163.2	38.9	50.3	19.6
1994	1 319.1	627.6	485.2		36.8	69.2	25.4
1995	1 185.2	553.6	466.9		39.4	62.8	24.8
1996	1 203.3	418.5	501.3		41.7	64.8	27.0
1997	1 226.9	536.8	522.1		42.6	66.0	28.1

12—7 国有建筑业企业工程质量情况

年 份	单位工程竣工个数(个)	中央企业	地方企业	优良单位工程个数(个)	中央企业	地方企业	优良品率(%)	中央企业	地方企业
1983	3 745	1 262	2 483	2 608	1 021	1 587	69.6	80.9	63.9
1984	4 981	2 974	2 007	3 588	2 424	1 164	72.0	81.5	58.0
1985	5 507	3 150	2 357	4 065	2 809	1 256	73.8	53.3	53.3
1986	5 410	2 886	2 524	3 705	2 501	1 204	68.5	86.7	47.7
1987	4 653	2 198	2 455	2 689	1 756	933	57.8	79.9	38.0
1988	4 723	2 534	2 189	2 494	1 949	545	52.8	76.9	24.9
1989	3 558	1 611	1 947	1 454	1 159	295	40.9	71.9	15.2
1990	3 648	1 690	1 958	1 621	1 278	343	44.4	75.6	17.5
1991	3 983	1 922	2 061	1 886	1 484	402	47.4	77.2	19.5
1992	4 137	2 045	2 092	1 982	1 503	479	47.9	73.5	22.9
1993	4 150	2 155	1 995	1 959	1 550	409	47.2	71.9	20.5
1994	4 287	2 082	2 205	2 114	1 727	387	49.3	82.9	17.6
1995	5 339	3 030	2 309	2 689	2 264	425	50.4	74.7	18.4
1996	5 665	3 141	2 524	2 893	2 549	344	51.1	81.2	13.6
1997	6 418	3 557	2 861	3 196	2 748	448	49.8	77.3	15.7

年 份	房屋建筑竣工面积(万平方米)	中央企业	地方企业	优良工程竣工面积(万平方米)	中央企业	地方企业	优良品率(%)	中央企业	地方企业
1983	306.3	72.8	273.6	212.0	42.0	170.0	69.2	57.7	62.1
1984	353.2	98.0	255.2	224.9	69.2	155.8	63.7	70.6	61.1
1985	380.1	58.2	321.9	236.6	46.0	190.6	62.2	79.0	59.2
1986	423.0	88.0	335.0	237.0	63.5	173.5	56.0	72.2	51.8
1987	414.0	93.6	320.4	199.2	56.7	142.5	48.1	60.6	44.5
1988	426.5	108.5	318.0	128.7	61.8	66.7	30.2	57.0	21.0
1989	400.8	78.6	322.2	88.5	42.9	45.6	22.1	54.6	14.2
1990	432.8	95.6	337.2	117.9	48.7	69.2	27.2	50.9	20.5
1991	432.4	104.7	327.7	130.4	57.7	72.7	30.2	55.1	22.2
1992	560.9	217.1	343.8	154.8	69.6	85.2	27.6	32.1	24.8
1993	480.9	96.5	384.4	138.6	52.1	86.6	28.8	54.0	22.5
1994	577.5	92.3	485.2	162.3	63.7	98.6	28.1	69.0	20.3
1995	622.2	155.3	466.9	187.9	89.8	98.1	30.2	57.8	21.0
1996	653.3	152.0	501.3	165.9	89.1	76.8	25.4	58.6	15.3
1997	765.3	243.2	522.1	289.0	162.5	126.5	37.8	66.8	24.2

12—8 国有建筑业企业主要财务指标

单位:万元

年份	固定资产原价	中央企业	地方企业	固定资产净值	中央企业	地方企业
1983	178 271	109 972	68 299	132 463	82 335	50 128
1984	219 768	175 461	44 307	163 105	129 602	33 503
1985	207 278	150 065	57 213	151 399	109 081	42 318
1986	216 968	151 904	65 064	157 112	107 803	49 309
1987	230 745	161 202	69 543	167 757	113 680	54 077
1988	261 783	189 141	72 642	187 708	132 721	54 987
1989	288 075	205 862	82 213	203 370	142 990	60 380
1990	293 593	207 584	86 009	204 202	142 645	61 557
1991	312 866	222 436	90 430	212 118	149 138	62 980
1992	334 250	234 208	100 042	229 066	159 611	69 455
1993	411 840	296 580	115 261	282 601	199 920	82 781
1994	589 510	432 721	156 789	409 095	298 658	110 437
1995	761 858	541 994	219 864	541 609	376 866	164 743
1996	927 792	660 250	267 542	638 127	450 029	1 880 977
1997	1 100 265	823 177	277 088	764 127	568 777	195 350

年份	利润总额(万元)	中央企业	地方企业	资金利润率(%)	中央企业	地方企业	产值利润率(%)	中央企业	地方企业
1983	12 472	6 434	6 038	6.6	6.1	7.3	8.9	10.3	7.8
1984	14 339	9 406	4 933	6.3	5.6	8.3	7.6	7.8	7.1
1985	16 156	9 265	6 891	7.1	6.3	8.4	7.6	8.5	6.7
1986	9 260	4 650	4 610	3.3	2.6	4.7	3.9	3.8	3.9
1987	11 033	7 904	3 129	4.0	4.7	2.9	4.1	5.5	2.4
1988	12 109	8 453	3 656	3.8	4.2	3.2	3.6	4.6	2.4
1989	3 025	3 337	−312	0.9	1.5	−0.2	0.8	1.6	−0.2
1990	−3 292	145	−3 437	−0.9	0.1	−2.3	−0.8	0.1	−2.1
1991	2 286	2 424	−138	0.4	0.8	0.4	0.5	0.9	−0.1
1992	6 475	5 895	580	1.1	1.8	1.1	1.1	1.7	0.2
1993	10 423	6 929	3 494	1.0	1.2	1.0	1.2	1.3	1.0
1994	13 993	6 072	7 921	1.0	0.7	1.3	1.0	0.7	1.4
1995	9 896	7 175	2 721	0.5	0.6	0.4	0.5	0.6	0.5
1996	5 582	10 191	−4 609	0.3	0.8	−0.6	0.3	0.8	−0.8
1997	−9 313	−1 308	−8 005	−0.4	−0.1	−1.0	−0.5	−0.1	−1.3

12—9 国有建筑业企业技术装备情况

年份	自有机械设备总台数(台)	自有机械设备净值(万元)	中央企业	地方企业	技术装备率(元/人)	中央企业	地方企业
1983	55 503	84 824	59 270	25 554	3 027	5 027	1 575
1984	63 741	100 923	83 157	17 766	3 251	3 962	1 502
1985	62 059	96 069	73 365	22 704	3 063	4 566	1 484
1986	68 121	99 654	71 852	27 802	3 134	4 364	1 814
1987	59 912	103 416	73 710	29 706	3 190	4 472	1 864
1988	71 029	118 348	87 950	30 398	3 537	4 963	1 931
1989	79 963	124 140	91 720	32 420	3 696	5 011	2 121
1990	79 074	127 295	94 960	32 335	3 870	5 311	2 153
1991	77 690	124 325	92 103	32 222	3 648	5 137	1 995
1992	67 134	140 564	102 123	38 441	4 105	5 736	2 339
1993	77 588	185 584	145 883	39 701	4 952	8 658	1 924
1994	75 593	272 171	210 946	61 224	7 392	11 878	3 210
1995	82 736	327 257	268 414	58 843	8 601	13 987	3 120
1996	89 843	325 252	255 433	69 819	8 831	13 997	3 757
1997	99 867	317 977	236 839	81 138	8 745	13 332	4 363

年份	自有机械设备总功率(万千瓦)	中央企业	地方企业	动力装备率(千瓦/人)	中央企业	地方企业
1983	124.5	79.1	45.4	6.0	6.7	2.8
1984	133.1	104.5	28.6	5.5	5.4	2.4
1985	128.2	90.4	37.8	4.1	5.6	2.5
1986	137.5	93.3	44.2	4.3	5.7	2.9
1987	147.1	100.0	47.1	4.5	6.1	3.0
1988	127.7	119.2	53.5	5.2	6.7	3.4
1989	168.8	115.8	53.0	5.0	6.3	3.5
1990	175.6	125.3	50.3	5.3	8.0	3.0
1991	175.8	126.1	49.7	5.2	7.0	3.1
1992	169.5	116.7	52.8	4.9	6.6	3.2
1993	169.9	101.7	68.2	4.5	6.1	3.3
1994	196.1	129.1	67.0	5.3	7.3	3.5
1995	197.7	134.7	63.0	5.2	7.0	3.3
1996	208.0	136.8	71.2	5.6	7.5	3.8
1997	213.4	142.4	71.0	5.9	8.0	3.8

12—10 城镇集体建筑业企业主要经济效益指标

年份	房屋建筑施工面积（万平方米）	房屋建筑竣工面积（万平方米）	房屋建筑面积竣工率（%）	人平竣工面积（平方米）	单位工程竣工个数（个）	#优良单位工程个数	优良品率（%）
1978	253.1	135.0	53.3	42.9			
1979	283.8	152.8	53.8	45.3			
1980	395.4	223.8	59.1	44.5			
1981	394.7	225.9	57.2	42.3			
1982	441.2	246.8	55.9	38.6			
1983	505.3	292.2	57.8	38.5	1 955	746	38.2
1984	582.4	320.4	55.0	33.7	2 738	1 206	44.0
1985	726.4	395.3	54.4	32.9	3 966	1 799	45.4
1986	644.8	373.6	57.9	31.9	3 154	1 089	34.5
1987	821.2	424.7	51.7	29.8	3 546	1 108	31.2
1988	808.8	402.5	49.8	28.0	3 180	653	20.1
1989	677.2	383.8	56.8	30.5	2 770	490	17.7
1990	623.5	330.0	52.9	26.3	2 887	496	17.2
1991	736.6	377.5	51.2	28.3	3 057	460	15.0
1992	938.1	494.4	52.7	30.4	3 585	485	13.5
1993	1 143.9	641.0	56.0	23.0	5 422	713	13.2
1994	922.3	481.6	52.2	31.2	3 382	536	15.8
1995	867.6	484.3	55.8	29.1	3 797	621	16.4
1996	2 008.4	1 123.5	55.9	31.0	7 128	683	9.6
1997	1 885.3	1 124.5	59.6	31.3	7 640	787	10.3

年份	建筑业总产值（万元）	固定资产原价（万元）	固定资产净值（万元）	利润总额（万元）	产值利润率（%）	人均利润（元）
1978	12 731					
1979	14 290					
1980	21 888	3 402	2 612	435	2.0	87
1981	23 193	5 292	3 844	555	2.4	104
1982	28 693	5 548	3 980	804	2.8	126
1983	36 852	9 484	6 694	1 402	3.8	185
1984	47 939	13 485	9 677	2 345	4.9	246
1985	67 869	17 166	12 774	2 348	3.5	196
1986	67 060	18 880	13 602	1 512	2.3	130
1987	90 283	24 490	17 767	1 730	1.9	121
1988	100 260	27 192	19 764	1 958	2.0	136
1989	95 125	39 226	25 506	2 205	2.3	176
1990	103 805	35 855	25 784	2 090	2.0	167
1991	133 658	44 795	30 730	2 604	1.9	195
1992	189 309	57 249	36 947	3 045	2.0	212
1993	297 284	87 583	63 809	5 018	1.7	178
1994	277 514	66 283	49 373	5 169	1.9	335
1995	337 039	106 425	88 346	4 505	1.3	271
1996	791 426	249 155	203 743	16 248	2.1	449
1997	846 971	280 482	224 707	17 717	2.1	493

12—11 建筑业企业生产情况

(1997年)

单位:万元

分组	建筑业总产值	建筑工程	安装工程	房屋构筑物修理	非标准设备制造	竣工产值
总计	**3 059 698**	**2 716 621**	**281 822**	**37 998**	**23 257**	**1 813 792**
一、按经济类型分						
国有经济	1 995 259	1 764 345	201 611	9 738	19 565	1 079 169
中央企业	1 359 351	1 165 354	176 419	2 351	15 228	655 007
地方企业	635 908	598 991	25 193	7 387	4 338	424 162
城镇集体经济	846 971	764 294	52 159	26 883	3 636	626 531
私营经济	6 021	5 196	715	110		4 978
联营经济	6 212	6 035	63	114		3 764
股份制经济	188 320	165 146	22 565	553	56	86 740
外商投资经济	3 519	2 755	764			2 772
港澳台投资经济	6 651	4 985	1 085	582		5 652
其他经济	6 745	3 866	2 860	19		4 187
二、按行业类别分						
土木工程建筑业	2 709 983	2 576 616	87 343	35 951	10 073	1 565 269
房屋建筑业	2 083 097	1 976 330	66 657	34 019	6 092	1 319 958
线路管道设备安装业	322 023	122 530	185 453	857	13 183	233 192
建筑物装修装饰业	27 692	17 475	9 027	1 190		15 331
三、按企业规模分						
大中型企业	1 830 818	1 616 394	191 665	6 265	16 495	916 853
小型企业	1 228 880	1 100 227	90 158	31 733	6 762	896 938
四、按企业资质等级分						
一　级	1 691 522	1 486 676	186 077	3 181	15 588	827 099
二　级	470 989	424 388	32 541	10 822	3 237	315 720
三　级	564 344	503 333	44 391	13 077	3 542	412 380
四　级	332 843	302 224	18 813	10 917	890	258 593
五、按地市分类						
武汉市	1 088 014	941 957	129 263	11 963	4 831	622 462
黄石市	162 980	140 311	18 006	1 542	3 121	101 526
十堰市	94 649	82 139	9 831	810	1 869	57 868
荆州市	125 799	117 196	5 893	2 458	253	94 623
宜昌市	378 908	352 995	18 875	2 683	4 355	113 118
襄樊市	371 990	308 314	55 200	4 873	3 604	220 998
鄂州市	36 882	34 545	718	1 400	219	28 866
荆门市	254 478	246 059	6 666	522	1 230	181 556
孝感市	150 407	137 666	8 207	4 422	112	103 321
黄冈市	169 128	148 462	15 616	4 257	793	113 127
咸宁地区	36 211	34 026	1 493	567	125	27 520
恩施自治区	44 304	42 202	1 670	329	104	28 026
随州市	20 436	19 937	177	322		16 383
仙桃市	23 133	22 814		136	183	17 471
天门市	32 622	32 557	65			24 322
潜江市	65 747	51 486	10 103	1 701	2 458	59 992
神农架林区	4 008	3 955	40	13		2 613

12—12 建筑业企业工程情况

(1997年)

分　组	单位工程竣工个数(个)	#优良工程个数	房屋建筑竣工面积(万平方米)	#优良工程面积	优良品率(%) 按工程个数计算	按建筑面积计算
总　计	**14 895**	**4 152**	**1 982**	**496**	**27.9**	**25.0**
一、按经济类型分						
国有经济	6 418	3 196	765	289	49.8	37.8
中央企业	3 557	2 748	243	163	77.3	67.1
地方企业	2 861	448	522	127	15.7	24.3
城镇集体经济	7 640	787	1 124	174	10.3	15.5
私营经济	60	8	5	1	13.3	20.0
联营经济	51	9	6	3	17.6	50.0
股份制经济	498	82	70	28	16.5	40.0
外商投资经济	45	11	2		24.4	
港澳台投资经济	109	11	4	1	10.1	25.0
其他经济	74	48	5	1	64.9	20.0
二、按行业类别分						
土木工程建筑业	11 932	2 511	1 955	486	21.0	24.9
房屋建筑业	9 967	1 371	1 914	473	13.8	24.7
线路管道设备安装业	2 455	1 584	21	10	64.5	47.6
建筑物装修装饰业	508	57	7		11.2	
三、按企业规模分						
大中型企业	4 387	2 912	508	252	66.4	49.6
小型企业	10 508	1 240	1 474	244	11.8	16.6
四、按企业资质等级分						
一　级	3 995	2 860	398	230	71.6	57.8
二　级	2 429	449	398	87	18.5	21.9
三　级	4 305	518	686	124	12.0	18.1
四　级	4 166	325	500	56	7.8	11.2
五、按地市分类						
武汉市	3 801	1 753	461	156	46.1	33.8
黄石市	739	96	99	19	13.0	19.2
十堰市	526	86	65	14	16.3	21.5
荆州市	1 101	120	171	28	10.9	16.4
宜昌市	1 237	122	140	25	9.9	17.9
襄樊市	2 445	1 193	178	48	48.8	27.0
鄂州市	236	48	48	11	20.3	22.9
荆门市	653	111	163	74	17.0	45.4
孝感市	803	120	195	40	14.9	20.5
黄冈市	1 090	201	175	34	18.4	19.4
咸宁地区	317	43	60	8	13.6	13.3
恩施自治区	402	28	60	5	7.0	8.3
随州市	217	28	44	8	12.9	18.2
仙桃市	213	32	38	10	15.0	26.3
天门市	213	15	35	8	7.0	22.9
潜江市	868	155	48	8	17.9	16.7
神农架林区	34	1	3	1	2.9	33.3

12—13 建筑业企业财务状况

(1997 年)

单位:万元

分组	资产总计	#流动资产年末合计	#固定资产年末合计	流动负债	长期负债	所有者权益
总计	**3 795 051**	**2 513 971**	**1 068 756**	**2 394 221**	**288 286**	**1 092 387**
一、按经济类型分						
国有经济	2 711 547	1 792 603	771 338	1 838 119	207 661	659 977
中央企业	1 848 005	1 180 328	570 221	1 260 270	145 631	441 803
地方企业	863 542	612 275	201 117	577 849	62 030	218 174
城镇集体经济	714 111	443 600	224 707	328 058	52 614	325 997
私营经济	8 361	4 447	2 170	2 731	580	5 050
联营经济	4 087	2 748	1 190	2 642	373	975
股份制经济	329 687	253 595	61 787	209 657	26 483	86 719
外商投资经济	10 554	5 848	3 978	3 851	16	6 687
港澳台投资经济	13 312	9 509	1 995	8 162	135	5 015
其他经济	3 393	1 622	1 590	1 001	424	1 968
二、按行业类别分						
土木工程建筑业	3 421 715	2 249 753	975 389	2 141 194	273 051	994 012
房屋建筑业	2 253 672	1 551 679	570 596	1 419 115	145 471	676 004
线路管道设备安装业	321 698	227 905	82 515	223 135	14 049	77 818
建筑物装修装饰业	51 638	36 314	10 851	29 892	1 187	20 558
三、按企业规模分						
大中型企业	2 585 059	1 735 914	716 674	1 777 736	203 685	602 806
小型企业	1 209 992	778 057	352 082	616 484	84 601	489 581
四、按企业资质等级分						
一级	2 409 246	1 604 681	677 573	1 661 221	199 183	548 542
二级	616 808	440 111	143 678	384 681	30 946	195 096
三级	501 606	314 540	158 442	234 031	34 259	231 429
四级	267 391	154 639	89 063	114 289	23 897	117 320
五、按地市分类						
武汉市	1 454 444	1 056 435	327 082	1 007 504	78 960	367 980
黄石市	150 259	103 172	42 940	94 893	6 916	47 927
十堰市	133 801	90 926	32 435	88 545	9 575	28 984
荆州市	146 045	90 053	47 407	76 406	12 363	57 112
宜昌市	889 814	502 973	331 352	517 583	106 091	266 141
襄樊市	394 886	283 925	94 783	287 382	26 577	79 847
鄂州市	40 185	21 571	17 535	13 738	3 791	22 641
荆门市	162 287	120 979	32 558	125 082	4 539	31 966
孝感市	94 930	54 188	36 961	33 218	6 359	53 473
黄冈市	131 760	75 359	43 706	42 768	19 139	64 866
咸宁地区	35 553	13 759	11 466	8 657	4 666	19 620
恩施自治区	39 180	25 166	9 392	24 890	1 965	11 138
随州市	17 190	11 657	5 043	10 538	1 690	4 728
仙桃市	19 692	12 339	7 077	9 342	692	9 580
天门市	26 030	14 073	8 761	13 730	1 879	10 420
潜江市	51 934	32 671	18 439	35 448	1 616	14 871
神农架林区	7 061	4 726	1 819	4 499	1 468	1 094

12—13 续表 (1997 年) 单位:万元

分组	资本金合计	企业总收入	工程结算收入	工程结算成本	利税总额	#利润总额	增加值
总计	**823 437**	**3 151 152**	**2 905 000**	**2 496 158**	**119 338**	**12 100**	**1 010 225**
一、按经济类型分							
国有经济	416 483	2 087 738	1 900 994	1 617 491	54 589	－9 313	687 618
中央企业	179 972	1 502 094	1 339 236	1 124 147	44 682	－1308	501 992
地方企业	236 511	585 643	561 758	493 345	9 908	－8 005	185 626
城镇集体经济	332 970	745 748	730 336	632 723	51 715	17 717	251 109
私营经济	4 861	5 002	4 937	4 088	317	－3	2 076
联营经济	3 095	6 078	5 962	5 259	180	－9	1 459
股份制经济	51 383	292 903	249 283	225 471	11 969	3 618	63 651
外商投资经济	7 118	2 984	2 849	2 162	158	17	1 378
港澳台投资经济	5 756	6 482	6 465	5 314	226	30	2 131
其他经济	1 771	4 218	4 174	3 649	184	42	803
二、按行业类别分							
土木工程建筑业	749 810	2 840 082	2 610 677	2 248 130	110 374	10 623	899 637
房屋建筑业	617 344	2 129 650	1 998 650	1 745 340	88 062	12 430	631 596
线路管道设备安装业	52 797	284 171	267 926	226 238	10 009	1 577	101 545
建筑物装修装饰业	20 830	26 899	26 397	21 789	764	－100	9 043
三、按企业规模分							
大中型企业	314 800	2 073 565	1 852 057	1 586 668	53 126	－8 509	652 082
小型企业	508 637	1 077 587	1 052 943	909 489	66 212	20 609	358 143
四、按企业资质等级分							
一级	256 388	1 938 159	1 727 162	1 475 083	49 318	－8 421	610 533
二级	197 599	423 149	404 012	356 349	12 561	－410	131 389
三级	240 393	492 171	481 175	412 673	33 035	12 711	168 125
四级	129 058	297 673	292 651	252 053	24 424	8 221	100 178
五、按地市分类							
武汉市	267 274	1 183 999	1 083 671	936 201	40 628	5 895	358 235
黄石市	36 124	156 249	152 906	135 206	6 650	1 476	52 607
十堰市	38 534	90 176	85 633	72 742	545	－2 382	32 932
荆州市	63 021	116 909	113 116	101 163	2 594	－1 548	33 246
宜昌市	103 444	456 842	368 612	309 945	4 933	－6 597	177 499
襄樊市	75 331	378 989	353 128	293 982	17 278	910	126 896
鄂州市	25 006	31 133	29 478	24 662	1 967	458	10 804
荆门市	21 425	253 276	237 885	205 399	10 085	2 851	60 040
孝感市	50 240	145 623	144 698	125 551	10 604	4 595	45 982
黄冈市	56 615	132 177	131 464	110 934	11 945	5 514	44 904
咸宁地区	18 467	37 035	36 962	31 886	2 553	222	10 876
恩施自治区	14 118	39 613	39 542	35 466	4 474	78	16 033
随州市	4 501	17 126	16 735	14 862	564	11	4 686
仙桃市	10 865	20 696	20 477	17 767	1 334	450	7 697
天门市	11 531	26 475	26 467	24 134	1 349	465	7 411
潜江市	25 007	60 815	60 296	53 001	1 913	－123	19 087
神农架林区	1 934	4 022	3 932	3 258	－76	－174	1 290

主要统计指标解释

【建筑施工企业】 指从事房屋、构筑物和设备安装生产活动的独立施工单位，分为建筑安装企业和自营施工单位两种组织形式。建筑安装企业是指行政上有独立组织、经济上实行独立核算的企业。一般称为建筑公司、安装公司、工程公司、工程局(处)等。自营施工单位是指附属于现有生产企业、事业内部或行政单位的，主要是为建造和修理本单位固定资产而自行组织的，并同时具备下述条件：①对内独立核算；②有固定组织和施工队伍；③全年施工期在半年以上。

【农村建筑队】 指有组织的并有固定人员从事房屋、构筑物修建及设备安装的专业队、组。应具备的条件：有固定组织；有核算制度；全年施工期在3个月以上并持有当地工商行政管理部门颁发的营业执照。

【建筑业总产值】 即自行完成施工产值。建筑业总产值是以货币表现的建筑安装企业和附营施工单位在一定时期内生产的建筑业产品的总和。它是反映建筑业生产规模、发展速度、经营成果的重要标志，也是用以计算建筑业经济效益、劳动生产率和建筑业在国民经济中所占比重的依据。建筑业总产值包括四部分内容：1. 建筑工程产值；2. 设备安装工程产值；3. 房屋构筑物修理产值；4. 非标准设备制造产值。

【建筑业增加值】 建筑业增加值是建筑业企业在报告期内以货币表现的建筑业生产经营活动的最终成果，建筑业增加值有两种计算方法：一是生产法，即建筑业总产出减去建筑业中间消耗后的余额；二是分配法(收入法)即从收入的角度出发，根据生产要素在生产过程中应得到的收入份额计算，具体构成项目有固定资产折旧、劳动者报酬、生产税净额、营业盈余。

【建筑业产值价格指数】 建筑业产值是以当年的预算价格为基础计算的。预算价格由于受建筑材料、人工费价格及取费标准的变动而不断调整，造成建筑产品价格不可比。编制建筑业产值价格指数就是为了消除价格因素对建筑产品的影响，使其正确反映建筑业的发展速度和企业的经济效益。

建筑业产值价格指数的计算方法，是以报告期全部竣工的单位工程为对象，采用等距抽样(或划类选点)调查方法，确定所调查的样本单位工程。然后根据样本单位工程的竣工决算资料和本施工企业报告期、基期建筑材料、人工费、机械台班单价及取费标准，运用价格指数计算方法，分别求得各样本单位工程的材料费、人工费、机械使用费和其他费用价格指数。再采取加权调和平均数的计算方法，求得样本工程产值价格指数和样本总体的各类费用价格指数，并用样本总体的价格指数代替全部整体的价格指数。

【年末自有机械设备价值】 指年末本单位自有施工机械、生产设备、运输设备的全部机械价值，分别按原值和净值计算，不包括非生产用的机械设备价值。

【企业总收入】 指与企业生产经营直接有关的各项收入，包括工程结算收入与其他业务收入。即：

企业总收入＝工程结算收入＋其他业务收入

【工程结算收入】 指本企业承包工程实现的工程价额结算收入以及向发包单位收取的除工程价款以外按规定列作营业收入的各种款项，如临时设施费、劳动保险费、施工机构调迁费等以及向发包单位收取的各种索赔款。本项根据“损益表”中“工程结算收入”项的本年累计数填列。

【其他业务收入】 指企业除工程结算收入外的其他业务收入，如产品销售收入、机械作业收入、材料销售收入、无形资产转让收入、固定资产出租收入等。

【利税总额】 指企业的实现利润与上缴税金(利前税)之和，包括利润总额、工程结算税金及附加、管理费用中的税金。即：

利税总额＝利润总额＋工程结算税金及附加
＋管理费用中的税金

【利润总额】 指建筑业企业在一定时期内所实现的利润。其构成为：营业利润＋投资收益－营业外收入＋用含量工资节余弥补利润－营业外支出－结转的含量工资包干节余。

【资金利润率】 指在一定时期内利润总额和资金占用比，他的计算方法是：利润总额除以固定资产期末净值和流动资产之和。

【产值利润率】 指在报告期内每百元产值所实现的利润。他的计算方法是：利润总额除以总产值。

【资产负债率】 指在企业全部资产总额中，借用外部资金所占份额的指标。他的计算方法是：负债总额除以总资产。

【资本金利润率】 指在报告期内每百元资本金所实现的利润。他的计算方法是利润总额除以资本金额。

运输和邮电 13

资料整理人员：赵志才

13—1 运输线路长度

（年底数）

单位:公里

指标	1990年	1993年	1994年	1995年	1996年	1997年
铁路营业里程	1 605	1 941	1 978	1 940	2 105	2 011
#电气化里程	230	702	708	708	718.9	721.1
公路通车里程	47 511	48 008	48 349	48 728	49 757	50 779
#二级以上公路里程	2 169	3 764	4 725	5 608	6 191	6 834
内河航道里程	8 960	9 056	8 969	8 969	8 969	8 969
#水深1米以上里程	4 574	4 727	4 728	4 750	4 750	4 750
民用航空航线里程	49 747	38 857	57 468	78 307	82 138	113 184
输油(气)管道里程	301.8	311.7	362.9	362.9	614.5	469.5
公路通车里程中:						
干线公路	9 506	12 997	13 078	13 203	13 252	13 238
国道公路	3 771	3 774	3 774	3 774	3 774	3 759
省道	5 735	9 223	9 304	9 429	9 478	9 479
县级公路	12 362	10 499	10 690	11 014	11 321	11 677
乡镇公路	24 845	23 636	23 705	23 617	24 250	24 939
专用公路	798	876	876	894	934	925
公路通车里程中:						
等级路里程合计	24 532	28 582	29 228	30 910	33 477	35 489
一级	196	336	450	641	751	924
二级	1 973	3 428	4 275	4 967	5 440	5 910
三级	4 689	4 738	4 665	5 063	5 725	6 204
四级	17 674	20 080	19 838	20 239	21 561	22 451
公路通车里程中:						
有路面里程合计	37 614	39 511	40 002	41 135	43 245	44 363
高级次高级	11 720	13 902	14 939	16 210	17 691	18 760
中级	13 989	15 217	14 333	14 434	15 629	15 962
低级	11 905	10 392	10 730	10 491	9 925	9 641
公路通车里程中:						
晴雨通车里程	34 669	37 181	37 665	39 493	41 644	42 771
绿化里程	25 534	25 906	26 052	25 659	26 438	27 630

13—2 交通部门客运量

单位:万人

年份	总计	铁路	公路	水运			民航
					长航	地方	
1952	702.00	334	61	307	76	231	
1957	1 611.00	539	382	690	128	562	
1962	4 161.01	2 132	811	1 218	111	1 107	0.01
1965	3 305.31	1 243	1 246	816	444	372	0.31
1970	5 954.52	2 063	2 422	1 469	677	792	0.52
1975	9 332.05	2 518	5 188	1 625	687	938	1.05
1980	16 629.26	3 217	11 282	2 123	906	1 217	7.26
1985	28 178.22	3 353	22 378	2 433	1 093	1 340	14.22
1986	31 576.50	2 905	25 597	3 055	1 335	1 720	19.50
1987	33 452.98	2 910	27 575	2 942	1 285	1 657	25.98
1988	35 233.96	3 214	28 908	3 096	1 403	1 693	15.96
1989	34 682.13	2 806	28 794	3 069	1 228	1 841	13.13
1990	32 145.93	2 107	27 333	2 693	1 018	1 675	12.93
1991	33 982.62	2 016	29 279	2 654	1 065	1 589	33.62
1992	34 726.00	2 077	29 635	2 894	1 210	1 684	120.00
1993	30 152.00	2 265	25 116	2 665	1 096	1 569	106.00
1994	29 507.00	2 358	24 819	2 210	838	1 372	120.00
1995	28 508.20	2 300	24 315	1 743	524	1 219	150.00
1996	29 045.40	2 248	25 180	1 449	450	999	168.00
1997	29 503.08	2 127	25 684	1 538	484	1 054	154.08

13—3 交通部门旅客周转量

单位:亿人公里

年份	总计	铁路	公路	水运			民航
					长航	地方	
1952	9.23	3.87	0.36	5.00	3.55	1.45	
1957	16.30	6.74	2.12	7.44	4.57	2.87	
1962	30.66	14.45	3.60	12.61	4.96	7.65	
1965	24.75	12.30	4.75	7.69	6.09	1.60	0.01
1970	12.33		9.46	2.85		2.85	0.02
1975	55.92	25.46	17.85	12.58	10.43	2.15	0.03
1980	95.88	41.79	36.20	17.52	15.01	2.51	0.37
1985	185.25	84.00	81.33	19.40	17.27	2.13	0.52
1986	218.28	89.05	94.21	34.33	32.01	2.32	0.69
1987	239.97	99.43	104.09	35.21	32.92	2.29	1.24
1988	270.09	114.48	115.66	38.87	36.18	2.69	1.08
1989	260.61	104.16	119.50	36.05	33.00	3.05	0.90
1990	225.85	82.83	112.83	29.28	26.18	3.10	0.91
1991	257.68	98.09	126.70	30.19	27.15	3.04	2.70
1992	286.35	104.89	135.61	34.72	31.54	3.18	11.13
1993	281.28	113.60	123.64	33.50	30.23	3.27	10.54
1994	283.98	121.91	121.40	28.71	25.65	3.06	11.96
1995	285.29	129.47	117.76	22.71	19.40	3.31	15.35
1996	285.04	121.17	124.97	21.09	17.83	3.26	17.81
1997	282.53	118.62	123.39	24.14	20.53	3.61	16.38

13—4 交通部门货运量

单位:万吨

年份	总计	铁路	公路	水运			民航
					长航	地方	
1952	1 009.00	208	294	507	129	378	
1957	3 126.00	545	931	1 650	418	1 232	
1962	3 199.00	722	1 024	1 453	245	1 208	
1965	4 336.01	1 070	1 456	1 810	491	1 319	0.01
1970	6 121.05	1 851	2 029	2 241	544	1 697	0.05
1975	8 144.01	2 739	2 727	2 678	601	2 077	0.01
1980	8 420.17	3 211	2 199	3 110	1 062	2 048	0.17
1985	11 059.25	2 659	3 852	3 463	1 276	2 187	0.25
1986	11 893.16	3 830	3 787	3 948	1 771	2 177	0.16
1987	12 061.29	3 935	3 681	4 219	1 880	2 339	0.29
1988	12 210.26	4 044	3 545	4 383	1 907	2 476	0.26
1989	11 608.16	4 148	3 164	4 062	1 862	2 200	0.16
1990	10 916.10	3 901	2 941	3 784	1 741	2 043	0.10
1991	11 217.38	3 957	2 999	3 996	1 861	2 135	0.38
1992	11 565.41	4 018	2 828	4 364	2 126	2 238	1.71
1993	11 183.58	4 029	2 734	4 248	2 007	2 241	1.58
1994	10 662.73	3 964	2 666	3 641	1 587	2 054	1.73
1995	10 173.62	3 986	2 600	3 585	1 617	1 968	2.12
1996	9 927.74	3 779	2 537	3 268	1 658	1 610	2.74
1997	9 389.06	3 882	2 280	3 119	1 703	1 416	2.49

13—5 交通部门货物周转量

单位:亿吨公里

年份	总计	铁路	公路	水运			民航
					长航	地方	
1952	25.53	9.72	0.20	15.61	11.40	4.21	
1957	55.41	26.53	1.05	27.83	14.43	13.40	
1962	71.31	39.62	1.92	29.77	17.15	12.62	0.0001
1965	114.53	68.41	2.42	43.70	31.87	11.83	0.0002
1970	18.66		4.35	14.31		14.31	0.0025
1975	209.01	144.71	6.95	57.35	36.15	21.20	0.0012
1980	326.85	206.14	9.85	110.85	77.72	33.13	0.0100
1985	507.57	320.37	16.59	169.94	89.61	80.33	0.0208
1986	593.99	341.33	16.53	230.11	144.18	85.93	0.0150
1987	658.01	385.45	17.71	251.41	158.24	93.17	0.0219
1988	687.87	399.18	18.97	265.42	163.69	101.83	0.0224
1989	710.01	425.31	17.05	262.33	164.70	97.63	0.0134
1990	670.53	415.17	14.72	235.04	147.97	87.07	0.0061
1991	720.23	455.00	14.67	245.41	154.83	90.58	0.0308
1992	757.00	461.81	13.89	272.70	174.51	98.19	0.1600
1993	753.52	477.64	11.99	259.90	158.06	101.84	0.1600
1994	743.21	505.57	10.23	222.32	125.79	96.53	0.1700
1995	776.44	544.40	9.62	222.20	128.36	93.84	0.2133
1996	775.79	552.32	9.93	208.05	128.95	79.10	0.2953
1997	725.34	501.77	8.72	212.21	138.29	73.92	0.2916

13—6 铁路机车及客车拥有量

指　　标	单 位	1990年	1993年	1994年	1995年	1996年	1997年
铁路机车总计	台	**595**	**679**	**702**	**705**	**676**	**696**
武汉铁路分局	台	371	416	432	406	411	398
襄樊铁路分局	台	224	263	270	299	265	298
蒸汽机车	台	250	203	183	179	148	117
武汉铁路分局	台	134	97	85	83	72	54
襄樊铁路分局	台	116	106	98	96	76	63
内燃机车	台	279	240	254	282	283	341
武汉铁路分局	台	236	153	155	159	175	188
襄樊铁路分局	台	43	87	99	123	108	153
电力机车	台	66	236	265	244	245	238
武汉铁路分局	台	1	166	192	164	164	156
襄樊铁路分局	台	65	70	73	80	81	82
客车总计	辆	**1 052**	**1 100**	**1 045**	**1 231**	**1 520**	**1 512**
武汉铁路分局	辆	704	704	649	762	1 021	984
襄樊铁路分局	辆	348	396	396	469	499	528
软 座 车	辆	3	4	4	4	4	11
武汉铁路分局	辆	3	4	4	4	4	11
硬 座 车	辆	801	729	681	674	777	768
武汉铁路分局	辆	532	466	406	405	499	491
襄樊铁路分局	辆	269	263	275	269	278	277
软 卧 车	辆	37	63	59	59	74	79
武汉铁路分局	辆	24	36	36	35	48	50
襄樊铁路分局	辆	13	27	23	24	26	29
硬 卧 车	辆	202	262	259	267	398	409
武汉铁路分局	辆	139	160	165	166	281	271
襄樊铁路分局	辆	63	102	94	101	117	138
软硬卧车	辆	9	4	4	4	4	4
武汉铁路分局	辆	6					
襄樊铁路分局	辆	3	4	4	4	4	4
双层客车	辆				38	38	35
武汉分局	辆				38	38	35
#硬　座	辆				30		28
软　座	辆				8		7
行李邮政车总计	辆	**82**	**94**	**95**	**97**	**107**	**123**
武汉铁路分局	辆	52	66	30	63	70	76
襄樊铁路分局	辆	30	28	65	34	37	47
餐车总计	辆	**69**	**71**	**69**	**65**	**84**	**83**
武汉铁路分局	辆	45	43	37	36	54	50
襄樊铁路分局	辆	24	28	28	29	30	33

13—7 铁路运输主要技术经济指标

指标	单位	武汉铁路分局			襄樊铁路分局		
		1995年	1996年	1997年	1995年	1996年	1997年
客运机车日车公里	公里	593.7	573.8	575.5	545	546	544
货运机车日车公里	公里	451.5	451.6	453.8	349	349	357
货运机车平均牵引总重	吨	3 164.5	3 230.8	3 203.2	2 996	3 017	3 007
蒸汽机车	吨	2 322.5	2 179.2	1 950.1	2 788	2 892	2 877
内燃机车	吨	2 988.5	2 954.3	2 990.9	2 900	2 800	2 802
电力机车	吨	3 311.5	3 452.9	3 407.0	3 238	3 269	3 261
货运机车日产量	万吨公里	128.9	130.3	129.6	89.6	91.2	94.5
蒸汽机车	万吨公里	38.0	36.2	25.6	82.2	79.7	80.0
内燃机车	万吨公里	110.7	106.8	111.5	85.9	89.6	98.0
电力机车	万吨公里	159.3	166.3	164.9	99.9	101.6	100.1
蒸汽机车每万吨公里耗煤	千克	161.5	162.3	224.2	76.9	75.3	77.1
内燃机车每万吨公里耗油	千克	23.3	22.1	22.5	26.6	25.8	25.7
电力机车每万吨公里耗电	千瓦/小时	87.6	86.2	92.3	99.3	99.1	103.2
旅客列车技术速度	公里/小时	58.7	59.1	65.1	56.5	56.1	58.1
旅客列车旅行速度	公里/小时	51.0	51.4	56.5	45.7	44.2	47.3
旅客列车出发正点率	%	99.3	99.6	99.5	99.5	99.7	99.7
旅客列车运行正点率	%	97.8	99.2	98.5	95.8	97.1	98.6
货物列车技术速度	公里/小时	44.2	44.4	44.9	39.8	40.0	40.6
货物列车旅行速度	公里/小时	31.6	32.2	32.5	20.1	20.8	21.7
货物列车出发正点率	%	90.3	93.6	94.1	92.2	94.3	95.5
货物列车运行正点率	%	91.0	94.1	94.1	94.4	92.6	93.2
成组直达货物列车比重	%				60.1	63.8	68.0
#直达货物列车比重	%				20.4	14.6	19.0
货车周转时间	天	1.96	1.91	2.09	1.79	1.76	1.76
一次货物作业时间	小时	22.3	22.2	22.4	24.2	23.7	23.1
货车中转停留时间	小时	4.0	3.8	4.0	6.6	6.6	6.7

13—8 民用车辆、船舶拥有量

指　　标	单位	1990年	1993年	1994年	1995年	1996年	1997年
民用汽车	万辆	20.32	26.83	30.90	34.89	37.90	41.43
载货汽车	万辆	13.04	15.04	16.33	18.61	18.96	19.29
载货汽车载重量	万吨位	53.88	80.67	80.02	89.88	91.56	64.25
#大型载货汽车	万辆	9.03	9.47	10.14	10.47	10.34	10.48
大型载货汽车载重量	万吨位	46.27	67.16	69.86	74.11	73.19	53.67
载客汽车	万辆	6.08	10.26	12.74	14.96	17.78	20.39
载客汽车载客量	万客位	98.00	114.01	150.40	163.21	193.99	271.24
#大型载客汽车	万辆	1.57	2.04	2.16	2.17	2.75	2.78
大型载客汽车载客量	万客位	67.84	61.71	77.34	78.26	99.52	132.33
特种汽车	辆	5 393	6 514	8 990	9 754	8 305	8 127
运输用拖拉机(轮式)	万台	15.10	14.78	3.73	3.74	2.93	1.80
#手扶拖拉机	万台	6.66	5.51	0.78	0.85	0.71	0.65
摩托车	万辆	9.53	16.69	20.83	26.77	39.15	57.69
#两轮摩托车	万辆	5.29	10.26	12.99	18.28	29.28	47.49
其他机动车	辆	12 923	30 689	38 200	39 070	44 901	61 686
载货汽车挂车	万辆	1.95	1.58	1.51	1.04	1.11	0.55
机动运输船	艘	6 051	4 759	4 461	4 555	4 670	4 949
#拖　　船	艘	1 052	857	775	883	809	985
机动船净载重量	万吨位	23.00	22.82	23.96	30.56	36.92	49.18
机动船载客量	万客位	6.28	4.28	4.24	3.66	4.11	13.76
拖船功率	万千瓦	15.35	12.29	12.24	13.2	11.93	18.67
驳　　船	艘	3 148	2 983	2 714	2 647	2 363	3 619
驳船净载重量	万吨位	84.72	82.86	74.37	76.12	70.69	119.86

13—9 公路运输客货汽车运用情况及技术经济指标

（国有企业）

指标	单位	载货汽车			载客汽车		
		1995年	1996年	1997年	1995年	1996年	1997年
总车日	千车日	1 046	902	834	2 051	2 151	2 208
完好车日	千车日	939	813	754	1 905	2 000	2 087
工作车日	千车日	640	568	535	1 710	1 808	1 894
停驶车日	千车日	299	245	219	196	201	193
非完好车日	千车日	107	89	80	146	142	121
总车吨(客)位日	千车吨(客)位日	6 603	5 686	5 351	80 648	96 802	101 611
总行程	千车公里	99 493	93 512	88 566	375 839	400 992	424 897
#载运行程	千车公里	57 353	54 326	53 021	375 237	399 751	424 176
总行程载重量	亿吨(客)位公里	6.03	5.56	5.24	169.77	153.94	195.85
#载运行程载重量	亿吨(客)位公里	3.99	3.25	3.23	169.54	153.58	194.67
自载换算周转量	亿吨(人)公里	4.35	4.28	4.06	109.51	111.52	113.99
自载及拖带换算周转量	亿吨(人)公里	4.98	4.65	4.46	109.51	111.52	113.99
平均车数	辆	2 866	2 471	2 285	5 619	5 893	6 049
平均总吨(客)位	吨(客)位	18 090	15 578	14 660	220 953	265 211	278 386
完好率	%	89.8	90.1	90.4	92.9	93.4	94.5
工作率	%	61.2	63.0	64.1	83.4	84.1	85.8
车日行程	公里	155	165	166	220	222	224
里程利用率	%	57.6	58.1	59.9	99.8	99.7	99.8
吨(客)位利用率	%	109.0	131.3	125.9	64.6	72.6	58.6
实载率	%	72.1	77.0	77.5	64.5	72.4	58.2
托运率	%	12.7	7.9	9.0			
主挂车综合计算单车产量	万吨(人)公里	17.39	18.80	19.53	194.89	189.24	188.46
主挂车综合计算车吨(客)产量	万吨(人)公里	2.76	2.98	3.04	4.96	4.20	4.09
汽油货(客)车每百车公里油耗	升	33.6	32.7	36.7	28.2	27.0	27.5
柴油货(客)车每百车公里油耗	升	28.9	38.4	34.8	20.3	16.7	15.1
汽油货(客)车每百吨公里油耗	升	6.8	6.7	7.6	9.6	9.5	10.0
柴油货(客)车每百吨公里油耗	升	4.3	4.1	3.8	8.4	7.9	7.4

注：本表资料为交通系统地市属运输企业。

补充资料：1997年企业个数为98个。

13—10 地方轮驳船运用情况及技术经济指标

（1997 年）

指标	单位	客船	货船
年航行天	天	365	365
船舶总时间	千吨、客位、千瓦天	138	3 807
船舶营运时间	千吨、客位、千瓦天	138	3 575
船舶航行时间	千吨、客位、千瓦天	33	1 787
船舶吨位（客位、千瓦）公里	千吨、客位、千瓦公里	12 663	464 103
自载换算周转量	千吨、人公里	958	357 867
自载及拖带换算周转量	千吨、人公里	958	368 771
平均船舶数	吨、客位、千瓦	378	10 430
营运率	%	100.0	93.9
航行率	%	23.9	50.0
平均航行速度	公里/天	384	260
载重量利用率或平均每千瓦拖带量	%或吨	7.6	77.1
平均每营运吨（人、千瓦）天生产量	吨、人公里	7	103
平均每吨位（客运、千瓦）船年生产量	吨、人公里	2 534	35 357

指标	单位	拖船	驳船
年航行天	天	365	365
船舶总时间	千吨、客位、千瓦天	7 090	49 209
船舶营运时间	千吨、客位、千瓦天	6 420	47 815
船舶航行时间	千吨、客位、千瓦天	1 987	14 354
船舶吨位（客位、千瓦）公里	千吨、客位、千瓦公里	373 795	2 480 352
自载换算周转量	千吨、人公里		1 815 989
自载及拖带换算周转量	千吨、人公里	1 926 495	1 815 989
平均船舶数	吨、客位、千瓦	19 425	134 819
营运率	%	90.6	97.2
航行率	%	31.0	30.0
平均航行速度	公里/天	188	173
载重量利用率或平均每千瓦拖带量	%或吨	5.2	73.2
平均每营运吨（人、千瓦）天生产量	吨、人公里	300	38
平均每吨位（客运、千瓦）船年生产量	吨、人公里	99 176	13 470

13—11　全省民用航空主要运输情况

(1997 年)

指　　标	单　位	合　　计	南方航空公司湖北公司	武汉航空公司
飞机拥有量	架	19	10	9
正班飞行班次	班	21 786	13 682	8 104
客运量	万人	222	154	68
总周转量	万吨公里	20 194	14 472	5 722
航空航线	条	79	45	34
航线里程	公里	113 184	58 781	54 403
航站旅客吞吐量	万人	292.59	233.53	59.06

13—12　地方交通部门分货类运输量

(1997 年)

货物名称	公路		水运	
	货运量(万吨)	货物周转量(万吨公里)	货运量(万吨)	货物周转量(万吨公里)
合　　计	**2 280**	**87 249**	**1 416**	**739 197**
煤炭及制品	526	13 639	178	122 698
石油、天燃气及制品	2	144	16	8 374
#原　油				
金属矿石	49	1 460	54	52 047
钢　　铁	228	6 862	53	53 008
矿物性建筑材料	171	6 492	705	201 046
水　　泥	129	8 875	41	23 512
木　　材	24	1 215	10	4 759
非金属矿石	65	3 681	148	138 087
#磷　矿	24	1 544	104	104 531
化学肥料及农药	109	3 391	30	17 375
盐	16	980	3	3 613
粮　　食	96	3 423	34	29 155
机械、设备、电器	47	2 704	9	10 314
化工原料及制品	20	962	28	10 180
有色金属	6	107	2	1 268
轻工、医药产品	76	5 501	11	8 796
#日用工业品	69	4 281	3	3 265
农林牧渔业产品	26	2 139	6	4 098
#棉　花	6	417	2	2 399
其他货类	690	25 674	88	50 867

13—13 邮电业务总量

年份	邮电业务总量（万元）	函件（亿件）	报刊期发数（万份）	电报（万份）	长途电话（万次）	本地电话用户数（中央国有）（户）	本地电话用户数（地方国有）（户）	邮政快件（万件）	特快专递（件）	无线寻呼（户）
1978	5 566.90	1.18	3 001.00	599.90	827.70	44 927	41 304			
1979	5 933.60	1.27	604.80	636.50	878.70	47 623	42 922			
1980	8 131.30	1.38	863.30	703.10	935.90	50 486	42 876			
1981	8 280.00	1.38	838.50	747.20	920.70	53 553	42 920			
1982	8 705.50	1.33	941.30	778.70	107.10	57 295	43 959			
1983	9 489.70	1.36	1 077.80	915.10	1 128.60	64 240	45 034			
1984	10 293.70	1.59	1 341.70	854.50	1 247.30	72 692	46 190			
1985	12 008.60	1.92	1 357.20	1 051.40	1 382.00	82 435	48 104			
1986	13 152.10	2.03	1 367.40	968.50	1 443.90	92 767	52 977			
1987	15 049.60	2.19	1 472.30	1 153.10	1 700.50	106.985	57 332			
1988	18 994.30	2.50	1 279.80	1 433.70	2 021.40	124 096	2 757	234.16	33 848	869
1989	22 284.10	2.51	802.70	1 350.50	2 183.70	144 409	3 389	99.47	57 812	2 132
1990	47 963.70	2.39	1 397.80	1 154.00	3 045.01	167 796	70 701	1 358.40	78 999	4 254
1991	61 904.56	2.08	1 413.63	1 137.22	4 440.22	199 632	75 052	1 449.38	119 620	12 747
1992	85 401.18	2.34	1 007.25	1 147.38	7 815.81	256 018	81 765	1 589.93	216 969	59 377
1993	130 595.82	3.18	1 152.30	1 039.32	13 875.59	451 529	97 742	1 588.18	676 268	160 797
1994	199 065.55	3.68	980.45	732.70	21 919.91	807 645	180 210	1 583.50	1 959 707	388 297
1995	298 049.41	4.13	1 007.69	450.13	32 059.01	1 375 784	374 497	1 562.16	3 033 084	729 461
1996	432 585.75	4.36	1 099.43	331.92	41 921.15	2 000 545	641 900	1 588.93	3 905 927	1 131 149
1997	601 387.00	4.10	1 439.25	221.00	50 876.00	2 465 632	941 253	1 205.00	3 496 500	1 514 971

注：邮电业务总量：1978年至1980年按1970年不变价计算，1981年至1989年按1980年不变价计算，1990年至1997年按1990年不变价计算。

13—14 邮电通信网

指标	单位	1990年	1993年	1994年	1995年	1996年	1997年
邮电局所	处	2 288	2 338	2 373	2 373	2 551	2 548
＃设在农村的	处	1 893	1 627		1 824	1 982	1 953
邮路及农村投递线路总长	公里	256 983	253 549	250 152	258 674.8	258 545.3	256 146
＃航空邮路	公里	15 991	11 201	10 811	14 889	17 432	21 552
长话电路	路	4 684	20 637	30 508	40 645	54 315	65 501
移动通信网话路	路				4 746	8 414	10 560

13—15 邮电主要工具数

指标	单位	1990年	1993年	1994年	1995年	1996年	1997年
一、邮运工具							
火车邮厢	辆	19	20	18	16	16	23
邮运汽车	辆	360	472	549	723	803	921
邮政装卸用车	辆	255	319	338	336	108	409
二、邮电通信工具							
局用电话交换机容量	门	410 148	637 778	1 641 937	2 939 145	4 455 444	3 700 531
#地方国有	门	183 098	235 496	376 957	697 055	1 193 011	1 463 981
电话机	部	464 353	856 881	1 392 204	1 816 262	3 117 914	3 885 769
#地方国有	部	103 802	132 357	198 828	376 047	665 078	964 984

13—16 邮电通信服务水平

指标	单位	1997年	指标	单位	1997年
设有邮电局所的乡(镇)比重	%	95	进入长话自动网的地(市)比重	%	100
按固定班期投邮件的乡(镇)比重	%	97	进入长话自动网的县(市)比重	%	100
开办特快专递的地(市)比重	%	100	开通无线寻呼的地(市)比重	%	100
开办特快专递的县(市)比重	%	97.1	开通无线寻呼的县(市)比重	%	100
装本地程控交换机的地(市)比重	%	100	开通移动电话的地(市)比重	%	100
装本地程控交换机的县(市)比重	%	100	开通移动电话的县(市)比重	%	100
			开通电子信箱的地(市)比重	%	100
			开通电子信箱的县(市)比重	%	100
			电话普及率	部/百人	6.6

主要统计指标解释

【铁路营业里程】 指办理客货运输的铁路正线总长度。凡是全线或部分建成双线及以上的线路，以第一线的实际长度计算；复线、站线、段管线、岔线和特别用途线以及不计算运费的联络线都不计算营业里程。铁路营业里程是反映铁路运输业基础设施发展水平的重要指标，也是计算客货周转量、运输密度和机车车辆运用效率等指标的基础资料。

【公路里程】 也称“公路通车里程”，是指实际达到交通部制定的公路工程技术标准规定的等级的公路长度。他包括大中城市的郊区公路以及通过小城镇街道的公路里程，也包括桥梁、渡口的长度，但不包括城市的街道以及厂矿，林区和农业生产用道路里程。两条或多条公路共同经由同一路段，只计算一次，不得重复计算里程长度。公路里程是反映公路建设发展规模的重要指标，也是计算运输网密度等指标的基础资料。

【内河航道里程】 也称“内河通航里程”，是指在枯水季节水深在0.3米以上，能通航运输船舶及排筏的天然河流、湖泊水库、运河及通航渠道的长度。包括全年季节性通航累计三个月以上的航道，但不包括仅供零散流放竹、木排河道。内河航道里程是反映内河水运网规模、水平和发展情况的主要指标。

【民用航空航线里程】 指民航运输定期班机飞行的航线长度的总和。航线长度按机场之间的距离计算，通常有两种计算方法：将每条航线相加称为重复计算航线里程；如将两条或多条航线经过同一区段里程，只计算一次航线长度长为不重复计算航线里程。一般常用的是后者，他能确切反映民航运输网的规模，表明民航事业为国民经济服务和方便人民程度的主要指标。

【民用汽车】 由公安交通监理部门所掌管的领有本地区民用车辆牌照的机动车辆中的一部分。不包括拖拉机、摩托车、其他机动车等。民用汽车包括普通载货汽车、专用载货汽车、载客汽车、其他专用汽车、特种汽车等。

【民用运输船舶】 是指一定时期内全社会实际拥有的可用来进行水上运输的船舶数量。按航行的水域可分为远洋船舶、沿海船舶和内河船舶；按船舶技术特征及行驶方式可分为机动船（指装有各种动力机械的船舶，包括客船、客货船、货船、拖船）、驳船、木帆船；按船体材料可分为钢质船、水泥船、木质船；按使用的燃料分为燃油船和燃煤船。

【货（客）运量】 指运输业实际运送的货物（旅客）数量。货运按吨统计，客运按人统计。货物不论运输距离长短，货物类别，均按实际重要统计；旅客不论行程远近或票价多少，均按一人一次作为客运量统计。半价票、小孩票也按一人统计。货（客）运量反映运输业为国民经济和人民生活服务的数量指标，也是制定和检查运输生产计划，研究运输发展规模和速度的重要指标。

【货物（旅客）周转量】 指运输业运送的货（旅客）数量与其相应运输距离的乘积之总和。通常以吨公里和人公里为计算单位。计算货物周转量通常按发出站与到达站之间最短距离，也就是计费距离计算。他是反映运输业生产总成果的重要指标，也是编制和检查运输生产计划，计算运输效率、劳动生产率以及核算运输单位成本的主要基础资料。

【货物吞吐量】 是指货物经由水运进、出港区范围、并经过装卸的货物数量。即在一定时期内，凡以船舶运进（吞）或运出（吐）港区并经由岸上或其他停泊线装到船上或船上卸下的货物，在港区内由一艘船装到另一艘船的“船过船”转口货物数量也属于货物吞吐量。

【邮电业务总量】 是以货币表示的邮电部门为社会提供通信服务的总数量；是用于观察邮电业务发展变化总趋势的综合性总量指标。根据邮电管理体制不同，分为中央国有业务总量和地方国有业务总量。根据专业性质分为邮政业务总量和电信业务总量。

国内外贸易 14

资料整理人员：朱　焰　樊喜珍

14—1 社会消费品零售总额

单位:亿元

项目	1994年	1995年	1996年	1997年	1997年比1996年 +、-%
社会消费品零售总额	**723.75**	**931.80**	**1 145.73**	**1 345.34**	**17.4**
按销售地区分					
1. 市的零售额	411.63	539.79	688.40	802.37	16.6
2. 县的零售额	101.74	127.76	130.28	146.61	12.5
3. 县(市)以下的零售额	210.38	264.25	327.05	396.36	21.2
按经济类型分					
国有经济	212.30	259.59	288.77	298.80	3.5
集体经济	135.09	166.03	188.00	205.42	9.3
私营经济	9.87	30.26	56.96	77.02	35.2
个体经济	199.29	279.23	353.88	441.09	24.6
联营经济	0.56	1.34	5.04	0.74	-85.3
股份制经济	53.68	66.64	75.20	95.88	27.5
外商投资经济	1.19	1.27	4.60	3.54	-23.0
港澳台投资经济	1.05	1.62	4.69	4.92	4.9
其他经济	110.72	125.81	168.59	217.94	29.3
按行业分					
批发零售贸易业	477.63	615.30	736.68	840.80	14.1
餐饮业	49.20	68.72	96.27	119.70	24.3
制造业	43.77	53.71	67.52	79.77	18.1
其他	153.15	194.07	245.26	305.07	24.4
#农民对非农业居民零售额	122.55	154.70	191.55	247.02	29.0

14—2 按销售地区分的社会消费品零售总额

单位:亿元

年 份	消费品零售总额	市	县	县 以 下
1952	11.01			
1957	19.60	7.97	11.63	
1965	26.85	8.57	18.28	
1970	34.88			
1975	48.96	15.67	15.92	17.37
1978	59.84	19.24	16.56	24.04
1980	81.91	28.98	17.01	35.92
1985	181.07	75.26	31.64	74.17
1986	200.20	81.83	35.54	82.83
1987	234.06	103.21	38.23	92.62
1988	295.80	142.49	42.08	111.23
1989	320.68	159.89	43.78	117.01
1990	326.36	166.44	45.62	114.30
1991	362.26	190.65	50.04	121.57
1992	411.51	221.59	55.03	134.89
1993	521.35	293.82	68.88	158.65
1994	723.75	411.63	101.74	210.38
1995	931.80	539.79	127.76	264.25
1996	1 145.73	688.40	130.28	327.05
1997	1 345.34	802.37	146.61	396.36

14—3 消费品零售总额分类

单位:亿元

年 份	消费品零售总额	吃	穿	用	烧	比重(%) 吃	穿	用	烧
1952	11.01	6.63	1.76	2.17	0.45	60.22	15.98	19.71	4.09
1957	19.60	10.85	3.62	4.33	0.80	55.36	18.47	22.09	4.08
1965	26.85	14.76	5.36	5.63	1.10	54.97	19.96	20.97	4.10
1970	34.88	19.25	8.08	6.46	1.09	55.19	23.16	18.52	3.13
1975	48.96	25.25	11.92	10.45	1.34	51.57	24.35	21.34	2.74
1978	59.84	31.47	13.11	13.61	1.65	52.59	21.91	22.74	2.76
1980	81.91	42.09	18.32	19.66	1.84	51.39	22.37	24.00	2.24
1985	181.07	84.34	35.15	57.82	3.76	46.58	19.41	31.93	2.08
1986	200.20	91.23	37.02	67.91	4.04	45.57	18.49	33.92	2.02
1987	234.06	108.97	40.10	79.71	5.28	46.56	17.13	34.06	2.25
1988	295.80	138.19	47.49	104.49	5.63	46.72	16.06	35.32	1.90
1989	320.68	153.91	50.29	109.94	6.54	47.99	15.68	34.28	2.05
1990	326.36	157.31	50.79	111.06	7.20	48.20	15.56	34.03	2.21
1991	362.26	172.79	58.92	120.81	9.74	47.70	16.26	33.35	2.69
1992	411.51	193.44	66.48	139.69	11.90	47.01	16.16	33.95	2.88
1993	521.35	239.72	85.14	181.16	15.33	45.98	16.33	34.75	2.94
1994	723.75	330.19	120.65	240.20	32.71	45.62	16.67	33.19	4.51
1995	931.80	416.13	153.39	318.78	43.50	44.66	16.46	34.21	4.67
1996	1 145.73	499.39	191.74	394.43	60.17	43.59	16.73	34.43	5.25
1997	1 345.34	575.67	199.24	469.52	100.91	42.79	14.81	34.90	7.50

14—4 城乡集市贸易情况

项　　目	1990年	1993年	1994年	1995年	1996年	1997年
集市数(个)	**3 933**	**4 162**	**4 214**	**4 274**	**4 425**	**4 519**
城　市	1 582	976	1 051	1 128	1 259	1 428
农　村	2 351	3 186	3 163	3 146	3 166	3 091
集市贸易成交额(万元)	**938 461**	**1 739 815**	**2 796 868**	**3 942 480**	**5 180 724**	**6 456 858**
粮食类	38 350	82 853	148 295	256 550	368 393	426 622
油脂油料类	30 587	56 278	108 824	160 333	196 433	239 961
棉烟麻类	3 882	5 380	6 199	12 445	11 975	17 500
肉食禽蛋类	277 720	424 591	645 660	860 515	1 159 720	1 425 956
水产品类	97 634	155 070	225 342	301 700	430 169	537 527
蔬菜类	147 579	249 075	347 098	502 843	674 754	809 339
干鲜果类	77 986	111 723	163 145	223 247	305 246	411 705
日用杂品类	4 363	6 123	9 648			
柴草类	6 575	6 812	7 471			
饲料农具种苗类	12 589	14 882	20 627			
耕畜类	13 255	14 139	16 946	26 065	28 790	49 841
家畜类	30 581	36 980	53 332	86 104	86 549	107 594
工业品类	171 737	513 181	908 669	1 347 765	1 751 919	2 165 998
废旧品类	6 831	16 748	32 223			
其他类	18 792	45 980	103 389	164 913	166 776	264 815

14—5 大中型批发、零售贸易企业商品销售、库存数量

(1997年)

项　目	计量单位	批　发	#对生产经营单位批发	零　售	年末库存
粮　食	吨	1 454 110	162 407	495 052	1 948 000
食用植物油	吨	108 339	12 443	99 982	72 923
猪和猪肉	吨	68 395	5 147	69 583	3 427
食　糖	吨	89 669	6 496	7 527	2 797
布	百米	1 226 007	71 412	105 719	154 286
#棉　布	百米	407 437	23 180	45 190	79 373
呢　绒	百米	20 627	416	4 876	5 952
绸　缎	百米	21 518	615	39 900	23 450
服　装	百件	1 269 529	3 149	227 178	46 245
鞋	百双	102 594	817	136 153	96 613
#皮　鞋	百双	9 328	43	62 753	22 977
黄金饰品	万元	2 086	304	46 917	11 495
照相机	架	3 833	104	60 607	57 244
自行车	辆	175 410	709	238 149	89 742
摩托车	辆	58 070	23 872	49 341	10 357
电视机	台	302 594	1 076	341 939	100 332
#彩　电	台	228 883	1 010	313 478	87 045
录音机	台	22 889	15	144 851	83 694
录像机	台	72 275	70 009	9 952	3 956
家用电风扇	台	691 869	1 177	321 375	319 582
家用洗衣机	台	243 447	706	182 382	80 171
家用电冰箱	台	178 349	2 172	187 515	70 062
房间空调器	台	157 560	1 002	125 801	35 981
抽油烟机	台	8 615	1	15 387	26 563
化学肥料	吨	3 164 548	1 510 792		412 203
化学农药	吨	54 063	37 396		10 277
农用塑料薄膜	吨	55 367	37 961		2 366
汽　车	辆	55 121	33 345	2 192	5 045
轿　车	辆	6 989	3 086	585	751
生　铁	吨	114 558	110 911	8	3 268

14—5 续表 (1997年)

项目	计量单位	批发	#对生产经营单位批发	零售	年末库存
钢材	吨	2 982 961	2 064 234		337 376
#铁道用钢材	吨				390
普通大型钢材	吨				1 420
普通中型钢材	吨				15 188
普通小型钢材	吨	517 123	41 140		55 544
钢带	吨	47 247	351 517		1 332
线材	吨	475 975	351 517		26 789
特厚钢板	吨				633
中厚钢板	吨	732 948	539 917		59 294
薄钢板	吨	640 395	402 416		114 296
硅钢片	吨	29 541	21 851		5 670
优质型材	吨				9 921
无缝钢管	吨				336
焊接钢管	吨				493
铜	吨	12 058	10 918		2 197
铝	吨	7 101	4 507		536
铅	吨	1 306	1 282		504
锌	吨	11 154	8 685		1 456
锡	吨	1 044	643		39
铜材	吨	459	413		90
铝材	吨	806	458		493
硫酸	吨	11 128	10 156		956
烧碱	吨	2 485	1 756		933
纯碱	吨	19 725	17738		4 927
天然橡胶	吨	5 994	4 584		1 110
合成橡胶	吨	10 735	7 814		26
水泥	吨	252 076	246 667		40 621
平板玻璃	重量箱	2 433	1 593		1 132
原木	立方米	40 080	16 251	3 487	11 352
锯材	立方米	1 046		745	1 885
煤炭	万吨	25	22		64
焦炭	吨	21 705	19 693		599
原油	吨			873	120
汽油	吨	1 156 793	390 601	197 441	124 608
柴油	吨	1 539 502	640 537	108 912	107 662
煤油	吨	102 503	78 535	4 977	19 009
燃料油	吨	49 731	47 137	197	2 892

14—6 外贸部门进出口总额及构成

单位:万美元

年份	进出口总额	出口额	占总额比重(%)	进口额	占总额比重(%)
1953	8 243	8 243	100		
1957	6 296	6 252	99.3	44	0.7
1965	3 758	3 496	93.0	262	7.0
1970	6 348	6 086	96.0	262	4.0
1975	12 826	12 304	96.0	522	4.0
1978	17 333	15 901	91.7	1 432	8.3
1980	26 669	25 109	94.2	1 560	5.8
1985	68 943	52 985	76.9	15 958	23.1
1986	86 159	72 547	84.2	13 612	15.8
1987	111 514	95 495	85.6	16 019	14.4
1988	136 586	107 420	78.6	29 166	21.4
1989	121 307	102 749	84.7	18 558	15.3
1990	118 969	107 180	90.1	11 789	9.9
1991	137 231	116 203	84.7	21 028	15.3
1992	177 921	138 157	77.7	39 764	22.3
1993	254 390	168 610	66.3	85 780	33.7
1994	284 844	209 714	73.6	75 130	26.4
1995	369 941	232 999	63.0	136 942	37.0
1996	320 565	223 164	69.6	97 401	30.4
1997	328 268	253 103	77.1	75 165	22.9

14—7 外贸部门出口额及构成

单位:万美元

年份	出口总额	农副产品	占出口比重(%)	工业品	占出口比重(%)
1953	8 243	5 219	63.3	3 024	36.7
1957	6 252	5 312	84.9	940	15.1
1965	3 496	1 713	49.0	1 783	51.0
1970	6 086	2 161	35.5	3 925	64.5
1975	12 304	9 508	77.3	2 796	22.7
1978	15 901	10 377	65.3	5 524	34.7
1980	25 109	11 836	47.1	13 273	52.9
1985	52 985	13 776	26.0	39 209	74.0
1986	72 547	22 297	30.7	50 250	69.3
1987	95 495	23 585	24.7	71 910	75.3
1988	107 420	30 328	28.2	77 092	71.8
1989	102 749	22 810	22.2	79 939	77.8
1990	107 180	19 387	18.1	87 793	81.9
1991	116 203	19 860	17.1	96 343	82.9
1992	138 157	24 038	17.4	114 119	82.6
1993	168 610	22 111	13.1	146 499	86.9
1994	209 714	25 166	12.0	184 548	88.0
1995	232 999	22 671	9.7	210 328	90.3
1996	223 164	16 291	7.3	206 873	92.7
1997	253 103	20 501	8.1	232 602	91.9

主要统计指标解释

【法人机构】 指独立核算法人批发零售贸易业、餐饮业企业。独立核算法人批发零售贸易企业、餐饮企业应同时具备以下条件：

(1) 依法成立，有自己的名称、组织机构和场所，能够承担民事责任；

(2) 独立拥有和使用资产，承担负责，有权与其他单位签订合同；

(3) 独立核算盈亏，并能编制资产负债表。

【附营单位】 指其他行业的独立核算法人单位或非独立核算单位所属的从事批发零售贸易活动的附营单位。例如，工业企业办的商店等，如果是批发零售贸易企业附属的工厂开办的商店，这个商店应作批发零售贸易业附营单位处理，但如果是批发零售贸易企业在另一个地点开办的商店，这个商店归入主营单位，不作为附营单位处理。附营单位应同时具备以下条件：

(1) 具有一个场所，从事或主要从事批发零售贸易活动；

(2) 单独组织经营或业务活动；

(3) 在工商行政管理部门登记注册领取《营业执照》；

【批发贸易网点数】 指本批发零售贸易企业（单位）设立的从事批发贸易业务的自然单位［包括本企业（单位）自身］，凡具有独立固定的营业场所，配备一定的业务 人员，不论单位大小、不论是否单独核算，均按自然网点计算，即有一个点就算一个网点。

【零售贸易网点数】 指本批发零售贸易企业（单位）设立的从事批发贸易业务的自然单位［包括本企业（单位）自身］，凡具有独立固定的营业场所，配备一定的业务人员，不论单位大小、不论是否单独核算，均按自然网点计算，即有一个点就算一个网点。不包括同一营业场所内各柜组以及派出的流动推销小组、流动售货车等，不论临时性还是经常性的均不作为自然网点统计(但固定的售货亭应作为网点统计)。

【从业人员】 指在批发、零售贸易网点工作并取得劳动报酬的人员。包括职工、聘请的离退休人员等。应分别按批发贸易网点和零售贸易网点统计。

【餐饮业网点数】 指本餐饮企业（单位）设立的从事餐饮业务的营业单位［包括本企业（单位）自身］，凡具有固定的营业场所，配备一定的业务人员，不论单位大小、不论是否单独核算，均按自然网点计算，即有一个营业点就算一个网点。不包括派出的流动饭档、流动饮食货车等，不论临时性还是经常性的均不作为网点统计（但固定的饮食售货亭应作为网点统计）。

【从业人员】 指在餐饮业的全部工作人员。包括行政管理人员、炊事人员、服务人员、既包括临时工、合同工等，也包括聘请的离休人员。

【营业面积】 指按建筑面积计算的供顾客用餐的餐厅营业面积和从事食品加工、烹饪、调制的厨房的面积，不包括专门储存商品的仓库面积和办公用房的面积。

【社会消费品零售额】 指各种经济类型的批发零售贸易业、餐饮业、制造业和其他行业对城乡居民和社会集团的消费品零售额和农民对非农业居民零售额的总和。对居民的消费品零售额：指售给城乡居民用于生活消费的商品。对社会集团的消费品零售额：指售给机关、团体、部队、学校、企业、事业单位和城市街道居民委员会、农村村民委员会用公款购买的用作非生产、非经营上使用的公用消费品。

【农村集市贸易成交额和城市集市贸易成交额】 指农村集市和城市集市的全部成交额。(包括村（队）和农民之间、农民之间、村（队)、农民和商业、工业、饮食业、其他行业之间，村（队)、农民和机关、团体、部队、企事业单位之间以及农民和非农业居民之间的成交额。

【社会农副产品收购总额】 包括商业、饮食业、工业和其他部门以及非农业居民从农民、国营农场、劳改农场、机关和部队农场以及乡、村（队）办集体所有制农业生产单位等农业生产者收购的全部农副产品金额。

【进出口总额】 外贸部门统计的进出口总额，其出口总额，是指我国向国外和港澳地区销售的商品总额，按离岸价格计算。进口总额，是指我国从国外和港澳地区购进的商品总额，按到岸价格计算。出口总额进口总额都包括转口商品。凡转口商品运达我国口岸国境时作为进口，离开我国口岸或国境时作为出口，如商品不进入国境，直接由国外转口的，在国外转口时即按照合同规定的价格分别作为进口和出口。

海关进出口总额是指实际进出我国国境的货物总金额。包括对外贸易实际进出我国国境的货物总金额。包括对外贸易实际进出口货物、来料加工装配进出口货物、中外合资企业、合作企业和外商独资企业进出口货物和公用物品，以及国家间、联合国及国际组织无偿援助的 物资和赠送品，华侨、港澳同胞、外籍华人的捐赠品的金额。进口按到岸价格计算，出口按离岸价格计算。

对外经济和旅游　15

资料整理人员：樊喜珍

15—1 利用外资情况

单位:万美元

项目	1990年	1993年	1994年	1995年	1996年	1997年
利用外资合计	**16 967**	**60 572**	**93 436**	**110 941**	**131 053**	**134 113**
一、借用国外资金	**13 914**	**6 993**	**33 253**	**48 688**	**62 175**	**55 094**
#外国政府贷款	5 090	1 033	11 910	18 639	17 605	503
国际金融组织贷款	1 318	2 181	2 475	1 365	20 027	14 858
外国商业银行贷款	3 725	2 769	12 494	799	15 411	32 909
出口信贷	3 781	10	4 069	8 072	3 030	2 010
二、利用国外直接投资	**2 900**	**53 441**	**60 183**	**62 253**	**68 878**	**79 019**
#合资经营	2 492	38 565	50 970	40 259	50 461	47 501
合作经营	85	2 944	3 512	5 012	4 331	14 713
独资经营	323	11 932	5 701	16 982	14 086	16 805

注:不包括外商其他投资。

15—2 借用国外资金情况

(1997年)

单位:万美元

项目	上年末余额	新增借款	已还本金	已付利息
一、外　债	**38 687**	**32 909**	**19 274**	**1 221**
#金融机构境外借款	6 061	2 500	7 311	196
三资企业境外借款	32 626	27 547	10 787	995
二、外债转贷款	**123 680**	**22 185**	**2 186**	**8 887**
#外国政府转贷款	68 184	503	3 659	809
国际金融机构转贷款	30 120	14 858	1 010	88
买方信贷转贷款	16 528	2 010	1 459	1 157
国际金融租赁贷款	4 106	585	87	1 132
其他形式转贷款	4 742	4 229	1 627	98

15—3 外商投资企业基本情况

（1997 年） 单位：个、万美元

	本年登记			年末实有		
	企业数	注册资本	# 外方注册资本	企业数	注册资本	# 外方注册资本
合　计	**363**	**64 175**	**38 987**	**6 178**	**1 094 363**	**629 708**
一、按投资方式分						
中外合资企业	192	35 074	16 849	4 383	813 398	387 057
中外合作企业	26	17 414	10 608	287	81 796	46 595
外商独资企业	144	10 482	10 482	1 506	192 184	192 184
中外股份公司	1	1 205	1 048	2	6 985	3 872
二、按行业分						
A. 农、林、牧、渔业	9	643	371	66	5 898	3 508
# 农、林、牧、渔业	7	577	311	52	4 035	2 373
农、林、牧、渔服务	2	66	60	14	1 863	1 135
B. 采掘业	8	353	341	57	5 036	2 820
# 煤炭采选业						
石油和天然气开采业						
黑色金属矿采选业						
有色金属矿采选业	1	24	18	2	38	22
非金属矿采选业	7	329	323	47	4 379	2 410
C. 制造业	250	28 832	19 334	3 716	556 154	282 190
# 食品加工业	18	939	580	141	19 764	12 322
食品制造业	5	313	190	169	18 049	12 961
饮料制造业	14	418	256	142	41 047	27 915
纺织业	21	1 470	1 090	249	38 644	16 070
服装及其他纤维制品制造业	18	1 061	732	428	31 217	15 177
皮革、毛皮、羽绒及其制造业	7	1 239	641	107	8 896	3 718
木材加工及竹、藤、棕、草制品业	6	1 037	596	93	11 367	5 153
家俱制造业	7	98	67	65	3 915	2 234
造纸及纸制品业	14	1 715	1 192	79	9 290	4 705
印刷业、纪录媒介的复制				54	5 242	2 670
文教体育用品制造业	3	83	78	32	1 425	773
石油加工及炼焦业	2	387	184	50	6 909	3 488
化学原料及化学制品制造业	24	4 090	3 049	264	35 238	17 182
医药制造业	7	733	560	105	12 045	5 764
化学纤维制造业	1	115	109	23	7 294	2 978
橡胶制品业				37	10 903	6 154
塑料制品业	21	2 125	1 712	189	26 176	11 804
非金属矿物制品业	9	1 336	810	222	48 598	24 523
金属制品业	3	86	78	164	24 622	14 366

15—3 续表1 (1997年) 单位:个、万美元

	本年登记			年末实有		
	企业数	注册资本	#外方注册资本	企业数	注册资本	#外方注册资本
交通运输设备制造业	211	4 172	2 860	167	83 343	35 255
电子及通信设备制造业	14	1 907	1 051	266	23 316	12 550
D. 电力煤气及水的生产和供应业	8	12 049	5 049	35	30 198	13 393
E. 建筑业	10	7 856	3 975	444	63 387	38 916
#土木工程建筑业	7	7 481	3 819	89	42 730	25 448
线路、管道和设备安装业	1	250	100	24	777	476
F. 地质勘查业、水利管理业						
G. 交通运输、仓储及邮电通讯业	2	379	213	85	22 680	12 505
仓储业	1	240	144	4	1 382	618
邮电通讯业				2	176	107
H. 批发和零售贸易、餐饮业	7	1 858	1 774	395	43 633	24 775
#零售业				5	314	208
餐饮业	5	608	524	385	41 913	23 244
I. 金融、保险业						
J. 房地产业	20	6 138	4 695	753	272 349	193 654
K. 社会服务业	42	4 669	3 037	544	67 145	41 532
#公共设施服务业	3	113	63	41	7 270	3 874
居民服务业	6	248	224	85	4 487	2 689
娱乐服务业	24	3 854	2 422	178	21 218	13 886
信息、咨询服务业	5	317	201	111	9 916	5 572
L. 卫生、体育和社会福利业				15	3 395	2 695
#卫　生				8	1 754	1 229
体　育				7	1 641	1 466
M. 教育、文化艺术和广播电影电视业	3	153	127	20	1 359	1 224
#文化艺术业	3	153	127	17	861	741
广播电影电视业				3	498	483
N. 科学研究和综合技术服务业	2	20	13	19	512	339
#科学研究业				2	142	127
综合技术服务业	2	20	13	17	370	212
O. 其他行业	2	617	58	29	22 617	12 157

15—3 续表 2　　(1997 年)　　单位:个、万美元

	本年登记			年末实有
	企业数	注册资本	#外方注册资本	企业数
三、按国别、地区分				
阿根廷	1	60	42	3
澳大利亚	7	706	616	52
奥地利				4
比利时				7
百慕大群岛				4
玻利维亚				3
巴西				1
缅甸				1
柬埔寨				3
喀麦隆				2
加拿大				77
智利				1
法国	5	1 248	735	41
韩国	3	35	33	31
德国	6	456	244	52
印度尼西亚				7
爱尔兰				1
意大利	2	342	173	13
日本	13	1 315	834	180
马达加斯加				2
马来西亚	1	250	250	28
荷兰	2	1 211	1 211	11
新西兰	2	49	45	6
阿曼				1
巴拿马				1
秘鲁				5
菲律宾				13
新加坡	8	573	494	141
西班牙	1	15	7	5
瑞典	1	1 010	530	4
瑞士	2			3
泰国				54
巴勒斯坦				
阿联酋				1
英国	7	6 898	4 263	58
美国	31	3 316	1 783	417
委内瑞拉				1
越南				2
西萨摩亚				2
香港	189	38 501	22 386	3 747
澳门	7	290	242	172
台湾	59	2 913	2 093	952
俄罗斯	1	377	113	1
以色列	3	586	331	6
英属维尔京				5

15—4 接待海外旅游人数

指　　　标	1990年	1993年	1994年	1995年	1996年	1997年
旅游人数总计　（人次）	**155 734**	**230 883**	**247 212**	**270 890**	**368 877**	**580 223**
外国人	35 839	82 283	130 428	168 313	241 204	353 065
华　侨	535	2 269	2 915	4 556	2 391	6 635
港澳台同胞	119 360	146 331	153 869	98 021	125 282	220 523
旅游人数比重　（%）	**100**	**100**	**100**	**100**	**100**	**100**
外国人	23	35.6	52.8	62.1	65.4	60.8
华　侨	0.3	1	1.2	1.7	0.6	1.1
港澳台同胞	76.7	63.4	46.0	36.2	34.0	38.1
旅游人天数	**178 837**	**324 350**	**472 467**	**517 720**	**729 966**	**949 661**
外国人	48 684	139 496	249 463	273 357	474 232	583 516
华　侨	134	1 297	5 670	6 213	4 734	7 611
港澳台同胞	130 019	183 557	217 334	238 150	251 000	358 534

15—5 旅游外汇收入

指　　　标	1990年	1993年	1994年	1995年	1996年	1997年
绝对数　（万美元）	**1 557**	**4 589**	**6 211**	**7 317**	**12 500**	**16 978**
旅游商品收入	91	619	870	1 046	3 350	4 550
旅游部门收入	836	1 345	1 789	2 078	4 000	5 433
铁路、航空收入	229	1 302	1 801	2195	1 762	2 393
邮电收入	36	118	161	198	838	1 138
内河客运收入	1	1 113	1 553	1 771	138	188
其他收入	364	92	37	29	2 412	3 276
比　　重　（%）	**100**	**100**	**100**	**100**	**100**	**100**
旅游商品收入	5.8	13.5	14	14.3	26.8	27.2
旅游部门收入	53.7	29.3	28.8	28.4	32.0	31.3
铁路、航空收入	14.7	28.3	29.0	30.0	14.1	15.1
邮电收入	2.3	2.6	2.6	1.7	6.7	7.2
内河客运收入	0.1	24.3	25.0	25.2	1.1	1.4
其他收入	23.4	2.0	0.6	0.4	19.3	17.8

主要统计指标解释

【利用外资】 指利用境外的资金。外资包括现汇、实物、工业产权或专有技术等有形资本和无形资本。按利用外资的形式分，主要有三方面：①对外借款。包括外国政府贷款、国际金融组织贷款、买方信贷、外国银行贷款，对外发行债券、股票等。②外商直接投资。包括中外合资经营企业、合作经营企业、合作开发企业、外商独资经营企业中的外商投资额。③国际商品信贷及其他投资。包括国际租赁、补偿贸易、加工装配、其他等。

在统计中，对外借款按实际提取数或拨交的使用数填列；外商直接投资实际投入的现金、实物、工业产权及专有技术的计价投资额填列；商品信贷按到货数价金额填列。

下列经济活动，不作利用外资统计：①用我国自有外汇，包括国家外汇、地方外汇、留成外汇、调剂外汇和中国银行自有外汇发放的外汇贷款。②有关单位在经济特区举办的内联企业，若无外商参与投资，不作为利用外资。③华侨、港澳台同胞以人民币（不是以外币兑换的人民币）投资经营企业和与我方合资经营。合作经营企业，一般也不作利用外资。

【旅游人数】 指来我国参观、访问、旅行、探亲、访友、休养、考察、参加会议和从事经济、科技、文化、体育、教育、宗教等活动的外国人、华侨、港澳台同胞的人数。不包括外国在我国的常驻机构、如领使馆、通讯社、企业办事处的工作人员和来我国常住的外国专家、留学生等。

【旅游外汇收入】 指国内各部门为来我国旅游的外国人，华侨、港澳台同胞提供商品和劳务而得到的外汇收入。包括供应商品、饮食和提供住宿、交通、邮电、文化娱乐，导游等各项服务所得的全部外汇收入。

金融和保险 16

资料整理人员：董树平

16—1 国家银行信贷资金来源

（年末余额）

单位:亿元

负债项目	1994年	1995年	1996年	1997年
总计	**2 037.60**	**2 277.87**	**2 705.67**	**2 756.82**
一、各项存款	**1 043.77**	**1 325.60**	**1 746.80**	**1 906.97**
企业存款	445.22	542.30	700.68	773.93
活期存款	395.88	446.82	552.24	580.11
定期存款	49.34	95.48	148.44	193.82
财政性存款	30.59	27.95	31.47	40.94
财政存款	15.12	12.70	14.35	18.19
机关团体存款	15.47	15.25	17.11	22.75
城镇储蓄存款	556.58	739.18	969.57	1 086.06
#定期	418.96	568.59	738.82	795.74
农村存款	5.40	5.43	6.01	6.02
信托类存款	2.81	5.40	19.22	0.02
其他类存款	3.17	5.34	19.85	
二、金融债券	**2.96**	**2.03**	**38.92**	**0.57**
三、国家投资债券	**−0.01**	**−0.01**	**…**	**0.13**
四、代理政策性银行贷款基金	**56.10**	**128.08**	**150.48**	
五、金融机构同业往来	**613.24**	**418.13**	**165.16**	**32.92**
#拆入资金	223.07	274.88	83.97	
六、汇兑在途资金	**−239.33**	**−176.17**	**−292.01**	
七、所有者权益	**59.50**	**54.56**	**59.98**	**−134.06**
#实收资本	51.38	52.63	29.83	
八、结益	**−1.79**	**−29.25**	**−58.52**	**−88.10**
九、其他	**503.15**	**554.93**	**894.86**	**950.29**

注:1997年“所有者权益”包括“结益”。

16—2　国家银行信贷资金运用

（年末余额）　　单位:亿元

负　债　项　目	1994年	1995年	1996年	1997年
总　　计	**2 037.60**	**2 277.87**	**2 705.67**	**2 756.82**
一、各项贷款	**1 396.82**	**1 750.41**	**2 273.20**	**2 617.67**
短期贷款	1 039.22	1 219.11	1 696.47	2 000.69
工业贷款	415.88	466.13	643.06	687.03
商业贷款	471.10	577.70	708.81	860.78
#收购贷款	306.69	312.90	391.62	514.44
建筑业贷款	23.28	27.83	59.62	58.40
农业贷款	29.14	35.52	45.50	53.85
乡镇企业贷款	34.25	40.26	54.43	64.62
私营及个体贷款	2.39	1.90	4.16	7.97
三资企业贷款	17.36	23.06	30.48	36.63
其他短期贷款	45.81	46.71	150.42	231.41
中长期贷款	328.04	380.70	511.20	604.91
#技术改造贷款	146.70	180.62	210.27	224.65
基本建设贷款	121.64	135.81	196.53	285.66
其他中长期贷款	59.71	64.27	104.40	94.60
信托类贷款		3.65	5.72	0.09
其他类贷款	29.56	146.95	59.82	11.99
二、有价证券及投资	**56.16**	**85.22**	**116.75**	**79.97**
三、国家投资债券贷款	**2.84**	**2.69**	**2.64**	**2.62**
四、代理政策性银行贷款	**56.24**	**128.08**	**150.56**	
五、金融机构同业往来	**506.65**	**278.80**	**118.27**	**18.71**
#拆出资金	169.21	208.41	77.37	
六、金银占款	**0.83**	**4.86**	**2.60**	**3.63**
七、外汇占款	**−2.50**	**2.65**	**2.65**	**10.07**
八、库存现金	**20.55**	**24.98**	**26.13**	**24.15**

16—3 国家银行存款和贷款年末余额

单位：亿元

年份	存款余额	#企业存款	#城镇储蓄存款	#农村存款	贷款余额	#工业贷款	#内贸贷款
1952	2.57	1.04	0.26		0.98	0.14	0.64
1957	4.17	1.05	0.69	0.97	13.30	1.00	10.71
1965	15.39	5.45	1.39	3.26	33.54	2.92	23.32
1970	25.82	9.45	2.12	5.01	54.89	10.67	29.18
1975	37.69	14.61	3.74	6.80	70.50	18.67	14.51
1978	42.16	13.67	4.91	5.62	96.78	29.04	50.39
1980	72.21	20.77	8.85	8.45	120.44	35.67	60.11
1985	163.27	67.71	41.24	13.14	319.81	94.32	121.56
1986	221.55	88.60	58.01	16.17	396.64	127.60	126.58
1987	258.59	105.30	84.67	16.27	464.16	145.35	141.34
1988	285.47	111.97	112.19	17.88	519.22	167.90	163.40
1989	332.05	113.31	146.09	20.70	599.03	201.35	199.44
1990	406.56	135.94	192.61	25.66	732.77	252.53	243.84
1991	505.43	165.96	244.49	29.87	850.22	291.24	270.47
1992	617.96	211.85	302.92	32.56	983.48	320.90	300.14
1993	796.85	277.86	385.57	40.42	1 161.00	367.84	413.02
1994	1 043.77	445.22	556.58	5.40	1 396.82	415.88	471.10
1995	1 325.60	542.30	739.18	5.43	1 750.41	466.13	577.70
1996	1 746.80	700.68	969.57	6.01	2 273.20	643.06	708.81
1997	1 906.97	773.93	1 086.06	6.02	2 617.67	687.03	860.78

16—4 国家银行现金收支

单位：亿元

年份	收入合计	#商品销售收入	#服务事业收入	支出合计	#国家工资支出	#农产品收购支出	#行政管理费支出	投放回笼差
1952	9.04			9.51				+0.47
1957	22.69	15.79	1.17	22.62	5.72	5.37	2.15	−0.07
1965	30.20	21.57	2.31	31.22	7.84	7.44	1.83	+1.02
1970	39.50	28.23	2.14	38.79	11.05	4.31	2.55	−0.71
1975	50.40	36.34	4.03	50.94	15.06	5.45	3.76	+0.54
1978	59.36	42.70	4.87	60.75	19.29	5.69	4.38	+1.39
1980	87.84	60.11	6.78	89.87	24.31	11.25	6.31	+2.03
1985	230.17	127.25	15.94	238.24	40.31	45.23	17.90	+8.07
1986	281.99	149.66	19.13	289.81	50.72	61.05	19.93	+7.82
1987	375.92	179.23	24.59	382.90	57.33	70.10	26.05	+6.98
1988	509.81	221.61	30.91	538.31	68.39	69.60	38.18	+28.50
1989	544.62	212.52	33.81	562.82	77.34	65.13	38.67	+18.19
1990	626.24	229.82	39.25	665.10	89.76	90.60	44.95	+38.86
1991	767.57	261.11	47.76	814.56	105.30	85.50	55.95	+46.99
1992	1 022.54	292.81	62.33	1 089.03	120.06	70.64	79.88	+66.49
1993	1 564.39	360.77	89.90	1 629.22	150.09	101.34	120.18	+64.83
1994	2 297.21	456.67	123.99	2 364.86	227.04	156.58	148.70	+67.65
1995	3 219.38	583.76	162.14	3 264.14	269.86	187.65	186.54	+44.76
1996	4 144.71	675.16	202.91	4 177.98	294.90	155.44	215.81	+33.28
1997	5 143.29	744.60	251.41	5 179.03	319.52	187.39	245.81	+35.74

16—5 国家银行现金收入

单位:亿元

项　目	1990 年	1993 年	1994 年	1995 年	1996 年	1997 年
收入合计	**626.24**	**1 564.39**	**2 297.21**	**3 219.38**	**4 144.71**	**5 143.29**
商品销售收入	229.82	360.77	456.67	583.76	675.16	744.60
#县及县以下	17.54	21.62	22.12	23.84	28.43	47.15
服务事业收入	39.25	89.90	123.99	162.14	202.91	251.41
税款收入	5.23	9.74	13.25	17.38	23.24	28.02
农村信用社收入	26.41	46.82	71.04	78.91	74.28	54.45
乡镇企事业收入	6.80	16.46	31.66	51.54	69.11	82.09
#商品销售	2.58	5.01	7.26	11.00	11.97	14.93
服务事业	0.62	1.25	2.05	2.64	3.83	4.95
城乡个体经营收入	3.69	10.65	23.45	44.33	60.72	85.46
储蓄存款收入	258.25	817.65	1 254.92	1 813.17	2 416.98	3 119.96
其他金融机构收入	7.69	29.53	72.07	127.37	180.84	229.39
汇兑收入	6.94	11.75	14.58	24.41	30.36	36.37
其他收入	38.51	150.98	214.42	292.92	391.18	489.45
金融债券收入	3.65	20.13	21.17	23.44	19.93	22.07
投放(+)或回笼(—)	38.86	64.83	67.65	44.76	33.28	35.74

16—6 国家银行现金支出

单位:亿元

项　目	1990 年	1993 年	1994 年	1995 年	1996 年	1997 年
支出合计	**665.10**	**1 629.22**	**2 364.86**	**3 264.14**	**4 177.98**	**5 179.03**
工资和对个人支出小计	169.14	305.30	424.95	502.26	548.25	595.79
国家工资支出	89.76	150.09	227.04	269.86	294.90	319.52
国家职工奖金支出	14.59	32.99	44.93	51.23	57.19	63.30
国家对个人其他支出	33.22	67.83	83.49	99.34	104.66	115.59
部队存款支出	3.11	5.23	7.59	9.36	8.81	12.27
集体工资、奖金支出	21.51	34.15	42.53	47.22	51.62	50.91
集体对个人其他支出	6.96	15.00	19.37	25.25	31.07	34.20
对农村支出	142.01	183.06	270.94	333.99	315.99	333.45
农副产品采购支出	90.60	101.34	156.58	187.65	155.44	187.39
农信用社支出	41.47	61.38	77.56	94.07	94.97	67.15
乡镇企事业支出	9.94	20.34	36.80	52.27	65.58	78.91
#工资性支出	2.15	3.58	5.43	6.42	6.59	8.03
工矿产品收购支出	3.60	9.79	12.06	18.22	21.71	28.55
行政管理费支出	44.95	120.18	148.70	186.54	215.81	245.81
城乡个体经营支出	4.67	14.73	24.62	37.64	69.76	77.74
储蓄存款支出	236.32	805.29	1 192.30	1 763.60	2 438.13	3 174.66
其他金融机构支出	8.94	25.25	42.79	63.23	141.68	135.60
汇兑支出	7.34	20.54	31.69	48.38	59.26	72.61
其他支出	42.36	134.59	202.21	289.57	341.77	493.33
金融债券支出	5.77	10.48	14.59	20.71	25.62	21.48

16—7 保险主要业务指标

项　　目	单 位	1990年	1993年	1994年	1995年	1996年	1997年
一、人寿保险							
(一)承保人数	万人	665.35	1 493.12	1 258.75	1 162.40	1 153.42	1 560.20
(二)承保金额	亿元	76.30	215.40	237.80	649.90	1 087.90	1 866.00
1、短期人身险	亿元	58.50	156.40	288.50	568.60	657.50	1 638.80
团体人身险	亿元	7.60	17.40	14.90	14.20	52.40	17.30
团体人身意外伤害险	亿元	9.40	58.80	78.70	110.40	138.30	70.70
学生平安险	亿元	38.50	70.70	182.80	394.70	264.40	868.30
其　它	亿元	3.00	9.50	12.10	49.30	202.40	682.50
2、长期人身险	亿元	17.80	59.00	69.30	81.30	430.40	167.30
简易人身险	亿元	6.70	9.90	17.10	12.80	9.80	33.20
子女教育婚嫁险	亿元	0.70	6.90	5.80	3.50	36.7	27.80
其　它	亿元	10.40	42.20	46.40	65.00	383.90	106.30
(三)保费收入	万元	21 571	58 470	66 705	82 638	102 398	170 333
1、短期人身险	万元	3 083	10 844	10 223	12 739	15 616	22 948
团体人身险	万元	797	1 402	1 567	1 566	2 044	2 896
团体人身意外伤害险	万元	907	2 208	2 724	2 426	3 916	4 943
学生平安险	万元	829	1 705	2 397	3 711	4 542	6 806
其　它	万元	550	5 529	3 535	5 036	5 154	8 303
2、长期人身险	万元	18 488	47 626	56 482	69 899	86 782	97 589
简易人身险	万元	12 979	22 803	23 092	22 556	24 152	22 521
养老年金险	万元	2 593	12 708	16 206	24 522	23 687	27 143
子女教育婚嫁险	万元	587	6 253	7 684	8 266	9 744	20 064
其　它	万元	2 329	5 862	9 500	14 555	29 199	27 861
(四)储金余额	万元	5 386	44 872	25 207	12 461	6 222	3 153
(五)给付人数	万人	110.49	276.20	270.29	203.43	442.05	311.56
(六)给付金额	万元	14 958	63 766	53 740	47 451	65 791	73 599
1、短期人身险	万元	1 476	6 622	5 295	8 125	8 360	12 943
团体人身险	万元	465	925	974	1 341	1 270	1 488
团体人身意外伤害险	万元	302	994	1 059	1 576	1 494	1 714
学生平安险	万元	613	1 220	1 316	2 373	2 680	4 055
其　它	万元	96	3 483	1 746	2 835	2 916	5 686

16—7 续表

项　　目	单 位	1990 年	1993 年	1994 年	1995 年	1996 年	1997 年
2、长期人身险	万元	13 482	57 144	48 645	39 326	57 431	60 150
简易人身险	万元	9 312	16 723	19 940	22 414	25 062	21 605
养老年金险	万元	2 464	23 210	8 804	3 284	11 627	14 349
子女教育婚嫁险	万元	15	121	179	463	570	969
其　他	万元	1 691	17 090	19 722	13 165	20 172	23 227
二、财产保险							
(一)国内业务							
1、承保金额	亿元	946	1 520	2 194	1 775	2 366	2 439
企业财产险	亿元	552	766	791	1 007	1 031	1 147
运输工具险	亿元	124	251	291	324	355	484
家庭财产险	亿元	66	163	704	96	182	96
货物运输险	亿元	186	237	222	172	509	342
农业险	亿元	6	11	17	18	16	32
其　他	亿元	12	92	169	158	273	338
2、保费收入	万元	40 327	73 498	91 200	113 376	144 284	167 249
企业财产险	万元	12 326	18 852	21 357	24 340	28 078	35 333
运输工具险	万元	19 183	36 667	50 304	68 112	83 578	96 575
家庭财产险	万元	1 208	2 551	2 433	2 524	3 488	2 888
货物运输险	万元	4 867	7 256	6 856	6 650	7 808	10 593
农业险	万元	1 526	3 277	2 774	2 563	2 174	4 064
其　他	万元	1 217	4 895	7 476	9 187	10 758	17 796
3、储金余额	万元	9 176	44 001	32 430	27 784	26 865	28 910
4、已决赔案件数	万件	171.26	694.98	439.24	261.52	237.80	30.00
5、已决赔款金额	万元	23 182	51 307	57 489	75 337	82 994	95 157
企业财产险	万元	5 049	9 220	10 410	16 912	15 483	16 657
运输工具险	万元	10 394	30 335	35 294	42 727	51 655	57 196
家庭财产险	万元	4 065	2 534	2 772	1 920	3 271	2 106
货物运输险	万元	1 160	2 833	3 271	4 763	2 996	5 618
农业险	万元	1 695	3 980	2 798	2 915	2 325	3 344
其　它	万元	821	2 405	2 944	6 100	7 264	10 236
(二)涉外业务							
保费收入	万元	5 130	8 707	9 737	11 074	8 400	
赔款支出	万元	1 578	4 735	8 909	8 616	4 605	

注:1997 年财产保险涉外业务已包括在国内业务中。

主要统计指标解释

【存款】 企业、机关、团体或居民根据可以收回的原则，把货币资金存入银行或其他信用机构保管并取得一定利息的一种信用活动形式。根据存款对象的不同可划分企业存款、财政存款、机关团体存款、城镇居民储蓄存款、农村存款等科目。它是银行信贷资金的主要来源。

【贷款】 银行或其他信用机构根据必须归还的原则，按一定利率，为企业、个人等提供资金的一种信用活动形式。我国银行贷款，分流动资金贷款、固定资产贷款以及农户贷款等科目。

【现金支出】 指银行向市场支出的现金，亦称货币投放。主要的投入方式有工资支出、农副产品收购、工矿产品收购、行政事业管理费、储蓄存款支出等。

【现金收入】 指银行把市场流通中的货币通过某种方式吸收回银行，亦称货币回笼，其主要的回笼方式有：商品销售收入、服务事业收入、税款收入、储蓄存款收入等。

【保险金额】 也称承保额。是指保险人承担赔偿或者给付保险金责任的最高限额。

【保险费】 又叫保费。是保险人根据保险合同的有关规定，为被保险人取得因约定危险事故发生所造成的经济损失补偿（或给付）权力，付给保险人的代价。包括财产险和人身险储金收入。

【财产保险】 指以被保险人自有的或为他人保管的财产作为保险标的保险。

【农业保险】 指以种植业、养殖业在生产过程中，遭到自然灾害、意外事故所造成的经济损失为保险标的保险。

【人身保险】 是以人的生命和身体为保险对象的一种保险。

【赔款支出】 指被保险人所投保的保险标的发生了在承保责任范围内的意外事故，遭到了损失，保险人给被保险人的赔款补偿。

【满期给付】 指长期性业务到期后，保险人退给被保险人的储金。

【赔款】 保险事故发生后，经查证确属保险责任范围以内的保险标的损失，保险人根据保险合同的规定履行赔偿义务，给予被保险人的款项叫做赔款。赔款可分为已决赔款和未决赔款两种。

教育、科技和文化 17

资料整理人员：来万萍　刘晓明
刘　静　尹建章
刘公发

17—1 各级各类学校数

单位:所

学校分类	1990年	1993年	1994年	1995年	1996年	1997年
普通高等学校	63	61	61	56	56	55
#地方院校	36	35	35	33	33	32
普通中等专业学校	222	232	233	239	250	254
#中　师	35	35	35	35	35	35
普通中学	4 737	4 176	4 027	3 761	3 630	3 409
#初　中	4 091	3 578	3 437	3 186	3 061	2 847
城　市	510	573	565	671	676	665
县　镇	348	267	258	216	208	185
农　村	3 233	2 738	2 614	2 299	2 177	1 997
高　中	646	598	590	575	569	562
城　市	280	278	286	316	322	329
县　镇	149	137	144	121	120	108
农　村	217	183	160	138	127	125
职业中学	451	511	455	414	395	377
初　中	126	175	149	130	125	107
城　市	5	7	5	6	6	7
县　镇	5	6	6	6	6	6
农　村	116	162	138	118	113	94
高　中	325	336	306	284	270	270
城　市	117	158	140	140	141	157
县　镇	73	69	71	65	61	54
农　村	135	109	95	79	68	64
小　学	32 309	30 965	30 293	29 422	28 979	27 570
城　市	2 067	2 305	2 283	3 000	3 047	2 919
县　镇	1 822	1 537	1 513	1 387	1 351	1 291
农　村	28 420	27 123	26 497	25 035	24 581	23 360
特殊教育学校	34	53	56	59	62	67
幼儿园	3 914	3 305	3 291	3 486	3 502	3 766
技工学校	160	194	194	196	196	193

17—2 各级各类学校在校学生数

单位:人

学校分类	1990年	1993年	1994年	1995年	1996年	1997年
普通高等学校	130 355	156 023	170 128	182 703	189 909	196 771
#地方院校	47 581	58 303	62 828	68 013	70 779	74 761
普通中等专业学校	145 811	204 051	236 556	299 284	354 583	422 743
#中　师	30 579	30 307	35 288	44 107	52 704	60 349
普通中学	2 115 639	2 274 961	2 368 939	2 475 861	2 626 686	2 804 850
#初　中	1 772 975	1 960 113	2 041307	2 108 402	2 216 855	2 347 332
城　市	366 119	466 081	480 851	567 811	590 129	597 369
县　镇	195 474	194 265	202 160	178 331	180 190	189 392
农　村	1 211 382	1 299 767	1 358 296	1 362 260	1 446 536	1 560 571
高　中	342 664	314 848	327 632	367 459	409 831	457 518
城　市	125 245	140 092	151 524	194 044	222 220	251 090
县　镇	108 073	95 119	105 661	106 153	116 691	124 904
农　村	109 346	79 637	70 447	67 262	70 920	81 524
职业中学	129 022	147 955	152 044	170 353	179 415	179 602
初　中	40 012	55 149	55 258	54 401	56 408	59 274
城　市	1 731	2 840	1 721	2 281	2 892	3 208
县　镇	2 618	3 129	3 428	3 959	3 414	3 575
农　村	35 663	49 180	50 109	48 161	50 102	52 491
高　中	89 010	92 806	96 786	115 952	123 007	120 328
城　市	37 690	53 056	56 838	79 074	85 767	86 611
县　镇	22 531	22 494	23 044	23 115	23 689	21 194
农　村	28 789	17 256	16 904	13 763	13 551	12 523
小　学	6 230 606	6 239 081	6 461 601	6 741 588	6 999 023	7 184 879
城　市	879 555	1 001 290	1 043 181	1 299 498	1 361 615	1 406 444
县　镇	534 066	470 623	504 547	488 988	509 227	517 933
农　村	4 816 985	4 767 168	4 913 873	4 953 102	5 128 181	5 260 502
特殊教育学校	1 838	4 856	5 404	6 888	5 177	8 593
幼儿园	764 436	1 122 531	1 054 692	1 081 822	1 015 997	1 006 023
技工学校	83 083	95 633	106 772	109 772	109 408	109 165

17—3 各级各类学校招生数

单位:人

学校分类	1990年	1993年	1994年	1995年	1996年	1997年
普通高等学校	38 024	54 469	52 859	54 226	56 837	58 168
#地方院校	15 904	21 662	20 784	21 594	22 609	24 675
普通中等专业学校	48 931	87 438	95 384	115 007	127 276	145 136
#中　师	9 467	13 232	14 657	17 665	20 978	22 870
普通中学	785 143	843 640	884 652	934 182	965 064	1 038 859
#初　中	666 252	734 935	758 951	784 593	813 742	868 176
城　市	134 913	156 321	167 289	198 349	196 576	198 177
县　镇	73 696	69 195	71 759	62 980	64 622	67 183
农　村	457 643	509 419	519 903	523 264	552 544	602 816
高　中	118 891	108 705	125 701	149 589	151 322	170 683
城　市	44 835	50 293	57 615	76 947	80 553	91 480
县　镇	35 709	32 765	41 630	43 166	43 092	43 421
农　村	38 347	25 647	26 456	29 476	27 677	35 782
职业中学	54 592	60 899	62 583	69 961	69 517	67 014
初　中	17 089	22 649	21 275	20 716	22 206	24 809
城　市	649	1 270	617	937	1 149	1 260
县　镇	818	1 220	1 579	1 326	1 097	1 563
农　村	15 622	20 159	19 079	18 453	19 960	21 986
高　中	37 503	38 250	41 308	49 245	47 311	42 205
城　市	15 329	21 369	22 852	33 883	33 107	29 590
县　镇	9 907	9 794	11 241	9 214	8 729	7 163
农　村	12 267	7 087	7 215	6 148	5 475	5 452
小　学	1 003 126	1 185 837	1 253 905	1 289 448	1 250 494	1 160 193
城　市	143 680	186 922	201 316	256 580	249 336	231 793
县　镇	84 105	91 373	101 393	92 890	92 121	85 480
农　村	775 341	907 542	951 196	939 978	909 037	842 920
特殊教育学校	859	1 819	1 229	1 672	1 220	1 153
幼儿园	…	768 144		833 382	785 659	784 151
技工学校	32 823	35 331	40 835	40 601	38 484	35 577

17—4 各级各类学校毕业生数

单位:人

学校分类	1990年	1993年	1994年	1995年	1996年	1997年
普通高等学校	36 979	35 041	38 304	41 675	48 741	50 420
#地方院校	13 850	14 683	15 830	16 176	19 170	20 174
普通中等专业学校	39 548	49 472	47 760	52 245	69 947	93 692
#中　师	10 213	8 473	8 242	9 402	11 878	15 345
普通中学	639 910	635 305	632 658	677 385	692 222	762 273
#初　中	517 078	524 946	532 035	578 537	593 290	647 001
城　市	105 100	134 810	140 671	164 450	165 403	176 788
县　镇	56 172	52 692	55 103	50 976	51 672	53 906
农　村	355 806	337 444	336 261	363 111	376 215	416 307
高　中	122 832	110 359	100 623	98 848	98 932	115 272
城　市	41 997	46 633	43 294	50 757	54 488	64 180
县　镇	38 742	33 427	31 951	28 109	27 754	31 813
农　村	42 093	30 299	25 378	19 982	16 690	19 279
职业中学	36 179	38 471	38 812	41 340	50 422	52 187
初　中	8 745	10 455	10 397	11 107	13 759	14 245
城　市	545	821	443	546	611	764
县　镇	815	531	599	834	1 073	1 276
农　村	7 385	9 103	9 355	9 727	12 075	12 205
高　中	27 434	28 016	28 415	30 233	36 663	37 942
城　市	9 545	14 161	15 713	18 835	25 363	26 331
县　镇	6 863	7 051	7 111	6 653	7 021	7 330
农　村	11 026	6 804	5 591	4 745	4 279	4 281
小　学	899 610	939 952	913 179	907 560	901 859	953 527
城　市	140 827	162 557	171 003	193 790	201 604	204 439
县　镇	80 501	73 588	72 517	64 105	65 219	68 361
农　村	678 282	703 807	669 659	649 665	635 036	680 727
特殊教育学校	89	259	385	532	702	747
幼儿园		618 341	…	…	…	…
技工学校	25 637	27 900	31 068	34 558	36 867	39 936

17—5 各级各类学校教职工数

单位:人

学 校 分 类	1990年	1993年	1994年	1995年	1996年	1997年
普通高等学校	63 315	66 108	65 500	65 989	66 295	65 712
#地方院校	16 386	18 313	18 458	19 261	19 824	20 122
普通中等专业学校	28 323	30 172	31 146	33 061	34 822	37 668
#中　师	5 957	4 830	5 104	5 450	5 876	5 971
普通中学	199 516	211 366	212 143	214 686	218 574	220 461
教育部门办	165 630	178 527	181 491	185 700	190 478	195 645
其他部门办	21 957	22 360	22 153	21 148	20 439	19 024
集 体 办	11 929	10 479	8 451	7 449	6 876	4 581
私　立			48	389	781	1 211
城　市	55 270	65 357	66 695	76 545	79 251	80 885
县　镇	30 572	29 709	30 309	26 944	26 770	26 855
农　村	113 674	116 300	115 139	111 197	112 553	112 721
职业中学	16 297	18 858	17 845	17 390	17 119	15 692
教育部门办	12 724	14 714	14 080	13 596	13 424	12 770
其他部门办	2 395	3 179	3 006	3 114	3 043	2 502
集 体 办	1 178	965	759	680	652	320
城　市	5 643	7 536	7 388	7 974	8 059	7 521
县　镇	3 399	3 590	3 461	3 461	3 234	3 041
农　村	7 255	7 732	6 996	5 955	5 826	5 130
小　学	334 985	337 973	338 750	343 246	345 171	315 787
城　市	52 992	60 916	61 943	74 533	76 534	75 600
县　镇	30 368	27 588	28 127	26 164	25 617	24 987
农　村	251 625	249 469	248 680	242 549	243 020	215 200
特殊教育学校	635	1 071	1 164	1 482	1 382	1 519
幼 儿 园	47 838	52 125	48 314	47 833	47 279	45 407
技工学校	18 003	18 319	18 486	18 196	17 828	16 835

17—6 各级各类学校专任教师数

单位：人

学校分类	1990年	1993年	1994年	1995年	1996年	1997年
普通高等学校	24 624	24 583	24 512	25 220	25 735	25 825
#地方院校	7 129	7 581	7 699	8 143	8 442	8 585
普通中等专业学校	14 407	15 030	15 688	17 124	18 410	20 150
#中　师	3 424	2 813	3 039	3 353	3 699	3 804
普通中学	154 388	165 810	168 781	171 408	175 575	179 388
#初　中	124 998	136 401	139 637	141 902	144 230	146 384
城　市	29 020	35 743	36 901	42 652	43 429	43 867
县　镇	14 479	13 969	14 391	12 580	12 380	12 371
农　村	81 499	86 689	88 345	86 670	88 421	90 146
高　中	29 390	29 409	29 144	29 506	31 345	33 004
城　市	11 501	12 925	13 159	15 319	16 854	18 109
县　镇	8 882	8 675	8 985	8 238	8 486	8 772
农　村	9 007	7 809	7 000	5 949	6 005	6 123
职业中学	11 306	13 398	12 902	12 643	12 685	11 812
初　中	3 043	4 478	4 166	3 783	3 808	3 451
城　市	114	243	197	187	217	241
县　镇	204	262	267	289	251	257
农　村	2 725	3 973	3 702	3 307	3 340	2 953
高　中	8 263	8 920	8 736	8 860	8 877	8 361
城　市	3 696	4 809	4 881	5 380	5 492	5 160
县　镇	2 018	2 190	2 127	2 095	2 061	1 939
农　村	2 549	1 921	1 728	1 385	1 324	1 262
小　学	295 710	298 769	301 662	305 852	309 804	283 212
城　市	45 167	52 271	53 230	64 191	66 178	65 700
县　镇	27 057	24 096	24 903	23 271	23 054	22 441
农　村	223 486	222 402	223 529	218 390	220 572	195 071
特殊教育学校	411	757	821	1 080	985	1 076
幼儿园	29 622	36 895	35 205	35 264	34 690	33 114
技工学校	8 182	8 756	8 878	9 026	8 926	8 867

17—7 高等学校分类别情况

单位:所、人

学校分类	1990年				1993年			
	学校数	在校生数	招生数	毕业生数	学校数	在校生数	招生数	毕业生数
总计	**63**	**130 355**	**38 024**	**36 979**	**61**	**156 023**	**54 469**	**35 041**
综合大学	2	12 698	3 363	3 379	2	13 754	4 755	2 669
理工院校	20	57 657	15 974	15 107	19	69 809	23 492	14 888
农业院校	2	4 458	1 398	1 494	2	5 910	2 223	1 345
医药院校	9	11 917	2 889	2 880	9	13 319	4 157	2898
师范院校	9	21 241	7 609	7 541	9	25 412	9 281	6 574
财经院校	4	5 885	1 787	1 428	4	7 941	2 873	1 877
政法院校	2	2 826	762	863	2	3 844	1 528	770
体育院校	1	1 176	338	383	1	1 189	392	368
艺术院校	2	743	252	231	2	1 038	420	270
民族院校	2	4 856	1 474	1 275	2	5675	1 980	1 382
短期职大	10	6 898	2 178	2 398	9	8 132	3 368	1 992

学校分类	1994年				1995年			
	学校数	在校生数	招生数	毕业生数	学校数	在校生数	招生数	毕业生数
总计	**61**	**170 128**	**52 859**	**38 304**	**56**	**182 703**	**54 226**	**41 675**
综合大学	2	14 877	4 292	3 184	3	20 617	5 875	4 582
理工院校	19	76 069	22 578	15 943	17	82 427	23 873	18 605
农业院校	2	6 608	2 151	1 413	2	7 147	2 210	1 720
医药院校	9	14 509	4 258	2 927	7	12 778	3 247	2 404
师范院校	9	26 508	8 966	7 891	8	25 848	8 343	7 014
财经院校	4	8 694	2 683	1 881	4	9 707	2 896	2 155
政法院校	2	4 655	1 569	757	2	5 413	1 554	792
体育院校	1	1 312	479	355	1	1 578	640	374
艺术院校	2	1 008	339	357	2	1 047	364	318
民族院校	2	6 571	2 074	1 490	2	6 961	1 953	1 525
短期职大	9	9 317	3 470	2 106	8	9 180	3 271	2 186

学校分类	1996年				1997年			
	学校数	在校生数	招生数	毕业生数	学校数	在校生数	招生数	毕业生数
总计	**56**	**189 909**	**56 837**	**48 741**	**55**	**196 771**	**58 168**	**50 420**
综合大学	3	20 958	5 733	5 466	3	21 426	6 403	6 064
理工院校	17	85 237	24 783	21 553	17	88 314	25 043	21 422
农业院校	2	7 409	2 285	1 952	2	7 685	2 296	2 019
医药院校	7	13 443	3 581	2 756	7	14 038	3 631	2 870
师范院校	8	26 684	8 878	7 909	8	26 984	8 696	8 139
财经院校	4	10 043	3 022	2 656	4	10 452	3 186	2 778
政法院校	2	5 801	1 662	1 273	2	6 129	1 744	1 469
体育院校	1	1 788	660	450	1	1 898	660	550
艺术院校	2	1 223	462	306	2	1 325	502	319
民族院校	2	7 884	2 569	1 656	2	8281	2 266	1 886
短期职大	8	9 439	3 202	2 764	7	10 239	3 741	2 904

17—8 中等专业学校分类别情况

单位:所、人

学校分类	1990年				1993年			
	学校数	在校生数	招生数	毕业生数	学校数	在校生数	招生数	毕业生数
中等技术学校	**187**	**115 232**	**39 464**	**29 335**	**197**	**173 744**	**74 206**	**41 000**
工业学校	62	44 865	14 315	9 045	66	72 334	29 584	15 721
农业学校	21	14 616	4 481	2 183	23	23 198	9 795	4 791
林业学校	5	2 332	923	333	5	4 243	1 900	904
医药学校	35	25 465	8 024	6 751	37	30 025	11 945	8 120
财经学校	31	18 635	8 303	7 863	31	30 760	15 038	7 968
政法学校	10	3 032	1 244	1 690	9	2 728	1 363	1 194
体育学校	8	2 521	802	504	8	4 004	1 772	874
艺术学校	11	2 821	1 019	698	12	4 363	1 739	1 037
其他学校	4	945	353	268	6	2 089	1 070	391
中等师范学校	**35**	**30 579**	**9 467**	**10 213**	**35**	**30 307**	**13 232**	**8 473**
#幼儿师范	4	4 118	1 604	1 368	4	3 896	1 734	1 098

学校分类	1994年				1995年			
	学校数	在校生数	招生数	毕业生数	学校数	在校生数	招生数	毕业生数
中等技术学校	**198**	**201 268**	**80 727**	**39 518**	**204**	**255 177**	**97 342**	**42 843**
工业学校	69	86 477	32 670	15 036	70	109 989	40 133	16 968
农业学校	23	29 073	11 942	4 826	23	37 664	15 267	6 236
林业学校	5	4 997	2 227	1 090	5	6 793	2 780	1 129
医药学校	36	31 576	12 533	6 845	36	36 974	12 923	6 946
财经学校	30	33 580	14 824	8 453	33	43 427	17 840	7 763
政法学校	9	2 827	1 373	1 043	9	3 273	1 735	1 329
体育学校	7	5 136	2 026	887	7	6 506	2 560	1 120
艺术学校	13	5 034	1 998	975	14	6 950	2 568	925
其他学校	6	2 568	1 134	363	7	3 601	1 536	427
中等师范学校	**35**	**35 288**	**14 657**	**8 242**	**35**	**44 107**	**17 665**	**9 402**
#幼儿师范	4	4 225	1 803	920	4	4 193	1 605	777

学校分类	1996年				1997年			
	学校数	在校生数	招生数	毕业生数	学校数	在校生数	招生数	毕业生数
中等技术学校	**215**	**301 879**	**106 298**	**58 069**	**248**	**362 394**	**122 266**	**78 347**
工业学校	77	127 245	41 754	22 286	99	166 740	53 757	35 497
农业学校	23	44 617	16 679	9 557	13	29 588	10 102	7 466
林业学校	5	7 969	2 834	1 662	5	9 273	3 185	2 608
医药学校	35	42 948	14 848	9 097	35	48 783	16 552	11 574
财经学校	37	53 063	19 314	10 638	50	67 462	23 329	14 346
政法学校	8	5 499	2 983	800	9	8 238	3 127	1 056
体育学校	8	8 086	3 292	1 639	9	9 587	3 684	1 974
艺术学校	15	7 833	2 829	1 757	19	9 389	2 960	2 036
其他学校	7	4 619	1 765	633	9	13 334	5 570	1 790
中等师范学校	**35**	**52 704**	**20 978**	**11 878**	**35**	**60 349**	**2 870**	**15 345**
#幼儿师范	4	6 447	2 557	1 439	4	6 964	2 291	1 767

17—9 各级各类学校专任教师学历分类

单位：人

学　历　分　类	1990年	1993年	1994年	1995年	1996年	1997年
一、中等专业学校	**14 407**	**15 030**	**15 688**	**17 124**	**18 410**	**20 150**
高等学校本科毕业及以上	6 798	8 153	8 588	9 496	10 259	11 659
高等学校专科毕业及本专科肄业两年以上	5 541	5 319	5 576	6 050	6 578	6 890
高等学校本专科肄业未满两年的	108	191	161	173	219	218
中专、高中毕业及以上	1 960	1 367	1 363	1 405	1 354	1 383
二、技工学校	**8 182**	**8 758**	**8 878**	**9 026**	**8 926**	**8 867**
高等学校本科毕业及以上	1 708	2 030	2 175	2 141	2 222	2 368
高等学校专科及本科肄业	3 844	4 188	4 228	4 496	4 331	4 318
中专及技校	1 841	1 847	1 776	1 725	1 734	1 540
高中及其他	789	693	699	664	639	641
三、职业中学	**11 306**	**13 398**	**12 902**	**12 643**	**12 685**	**11 812**
高等学校本科毕业及以上	1 797	2 327	2 383	2 410	2 553	2 448
高等学校专科毕业	5 448	6 976	6 978	7 171	7 375	7 048
中专、高中毕业的	1 726	4 095	3 541	3 062	2 757	2 316
四、普通中学	**154 388**	**165 810**	**168 781**	**171 408**	**175 575**	**179 388**
高等学校本科毕业及以上	22 459	27 490	29 306	30 295	32 281	34 971
高等学校专科毕业	58 750	80 004	85 587	94 185	102 051	108 490
中专、高中毕业的	69 345	58 316	54 158	46 928	41 243	35 927
五、小　学	**295 710**	**298 769**	**301 662**	**305 852**	**309 804**	**283 212**
中师、高中毕业及以上的	217 066	248 902	253 791	263 274	273 384	260 028
六、幼儿园(不包括园长)	**29 622**	**36 895**	**35 205**	**35 264**	**34 690**	**33 114**
中师、高中毕业及以上的	17 861	28 099	27 230	27 922	28 663	28 726

注：幼儿园的教师中"中师、高中毕业及以上的"数据1991年—1994年包括了有专业合格证书的教师。

17—10 大学、中专专任教师职称情况

单位:人

职称	1990年	1993年	1994年	1995年	1996年	1997年
普通高等学校专任教师数	**24 624**	**24 583**	**24 512**	**25 220**	**25 735**	**25 825**
正高级	932	1 797	1 782	2 092	2 086	2 407
副高级	5 215	6 433	6 280	7 013	7 344	7 501
中级	9 077	9 578	9 956	9 576	9 573	9 176
初级	902	1 576	4 773	4 960	4 838	4 792
无职称	8 498	5 199	1 721	1 579	1 894	1 949
中等专业学校专任教师数	**14 407**	**15 030**	**15 688**	**17 124**	**18 410**	**20 150**
副高级	1 463	1 669	2 200	2 470	2 969	3 478
中级	4 493	4 980	5 716	6 644	7 503	8 531
初级	4 419	5 721	6 485	6 713	6 681	5 390
无职称	4 032	2 660	1 287	1 297	1 257	2 751

17—11 各级各类学校校舍建筑面积情况

单位:万平方米

项目	1990年	1993年	1994年	1995年	1996年	1997年
中等专业学校	**319.52**	**412.84**	**499.73**	**552.32**	**623.49**	**743.63**
中等技术学校	248.20	346.30	413.66	456.26	512.34	615.56
中等师范学校	66.46	66.54	86.07	96.06	111.15	128.07
普通中学	**1 509.29**	**1 761.29**	**1 868.52**	**2 013.25**	**2 192.39**	**2 465.65**
城市	424.21	529.38	581.07	709.97	743.63	821.27
县镇	247.29	269.34	284.71	261.04	277.90	295.82
农村	877.79	962.57	1 002.74	1 042.25	1 170.86	1 348.56
职业中学	**147.74**	**190.74**	**185.11**	**204.21**	**210.98**	**219.79**
城市	48.40	72.86	75.19	94.68	105.04	101.08
县镇	36.03	41.49	38.01	43.97	42.63	50.80
农村	63.31	76.39	71.91	65.56	63.31	67.91
小学	**2 400.12**	**2 657.91**	**2 742.21**	**2 934.09**	**3 196.04**	**3 483.63**
城市	311.13	402.17	438.60	562.38	611.80	658.64
县镇	192.48	192.51	212.06	211.93	207.58	226.62
农村	1 896.51	2 063.23	2 091.55	2 159.78	2 376.66	2 598.38

注:1990年中等专业学校包括成人中等学校。

17—12　初中毕业生和小学毕业生升学率

年份	初中毕业生升入高中升学率			小学毕业生升学率		
	初中毕业生数（万人）	高中招生数（万人）	升学率（%）	小学毕业生数（万人）	初中招生数（万人）	升学率（%）
1957	3.67	1.64	44.8	18.32	6.45	35.2
1965	7.60	3.75	49.4	29.60	24.95	84.3
1975	49.25	31.26	63.5	116.05	110.11	94.9
1978	98.80	43.33	43.9	132.37	119.46	90.3
1980	52.23	25.04	47.7	107.64	88.93	82.6
1985	49.92	19.13	38.3	104.89	69.21	66.0
1986	54.38	20.90	38.4	101.14	70.68	67.9
1987	57.17	20.45	35.8	101.43	67.53	66.6
1988	58.98	18.71	31.7	83.66	60.80	71.9
1989	53.79	16.43	30.5	84.34	61.40	72.8
1990	51.71	16.78	32.5	89.96	66.63	74.1
1991	46.10	16.76	33.0	91.77	69.85	78.1
1992	49.40	17.93	36.3	95.47	72.51	78.2
1993	52.49	19.61	37.4	94.00	75.75	80.5
1994	53.20	16.70	31.4	91.32	78.02	85.4
1995	57.85	19.88	34.4	90.76	80.53	88.7
1996	59.33	19.86	33.5	90.19	83.59	92.7
1997	64.70	21.29	32.9	95.35	89.30	93.7

17—13　小学学龄儿童入学率

年份	学龄儿童数（万人）	已入学学龄儿童数（万人）	入学率（%）
1952	…	…	47.40
1957	…	…	57.57
1965	545.42	481.32	87.80
1975	629.50	611.00	97.10
1978	616.86	597.73	96.90
1980	594.80	576.86	97.00
1985	496.69	489.38	98.50
1986	492.01	486.03	98.78
1987	489.01	483.18	98.81
1988	486.48	480.56	98.78
1989	482.05	476.42	98.83
1990	485.00	480.32	99.04
1991	556.39	549.35	98.73
1992	571.44	563.44	98.60
1993	574.54	566.84	98.66
1994	599.47	593.88	99.08
1995	637.12	632.34	99.24
1996	661.72	658.38	99.50
1997	681.52	678.95	99.62

17—14 各级各类学校服务的人口及每万人口中在校学生数

项目	单位	1990年	1993年	1994年	1995年	1996年	1997年
每一学校服务的人口数							
普通高等学校	万人	86.34	91.64	92.73	101.26	104.02	106.77
成人高等学校	万人	63.25	74.53	76.44	79.07	77.67	78.30
普通中等专业学校	万人	24.50	23.89	24.28	24.15	23.30	23.12
成人中等专业学校	万人	18.01	17.47	18.73	18.99	18.91	19.77
普通中学	万人	1.45	1.33	1.40	1.53	1.60	1.72
职业中学	万人	12.06	10.94	12.43	13.94	14.75	15.58
小学	万人	0.16	0.18	0.19	0.20	0.20	0.21
幼儿园	万人	1.39	1.69	1.72	1.66	1.66	1.56
每万人口中的学生数							
普通高等学校	人	23.97	27.90	30.08	31.65	32.6	33.51
成人高等学校	人	21.22	21.80	29.27	29.62	28.84	28.50
普通中等专业学校	人	26.81	36.49	41.82	51.85	60.87	71.99
成人中等专业学校	人	21.29	20.09	24.64	25.79	28.45	31.82
普通中学	人	388.95	406.93	418.78	428.94	450.92	477.62
职业中学	人	23.72	26.46	26.88	29.51	30.80	30.58
小学	人	1 145.48	1 116.02	1 142.28	1 167.97	1 201.52	1 223.46
幼儿园	人	140.54	200.79	186.45	187.42	174.42	171.31

17—15 各级各类学校每个专任教师负担的学生数

单位:人

项目	1990年	1993年	1994年	1995年	1996年	1997年
普通高等学校	5.3	6.3	6.9	7.2	7.4	7.62
普通中等专业学校	10.1	13.6	15.1	17.5	19.3	20.98
#中师	8.9	10.8	11.6	13.2	14.3	15.86
普通中学	13.7	13.7	14.0	14.4	14.9	15.64
#初中	14.2	14.4	14.6	14.9	15.4	16.04
高中	11.7	10.7	11.2	12.5	13.1	13.86
职业中学	11.4	11.0	11.8	13.5	14.1	15.21
#高中	10.8	10.4	11.1	13.1	13.9	14.39
小学	21.1	20.9	21.4	22.0	22.6	25.37
幼儿园	25.8	30.4	30.0	30.7	29.3	30.38

17—16 各级学校女学生和女教师数

单位:万人

项　　目	1990年	1993年	1994年	1995年	1996年	1997年
一、女学生数	**387.79**	**407.67**	**426.08**	**453.65**	**479.54**	**500.71**
高等学校	3.53	4.21	4.72	5.38	5.99	6.47
中等专业学校	6.10	9.17	10.75	14.27	17.37	21.31
普通中学	83.22	94.93	99.88	106.53	114.05	122.13
职业中学	5.28	6.55	6.76	7.63	8.01	7.56
小　学	289.66	292.81	303.97	319.84	334.12	343.24
二、女学生占学生总数%	**44.07**	**45.19**	**45.37**	**45.96**	**46.33**	**46.41**
高等学校	27.06	26.99	27.74	29.43	31.54	32.86
中等专业学校	41.84	44.93	45.43	47.68	48.98	50.40
普通中学	39.34	41.45	42.16	43.03	43.42	43.54
职业中学	40.96	44.26	44.47	44.81	44.67	42.10
小　学	46.49	46.93	47.04	47.44	47.74	47.77
三、女教师数	**16.39**	**17.68**	**18.10**	**18.70**	**19.48**	**18.79**
高等学校	0.64	0.67	0.70	0.73	0.78	0.80
中等专业学校	0.48	0.52	0.56	0.56	0.68	0.76
普通中学	3.84	4.35	4.46	4.65	4.92	5.09
职业中学	0.24	0.33	0.32	0.33	0.34	0.33
小　学	11.19	11.81	12.06	12.47	12.76	11.81
四、女教师占教师总数%	**32.44**	**34.16**	**34.57**	**35.14**	**35.93**	**36.11**
高等学校	26.04	27.24	28.57	28.82	30.11	30.93
中等专业学校	33.30	34.67	35.66	35.58	36.78	37.57
普通中学	24.86	26.24	26.42	27.15	28.01	28.40
职业中学	21.62	24.63	24.80	27.68	27.06	27.59
小　学	37.82	39.52	39.97	40.65	41.19	41.69

17—17 各级各类成人学校在校学生数

单位:万人

各　类　学　校	1990年	1993年	1994年	1995年	1996年	1997年
成人高等学校	**11.54**	**12.19**	**16.56**	**17.10**	**16.80**	**16.74**
广播电视大学	2.26	2.29	3.45	3.11	2.77	2.68
职工大学	0.77	0.79	1.06	1.17	1.34	1.39
管理干部学院	0.25	0.42	0.75	1.02	1.02	1.03
教育学院	1.54	1.94	2.01	0.77	0.82	0.80
独立函授学院	0.41	0.20	0.25	0.24	0.26	0.26
普通高等学校办函授部、夜大学	6.31	6.42	8.83	8.92	8.54	7.85
干部专修科		0.13	0.21	1.87	2.04	2.73
成人中等学校	**60.42**	**143.66**	**133.36**	**134.76**	**157.62**	**173.86**
中等专业学校	11.44	11.23	13.94	14.89	16.57	14.85
中　学	1.22	1.10	0.89	0.88	2.24	0.92
技术培训学校	47.76	131.33	118.53	118.99	138.81	158.09
成人初等学校	**45.59**	**17.22**	**20.30**	**15.07**	**14.28**	**14.86**
职工初等学校	0.16	2.41	0.21	0.44	0.40	0.13
农民初等学校	45.43	14.81	20.09	14.63	13.88	14.73
#扫盲班	14.22	13.10	17.17	11.19	11.15	11.00

注:成人高等学校的学生数是本、专科学生数;成人中等专业学校1991年的学生数是经批准列入招生计划,学制二年以上的学生数。

17—18 成人教育基本情况

单位:所、人

项目	1990年	1993年	1994年	1995年	1996年	1997年
成人高等学校数	72	75	74	73	75	75
在校学生数	52 271	121 889	165 552	170 991	167 973	167 363
招生数	13 612	52 077	70 678	56 543	56 888	59 962
毕业生数	28 071	30 274	30 402	50 463	50 263	60 339
教职员工数	10 076	10 987	11 234	12 830	11 541	11 877
#专任教师数	4 739	4 855	5 207	5 809	5 548	5 774
成人中等学校数	302	320	302	304	308	297
在校学生数	114 354	112 315	139 372	148 864	165 732	186 854
招生数	31 024	50 468	61 559	66 417	64 998	61 474
毕业生数	49 506	28 271	49 030	53 599	55 408	65 123
教职员工数	13 471	14 352	13 582	13 672	13 855	15 267
#专任教师数	7 082	7 439	7 174	7 633	7 852	8 426
成人中学学校数	134	47	113	79	124	134
在校学生数	12 183	10 971	8 881	8 794	22 444	9 151
招生数	9 969	10 426	19 229	7 408	20 777	6 932
毕业生数	6 950	11 645	117 606	6 713	19 490	5 403
教职员工数	612	353	908	528	644	556
#专任教师数	405	164	442	209	410	378
成人技术培训学校数	1 221	8 023	8 370	9 118	10 845	14 849
在校学生数	477 588	1 313 322	1 185 259	1 189 854	1 388 067	1 580 876
招生数	423 858	1 547 623	1 207 217	1 661 649	1 942 347	2 344 391
毕业生数	459 999	1 988 735	1 768 209	1 992 889	2 286 528	2 982 207
教职员工数	4 461	12 497	10 846	14 145	20 376	20 794
#专任教师数	2 858	6763	5 487	7 346	9 465	10 786
成人初等学校数	2 595	3 664	5 120	6 535	7 558	10 181
在校学生数	455 917	172 202	202 996	150 660	142 833	148 558
招生数	341 128	157 684	212 749	136 226	148 134	171 119
毕业生数	410 793	166 041	221 131	172 353	166 107	206 986
教职员工数	3 205	4 008	5 284	5 451	6 521	9 702
#专任教师数	1 691	1 815	2 734	3 329	3 916	4 090

17—19 研究生基本情况

单位:人

项目	1990年	1993年	1994年	1995年	1996年	1997年
高等学校在校研究生数	6 411	7 789	9 837	11 091	12 248	13 582
攻读博士学位研究生	628	1 176	1 565	1 941	2 328	2 600
攻读硕士学位研究生	5 721	6 498	8 193	9 084	9 920	10 982
研究生班研究生	71	115	79	66	—	—
招收研究生数	2 116	3 200	4 063	3 732	4 402	5 191
攻读博士学位研究生	215	369	657	710	802	820
攻读硕士学位研究生	1 857	2 716	3 394	3 022	3 600	4 371
研究生班研究生	44	115	12	—	—	—
毕业研究生数	2 346	2 020	2 007	2 343	3 038	3 695
攻读博士学位研究生	125	200	251	324	371	517
攻读硕士学位研究生	2 144	1 795	1 708	2 006	2 601	3 178
研究生班研究生	77	25	48	13	—	—
科研单位在学研究生数	309	267	306	345	388	410
攻读博士学位研究生	46	56	72	93	119	134
攻读硕士学位研究生	263	211	234	252	269	276
招收研究生数	76	98	105	134	144	126
攻读博士学位研究生	12	21	25	43	48	39
攻读硕士学位研究生	64	77	80	91	96	87
毕业研究生数	126	68	65	98	93	101
攻读博士学位研究生	4	10	7	22	19	20
攻读硕士学位研究生	122	58	58	76	74	81

17—20 教育事业经费支出情况

单位:万元

项目	1990年	1993年	1994年	1995年	1996年	1997年
教育事业经费支出总计	114 540.4	178 091.1	253 072.1	284 900.9	333 941.3	372 331.0
#高教支出	13 456.9	22 668.0	27 852.8	36 985.0	44 186.6	48 416.9
普教支出	101 083.5	155 423.1	203 749.6	213 477.7	252 036.2	281 282.9

注:1.该表不包括中央属院校和其他部门办教育情况。

2.该表为地方教育部门财政预算内教育经费。

17—21 科学研究与开发机构、人员、经费收支情况

项目	机构（个）	职工总数（人）	#科学家与工程师	#从事科学活动人员	经费收入（万元）	#政府拨款	经费支出（万元）	#基建投资
1996年总计	**1 720**	**53 484**	**19 897**	**34 327**	**260 436**	**53 511**	**239 494**	**20 311**
一、自然科学和技术领域	**1 555**	**51 521**	**18 923**	**32 482**	**258 367**	**51 759**	**237 599**	**19 982**
县级政府部门属	216	5 876	571	1 907	7 135	631	7 711	571
地、市、州级政府部门属	145	8 958	2 307	4 589	22 500	4 650	22 453	1 208
省政府部门属	40	5 578	2 193	3 570	22 923	6 064	20 728	1 985
国务院部门属	33	12 974	5 228	8 470	114 460	24 335	97 223	8 502
高等院校属	344	6 046	3 416	6 046	28 836	10 365	28 055	6 374
#非主管部门批准	266	3 967	2 111	3 967				
中科院武汉分院属	6	1 848	957	1 204	8 578	5 714	9 477	1 342
民营科技机构	771	10 241	4 251	6 696	53 935		51 952	
二、社会、人文科学领域	**165**	**1 963**	**974**	**1 845**	**2 069**	**1 752**	**1 895**	**329**
# 政府部门属	9	524	296	406	1 085	1 068	1 036	—
# 高等院校属	156	1 439	678	1 439	984	684	859	329
1997年总计	**1 798**	**86 151**	**23 570**	**39 986**	**1 015 003**	**72 981**	**1 445 979**	**17 688**
一、自然科学和技术领域	**1 643**	**84 140**	**22 598**	**38 082**	**1 011 864**	**70 333**	**1 430 712**	**17 455**
县级政府部门属	215	6 408	713	1 815	8 515	669	8 435	329
地、市、州级政府部门属	142	9 071	2 913	4 479	34 629	4 765	33 177	1 405
省政府部门属	39	5 639	2 723	3 737	27 188	9 903	23 391	1 598
国务院部门属	33	12 750	4 995	7 773	140 906	31 220	127 306	8 078
高等院校属	297	5 491	3 810	5 491	41 061	18 091	31 798	5 345
#非主管部门批准	222	3 390	2 164	3 390				
中科院武汉分院属	6	1 771	1 112	1 095	8 873	5 685	8 214	700
民营科技机构	911	43 010	6 332		750 692		1 198 391	
二、社会、人文科学领域	**155**	**2 011**	**972**	**1 904**	**3 139**	**2 648**	**15 267**	**233**
# 政府部门属	9	509	307	402	1 602	1 542	13 916	0
# 高等院校属	146	1 502	665	1 502	1 537	1 106	1 351	233

注:1. 科学家与工程师指中级及以上职称人员;政府拨款包括科研事业费、主管部门专项费、国家计委、科委专项费、国家自然科学基金、国务院其他部门专项费、省、市、区专项费等;经费支出总额包括内部支出经费、专项基建实际投资完成额;高校基建投资为"仪器设备费";高校机构职工总数包括发展人员、研究生。1996 年高校科工数中不含研究生。

2. 1996 年科委属科工数为从事科技活动人员其中数。

3. 1995 年民营科技机构数据为 802 家抽样调查数。1996 年民营科技机构数据为 771 家抽样调查数。

4. 1997 年民营科技机构数据含开发区内民营科技企业。

17—22 科研课题规模与投入

项目	研究课题（个）	当年实际投入经费（万元）	参加课题组人员折合全时（人年）
1996年总计	**11 042**	**50 340**	**21 325**
一、自然科学与技术领域	**9 668**	**49 745**	**19 056**
地、市、州级政府部门属	440	2 193	1 342
省政府部门属	504	2 368	1 420
国务院部门属	1 373	18 978	4 432
高等院校属	6 985	20 535	11 097
中科院武汉分院属	366	5 671	765
二、社会、人文科学领域	**1 374**	**595**	**2 269**
#政府部门属	101	60	181
#高等院校属	1 273	535	2 088
1997年总计	**10 901**	**61 459**	**20 870**
一、自然科学与技术领域	**9 357**	**60 784**	**18 740**
地、市、州级政府部门属	436	9 988	1 211
省政府部门属	506	2 852	1 359
国务院部门属	1 223	15 438	3 540
高等院校属	6 789	26 681	11 767
中科院武汉分院属	403	5 825	863
二、社会、人文科学领域	**1 544**	**675**	**2 130**
#政府部门属	125	74	156
#高等院校属	1 419	601	1 974

注：1994年后课题经费为经费支出。

17—23 研究与开发机构科学著作论文

项目	单位	1990年	1993年	1994年	1995年	1996年	1997年
一、出版科学专著	千字	**89 510**	**164 189**	**127 412**	**210 078**	**203 711**	**137 516**
自然科学和技术领域	千字	86 650	151 669	117 242	198 698	203 711	137 516
社会、人文科学领域	千字	2 680	12 520	10 170	11 380	—	—
在出版科学专著中							
译成外文	千字	100	14 279	3 120	1 520	2 301	1 975
二、发表科学论文	篇	**10 871**	**17 927**	**20 286**	**19 849**	**22 738**	**39 723**
自然科学和技术领域	篇	10 631	15 834	14 224	16 424	20 078	19 532
社会、人文科学领域	篇	240	2 093	6 060	3 425	2 660	20 191
在发表论文中							
国外发表	篇	138	1 451	1 167	1 278	1 404	1 344

注：1990年译成外文均不含高校数；1991年前各年科学专著与科学论文均不包括高校社会人文科学数；1991年后社会、人文科学专著，因不能折算千字数，而未列入。1996年科委属科研机构科学专著因未折算千字数，未列入。

17—24　申报登记省、部级以上成果分类及经济效益

单位：项

项　　　目	1990年	1993年	1994年	1995年	1996年	1997年
成　果　总　类	**480**	**550**	**571**	**500**	**521**	**512**
一、按成果水平分类						
国际首创/领先	2	10	6	4	10	14
国际先进	48	48	58	48	88	103
国内首创/领先	159	225	252	236	262	273
国内先进	222	248	255	212	161	122
省内首创/领先	49	19				
二、按成果类型分类						
基础理论研究	33	30	51	30	57	32
应用开发研究	442	493	489	446	423	444
其　　他	5	27	31	24	41	36
三、按成果产业属性分类						
工业类成果	250	252	251	207	195	129
农业类成果	79	82	80	71	75	90
医学类成果	113	107	112	147	111	164
其他类成果	38	79	46	21	42	61
四、按成果完成单位分类						
高等院校完成	152	195	214	163	171	175
研究单位完成	121	121	124	92	135	97
厂矿企业完成	139	112	103	101	88	88
其他单位完成	68	122	130	144	127	152
五、经济效益　（万元）						
本年度新增产值	19 801.37	39 008.53	107 341.52	85 777.42	146 484.96	537 780.53
本年度节约资金	226.02	3 727.15	7 499.09	17 694.32	12 406.93	46 833.71

注：1993年以后的“按成果产业属性分类”改为“按成果应用行业分类”。

17—25 高等院校科技人员情况

单位:人

学科分类	1995年	高级职称	中级职称	1996年	高级职称	中级职称	1997年	高级职称	中级职称
科技活动人员合计	**62 305**	**16 756**	**25 353**	**63 275**	**17 414**	**23 817**	**61 356**	**17 533**	**22 751**
自然科学	7 470	2 666	3 071	7 506	2 698	3 077	6 905	2 711	2 733
工程与技术	14 572	4 758	6 086	14 757	4 940	5 577	14 239	4 782	5 211
医学科学	11 327	2 313	4 099	11 054	2 387	4 008	10 114	2 323	3 686
农业科学	1 164	354	479	1 237	393	573	1 318	469	511
人文社会科学	24 086	6 608	11 031	25 528	6 946	9 936	25 551	7 187	10 010
未分学科	3 686	57	587	3 193	50	646	3 229	61	600
研究与发展人员合计	**20 245**	**8 264**	**7 614**	**19 992**	**8 358**	**7 771**	**19 069**	**8 256**	**7 050**
自然科学	3 195	1 366	1 207	2 810	1 335	1 002	2 813	1 427	962
工程与技术	7 859	3 279	3 095	7 487	3 349	2 878	7 209	3 158	2 747
医学科学	4 081	1 300	1 524	4 585	1 490	1 894	4 486	1 415	1 710
农业科学	798	318	288	923	322	437	877	396	334
人文社会科学	4 312	2 001	1 500	4 187	1 862	1 560	3 684	1 860	1 297

注:研究与开发人员包括全时人数与非全时人数。资料来源于教产年报2表。1990年后研究与开发人员中包括文科院校数。1996年高校科工数中不含研究生。

17—26 高等院校研究开发机构、人员情况

学科分类	机构(个)			研究发展人员(人)		
	1995年	1996年	1997年	1995年	1996年	1997年
合计	**523**	**500**	**443**	**5 599**	**4 884**	**4 628**
自然科学	74	61	57	815	713	708
工程与技术	190	183	153	2 401	2 038	1 981
农业科学	52	39	34	656	499	366
医学科学	62	61	53	854	881	898
其他科学	145	156	146	873	753	675

17—27 科学技术协会组织与活动

项目	单位	1990年	1993年	1994年	1995年	1996年	1997年
一、机构与人员							
1. 省直学会	个	132	122	85	101	111	135
会　　员	人	163 444	195 082	186 618	198 641	211 192	245 274
#科学家与工程师	人	115 495	135 749	124 321	158 068	116 996	191 277
外国会员	人	10	25	104	3	3	13
2. 地、市、州学会	个	715	492	452	434	378	468
3. 省 科 协	个	1	1	1	1	1	1
地、市科协	个	15	14	14	12	12	12
县(区)科协	个	71	70	67	89	85	98
厂矿科协	个	287	28	28	28	29	181
厂矿科协会员	人	91 834	31 250	31 250			93 922
二、学术活动							
地以上科协、学会学术活动	次	3 490	2 434	1 869	1 235	1 684	1 541
#学术报告	次	1 737					
国内学术会议	次	1 616	2 165	1 778	1 194	1 457	1 498
国际学术会议	次	137	269	208	41	227	43
参加人数	篇	245 950	100 141	33 840	91 392	110 076	115 268
论 文 数	次	30 521	30 561	23 254	18 059	39 191	37 365
省直学会学术活动	次	1 201	882	1 070	494	637	624
#学术报告	次	523					
国内学术会议	次	658	732	940	477	542	597
国际学术会议	次	70	150	130	17	95	27
参加人数	人次	79 870	35 897	31 010	30 865	43 824	40 403
论 文 数	篇	13 330	14 249	14 217	13 971	24 236	15 449
三、科普活动							
县以上科协、地以上学会举办							
科普讲座	次	27 833	1 884	1 540	17 213	9 363	8 906
科普展览	次	1 825	1 694	837	13 675	1 714	1 249
科普橱窗	次	278	9 675				
四、科技咨询							
县以上科协、地以上学会							
完成科技咨询合同数	项	11 769	3 379	2 537	3 176	1 515	1 269
#决策咨询	项	744	456	481	2 484	1 028	1 293
技术开发	项	280					
技术转让	项	121					
合同总金额	万元	5 510.82	8 220.69	5 905.60	11 500.64	4 816.34	4 992.00
咨询净收入	万元	1 433.03	338.15	815.07			
上缴科协与学会	万元	79.7	65.28	81.75			
五、科技培训							
地以上科协、学会举办进修学院	个	22	18	19		51	17
举办培训班	个	4 960	1 994	1 577	2 070	1 770	2 529
培训人次	人次	402 759	125 180	137 996	127 360	217 561	188 012
#科技人员	人次	66 224	14 753	10 943			

17—28　大中型工业企业科技活动经费筹集、支出情况

单位：万元

项　　目	1990年	1993年	1994年	1995年	1996年	1997年
科技活动经费筹集额	**60 882**	**151 774**	**158 474**	**229 905**	**170 508**	**197 283**
上级拨款	2 588	9 456	12 300	11 830	9 812	13 358
银行贷款	10 075	25 542	33 749	48 029	34 710	38 124
企业自筹	44 029	106 033	109 424	165 390	113 705	121 619
接受外单位委托	2 003	8 865	2 317	3 184	2 060	15 798
其　他	2 187	1 878	684	1 471	10 221	8 384
科技活动经费支出总额	**57 133**	**165 485**	**156 492**	**208 682**	**150 719**	**182 036**
#开发新产品用款	23 572	32 930	50 003	87 157	61 551	88 399
技术改造经费支出	89 966	196 390	273 292	535 621	1 637 255	433 612
技术引进经费支出	103 227	48 932	94 949		146 784	67 044
消化吸收经费支出	1 248	1 819	6 369		4 350	4 286
购买国内技术经费支出	1 144	462	2 710		12 483	4 707

17—29　大中型工业企业科技活动人员、机构、项目情况

项　　目	单　位	1990年	1993年	1994年	1995年	1996年	1997年
大中型工业企业数	个	551	780	811	922	930	965
从事科技活动人员数	人	36 289	41 571	46 654	63 340	76 473	77 597
#科学家和工程师	人	13 491	15 741	16 446	25 602	62 718	45 250
企业办技术开发机构数	所	396	441	507	587	589	611
#有经常性开发任务	所	360		332	445	368	428
有较稳定经费来源	所	291		226	308	265	332
有一定试验测试条件	所	373		302	339	302	341
技术开发项目数	项	1 525	1 517	3 050	5 414	2 795	3 169
开发项目经费支出	万元	25 222	78 075		208 682	105 710	62 204

17—30 国有经济单位自然科学技术人员

单位:万人

年份	总计	工程技术人员	农业技术人员	科学研究人员	卫生技术人员	教学人员
1978	22.02	7.53	1.22	1.47	7.07	4.73
1981	31.67	10.07	1.56	1.53	10.10	8.41
1985	40.09	15.40	1.72	1.51	12.46	9.00
1986	41.70	16.12	1.73	1.46	12.67	9.72
1987	45.20	18.23	1.88	1.26	13.17	10.66
1988	49.15	19.91	2.08	1.23	14.31	11.62
1989	53.95	22.96	2.23	1.24	15.50	12.02
1990	56.14	24.44	2.34	1.30	16.09	11.97
1991	86.85	24.85	2.03	1.50	16.75	41.72
1992	89.20	25.53	2.15	1.53	17.26	42.73
1993	92.75	25.58	2.36	1.51	18.44	44.86
1994	97.18	27.73	2.48	1.53	19.18	46.26
1995	97.87	28.15	2.54	1.48	19.14	46.55
1996	83.55	17.92	2.69	0.42	17.59	44.93
1997						

注:1.1991年后自然科技人员中的"教学人员"包括社会和自然科学领域及小学教师人数。

2.1996年不含中央在鄂专业技术人员。

17—31 专利受理量、批准量及分布状况

单位:项

项目	受理量					批准量				
	1990年	1994年	1995年	1996年	1997年	1990年	1994年	1995年	1996年	1997年
合计	**1 238**	**1 985**	**2 004**	**2 193**	**2 278**	**721**	**1 051**	**1 017**	**998**	**1 041**
发明	220	432	384	377	457	61	65	55	48	43
实用新型	969	1 421	1 430	1 557	1 543	610	942	868	826	827
外观设计	49	132	190	259	278	50	44	94	124	171
在合计中										
个人	854	1 489	1 472	1 703	1 739	451	759	730	697	727
大专院校	71	102	117	68	87	65	67	54	55	45
科研单位	79	93	84	92	93	51	54	41	50	43
工矿企业	164	134	229	318	346	125	100	95	134	203
机关团体	70	167	102	12	13	29	71	97	62	23

17—32 技术贸易机构与人员情况

单位：人

分类	机构（个）	从事技术贸易人员	#专职	专职科技人员	#高级职称
1996年合计	**4 424**	**139 129**	**75 621**	**73 167**	**10 836**
国有经济	1 686	85 827	39 822	39 792	5 926
集体经济	1 783	36 994	25 506	24 681	3 400
私营经济	525	5 568	4 548	3 042	525
个体或合伙	97	461	342	325	72
其他经济	333	10 279	5 403	5 627	920
1997年合计	**5 074**	**148 632**	**82 025**	**83 051**	**12 317**
国有经济	1 921	92 510	44 699	46 775	6 978
集体经济	2 000	38 998	27 307	26 219	3 701
私营经济	611	5 203	3 402	3 441	497
个体或合伙	163	1 158	798	873	146
其他经济	379	10 763	5 819	6 043	997

17—33 各类技术合同签定及执行情况

项目	合同数（项）	合同金额（万元）	实现金额（万元）
1990年	**7 056**	**30 272**	**20 140**
技术开发合同	918	7 929	2 627
技术转让合同	1 184	9 010	4 204
技术咨询合同	1 059	1 583	1 380
技术服务合同	3 895	11 751	11 876
1996年	**6 826**	**105 576.19**	**74 692.25**
技术开发合同	1 136	33 023.90	15 809.08
技术转让合同	1 781	19 886.57	12 762.49
技术咨询合同	905	7 941.64	5 125.04
技术服务合同	3 004	44 724.08	40 995.64
1997年	**8 173**	**145 948.85**	**118 860.49**
技术开发合同	1 281	40 143.59	27 241.03
技术转让合同	2 226	38 707.73	31 635.33
技术咨询合同	1 183	11 677.81	10 890.49
技术服务合同	3 483	55 419.72	49 093.64

17—34 全省技术买卖情况

单位:项

卖方＼买方	合计	工业企业	科研机构	各级管理部门	技贸机构	个人	其他
1996 年	**6 826**	**4 089**	**333**	**634**	**459**	**338**	**973**
科研机构	1 901	1 146	75	277	83	77	243
大中专院校	1 124	718	119	144	108	8	27
工业企业	1 165	908	32	80	84	42	19
技术贸易机构	2 243	1 205	105	127	178	159	469
个人及合伙	93	36	2	2	6	41	6
其他	300	76	0	4	0	11	209
1997 年	**8 173**	**4 239**	**447**	**981**	**769**	**981**	**756**
科研机构	1 843	1 133	89	346	124	26	125
大中专院校	1 677	924	211	234	236	15	57
工业企业	1 194	854	30	105	140	49	16
技术贸易机构	3 220	1 264	115	279	251	787	524
个人及合伙	150	35	2	3	6	98	6
其他	89	29	0	14	12	6	28

17—35 受让技术社会经济目标

单位:项、万元

项目	1990年		1996年		1997年	
	项数	金额	项数	金额	项数	金额
合计	**7 056**	**30 272**	**6 826**	**105 576.19**	**8 173**	**145 948.85**
陆地、海洋和大气的开发与估价	9	24	38	1 211.39	28	795.20
民用宇宙空间	9	23	15	28.67	17	1 290.81
农业、林业和渔业的发展	1 139	1 794	871	9 517.56	1 209	13 415.39
促进工业的发展	3 883	17 934	3 478	52 479.52	3 521	64 960.33
能源的生产、储存和分配	289	2 393	426	5 428.76	742	11 471.28
交通、通讯事业的发展	261	1 443	461	7 254.85	398	14 366.58
教育事业的发展	50	77	182	433.14	78	661.55
卫生事业的发展	88	1 034	90	2 438.94	134	1 752.62
社会发展和社会经济服务	494	1 958	487	4 917.48	1 183	15 646.02
环境保护	111	161	117	704.54	301	6 930.91
经济的全面发展	64	106	20	74.02	12	126.00
其他目标(民用)	621	1 497	582	13 734.65	454	5 099.30
国防	38	1 827	59	7 352.67	96	9 432.86

17—36 国家级"丰收计划"实施情况

项目	单位	1990年	1993年	1994年	1995年	1996年	1997年
计划项目数	项	10	4	9	4	7	6
种植计划面积	万亩	975	280	425	150	476	350
牲猪计划养殖头数	万头	30			160	100	80
完成种植面积	万亩	1 820.42	285.7	489.7	158.6	505.7	378
完成牲猪养殖头数	万头	126			195	105	92
经费收入	万元	103.3	61	322	167	257	158
# 拨　款	万元	30.3	35	90	89	197	145
周转金	万元	40.6	26	232	78	60	13
贷款息金	万元	33.4					
参加县数	个	69	30	35	23	40	42
获奖数	个		8	9	6	7	6
获奖单位	个		105	75	50	52	49
获奖个人	人		220	240	190	200	169

17—37 "星火计划"、"火炬计划"实施情况

项目	单位	星火计划			火炬计划		
		1990年	1996年	1997年	1990年	1996年	1997年
一、项目数	个	**200**	**91**	**62**	**15**	**6**	**8**
国家级项目	个	43	15	5	8	3	4
省级项目	个	157	76	57	7	3	4
二、总投资	万元	**14 637**	**66 510**	**71 140**	**4 854**	**3 722**	**7 644**
国家级项目	万元	3 129	15 050	21 043	2 720	3 292	7 074
省级项目	万元	11 508	51 460	50 097	2 134	430	570
1. 拨(借)款	万元	1 010	700	580	360	90	90
国家级项目	万元	60	75		120		
省级项目	万元	950	625	580	240	90	90
2. 贷　款	万元	6 108	17 025	18 814	1 910	1 450	3 280
国家级项目	万元	1 675	10 050	8 024	1 060	1 450	3 280
省级项目	万元	4 433.8	6 975	10 790	850		
3. 自　筹	万元	7 518.2	48 785	51 746	2 584	2 182	4 274
国家级项目	万元	1 394	4 925	13 019	1 540	1 842	3 794
省级项目	万元	6 124.2	43 860	38 727	1 044	340	480

17—38 科学情报文献机构情况

项目	单位	1990年	1993年	1994年	1995年	1996年	1997年
机　构	个	18	12	12	12	13	13
职工总数	个	615	577	614	609	621	601
# 科学家与工程师	人	292	253	309	329	268	321
从事科技活动人员	人	209	225	200	158	432	447
经费收入总额	千元	6 669	10 922	12 276	15 292	15 186	18 915
# 政府拨款	千元	5 353	7 717	7 899	9 345	12 119	14 147
经费支出总额	千元	5 810	10 572	11 501	14 800	14 934	18 284
# 劳务费	千元	1 738	2 491	4 082	4 482	4 522	5 443

17—39 地震观测及地方地震工作情况

项　　目	单 位	1990 年	1993 年	1994 年	1995 年	1996 年	1997 年
职 工 总 数	**人**	**681**	**667**	**643**	**597**	**561**	**551**
# 专业技术人员	人	437	443	428	396	383	364
高级技术人员	人	66	97	112	94	91	103
地(市、州)级地震局	个	13	15	14	18	18	18
重点县地震办公室	个	7	12	17	13	13	13
地方地震工作人员	人	91	114	117	122	122	139
地震观测台(网)人员	人	61	80	65	65	58	58
# 观测技术人员	人	48	64	50	54	48	46
地震台站	个	10	11	11	11	11	11
# 基 准 台	个	2	2	3	4	4	4
地壳形变及物理探测工作情况流动观测	网、点	236	53	32	77	—	37

17—40 气象部门基本情况

	单 位	1990 年	1993 年	1994 年	1995 年	1996 年	1997 年
一、气象观测人员总数	**人**	**511**	**412**	**411**	**400**	**372**	**350**
地面观测	人	440	360	356	343	316	306
高空观测	人	46	29	31	31	28	20
坜达观测	人	25	23	24	26	28	24
二、气象台站总数	**个**	**85**	**86**	**86**	**86**	**86**	**86**
气 象 台	个	10	10	10	10	13	13
气 象 站	个	73	74	74	74	71	71
独立农试站	个	2	2	2	2	2	2
三、卫星云图接收站点数	**个**	**2**	**1**	**1**	**2**	**2**	**8**
极轨卫星	个	1	1	1	1	1	1
同步卫星	个	1	1	1	2	1	8
接收卫星云图图片数	张	3 500	4 500	12 000	14 000	14 000	24 000
使用云图单位数	张	4	4	4	22	24	86
四、拥有计算机数	**台**	**279**	**360**	**346**	**421**	**480**	**668**
中小型机	台	5	7	7	8	9	8
微 型 机	台	90	189	217	279	364	555
袖 珍 机	台	184	164	122	134	107	100
五、拥有雷达数	**部**	**12**	**12**	**12**	**11**	**11**	**10**
701 测风	部	4	4	4	4	4	3
3 厘米	部	5	4	4	3	3	3
5 厘米	部	1	2	2	2	2	2
10 厘米	部	2	2	2	2	2	2
其　　他	部						

17—41 农牧系统地、市、县研究机构及人员情况

项目	机构数	年末职工人数（人）	# 行政干部	# 技术干部	# 大专毕业	# 中专毕业	# 工人
1996 年合计	**101**	**8 557**	**217**	**1 133**	**564**	**587**	**7 247**
# 1. 农科所	70	7 160	147	799	393	445	6 254
地市	11	970	26	380	210	162	564
县市	59	6 190	121	419	183	283	5 690
2. 特产所	22	886	52	204	103	93	630
地市	6	526	19	120	73	32	387
县市	16	360	33	84	30	61	243
3. 畜牧兽医研究所	6	472	17	101	58	33	354
地市	3	186	5	78	51	19	103
县市	3	286	12	23	7	14	251
1997 年合计	**101**	**9 213**	**245**	**1 203**	**595**	**647**	**7 765**
1. 农科所	73	7 462	178	905	445	490	6 379
地市	13	1 191	54	435	252	185	702
县市	60	6 271	124	470	193	305	5 677
2. 特产所	21	824	49	198	95	81	577
地市	4	508	18	113	67	29	377
县市	7	316	31	85	28	52	200
3. 畜牧兽医研究所	7	927	18	100	55	76	809
地市	3	186	6	77	48	22	103
县市	4	741	12	23	7	54	706

17—42 技术监督计量事业基本情况

年份	机构（个）	职工人数（人）	# 专业技术人员	经费收入（万元）	经费支出（万元）	固定资产（万元）	# 仪器设备	计量器具检定台（万套件）	# 衡具	# 强制检定
1979	88	1 118	420	261	255	593		37.93	26.45	
1980	88	1 211	327	308	306	1 667	512	60.27		
1985	107	1 668	356	640	515	3 234	1 402	145.72	35.50	
1986	108	1 898	474	946	784	3 472	1 563	110.30	29.94	
1987	101	2 180	659	1 163	982	3 814	2 161	83.58	41.87	
1988	104	2 603	1 067	2 384	2 002	5 019	2 453	97.79	41.51	
1989	104	2 852	1 209	2 870	2 448	5 858	3 019	103.92	39.05	79.42
1990	105	3 299	1 409	3 063	2 610	7 994	3 760	136.19	67.71	118.28
1991	107	3 433	1 458	3 051	2 774	8 425	3 971	152.90	64.39	119.88
1992	105	4 161	1 692	3 976	3 680	9 607	4 070	149.96	67.04	111.87
1993	104	4 169	1 755	4 150	4 010	14 043	4 183	144.46	62.52	106.08
1994	103	4 879	2 006	6 165	6 154	13 368	4 531	135.81	55.09	113.14
1995	167	6 275	2 121	10 095	10 374	21 213	6 327	149.80	63.70	139.97
1996	102	2 265	1 252	3 237	3 177	6 985	3 261	136.27	60.63	108.16
1997	101	2 337	1 337	3 491	3 418	6 751	3 680	150.41	61.98	110.05

注：1995 年含技术监督标准事业数据。

17—43 档案事业基本情况

项　　目	单位	1990年	1993年	1994年	1995年	1996年	1997年
1. 机构数	个	212	228	230	230	230	340
#档案馆	个	112	130	134	135	135	136
2. 专职人员数	人	3 064	4 802	3 522	3 325	2 837	2 340
#副研究馆员以上		36	214	122	136	164	192
馆　　员	人	479	836	876	924	810	917
助理馆员	人	699	1 265	1 119	980	784	756
管理员	人	747	1 348	435	323	253	315
3. 馆藏档案卷宗	个	8 907	11 140	13 787	14 258	10 468	10 627
案　　卷	万个	368.64	380	394	527	456.4	491.3
案卷总长度	万米	5.03	6.17	6.64	8.20	8.10	8.30
零散文件长度	米	442	373	494	339	168	151
馆藏资料种数	万种	12.24	17.5	17.5	—	—	17.5
馆藏资料册数	万册	96.39	108	120	145	155	156
4. 本年度利用档案人次	万人次	45.80	37.64	25.14	27.00	21.90	22.1
利用档案卷次	万卷次	88.24	94.3	60.35	55.00	52.30	61.4
利用资料册次	万册次		36	18.41	8.00	6.70	4.3
5. 本年编研档案资料							
公开出版种数	种	47	41	31	31	35	31
公开出版字数	万字	1 075.53	351	722	452	219	223
内部参考种数	种	746	411	603	362	259	216
内部参考字数	万字	2 576.3	861	2 432	1 828	1 381	1 143
库房面积	万平方米	11.31	13.59	12.81	17	19.60	20.3

17—44 标准事业基本情况

项　　目	单位	1990年	1993年	1994年	1995年	1996年	1997年
质量监督机构	个	57	85	85	85	78	78
固定人员	人		1 019	1 019			1 677
制定标准	项	47	10	17	15	22	29
修定标准	项					0	0
废止标准	项		25			0	0
当年采用国际标准	项	261	240	197		12	29
受检产品质量监督	种	389	135		92	93	103
质量监督检测	批次	15 579	11 193	14 300	29 105	8 724	91 241
标准文件馆藏	万件	17.1	18.92	19.54	20.6	21.0	22.0

17—45 文化事业机构、人员数

单位:机构:个　人员:人

项　　目	1990 年	1993 年	1994 年	1995 年	1996 年	1997 年
电影事业机构	7 041	6 321	6 138	5 356	4 535	3 365
电影放映单位	6 465	5 903	5 648	4 959	3 917	3 055
艺术事业机构	263	194	192	192	193	191
# 剧　团	108	104	104	105	107	107
# 剧　　场	90	90	88	87	86	84
文物事业机构	121	124	125	128	135	137
# 博 物 馆	85	87	89	88	88	92
图书馆事业机构	101	101	101	100	99	100
群众文化事业机构	1 849	1 845	1 926	2 048	1 748	1 778
# 群众艺术馆	16	15	15	13	27	19
文化馆(站)	1 833	1 830	1 911	2 035	1 721	1 759
电影事业人员数	22 839	20 831	20 432	18 333	15 211	12 723
# 电影放映单位人员	18 446	17 210	16 535	14 580	11 001	8 357
艺术事业人员数	9 668	9 465	8 888	9 264	9 412	9 157
# 剧团人员	6 900	6 429	6 366	6 566	6 707	6 625
# 剧场人员	2 256	3 036	2 522	2 698	2 705	2 532
文物事业人员数	1 884	2 254	2 172	2 351	2 432	2 812
# 博物馆人员	1 140	1 418	1 412	1 452	1 487	1 603
图书馆事业人员数	1 815	1 983	2 037	2 054	2 102	2 177
群众文化事业人员数	6 101	6 352	6 717	6 718	6 528	6 380
群众艺术馆人员	662	674	654	663	810	792
文化馆(站)人员	5 439	5 678	6 063	6 055	5 718	5 588
# 乡镇文化站		2 266	2 213	2 295	3 243	2 762

17—46 公共图书馆发展情况

项　　目	单　位	1990 年	1993 年	1994 年	1995 年	1996 年	1997 年
机 构 数	个	101	101	101	100	99	100
藏 书 数	万册	1 222	1 372	1 408	1 445	1 472	1 533
书架单层总长度	万米	57	91	36	38	39	36
发放借书证数	万个	33	37	40	40	40	37
图书流通情况							
人　　次	万人次	548	1 028	484	558	554	675
册　　次	万册次	960	507	507	540	543	2 816
为读者服务举办各种活动							
次　　数	次	1 032	744	717	1 053	816	1 059
参加人数	万人次	65	29	26	47	69	133
当年新购图书	万册	43	30	34	29	21	33
图 书 费	万元	256	252	275	404	414	617

17—47 公共图书馆藏书及分类情况

单位:万册

年份	合计	#外文	古籍	新书籍
1986	1 096	156	88	1 008
1987	1 129	30	93	1 036
1988	1 156	160	96	1 060
1989	1 198	158	96	1 102
1990	1 227	161	97	1 125
1991	1 319	84	97	1 222
1992	1 343	80	96	1 247
1993	1 372	83	97	1 275
1994	1 408	81	97	1 311
1995	1 445	82	97	1 356
1996	1 472	82	97	1 375
1997	1 533	81	97	1 436

17—48 图书、杂志、报纸出版基本情况

项目	单位	1990年	1993年	1994年	1995年	1996年	1997年
一、图书出版种数	种	**2 546**	**3 067**	**3 593**	**3 028**	**3 669**	**3 729**
新出版	种	1 827	2 133	2 345	1 379	1 743	1 854
总印数	千册	402 517	317 356	330 002	352 067	389 914	363 055
总印张	千印张	1 418 989	1 322 128	1 453 899	1 582 826	1 745 350	1 607 735
1. 书籍出版种数	种	2 104	2 579	3 074	2 553	3 065	3 069
#新出版	种	1 484	1 850	2 130	1 238	1 510	1 575
总印数	千册	274 427	178 980	181 530	182 099	201 479	171 509
总印张	千印张	977 116	756 643	774 688	805 695	904 807	
2. 课本出版种数	种	313	431	494	463	555	604
#新出版	种	220	227	191	128	191	225
总印数	千册	121 703	135 850	147 356	169 582	187 753	190 783
总印张	千印张	421 465	563 292	663 723	772 389	835 795	739 212
3. 图片	种	129	57	25	13	49	56
#新出版	种	123	56	21	13	42	54
总印数	千册	6 387	2 526	1 030	386	682	763
总印张	千印张	13 573	27 546	12 972	4 462	4 127	4 023
4. 活页小件印品	千印张	6 835	2 193	2 284	280	621	352
二、杂志出版种数	种	**254**	**296**	**317**	**337**	**341**	**342**
平均期印数	千册	6 078	7 035	7 089	8 357	9 175	11 409
总印数	千册	73 456	91 074	92 564	113 893	123 335	167 075
总印张	千印张	119 523	229 146	234 893	292 170	339 291	410 932
三、报纸出版种数	种	**84**	**98**	**107**	**113**	**112**	**112**
平均期印数	千份	4 454	4 644	4 535	4 930	4 899	4 948
总印数	千份	623 820	636 710	635 170	721 590	758 630	844 030
总印张	千印张	442 470	688 520	829 876	967 191	1 020 986	1 075 364

17—49 电影、艺术活动、群众文化活动、图书馆及博物馆活动情况

项　　目	单 位	1990年	1993年	1994年	1995年	1996年	1997年
电影活动							
放映场次数	场	1 300 000		130 000	112 000	103 415	140 000
观众人数	千人次	559 940		21 850	16 290	13 245	10 010
年人均观看次数	次	10.42		0.4	0.28	0.23	0.17
艺术活动							
年表演场次	场	13 100	9 900	12 286	13 100	13 247	13 843
观众人数	千人次	10 620	10 202	12 786	16 681	16 638	16 883
年人均观看次数	次	0.20	0.18	0.20	0.23	0.20	0.29
群众文化活动							
举办展览个数	个	1 166	1 188	1 527	1 863	1 801	468
举办训练班结业人数	万人次	4.90	5.1	6.6	5.4	5.3	3.19
图书馆活动							
图书流通人次	千人次	5 480	10 275	4 841	5 583	5 543	6 752
图书流通册次	千册	9 600	5 070	5 079	5 400	5 431	2 817
人均年借阅册数	册	0.18	0.09	0.09	0.09	0.09	0.05
人均年借阅人数	次	0.10	0.18	0.09	0.10	0.10	0.12
博物馆活动							
现有陈列展览个数	个	145	197	163	246	142	104
参观人数	千人次	2 089	2 066	1 789	2 231	1 559	2 256
人均年参观次数	次	0.04	0.04	0.03	0.4	0.03	0.04

17—50 艺术表演团体、群众艺术馆、文化馆经费情况

项　　目	单 位	1990年	1993年	1994年	1995年	1996年	1997年
艺术表演团体							
补贴团体	个	107	104	104	105	107	107
国家经费补贴	万元	1 962	2 674	3 200	3 459	4 232	4 439
业务及其他收入	万元	941	1 355	1 977	2 550	2 751	2 852
#演出收入	万元	427	544	784	1 075	1 133	938
总 支 出	万元	2 774	4 022	5 525	6 368	7 074	7 339
第三产业增加值	万元	1 549	2 416	3 648	3 979		3 685
经费自给率	%	33.92	33.69	35.78	40.00	39.1	12.8
群众艺术馆、文化馆(站)							
总 支 出	万元	1 487	2 475	3 286	3 885	5 621	6 068
#预 算 内	万元	895	1 350	1 873	2 016	2 509	5 228
#业 务 费	万元	286	347	450	550	525	867
修 缮 费	万元	219	270	260	418	487	533
第三产业增加值	万元	684	1 422	2 152	2 355		3 594

注:本表各项指标仅指文化厅系统内的。

17—51 文化、文物事业经费支出及基本建设情况

单位:万元

项目	1990年	1993年	1994年	1995年	1996年	1997年
文化、文物事业经费支出总计	**10 923**	**20 239**	**26 150**	**29 384**	**28 128**	**35 782**
文化事业	9 908	17 340	22 979	25 423	24 624	31 492
艺术表演团体	2 774	4 022	5 525	6 368	7 074	7 339
艺术表演场所	1 525	2 951	4 685	4 558	5 461	5 569
图书馆	1 109	1 840	2 330	2 371	2 864	3 365
群众文化	1 706	2 600	3 396	4 036	2 478	6 068
中等专业学校	218	456	916	1 179	1 253	1 612
干部训练	80	141	191	236	129	162
其他文化事业	2 496	5 330	5 937	6 674	5 366	7 376
文物事业	1 015	2 899	3 171	3 961	3 505	4 291
博物馆	573	1 336	1 688	1 818	1 889	2 309
文物事业机构	305	1 282	826	1 483	1 466	1 758
其它文物事业	137	281	657	660	143	
文化、文物基本建设完成投资	**2 407**	**6 745**	**7 282**	**9 076**	**19 632**	**12 839**
文化事业	1 887	5 708	5 544	7 656	18 855	11 821
文物事业	516	1 037	1 738	1 420	777	1 019

17—52 广播、电视机构人员数

单位:个、人

项目	1990年	1993年	1994年	1995年	1996年	1997年
机构个数	**14 699**	**19 362**	**19 575**	**18 801**	**19 838**	**19 763**
行政机构	92	93	91	90	95	88
业务机构	14 607	19 270	19 484	18 711	19 743	19 675
人员数	**16 463**	**14 417**	**18 798**	**23 192**	**24 309**	**25 332**
#固定职工数	12 576	19 096	14 766	20 599	23 141	22 478
#专业技术人员	11 485	13 052	14 612	11 426	10 447	7 945
#编辑记者人数	1 213	3 131	3 470	4 678	4 995	5 305

17—53 广播、电视基本情况

项　　　　目	单　位	1990年	1993年	1994年	1995年	1996年	1997年
广播电台	座	58	68	69	70	69	70
广播电台节目套数	套	60	71	75	78	77	77
广播电台平均每日播音时间	时、分	427°57′	526°05′	565°01′	616°40′	616°23′	675°44′
中短波发射台和转播台	座	28	34	34	32	31	31
中短波发射功率	架/千瓦	51/822.6	53/840.7	52/840.60	57/836.6	54/643.6	49/538.6
电 视 台	座	31	47	53	56	55	56
电视台节目套数	套	31	48	55	58	58	59
电视台平均每周播出时间	时、分	1 216°46′	2 115°19′	2 573°46′	2697°53′	2 762°33′	2 809°01′
电视发射台和转播台	座	1 025	1 275	1 338	1 424	1 377	1 396
#一千瓦以上发射台和转播台	座	42	53	50	55	55	54
发射功率	架/千瓦	1 233/258.6	1 623/310.6	1 649/302.4	1 684/312.6	1 681/398.9	1 689/333.3
#一千瓦以上	架/千瓦	70/299.2	100/271.2	91/260	89/272	108/353	106/291
广播人口覆盖率	%	86.77	86.77	86.77	87.00	87.00	87.00
电视人口覆盖率	%	84.36	86.20	86.20	86.50	86.50	87.40
县(市)广播台站	个	105	92	82	83	81	86
村通播率	%	64.10	55.00	60.06	43.30	60.56	58.87
广播喇叭总数	万只	240.15	240.07	184.82	153.08	155.30	148.02
入农户率	%	24.80	22.00	18.19	14.93	7.46	11.88
事业经费支出	万元	7 090.96	12 770.57	15 799.00	21 077.97	29 730	39 668
基本建设投资完成额	万元	4 348.86	4 418.43	4 801.8	3 023.91	12 721	8 813

17—54 广播、电视节目构成

单位:%

项　　　　目	1990年	1993年	1994年	1995年	1996年	1997年
广播电台						
日均播音时间	100	100	100	100	100	100
#自办节目时间	71.89	73.56	76.67	78.74	77.27	78.66
新　闻	16.82	16.03	11.23	13.40	13.90	11.25
专　题	16.16	18.92	15.83	25.97	19.97	17.62
教　育	6.26	6.00	4.69	7.21	6.39	3.85
文　艺	46.29	43.27	30.29	39.84	40.61	28.29
其　他	14.47	15.78	14.42	13.58	19.13	38.89
电 视 台						
周播音时间	100	100	100	100	100	100
#自办节目时间	33.63	62.32	66.69	78.04	83.71	86.68
新　闻	9.05	8.09	5.09	7.70	8.36	6.51
专　题	3.81	7.55	4.72	9.18	11.34	11.56
教　育	0.63	2.92	1.75	3.85	2.48	2.42
文　艺	76.14	62.67	42.53	64.03	62.24	52.54
其　他	10.37	18.77	14.12	15.24	15.58	26.97

注:1994年末包括专转频道的节目。

主要统计指标解释

【普通高等学校】 指按照国家规定的审批程度批准举办，通过全国统一招生考试，招收高级中等学校毕业生和具有同等学历者，实施高等教育、培养高等专门人才的学校，包括大学、专门学院、专科学校和短期职业大学。

【成人高等学校】 指按照国家规定的审批程度批准举办，招收在职高中毕业或同等学历者，利用多种形式对成人实施高等教育，培养相当普遍高等学校专科或本科毕业水平的专门人才的学校。包括广播电视大学、职工高等学校、农民高等学校、干部管理学院、教育学院、独立函授学院以及普通高等学校举办的函授、夜大学等。

【小学学龄儿童入学率】 指调整范围内已入小学学习的学龄儿童占校内外学龄儿童总数（包括弱智儿童在内，但不包括盲聋哑的儿童），计算公式为：

小学学龄儿童入学率

$$=\frac{\text{已入学的小学学龄儿童数}}{\text{校内外小学学龄儿童总数}}\times 100\%$$

【技术开发机构】 指主要从事提供国家、国内第一次出现的新的产品、工艺、材料、方法等和为新的技术成果应用提供完整的技术规范设计图纸，样品和操作规程的机构。

【从事科技活动人员】 指各种研究与开始课题（项目）组织人员；各类科技服务人员（如从事图书、情报、咨询等工作的人员）；管理人员；实验室、试验性工厂（车间）、农场的工人等。

【科学家工程师】 指大学毕业及以上文化程度和其他具有高、中级职称的从事科技活动人员。

【其他技术人员】 指中专、大专毕业和具有初级职称的从事科技活动人员。

【自然科学技术人员】 指已取得科学技术职称，或大学、中专的理、工、农医等自然科学技术的研究、教学、生产（事业）技术方面工作的专业人员和在机关、企业、事业中从事科学技术业务管理工作的专业人员。

【工程技术人员】 指在国民经济各行业从事工程技术工作的自然科学技术的专业人员，包括：高级工程师、工程师、助理工程师、技术员和未评定职称的技术人员。

【农业技术人员】 指在国民经济各行业从事农业技术工作的自然科学技术的专业人员，包括：高级农艺师、农艺师、助理农艺师、技术员和未评定职称的技术人员。

【卫生技术人员】 指在国民经济各行业从事卫生医务工作的自然科学技术的专业人员，包括：正副主任医师、主治医师、医（护）士和未评定职称的技术人员。

【教学人员】 指在国民经济各行业从事自然科学技术方面的教学活动的专业人员，包括：正副教授、讲师、助教、教师和在中学从事自然科学技术方面的教学活动人员。

【发明】 专利法所称的发明是指对产品、方法或者其改进所提出的新的技术方案。

【实用新型】 专利法所称的实用新型是指对产品的形状、构造或者其结构所提出的适用于实用的新的技术方案。

【外观设计】 专利法所稀薄的外观设计是指对产品的形状、图案、色彩或者其结果所作出的富有美感并适于工业上应用的新设计。

【新产品】 是指采用新技术原理、新设计构思、生产的全新产品或在结构、材质、工艺等某一方面比老产品有明显改进，从而显著提高了产品性能或扩大了使用功能的产品，其范围包括：1. 本企业本年在免税期的新产品；2. 已开发成功本年投产但未享受免税的产品。

【文化事业机构】 指从事专业文化工作和为专业文化工作服务的单独核算、独立建制的单位。不包括文化主管部门直属单位举办的其他行业和各部门的业务文化组织。

【艺术表演团体】 指从事戏曲、音乐、舞蹈、杂技等专业艺术表演、有独立帐户、实行单独核算的团体。不包括半工半艺、半农半艺的业余剧团。

【电影放映单位】 指具有放映机器设备、固定或不固定的放映场所与专职或兼职的放映技术人员，经文化行政部门登记批准，经常为一定的观众对象映出电影的机构。包括经批准对外开放进行营业、并与电影发行放映管理机构分帐的专用放映单位或军委系统租片单位在内。

【电影观众人数】 指各类型放映单位及军委系统租片单位映出的观众人数。一个观众连续看了一部长片和短片专场规定的短片，为二人次。

【艺术表演观众人数】 指售票、包场演出或民族地区免费演出的艺术表演观众人数。不包括彩排审查和内部观摩演出的观看人次数。

体育、卫生、社会福利和其他 18

资料整理人员：来万萍

18—1 体委系统职工人数

单位:人

人员分类	1990年	1993年	1994年	1995年	1996年	1997年
总计	**4 716**	**5 672**	**5 659**	**5 414**	**6 060**	**6 976**
#教练员	951	931	928	959	974	987
等级裁判员	1 652		1 709	1 381	1 721	1 864
运动员	878	910	816	700	906	893
科技人员	31	49	37	35	35	146

18—2 体委系统体育场、馆、池、房基本情况

项目	单位	1990年	1993年	1994年	1995年	1996年	1997年
体育场使用场地个数	个	25	40	52	37	46	48
使用场次	次	3 002	22 688	13 602	11 506	15 548	16 223
体育馆使用场地个数	个	16	24	34	25	27	32
使用场次	次	1 890	5 183	6 285	7 816	5 913	6 968
室内游泳使用场地个数	个	9	9	10	5	10	13
使用场次	次	3 320	1 465	3 143	2 213	3 144	3 724
室外游泳使用场地个数	个	65	24	46	36	34	36
使用场次	次	2 375	3 516	7 074	7 092	6 028	7 062
有固定看台灯光球场使用个数	个	45	55	55	48	34	40
使用场次	次	4 730	31 611	11 055	9 485	8 976	9 112

注:本表场、馆、池、房数据为体委年报数,系指当年实际使用的体委系统场馆房数。

18—3 等级裁判员、运动员人数

单位:人

项目	1990年	1993年	1994年	1995年	1996年	1997年
等级裁判员合计	**1 652**		**1 709**	**1 381**	**1 721**	**1 864**
国际裁判						
国家级裁判			5	14	8	12
一级裁判	357		276	280	106	118
二级裁判	486		437	452	381	454
三级裁判	809		991	635	1 226	1 280
等级运动员合计		**1 352**	**782**	**1 535**	**991**	**886**
国际运动健将		3	4	3	2	2
运动健将		36	14	24	30	28
一级运动员	35	216		40		52
二级运动员	88	174	302	197	190	161
三级运动员	256	237	335	702	319	327
少年级运动员	139	172	127	569	450	316

18—4 体育竞赛成果情况

项目	单位	1990年	1993年	1994年	1995年	1996年	1997年
世界比赛获奖牌数	枚	**10**	**17**	**17**	**25**	**20**	**15**
金牌	枚	9	10	12	16	12	12
银牌	枚	1	5	4	9	6	3
铜牌	枚		5	1		2	
亚洲比赛获奖牌数	枚	**51**	**36**	**42**	**22**	**6**	**30**
金牌	枚	37	23	25	18	6	21
银牌	枚	7	3	12	3		5
铜牌	枚	7	10	5	1		4
全国比赛获前六名情况							
第一名	人	52	23	36	38	40	38
第二名	人	50	23	26	35	41	26
第三名	人	40	18	28	34	42	28
第四名	人	29	20	21	32	31	35
第五名	人	31	15	24	31	54	23
第六名	人	38	20	25	16	35	21
破、超纪录情况							
破、超世界纪录							
项数	项	6	3		2	3	6
人数	人	6	3		2	2	2
次数	次	7	11	6	2	4	6
破、超全国纪录							
项数	项	5	3				
人数	人	5	3				
次数	次	6	8	8			

18—5 群众体育活动情况

项目	单位	1990年	1993年	1994年	1995年	1996年	1997年
国家体育锻炼标准达标人数	人	3 860 133	5 808 841	5 825 953	5 727 882	6 036 530	6 717 437
举办县及县以上运动会次数	次	3 403	2 349	2 673	2 034	2 913	2 654
参加运动会运动员人数	人	907 110	706 855	640 865	762 423	1 666 626	921 825
训练体育干部人数	人	11 303	917	58 446	2 162	1 877	1 934

18—6 卫生机构数

单位：个

年份	总计	医院	#县及县以上医院	疗养院、所	门诊部、所	专科防治所、站
1952	2 198	104	103	8	1 770	5
1957	11 566	158	137	17	9 381	287
1965	10 863	789	202	27	9 613	201
1970	7 847	16 003	234	10	1 500	104
1975	5 381	1 834	347	2	3 079	39
1978	5 940	1 817	355	6	3 626	42
1980	6 146	1 827	376	12	3 785	52
1985	9 885	1 853	417	12	7 486	67
1986	9 780	1 810	430	12	7 415	67
1987	9 797	1 834	440	11	7 406	66
1988	9 995	1 970	465	11	7 463	67
1989	10 241	2 007	473	11	7 666	68
1990	10 472	2 024	483	11	7 878	70
1991	10 509	2 111	502	11	7 824	74
1992	10 590	2 115	507	11	7 903	73
1993	10 268	2 139	523	12	7 526	73
1994	9 762	2 147	516	12	7 002	84
1995	9 744	2 119	523	11	7 020	84
1996	9 167	2 105	514	10	6 453	82
1997	11 562	2 078	523	10	8 867	86

年份	卫生防疫站	妇幼保健所、站	药品检验所、室	医学科学研究机构	其他卫生机构
1952	7	10	1		293
1957	21	542	1	1	1 158
1965	86	80	2		65
1970	106	54	5	2	63
1975	99	85	83	6	154
1978	107	92	88	6	156
1980	110	97	88	7	168
1985	111	96	87	7	166
1986	113	96	87	7	173
1987	114	96	87	8	175
1988	115	98	87	8	176
1989	119	96	87	9	178
1990	120	96	87	9	177
1991	122	98	87	7	175
1992	119	96	86	8	179
1993	149	96	87	8	178
1994	149	97	87	8	176
1995	151	95	85	8	171
1996	156	95	84	8	174
1997	158	96	84	8	175

18—7 卫生机构人员数

单位:万人

年份	总计	卫生技术人员	#医生	中医	西医师	西医士	#护师、护士	每千人口医生数(人)
1952	3.57	3.46	1.74	1.31	0.26	0.17	0.20	0.63
1957	6.42	5.33	2.64	1.84	0.33	0.47	0.40	0.86
1965	8.60	7.13	3.48	1.76	0.85	0.87	1.32	0.99
1970	10.30	8.33	4.15	1.86	1.22	1.07	1.83	1.03
1975	15.05	11.85	4.91	1.74	1.63	1.55	2.05	1.11
1978	17.84	14.06	5.82	1.88	2.02	1.92	2.24	1.27
1980	19.94	15.59	6.32	1.82	2.59	1.91	3.09	1.35
1985	23.58	18.48	7.27	2.22	3.09	1.95	3.77	1.47
1986	24.32	18.95	7.52	2.20	3.32	2.01	4.12	1.51
1987	24.88	19.43	7.73	2.22	3.64	1.86	4.87	1.53
1988	25.52	20.01	8.35	2.29	4.63	1.43	4.87	1.62
1989	26.02	20.42	8.52	2.25	4.95	1.32	5.29	1.63
1990	26.75	20.92	8.68	2.19	5.09	1.40	5.66	1.62
1991	27.51	21.55	8.79	2.18	5.11	1.50	5.97	1.62
1992	28.24	22.15	9.02	2.20	5.18	1.65	6.25	1.64
1993	28.91	22.46	9.16	2.12	5.48	1.57	6.49	1.64
1994	29.31	22.84	9.38	2.04	5.64	1.65	6.64	1.66
1995	29.55	23.20	9.58	1.98	5.79	1.76	6.83	1.68
1996	29.65	23.47	9.72	1.93	5.92	1.90	7.00	1.67
1997	30.38	23.90	9.96	1.84	6.09	1.90	7.21	1.70

18—8 卫生机构床位数

单位:万张

年份	总计	医院	#县及县以上医院	疗养院、所	其他卫生机构	每千人口医院床位数(张)
1952	0.90	0.52	0.52	0.18		0.19
1957	2.10	1.38	1.35	0.17		0.45
1965	4.14	3.13	2.45	0.31		0.89
1970	6.14	5.56	2.84	0.18		1.38
1975	9.90	9.02	4.33	0.02		2.05
1978	11.52	10.34	4.94	0.07		2.26
1980	12.59	11.22	5.41	0.20		2.40
1985	14.70	11.52	6.80	0.20	2.98	2.34
1986	14.50	11.71	7.05	0.18	2.61	2.35
1987	15.26	12.01	7.31	0.18	2.89	2.37
1988	15.73	12.60	7.74	0.18	2.95	2.45
1989	15.96	12.82	7.97	0.19	2.99	2.45
1990	16.34	13.16	8.27	0.19	2.99	2.45
1991	16.52	13.43	8.50	0.21	2.88	2.47
1992	16.62	13.46	8.58	0.22	2.84	2.44
1993	16.30	13.48	8.71	0.21	2.61	2.41
1994	16.13	13.40	8.73	0.21	2.52	2.36
1995	15.78	13.08	8.58	0.20	2.50	2.29
1996	14.42	13.08	8.63	0.15	1.19	2.24
1997	15.30	13.08	8.76	0.16	2.05	2.24

18—9 各类卫生工作人员数

单位:人

人员分类	1990年	1993年	1994年	1995年	1996年	1997年
合计	**267 548**	**289 113**	**293 138**	**295 515**	**297 409**	**303 803**
医院	182 490	204 343	208 530	210 766	215 145	141 274
县及县以上医院	118 718	132 236	133 928	135 708	138 051	140 922
中医院	11 386	13 734	14 249	14 909	16 581	17 352
区乡卫生院	58 518	65 182	68 022	68 500	70 664	72 336
其他医院	5 254	6 925	6 580	6 558	6 430	6 941
疗养院、所	1 271	1 480	1 627	1 409	1 375	1 310
门诊部、所	44 450	39 261	37 812	37 647	34 947	38 714
专科防治所、站	6 218	7 296	7 448	7 764	7 218	7 957
卫生防疫站	7 602	8 630	8 721	8 875	9 205	9 561
妇幼保健所、站	4139	4 998	5 259	5 755	5 951	6 200
药品检验所、室	1 098	1 179	1 185	1 230	1 267	1 303
其他卫生事业机构	6 376	3 720	3 736	3 810	3 934	3 988
医学科研机构	810	726	739	777	751	728
高等医药院校	6 489	7 046	7 019	7 020	7 147	7 070
中等卫校	3 762	6 445	6 536	6 510	6 593	6 773
个体开业	2 843	3 989	4 526	3 952	3 876	3 060

18—10 县及县以上医院业务工作开展情况

项目	单位	1990年	1993年	1994年	1995年	1996年	1997年
机构数	个	474	523	502	523	514	516
诊疗总人次数	万人次	6 287.2	5 804.4	5 666.9	5 764.8	5 655.0	5 469.7
#门、急诊人次数	万人次	6 018.0	5 572.4	5 434.8	5 460.2	5 384.1	5 168.6
出院人数	人	1 456 545	1 531 726	1 478 088	1 477 141	1 478 116	1 463 186
#出院病人数	人	1 290 272	1 384 726	1 338 852	1 351 072	1 358 575	1 353 416
#治愈	人	974 410	1 010 351	967 287	951 871	932 182	903 516
死亡	人	16 831	16 968	16 151	15 606	14 947	14 959
治愈率	%	75.6	73.0	72.2	70.5	68.61	66.76
病死率	%	1.4	0.9	1.2	1.2	1.1	1.08
病床平均周转次数	次	18.5	14.5	17.8	17.8	17.7	16.26
病床平均工作日	日	286.4	208.3	245.2	247.5	245.1	210.03
病床使用率	%	78.5	57.1	67.2	67.8	67.2	57.54
出院者平均住院日	日	15.2	13.9	13.2	13.3	13.2	12.49

18—11 农村村级卫生组织情况

项　　　目	单　位	1990 年	1993 年	1994 年	1995 年	1996 年	1997 年
行政村数	村	32 579	33 265	32 746	32 661	32 408	32 254
无卫生室的村	村	5 246	4 759	4 345	4 249	3 902	3 869
村设置的医疗点数	个	30 036	31 664	32 281	31 817	30 072	29 621
#村或集体办	个	6 995	11 141	11 248	13 230	15 726	16 480
乡村医生或卫生员联合办	个	3 670	7 160	7 083	7 313	7 046	5 725
乡卫生院设点	个	888	1 400	1 478	1 526	1 142	1 263
个体办	个	6 523	10 440	10 733	8 178	5 146	5 139
其　　他	个	354	1 523	1 723	1 570	1 012	1 014
乡村医生和卫生员人数合计	人	59 760	63 813	61 205	61 324	61 196	60 916
#乡村医生	人	33 429	43 087	42 379	43 288	43 931	44 721
卫生员	人	26 331	20 726	18 826	18 036	17 265	16 195
合计中:会接生	人	19 369	23 964	9 112	8 411	8 152	21 062
农村接生员数	人	221 171	19 393	17 012	15 747	15 353	15 006

18—12 全省法定报告传染病的发病及死亡情况

病　名	1996 年			1997 年		
	发病率 (1/10万)	死亡率 (1/10万)	病死率 (%)	发病率 (1/10万)	死亡率 (1/10万)	病死率 (%)
总　　计	**233.79**	**0.68**	**0.29**	**242.11**	**0.79**	**0.33**
#病毒性肝炎	97.39	0.28	0.29	86.62	0.27	0.31
痢　　疾	89.62	0.05	0.06	63.73	0.05	0.07
伤寒副伤寒	7.65	0.009	0.11	5.52		0.06
淋　　病	8.10			8.72		
梅　　毒	0.31			0.38		
脊髓灰质炎						
百日咳	0.39			0.48		
白　　喉	0.003	0.002	50.00	0.01		
流　　脑	0.53	0.028	5.00	0.34	0.01	3.03
猩红热	0.41			0.58		
出血热	3.38	0.07	2.00	4.05	0.10	2.43
狂犬病	0.019	0.019	100.00	0.03	0.03	100.00
钩端螺旋体病	5.27	0.16	3.00	2.57	0.06	2.35
乙　　脑	1.34	0.05	3.00	1.51	0.05	3.32
疟　　疾	7.19			7.85		
炭　　疽	0.019					

18—13 部分城市十种主要疾病死亡构成及顺位

顺位	1994年		1995年		1996年		1997年	
	死亡原因	占死亡总数%	死亡原因	占死亡总数%	死亡原因	占死亡总数%	死亡原因	占死亡总数%
1	脑血管病	28.21	脑血管病	29.7	脑血管病	29.69	脑血管病	28.90
2	恶性肿瘤	19.15	恶性肿瘤	10.8	恶性肿瘤	17.70	恶性肿瘤	20.01
3	呼吸系病	12.91	心脏病	12.8	心脏病	13.11	心脏病	12.38
4	心脏病	12.66	呼吸系病	12.5	呼吸系病	12.41	呼吸系病	10.91
5	损伤和中毒	8.00	损伤和中毒	7.6	损伤和中毒	7.22	损伤和中毒	7.31
6	消化系统	3.90	消化系病	3.4	消化系统	3.20	消化系统	3.39
7	泌尿生殖系病	1.47	内分泌系病	1.6	内分泌系病	1.72	内分泌系病	2.15
8	内分泌系病	1.46	泌尿生殖系病	1.47	泌尿生殖系病	1.44	精神病	1.50
9	肺结核	1.24	精神病	1.34	精神病	1.26	泌尿系病	1.40
10	精神病	1.16	新生儿病	1.20	传染病	1.20	传染病	1.05
	合计	90.16	合计	89.61	合计	88.95	合计	89.00

注：1987年及以后均采用《国际疾病(ICD 2)》法进行。

18—14 部分农村十种主要疾病死亡构成及顺位

顺位	1994年		1995年		1996年		1997年	
	死亡原因	占死亡总数%	死亡原因	占死亡总数%	死亡原因	占死亡总数%	死亡原因	占死亡总数%
1	呼吸系病	24.19	呼吸系病	22.70	脑血管病	21.48	脑血管病	22.24
2	脑血管病	22.04	脑血管病	21.98	呼吸系病	20.48	呼吸系病	19.90
3	损伤和中毒	15.37	损伤和中毒	15.59	损伤和中毒	14.92	恶性肿瘤	14.96
4	恶性肿瘤	10.32	恶性肿瘤	11.08	恶性肿瘤	13.46	损伤中毒	14.17
5	心脏病	8.07	心脏病	9.84	心脏病	11.19	心脏病	10.90
6	消化系统	6.82	消化系病	6.29	消化系统	5.01	消化系统	5.59
7	新生儿病	1.75	新生儿病	1.88	新生儿病	2.12	新生儿病	2.01
8	泌尿生殖系病	1.67	泌尿生殖系病	1.60	泌尿生殖系病	1.43	泌尿系病	1.48
9	肺结核	1.38	肺结核	1.53	肺结核	1.42	传染病	1.17
10	传染病	1.24	传染病	1.47	传染病	1.25	肺结核	1.00
	合计	91.61	合计	93.96	合计	93.09	合计	93.42

18—15 工会组织情况

年　份	工会基层组织数（个）	全省已建工会的基层单位职工与会员人数（万人）				工会专职工作人员人数（万人）
		职工人数	#女职工	会员人数	#女会员	
1952	3 667	6.27	1.43	35.98	7.20	0.17
1957	7 758	103.11	23.48	69.90	13.99	0.33
1964	10 248	126.12	25.98	89.48	17.52	0.54
1970	14 952	210.72	57.18	135.52	38.64	0.72
1975	18 872	280.22	83.18	174.72	56.24	0.87
1978	21 224	32 298	99.74	197.24	78.80	0.96
1980	22 802	387.95	139.20	299.41	94.91	1.04
1985	25 286	484.68	192.32	404.58	156.62	2.76
1986	26 789	483.00	190.19	413.88	162.34	2.81
1987	29 529	530.44	211.44	459.27	179.37	2.94
1988	32 098	548.74	222.40	483.20	188.66	3.22
1989	33 373	555.85	224.20	487.69	190.15	3.60
1990	33 990	559.00	227.00	498.00	198.00	3.40
1991	34 270	569.01	231.91	513.62	204.92	3.96
1992	33 972	545.00	226.00	492.00	201.00	3.47
1993	33 441	537.47	221.48	480.60	193.06	3.72
1994	28 459	582.84	243.52	511.84	208.05	2.86
1995	28 461	564.34	230.90	511.11	207.49	1.81
1996	28 459	584.30	238.16	527.09	213.08	2.88
1997						

注：1、因文革期间工会统计中断，表中 1970、1975、1978 年数据根据年平均增长值推算

2、1994 年工会基层组织数不包括“双停”企业数。

18—16 社会福利事业、企业单位机构及人员数

单位：机构：个
人员：人

项　目	机构			人员		
	1995 年	1996 年	1997 年	1995 年	1996 年	1997 年
全省合计	**5 340**	**5 155**	**4 658**	**80 272**	**72 333**	**73 373**
一、社会福利事业单位	2 970	2 907	2 715	13 607	13 664	14 163
民政部门办	186	185	189	5 321	5 384	5 603
社会集体办	2 791	2 722	2 526	8 286	8 280	8560
二、社会福利企业单位	2 219	2 103	1 792	64 046	55 904	56 288
民政部门办	305	301	317	15 235	13 525	14 557
社会集体办	1 914	1 802	1 475	48 811	42 379	41 731
三、烈士纪念建筑物管理单位	35	35	37	522	535	605
四、收容遣送单位	20	19	20	361	352	367
五、殡葬事业单位	89	91	94	1 736	1 878	1 950

18—17 社会福利救济主要费用情况

单位:万元

项目	1990年	1993年	1994年	1995年	1996年	1997年
全省合计	**23 565**	**28 496**	**33 204**	**39 772**	**43 672**	**49 898**
国家支出	9 947	11 896	14 305	16 382	17 233	18 983
集体供给	13 618	16 600	18 899	23 389	26 439	30 916
一、优抚对象补助金额	**13 323**	**15 333**	**18 499**	**21 927**	**23 842**	**26 890**
国家支出	7 133	8 266	9 825	11 104	11 523	12 557
集体供给	6 190	7 067	8 674	10 823	12 319	14 333
二、困难户得救济金额	**1 463**	**1 811**	**1 761**	**1 859**	**2 365**	**2 390**
国家支出	534	606	620	685	968	851
集体供给	929	1 205	1 141	1 174	1 397	1 539
三、社会散居孤老残幼供养金	**5 418**	**7 170**	**7 766**	**9 764**	**10 631**	**11 400**
国家支出	640	926	1 135	1 410	1 529	1 646
集体供给	4 778	6 244	6 631	8 354	9 102	9 754
四、城乡各种福利院支出	**3 361**	**4 182**	**5 178**	**6 222**	**6 834**	**9 219**
1. 光荣院	342	487	637	894	786	1 120
国家支出	312	414	547	789	676	1 025
集体供给	30	73	90	105	110	95
2. 城乡社会福利院	3 019	3 695	4 541	5 328	6 048	8 078
国家支出	1 329	1 684	2 178	2 395	2 537	2 904
集体供给	1 690	2 011	2 363	2 933	3 511	5 194

18—18 社会救济对象享受补助、救济情况

单位:万人

项目	1990年	1993年	1994年	1995年	1996年	1997年
国家临时救济困难户人(次)数	111.79	101.01	113.69	104.04	96.13	103.66
#农业人口	78.87	93.40	105.94	96.48	84.29	95.07
困难户得到国家定期定量救济人数	1.49	1.47	1.53	1.51	1.61	2.41
#农业人口	0.93	0.69	0.58	0.56	0.87	1.67
社会散居孤老残幼得到国家定期定量救济人数	2.07	1.98	1.88	1.91	1.93	1.93
社会散居孤老残幼得到集体补助人数	14.86	14.91	14.81	14.65	14.18	12.45
精减退职老弱残职工得到救济人数	2.53	2.43	2.37	2.37	2.37	2.35
享受原工资40%救济人数	1.55	1.56	1.53	1.53	1.53	1.52
享受定期定量救济人数	0.98	0.86	0.84	0.84	0.84	0.83

18—19 社会福利企业基本情况

年份	民政部门办				社会办		
	单位（个）	职工人数（人）	产值（亿元）	#残疾职工创产值	单位（个）	职工人数（人）	产值（亿元）
1985	76	10 563	3 254	0.81	909	19 317	0.94
1986	87	11 292	3 695	0.82	1 375	26 831	1.67
1987	102	11 256	3 753	0.89	1 190	26 711	1.66
1988	151	12 641	4 368	1.41	1 576	40 720	3.71
1989	221	14 411	6 778	1.69	1 591	41 150	4.15
1990	255	15 030	5 123	1.61	1 608	46 007	4.89
1991	257	15 147	5 459	1.98	1 512	44 438	5.45
1992	308	15 724	5 564	2.83	1 765	51 294	7.55
1993	344	16 529	6 502	1.26	1 909	52 035	3.96
1994	320	15 598	5 759	1.26	2 005	52 609	4.75
1995	305	15 235	5 472	1.18	1 914	48 811	3.77
1996	301	13 525	4 987	0.96	1 802	42 379	3.07
1997	317	14 557	5 531	1.26	1 475	41 731	2.89

注:1993 年—1997 年产值为增加值。

18—20 婚姻登记和离婚情况

年份	准予登记结婚（对）	初婚（人）	再婚（人）	离婚（对）	离婚率（‰）
1980	348 003	676 633	19 373	6 129	0.26
1985	373 015	730 106	15 924	6 481	0.26
1986	402 315	785 319	19 311	6 322	0.25
1987	417 552	809 808	25 296	6 660	0.26
1988	362 654	698 447	26 861	7 389	0.29
1989	413 460	801 171	25 749	9 203	0.35
1990	408 688	790 477	26 899	9 477	0.35
1991	424 708	820 092	29 324	9 584	0.35
1992	463 279	897 899	28 659	10 793	0.39
1993	425 276	822 044	28 508	11 937	0.43
1994	457 324	884 817	29 831	12 910	0.46
1995	482 063	930 832	33 294	13 340	0.46
1996	442 532	851 577	33 487	14 590	0.50
1997	426 460	820 615	32 305	21 260	0.72

18—21 刑事案件发、破案情况

指标	单位	1990年	1993年	1994年	1995年	1996年	1997年
刑事案件发案总数	件	166 630	103 857	97 359	85 876	77 224	69 067
#重大案件	件	22 764	23 923	24 777	26 071	25 340	25 039
刑事案件破案总数	件	99 604	79 912	79 664	73 831	66 607	60 512
#重大案件	件	15 507	16 840	18 624	21 058	20 216	21 191
刑事案件破案率	%	59.8	76.9	81.8	86.0	86.3	87.6
重大刑事案件破案率	%	68.1	70.4	75.2	80.8	79.8	84.6

18—22 城市交通事故与火灾情况

指标	单位	1990年	1993年	1994年	1995年	1996年	1997年
交通事故处理发生件数	起	6 862	7 969	7 651	8 336	8 982	9 772
死亡人数	人	2 267	3 178	2 972	3 401	3 441	3 547
受伤人数	人	4 937	5 330	4 647	5 353	5 921	7 030
折合经济损失	万元	738	3 205.07	3 417.01	4459.73	5 366.94	5 450.61
火灾发生数	起	1 757	1 018	1 404	1 393	1 006	5 151
死亡人数	人	73	69	80	64	88	93
受伤人数	人	206	227	99	86	119	132
折合经济损失	万元	3 368	1 755.00	2 315.34	3 220.86	2 649.70	3 642

18—23 检察批捕、起诉情况

单位:人、件

项目	1990年	1993年	1994年	1995年	1996年	1997年
审查批捕情况						
受理批捕	51 213	31 298	40 094	31 122	33 122	25 083
批准逮捕	42 700	25 909	33 054	25 257	26 607	21 499
检察机关追捕	775	392	407	272	372	239
不逮捕	2 791	1 569	1 989	1 545	1 746	3 093
审查起诉情况						
受理起诉案件数	31 385	17 665	21 689	21 240	19 835	16 285
受理起诉人数	55 803	30 994	35 188	33 532	31 338	23 903
起诉案件数	24 686	14 701	19 052	15 930	17 329	13 420
起诉案件人数	42 587	24 520	30 426	24 404	26 967	19 416
免诉案件数	2 622	1 012	2 653	1 921	2 804	0
免诉案件人数	4 487	2 211	4 133	2 949	3 930	0
不起诉案件数	66	18	28	26	40	869
不起诉人数	221	50	89	43	84	1 253
检察机关追诉案件人数	468	161	156	132	178	56

注:此表各数含公安机关和检察机关自侦部门批捕起诉数。

18—24 反贪污贿赂情况

项目	单位	1991年	1993年	1994年	1995年	1996年	1997年
受理案件	件	7 262	7 441	8 220	8 301	8 901	8 976
立案	件	3 736	3 255	3 469	3 081	2 707	2 534
立查大案	件	1 202	1 919	2 156	2 334	2 220	2 257
立查要案	人	46	63	83	105	104	77
立查贪污案	件	1 893	1 108	1 272	1 142	981	858
立查贿赂案	件	818	395	765	875	766	662
立查挪用工款	件	679	1 148	958	639	477	522
立查其它案件	件	346	604	474	425	483	492
已侦结	件	3 571	2 851	3 708	2 866	2 992	2 294
提起公诉	件	1 766	974	1 404	1 444	1 333	978

18—25 律师、公证、调解工作基本情况

项　　目	单　位	1990 年	1993 年	1994 年	1995 年	1996 年	1997 年
一、律师工作							
律师事务所	个	150	187	253	281	304	319
律师工作人员	人	1 624	3 286	3 726	3 190	3 378	3 726
#取得律师资格	人	779	1 639	1 917	2 067	2 238	2 768
专职律师	人	622	1 015	1 194	1 593	1 766	1 965
兼职律师	人	157	247	312	297	354	433
聘请担任常年法律顾问的单位	处	5 535	7 787	9 055	12 763	13 712	14 517
民事代理	件	15 452	8 478	10 553	13 190	15 815	17 824
经济诉讼代理	件		14 208	16 701	18 689	20 550	20 452
刑事辩护	件	15 326	8 878	10 016	8 836	12 331	11 663
非诉讼事件	件	5 406	29 678	32 502	35 542	37 963	35 367
涉外法律事务	件	273	371	643	582	698	523
解答法律询问	万件	13.07	10.93	10.39	9.91	9.73	13.02
代写法律事务文件	万件	2.07	2.05	2.09	2.38	2.94	4.33
二、公证工作							
公证机构	个	101	114	116	116	116	117
公证人员	人	659	703	730	746	752	823
#公　证　员	人	386	379	396	404	391	466
公证员助理	人	105	132	120	144	160	158
办理公证文件	万件	22.12	25.41	50.81	25.68	20.56	26.76
#涉外公证	件	7 134	12 584	14 351	22 915	27 927	25 965
三、人民调解工作							
司法助理员	人	2 608	2 256	2 154	2 652	2 040	1 802
#专职司法助理员	人	1 790	2 028	1 872	1 788	1 817	1 680
人民调解委员会	万个	4.88	4.99	5.07	5.09	4.82	4.95
调解人员	万人	37.33	59.37	59.19	55.87	56.57	54.72
受理纠纷总数	万件	40.91	36.48	35.38	32.53	31.22	28.57
调解民间纠纷总数	万件	38.69	34.88	33.93	31.36	30.18	27.80

18—26 涉外公证文书分类情况

单位:件

分　　类	1990年	1993年	1994年	1995年	1996年	1997年
合　　计	**7 134**	**12 584**	**14 351**	**22 915**	**27 927**	**25 965**
出　生	1 349	2 023	2 324	3 302	4 202	4 800
学　历	819	1 848	2 166	2 742	3 963	4 214
经　历	738	627	445	654	1 134	1 070
生存和居住	8	246	107	183	142	42
死　亡	29	94	107	101	122	32
收养子女	30	51	113	331	330	260
亲属关系	813	1 150	1 726	1 929	2 298	1 396
婚姻状况	814	1 354	1 565	1 920	2 604	2 172
继承权	6	28	27	13	5	141
遗　嘱	2	65	5	31	40	1
职　称		253	218	337	580	585
国　籍		55	21	49	160	23
法人资格		64	48	46	79	50
委托书	30	124	374	359	434	50
公司章程		18		9	5	3
副本与原本相符		1 804	1 881	2 672	3 616	4 215
营业证书		7	19	25	35	31
声明书	56	106	85	136	363	129
其他经济合同		21	187	142	299	61
受、未受刑事处分	765	1 159	1 513	2 267	3 976	2 867
其　他	1 675	1 487	1 141	5 667	3 540	3 823

18—27 调解民间纠纷分类

项目	调解纠纷（件）				各种纠纷所占比重（%）			
	1994年	1995年	1996年	1997年	1994年	1995年	1996年	1997年
合计	**353 849**	**313 562**	**301 817**	**278 042**	**100**	**100**	**100**	**100**
婚姻	49 068	43 894	42 749	40 768	13.9	14.0	14.2	14.7
继承	18 156	18 642	17 190	17 651	5.1	6.0	5.7	6.3
赡扶、抚养	26 305	25 993	23 082	22 364	7.4	8.3	7.6	8.0
房屋、宅基地	31 213	28 281	25 481	25 118	8.8	9.0	8.4	9.0
债务	41 276	34 337	34 684	31 035	11.7	11.0	11.5	11.2
生产经营	45 356	41 516	36 580	32 324	12.8	13.2	12.1	11.6
损害赔偿	29 952	24 186	24 186	23 043	8.5	8.0	8.0	8.3
家庭		30 456	29 093	24 770		9.7	9.6	8.9
邻里	53 696	43 915	41 817	38 288	15.2	14.0	13.9	13.8
其他	58 827	21 342	26 955	22 681	16.6	6.8	8.9	8.2

18—28 排污费征收、使用和污染赔（罚）款情况

项目	单位	1990年	1993年	1994年	1995年	1996年	1997年
交纳排污费单位	个	4 072	5 640	7 726	9 409	14 189	17 829
本年征收排污费数	万元	7 823	10 191.5	11 778.7	13 870.4	14 106.3	14 983.0
超标排污费	万元	6 430		8 409.0	9 609.7	8 279.8	8 258.7
治理污染源	万元	4 037	5 075.9	4 230.4	5 384.5	4 242.2	—
综合治理补助	万元	676	199	246.5	232.6	200.5	498.3
购置仪器设备	万元	287	397.9	328.5	487.9	365.9	561.9
其他	万元	1 430	3 090.2	3 603.6	4 477.7	5 137.9	5 585.8
污染事故	次	98	57	70	62	490	495
污染赔款总额	万元	362	29.7	35.9	77.7	400.8	498.2
污染罚款总额	万元	45	2.9	6.2	7.6	43.4	7.8

18—29 “三废”排放和处理综合利用情况

分　　类	单　位	1990 年	1993 年	1994 年	1995 年	1996 年	1997 年
一、废水排放总量	**万吨**	**259 699**	**274 201**	**287 666**	**300 598**		**241 231**
工业废水排放总量	万吨	162 302	141 251	142 685	139 938	132 329	129 352
#符合排放标准的	万吨	85 709	80 706	83 943	86 342	81 434	75 889
排放达标率	%	52.8	57.1	58.8	61.7	61.5	58.6
工业废水处理量	万吨	103 758	104 932	115 274	118 213	120 363	116 297
工业废水处理率	%	61.8	68.1	71.9	75.2	77.5	73.6
二、废气排放总量	**亿标立方米**	**3 416**	**3 971**	**4 295**	**4 485**	**4 341**	**4 562**
1. 燃料燃烧废气排放量	亿标立方米	1 955	2 143	2 360	2 394	1 979	2 211
#经过消烟除尘的	亿标立方米	1 361	1 592	1 801	1 741	1 813	1 958
消烟除尘率	%	69.6	74.3	76.3	72.7	91.6	88.5
2. 生产工艺过程中废气排放量	亿标立方米	1 461	1 819	1 935	2 042	2 361	2 352
#经过净化处理的	亿标立方米	1 054	1 333	1 466	1 597	1 838	1 833
净化处理率	%	72.1	73.3	75.7	78.2	77.8	77.9
三、废气中污染物排放量							
※二氧化硫	万吨	55.6	48.8	51.7	54.0	38.8	59.8
#工业二氧化硫	万吨						48.4
※烟　　尘	万吨	47.2	43.9	42.2	43.2	18.1	35.4
四、工业粉尘							
1. 已回收的	万吨	108.0	113.5	116.2	124.4	137.8	134.0
工业粉尘去除率	%	77.7	81.4	83.8	83.9	83.8	68.3
2. 工业粉尘排放量	万吨	31.0	23.0	22.5	23.8	26.5	62.0
五、工业固体废物产生量	**万吨**	**1 799.0**	**1 901.5**	**1 999.8**	**2 063.1**	**2 225.2**	**2 028.1**
已处置的	万吨	254.0	687.2	306.6	267.0	262.5	637.5
工业固体废物处置率	%	14.1	36.1	15.3	12.8	11.8	31.4
已综合利用的	万吨	763.0	1 031.7	1 071.9	1 157.6	1 224.1	1 188.6
工业固体废物综合利用率	%	42.4	52.2	52.9	55.5	55.0	58.6
已贮存的	万吨	731.0	646.9	692.1	665.9	680.7	763.7
工业固体废物贮存率	%	40.6	34.0	34.6	32.3	30.5	37.6
工业固体废物排放量	万吨	91.0	24.9	58.4	16.3	103.9	17.2
六、历年工业固体废物贮存总量	**万吨**	**9 851.0**	**11 478.6**	**11 393.5**	**13 498.1**	**12 723.6**	**12 902.6**
工业固体废物占地面积	万平方米	1 220.0	1 227.9	1 325.8	1 388.5	1 727.4	1 798.6
七、锅炉总数	**台**	**10 880**	**4 009**	**3 970**	**3 994**	**3 820**	**3 127**
#已达标的	台	4 605	3 101	3 279	3 335	3 164	2 434
锅炉蒸吨数	蒸吨	33 820	29 271	31 924	31 697	30 981	30 048
#烟尘排放达标的	蒸吨	19 893	25 365	28 561	28 250	27 568	27 057
八、工业炉窑	**座**	**3 356**	**3 098**	**2 894**	**2 980**	**3 152**	**3 457**
烟尘排放达标的	座	1 662	1 818	1 820	1 904	1 990	1 733
九、三废综合利用产品产值	**万元**	**28 416**	**72 367**	**83 565**	**97 058**	**86 518**	**79 696**
三废综合利用产品利润	万元	9 291	23 829	33 695	28 563	21 489	17 055

注:1、1996 年为工业企业单位的数据(不包括生活排放量)。2、※指标 1997 年为全社会口径(包括县以上工业企业、乡镇工业企业和生活排放量)

18—30 工业污染治理情况

项　　目	单　位	1990 年	1993 年	1994 年	1995 年	1996 年	1997 年
一、汇总工业企业单位数	个	**991**	**712**	**580**	**613**	**319**	**248**
二、污染治理项目本年投资来源合计	**万元**	**18 051**	**23 086**	**24 000**	**27 433**	**21 774**	**21 831.3**
基本建设资金	万元	5 568	2 423	1 276	3 540	3 120	3 562.3
更新改造资金	万元	6 222	5 271	8 252	8 893	4 413	2 862.1
综合利用利润留成	万元	209	1 486	2 082	1 604	1 724	1 525.0
环境保护补助资金	万元	2 531	5 903	5 568	5 430	1 594	1 453.1
环保贷款	万元	2 149	1 831	2 823	3 143	2 374	1 329.5
其　他	万元	1 372	8 003	6 822	7 966	8 550	11 099.3
三、污染治理项目本年完成投资合计	**万元**					**21 774**	**21 831.3**
治理废水	万元	5 637	7 703	8 806	12 042	8 517	8 550.0
治理废气	万元	9 891	11 549	11 151	9 164	7 160	7 055.1
治理固体废物	万元	1 371	2 670	2 476	5 293	1 810	1 680.0
治理噪声	万元	534	703	613	583	246	351.5
其　他	万元	618	451	954	351	4 042	4 194.7
四、本年安排治理污染项目	个	**1 545**	**1 159**	**1 007**	**939**	**320**	**270**
治理废水	个	450	360	311	305	98	86
治理废气	个	758	473	405	367	152	139
治理固体废物	个	119	113	111	121	28	11
治理噪声	个	139	164	137	109	28	20
其　他	个	79	49	43	37	14	14
五、本年竣工项目	个	**1 312**	**1 011**	**871**	**832**	**342**	**284**
治理废水	个	353	301	251	256	109	92
治理废气	个	662	414	360	339	165	141
治理固体废物	个	99	93	96	96	27	17
治理噪声	个	126	156	116	106	28	12
其　他	个	72	47	48	35	13	13

注：1995 年以前各年份数据为企业、事业单位数，1996 年以后统计口径为工业企业单位数。

18—31 各地区工业企业废水处理设施情况

项目	单位	1990年 合计	#企业	1996年	1997年
汇总企业单位数	个	1 016	937	2 645	2 678
治理设施数量	套	1 923	1 820	2 058	1 896
治理设施原价	万元	49 590	48 691	139 296	106 075.8
处理量					
实际处理废水量	万吨	104 503	103 758	120 363	116 311.9
#达标的	万吨	84 132	83 376	32 082	28 796.9
运行费用	万元	7 320	7 192	31 664	20 955.8
污染物去除量					
汞及其无机化合物	吨	1.00	1.00	0.10	0.01
镉及其无机化合物	吨	2.23	2.23	0.26	1.04
六价铬化合物	吨	39.28	39.27	23.7	18.96
砷及其无机化合物	吨	19.34	19.34	38.8	12.09
铅及其无机化合物	吨	26.57	26.57	13.6	23.21
酚(挥发酚)	吨	855.45	855.43	1 570.7	1 502.57
氰化物	吨	78.23	78.23	175.1	147.59
石油类	万吨	1.15	1.15	1.15	1.09
其他	万吨	55.13	55.13	102.01	76.66

注:1990年为部分企、事业单位数据,1996年、1997年为工业企业单位的数据。

18—32 全省当年建成投产的建设项目"三同时"执行情况

项目	单位	1990年	1993年	1994年	1995年	1996年	1997年
一、应执行"三同时"的建设项目	个	**306**	**432**	**417**	**245**	**343**	**250**
二、应执行"三同时"的建设项目投资总额	亿元	**12.72**	**78.45**	**44.33**	**33.6**	**38.1**	**45.9**
#环保工程投资	亿元	0.32	3.70	2.35	1.5	2.4	1.5
三、"三同时"执行情况							
实际执行项目数	个	221	400	361	227	310	244
执行项目中合格的	个	217	367	302	211	268	236
四、新增处理利用"三废"能力							
废水	万吨/日	6.34	47.18	4.86	31.45	7.63	7.21
废气	万标立方米/时	2 979.10	1 038.04	508.08	265.00	273.97	219.04
固体废物	万吨/年	5.63	228.17	73.97	47.22	92.8	

主要统计指标解释

【等级运动员人数】 指经考核正式批准授予等级运动员称号的人数。运动员等级分为国际级运动健将、运动健奖、一级运动员、二级运动员、三级运动员、少年级运动员。

【等级裁判人员数】 指经考核正式批准授予等级裁判员称号的人数。裁判员等级分为国际裁判、国家级裁判、一级裁判、二级裁判、三级裁判。

【体育场】 指有400米跑道（中心含足球场），有固定道牙，跑道6米以上，并有固定看台的田径场，以看台容纳观众人数分：甲级25 000人以上，乙级15 000人，丙级5 000人，丁级5 000人以下。

【体育馆】 指有固定看台可供篮球、排球、羽毛球、乒乓球、体操等项目训练活动用的室内场地。以看台容纳观众人数分：甲级6 000人以上，乙级4 000人，丙级2 000人，丁级2 000人以下。

【医院】 指名称为医院、设有固定床位能收容病人住院并能为病人提供医疗、护理服务的医疗机构包括县及县以上医院、农村乡卫生院、其他医院三部分。按所属性质分为卫生部门、工业及其他部门、集体所有制三类。其中县及县以上医院业务性质分为综合医院和专科医院。

【卫生技术人员】 指卫生事业机构支付工资的全部固定职工和合同制职工中现任职务为卫生技术工作的人员。包括中医师、西医师、中西医结合、高级医师、护师、中药师、西药师、检验师、其他技师、其他中医、护理员、中药剂员、西药剂员、检验员、其他初级卫生技术人员。

【医生】 指经卫生部门审查合格，从事医疗工作的专业人员，分为中医医生和西医医生。包括卫生技术人员中的中医师、西医师、中西医结合高级医师、中医士、西医士和其他中医。

【社会福利事业单位】 指集中收养社会孤老、残、幼的机构。包括由民政部门管理的社会福利院、儿童福利院、精神病人福利院和城镇集体办的福利院，以及农村集体举办的敬老院。儿童、缺乏生活自理能力的残疾人员和精神病人。

【社会福利事业单位收养人数】 包括民政部门管理的和城镇农村集体举办的社会福利事业单位中收养的老人、少年儿童、缺乏生活自理能力的残疾人和精神病人。

【社会福利企业单位】 指以安置城镇有一定劳动能力的盲、聋、哑和肢体残疾人员就业为目的，享受国家减免税待遇的全民或集体所有制企业。包括福利工厂、福利商业服务业、假肢厂和安置农场等单位。

【农村五保户】 指农村中既无劳动能力、又无经济来源孤老、幼、残家 庭户。由集体供养，做到保吃、保穿、保住、保医、保葬（孤儿保教）。

【双扶户】 包括被扶持的优抚户和贫困户，主要是对具有一定劳动能力且生活困难的两户给予一定的救济金以扶持其通过生产自救达到脱贫的目的。

【律师工作者】 指受聘参加法律顾问处工作，担任法律顾问、刑（民事）代理人、刑事辩护人，办理非诉讼事件、解答法律询问、代写法律事务文书等主要律师业务的专职法律工作者和兼职律师。

【公证人员】 指在国家公证机关依法办理公证事务的司法人员。包括公证员、助理公证员和在公证处工作的其他人员。

【办理公证】 指公证处处内办结的公证文书件数。公证文书等按司法部规定或批准的格式制作。包括国内公证和涉外公证两部分。其中国内公证分为经济合同公证和民事法律关系公证两大类。

【调解人员】 在人民调解委员会担负调解民间一般民事纠纷和轻微违法行为所引起的纠纷的工作人员。包括调解委员会的委员和调解小组的调解员。

【调解民间纠纷】 指调解委员会依照法律规定，根据自愿原则，用说服方法调解民间发生的有关民事权利和义务的争执，促成当事双方达成协议和谅解、解决纠纷。包括婚姻家庭纠纷、财产权益纠纷等。不包括法院受理调解的民事案件数。

【废水排放总量】 包括生产废水和生活污水。生产废水指企、事业单位在生产、科研过程中向外环境排放的所有排放口的废水量总和。生活污水指城镇居民区和企、事业单位职工集中居住区排放的污水量。

【工业废水排放量】 指经过企业所有排放口排到企业外的生产废水总量，包括外排的直接冷却水和矿区超标排放的有害有毒矿井地下水，但不包括外排的间接冷却水（清污不分流的应计算在内）。

【符合排放标准的工业废水量】 指全面达到国家标准的外排工业废水量（包括经过处理和未经处理的）。但不包括虽经处理仍未达到国家排放标准的工业废水。国家尚未正式颁布标准的，以地方制订的标准为准。

【工业废水处理量】 指经过各种水处理装置净化处理后的外排工业废水量和处理后回用的工业废水量。（包括虽经处理仍未达到国家或地区标准的外排工业废水量和回用工业废水量）。

【废气排放总量】 指燃料燃烧和生产工艺过程中排放的各种废气总量，以标准状态下每年万标立方米表示。

【燃料燃烧过程废气排放量】 指燃煤、油、气锅炉及工业窑炉在燃烧过程中所排废气的总量。

【生产工艺工程废气排放量】 指生产工艺过程中排放的废气总量。

【净化处理的废气量】 指生产工艺过程中排放的废气经过各种处理装置净化、处理的量。

【工业粉尘排放量】 指生产工艺过程中排放的固体微粒重量。

【工业粉尘回收量】 指经过各种回收处理装置回收的工业粉尘和尘泥量（包括干法和湿法）。

【工业固体废物产生量】 指工矿企业、事业单位在生产（试验）过程中产生的工业固体废弃物总量，不包括矿山开采的剥离废石和气掘废石（煤矸石除外）。

【工业固体废物处理量】 指以填埋、焚烧等方式最终处理的工业固体废物量。

【工业固体废物综合利用量】 指已用作农业肥料、造田、生产建筑材料，以及其它方式综合利用的工业固体废物量（不包括填埋和焚烧量），利用量由原产固体废物的单位统计。

【“三废”综合利用产品产值】 指企业利用“三废”作为主要原料生产和回收利用的产品产值。

【“三废”综合利用利润】 指企业利用“三废”作为主要原料生产和回收利用的产品出售后所得的利润额。

【污染治理项目名称】 指由国家、部门、地方、企业安排的污染治理项目，包括当年新建的续建的废水、废气、废渣、噪声及其他治理项目。

【企事业污染治理资金】 指企事业单位当年实际完成的各项治理资金。

【污染事故】 指由于某种原因引起的、偶然的、突发性的向环境排放污染物，从而造成污染的损害，其直接经济损失在千元以上的事件。

地、市、州主要指标 19

资料整理人员：李邦志　李文强
唐惠蓉　周克莉
孟宪启　董树平
宋学广　冯坤林
赵志才　朱　焰
陶　红

19—1　地、市、州国内生产总值

（1997 年）

单位:亿元

地、市、州	国内生产总值	第一产业	第二产业	第三产业	人均国内生产总值（元）
合　　计	**3 450.24**	**767.92**	**1 606.98**	**1 075.34**	**5 899**
武 汉 市	912.33	78.79	422.06	411.48	12 673
黄 石 市	138.40	21.42	66.44	50.54	5 757
十 堰 市	165.38	35.08	79.39	50.91	4 847
荆 州 市	316.47	130.60	102.82	83.05	5 047
宜 昌 市	339.64	68.12	186.52	85.00	8 504
襄 樊 市	462.07	136.49	226.72	98.86	8 235
鄂 州 市	100.84	17.36	52.12	31.36	9 984
荆 门 市	288.79	93.40	114.74	80.65	9 929
孝 感 市	298.86	98.58	111.04	89.24	5 117
黄 冈 市	315.91	102.71	137.58	75.62	4 453
咸宁地区	119.55	38.36	48.99	32.20	4 412
恩施自治州	101.40	48.19	25.86	27.35	2 698
随 州 市	121.62	29.56	49.46	42.60	7 554
潜 江 市	118.54	22.91	52.19	43.44	12 233
仙 桃 市	160.00	33.27	65.87	60.86	10 444
天 门 市	144.26	29.81	58.26	56.19	8 589
神农架林区	2.52	0.58	0.98	0.96	3 170

注:本表按当年价格计算,地市州相加不等于全省合计数。

19—2　地、市、州国内生产总值指数

（1997 年,上年＝100）

单位:%

地、市、州	国内生产总值	第一产业	第二产业	第三产业
合　　计	**113.0**	**106.9**	**115.8**	**112.9**
武 汉 市	114.6	108.3	114.5	116.2
黄 石 市	117.6	112.4	118.5	118.2
十 堰 市	102.9	102.5	101.8	105.8
荆 州 市	114.0	116.2	115.3	109.0
宜 昌 市	118.6	110.5	121.6	116.6
襄 樊 市	114.1	111.3	117.6	107.3
鄂 州 市	115.1	115.7	116.0	113.0
荆 门 市	119.8	116.7	119.6	123.7
孝 感 市	117.0	105.8	121.8	122.9
黄 冈 市	119.3	110.7	122.9	123.8
咸宁地区	114.1	113.2	117.6	108.5
恩施自治州	115.5	110.7	120.5	117.0
随 州 市	114.7	101.2	122.4	114.6
潜 江 市	117.7	103.3	124.3	117.0
仙 桃 市	120.1	107.9	125.7	120.2
天 门 市	114.9	103.9	125.3	109.1
神农架林区	111.1	121.2	113.9	102.3

19—3 地、市、州全部行政、事业服务业全额单位财务状况

(1997年)

单位:万元

地、市、州	经费实际支出	预算外支出	专用基金支出	专项资金支出	年末固定资产原值
武汉市	533 568.5	156 922.8	33 008.9	59 656.5	1 299 493.0
黄石市	43 947.4	26 312.1	1 829.3	4 905.1	155 705.2
十堰市	74 282.2	23 034.4	3 343.3	11 153.9	189 653.2
荆州市	111 193.8	47 578.7	6 107.7	9 772.0	349 877.9
宜昌市	130 112	51 954.1	5 540.6	21 821.4	336 392.6
襄樊市	115 157.4	39 471.2	2 825.0	6 608.2	468 218.5
鄂州市	10 778.1	731.4	390.7	480.5	29 394.1
荆门市	50 400.8	25 478.0	1 216.7	4 980.9	147 786.4
孝感市	106 617.2	31 827.4	3 899.9	10 983.9	357 143.9
黄冈市	106 303.3	32 455.1	2 926.6	10 603.6	244 880.2
咸宁地区	53 845.5	24 806.5	1 498.7	2 926.0	145 596.0
恩施自治州	69 689.2	21 854.5	1 938.2	6 064.6	163 339.4
随州市	15 899.7	11 052.5	918.0	819.8	65 946.2
潜江市	8 133.5	3 618.6	644.4	925.9	37 216.8
仙桃市	14 327.4	3 520.8	578.4	1 101.3	36 671.8
天门市	21 060.9	12 279.6	154.2	4 575.6	100 779.8
神农架林区	5 076.4	596.6	137.8	644.1	10 289.7

19—4 差额、自收自支事业单位财务状况

(1997年)

单位:万元

地、市、州	上年结余结转本年数	本年收入合计	业务(事业)收入	业务(事业)支出	本年拨入的差额补助费
武汉市	64 955.9	638 030.6	500 940.7	560 128.1	41 531.9
黄石市	－1 243.5	54 787.1	40 481.0	38 025.4	3 677.9
十堰市	－4 720.6	47 120.8	38 512.2	46 753.6	3 556.4
荆州市	－1 505.1	132 318.5	80 676.7	111 261.0	5 811.7
宜昌市	938.0	106 122.9	84 000.0	79 597.2	8 263.6
襄樊市	－9 017.8	132 977.3	104 830.7	121 072.9	8 709.3
鄂州市	52.4	19 462.6	15 269.4	15 276.3	1 756.2
荆门市	2 903.0	50 441.3	33 439.8	43 312.1	3 749.4
孝感市	2 504.1	73 958.6	59 932.3	65 258.8	2 185.3
黄冈市	－2 963.8	91 830.1	70 670.3	76 320.4	6 529.2
咸宁地区	－927.2	54 312.0	34 694.7	35 587.6	1 962.8
恩施自治州	1 138.8	27 769.9	20 471.3	27 720.7	3 345.5
随州市	－2 736.0	21 496.2	18 906.6	20 768.0	681.9
潜江市	－163.7	16 111.4	9 774.0	8 168.8	720.5
仙桃市	790.5	22 380.6	15 904.4	12 870.8	639.0
天门市	－83.2	22 139.7	18 935.8	18 153.7	745.3
神农架林区	－113.6	961.0	781.0	987.3	218.0

19—4 续表　　　　(1997年)　　　　单位:万元

地、市、州	业务(事业)收支结余	专用基金支出	专项资金支出	年末固定资产原值	已提折旧的固定资产原值	当年提取折旧
武汉市	125 916.2	63 824.9	9 538.2	626 120.1	75 282.1	5 622.2
黄石市	−512.9	3 567.2	777.7	53 109.8	16 358.1	730.7
十堰市	−5 463.5	4 940.0	739.7	79 659.6	9 662.6	1 312.2
荆州市	1 136.6	10 775.7	45 887.5	180 829.8	25 921.4	4 611.0
宜昌市	23 151.1	8 353.5	4 976.7	157 162.6	33 896.7	3 507.9
襄樊市	−9 258.7	9 761.0	2 482.5	284 124.9	123 772.2	12 571.6
鄂州市	2 838.3	2 313.7	802.9	40 426.7	14 822.0	723.9
荆门市	2 680.3	4 937.6	2 089.2	107 029.6	31 728.1	3 016.9
孝感市	−1 178.9	4 510.4	1 945.9	131 520.2	44 012.7	2 807.7
黄冈市	−13 163.8	6 914.8	7 802.3	129 515.9	45 971.4	3 288.4
咸宁地区	−985.2	2 757.2	922.3	69 459.9	24 447.1	1 726.7
恩施自治州	1 500.9	2 062.3	830.2	31 548.0	6 682.5	475.3
随州市	−3 809.9	1 846.0	269.0	33 201.5	14 443.8	845.3
潜江市	1 140.4	192.0	462.5	18 594.1	1 100.1	306.9
仙桃市	4 814.6	931.0	1 275.8	39 371.7	5 524.4	500.4
天门市	1 440.3	2 448.9	1 384.7	37 193.3	16 244.3	163.4
神农架林区	−74.0	168.1	14.1	1 502.5	41.1	75.8

19—5 服务企业和企业化管理的事业单位财务状况

(1997年)　　　　单位:万元

地、市、州	资本金合计	流动资产合计	固定资产合计	固定资产原值	累计折旧	资产总计
武汉市	568 041.3	15 781 132.0	1 114 651.0	1 312 677.0	287 691.6	24 003 819.0
黄石市	109 494.1	1 763 020.3	81 746.8	87 055.7	20 775.2	2 494 671.2
十堰市	26 084.0	2 089 640.5	94 763.6	94 154.0	19 921.4	2 938 857.6
荆州市	124 988.2	1 541 644.4	121 887.2	132 360.0	22 452.3	4 348 926.4
宜昌市	401 265.0	3 173 371.8	197 667.5	212 289.0	43 692.8	4 569 219.3
襄樊市	94 133.7	2 956 579.7	131 351.7	117 906.4	24 821.2	5 388 227.4
鄂州市	25 853.3	860 144.1	90 639.6	95 360.5	10 936.8	1 322 158.9
荆门市	39 916.1	1 572 930.6	80 905.0	104 619.7	34 806.0	2 283 862.2
孝感市	52 744.0	1 341 135.5	97 168.4	104 140.4	19 855.3	2 002 587.3
黄冈市	49 761.5	1 706 733.7	108 183.6	112 373.8	17 095.0	2 346 994.9
咸宁地区	47 154.6	1 402 815	122 212.7	113 623.0	17 922.2	1 784 200.6
恩施自治州	44 597.8	1 007 042.5	75 941.0	57 522.3	11 676.7	1 448 793.4
随州市	10 250.5	608 127.0	14 844.4	19 667.2	6 079.0	720 149.2
潜江市	3 049.8	147 002.3	5 618.5	5 902.0	2 133.7	227 285.5
仙桃市	13 720.0	326 834.1	27 654.8	17 209.3	4 179.5	538 617.5
天门市	13 213.2	432 329.2	17 791.4	17 103.1	3 490.0	500 077.7
神农架林区	8 581.0	83 966.6	14 809.5	17 545.3	2 969.7	99 526.3

19—5 续表 （1997 年） 单位:万元

地、市、州	流动负债合计	长期负债合计	主营业务收入	营业成本	营业费用	业务税金及附加
武汉市	15 450 038.9	4 787 927.5	3 318 544.5	2 816 494.0	376 266.3	77 534.3
黄石市	1 681 958.1	499 040.2	282 907.2	251 814.7	30 923.9	14 198.7
十堰市	2 163 129.0	449 279.7	221 521.1	187 442.4	34 680.6	13 593.0
荆州市	2 136 593.0	1 681 469.1	352 283.4	274 768.8	40 294.5	11 382.9
宜昌市	3 862 700.2	1 038 647.9	520 316.2	462 503.1	54 822.9	21 860.7
襄樊市	4 138 305.7	1 137 334.2	548 228.0	508 087.0	50 445.9	19 682.2
鄂州市	1 014 806.6	365 166.2	116 709.3	136 628.1	12 947.2	4 156.9
荆门市	1 382 571.5	536 726.4	205 248.6	195 370.5	20 382.3	7 790.1
孝感市	1 122 649.2	671 456.4	255 694.6	232 966.1	23 196.0	9 601.0
黄冈市	1 456 334.2	565 201.7	191 955.4	170 625.0	28 668.2	8 881.9
咸宁地区	1 437 103.5	323 133.6	108 969.2	146 936.2	19 859.0	5 121.1
恩施自治州	1 132 694.9	196 482.4	136 682.3	115 125.3	21 121.9	5 216.3
随州市	561 945.2	223 181.3	69 919.6	65 865.1	6 811.1	2 565.4
潜江市	175 369.2	39 196.1	47 620.6	47 483.8	3 813.4	1 469.6
仙桃市	342 176.5	154 299.6	42 381.5	38 969.0	5 022.2	2 832.9
天门市	399 406.5	106 977.4	31 193.8	28 670.5	5 733.5	1 391.4
神农架林区	82 411.3	18 347.2	11 444.5	13 405.4	1 820.0	728.8

地、市、州	主营业务利润	管理费用	利润总额	应交所得税	应付利润	本年应付工资	本年应付福利费
武汉市	33 306.6	145 593.7	−192 168.8	23 413.5	29 126.3	103 848.7	16 921.3
黄石市	−14 030.1	8 623.2	−22 782.8	331.9	0	5 698.3	911.7
十堰市	−14 196.9	10 699.4	−32 745.1	297.5	437.0	10 800.2	1 548.2
荆州市	25 837.2	21 877.2	−67 473.7	1 118.5	1 568.7	10 416.4	1 720.9
宜昌市	−18 870.5	31 402.6	−45 175.0	3 846.3	4 478.5	17 070.5	2 635.6
襄樊市	−29 987.1	29 931.4	−63 150.7	348.5	146.7	11 869.0	1 724.6
鄂州市	−37 022.9	5 468.9	−59 876.5	61.3	0	4 401.5	620.0
荆门市	−18 294.3	16 506.4	−30 327.9	7.0	1.3	7 426.4	1 033.4
孝感市	−10 068.5	8 288.1	−64 154.8	53.5	106.7	7 722.1	1 242.6
黄冈市	−16 219.7	13 955.3	−46 408.8	291.8	749.0	8 054.4	1 137.4
咸宁地区	−62 947.1	8 769.6	−93 421.3	19.9	65.2	6 891.1	857.2
恩施自治州	−4 835.7	8 447.3	−13 471.0	317.4	735.1	6 775.8	969.1
随州市	−5 322.0	3 124.0	−19 846.8	0	0	1 998.4	238.5
潜江市	−5 146.2	3 096.3	−2 705.7	15.9	13.0	745.8	152.1
仙桃市	−4 442.6	4 119.7	−4 103.7	135.2	112.1	2 753.0	241.5
天门市	−4 601.6	1 659.3	−10 251.5	0	0	4 139.8	479.2
神农架林区	−4 509.7	938.6	−5 675.3	795.5	0	1 266.9	270.8

19—6 地、市、州人口数

单位:万人

地、市、州	1990年	1993年	1994年	1995年	1996年	1997年
总计	**5 439.29**	**5 653.48**	**5 718.81**	**5 772.07**	**5 825.13**	**5 872.60**
武汉市	669.75	691.69	700.01	710.01	715.94	723.90
黄石市	211.45	226.65	231.31	235.46	237.86	242.83
十堰市	326.81	334.11	335.85	338.19	340.69	341.73
荆州市	582.52	604.89	612.02	617.37	623.28	630.39
宜昌市	386.21	394.93	396.34	398.39	399.11	399.67
襄樊市	508.79	532.23	540.34	549.10	557.52	564.69
鄂州市	91.61	97.01	98.29	99.92	99.32	101.36
荆门市	270.56	280.32	283.81	287.12	289.44	292.77
孝感市	535.80	562.74	568.50	576.00	580.93	587.33
黄冈市	657.76	682.36	689.88	698.69	704.88	713.89
咸宁地区	242.83	257.00	261.71	266.22	269.42	272.37
恩施自治州	359.38	368.10	370.24	372.97	374.60	377.23
随州市	143.89	154.00	156.71	159.22	160.13	161.85
仙桃市	138.44	145.17	147.98	150.47	152.07	154.24
天门市	153.34	159.77	162.59	164.86	166.97	168.93
潜江市	86.66	91.61	93.22	95.14	96.13	97.67
神农架林区	7.75	7.88	7.90	7.99	8.07	7.96

注:本表总计数是人口抽样调查推算数,地、市、州为公安年报数。

19—7 1997年地、市、州人口数

单位:万人

地、市、州	总人口	男	女	农业人口	非农业人口
总计	**5 872.60**	**3 016.55**	**2 856.05**	**4 271.14**	**1 601.46**
武汉市	723.90	372.61	351.29	301.29	422.61
黄石市	242.83	126.48	116.35	157.90	84.93
十堰市	341.73	180.33	161.40	256.15	85.58
荆州市	630.39	320.66	309.73	474.38	156.01
宜昌市	399.67	206.23	193.44	287.40	112.27
襄樊市	564.69	290.67	274.02	415.08	149.61
鄂州市	101.36	52.27	49.09	72.25	29.11
荆门市	292.77	150.51	142.26	215.89	76.88
孝感市	587.33	302.39	284.94	493.61	93.72
黄冈市	713.89	372.08	341.81	590.49	123.40
咸宁地区	272.37	140.64	131.73	198.51	73.86
恩施自治州	377.23	197.07	180.16	335.78	41.45
随州市	161.85	82.63	79.22	129.14	32.71
仙桃市	154.24	79.69	74.55	113.77	40.47
天门市	168.93	86.15	82.78	132.95	35.98
潜江市	97.67	49.36	48.31	66.51	31.16
神农架林区	7.96	4.30	3.66	5.48	2.48

注:本表总计数为人口抽样调查推算数,地、市、州为公安年报数。

19—8 地、市、州按经济类型分职工人数

(1997 年底)

单位:万人

地、市、州	合计	国有经济单位职工	# 女职工	# 合同制职工	城镇集体经济单位职工	# 女职工	其他经济单位职工	# 女职工
总计	**7 354 144**	**5 601 349**	**2 161 573**	**2 484 777**	**1 264 575**	**591 553**	**488 220**	**229 928**
#武汉市	2 080 056	1 544 150	625 677	154 324	397 581	198 687	138 325	67 316
黄石市	380 207	269 468	102 184	190 401	64 457	28 788	46 282	20 139
十堰市	412 655	320 024	112 879	196 772	73 106	34 223	19 525	7 427
荆州市	678 818	502 163	199 794	264 100	120 200	53 808	56 455	27 031
宜昌市	529 643	427 152	158 801	288 025	53 800	25 586	48 691	21 122
襄樊市	683 146	494 624	198 661	305 672	126 958	60 139	61 564	29 498
鄂州市	149 177	79 419	28 505	48 170	23 280	9 361	46 478	23 565
荆门市	346 199	280 886	110 948	155 961	54 385	26 741	10 928	5 107
孝感市	477 289	368 575	140 426	183 862	97 064	37 211	11 650	5 453
黄冈市	484 415	384 045	142 452	194 428	74 698	31 081	25 672	11 161
咸宁地区	284 672	230 359	91 018	115 078	44 290	21 337	10 023	5 018
恩施自治州	197 849	173 178	55 366	42 766	21 973	7 607	2 698	859
随州市	114 992	90 661	36 499	36 025	23 899	10 479	432	231
仙桃市	113 171	74 298	30 606	38 526	35 451	16 823	3 422	2 533
天门市	102 356	77 915	29 747	45 444	21 770	10 774	2 671	2 377
潜江市	171 255	143 662	60 359	107 389	23 252	13 381	4 341	1 296
神农架林区	11534	10 617	3 670	4 237	907	304	10	

19—9 地、市、州职工工资总额及平均工资

(1997 年)

地、市、州	职工工资总额(万元)	国有经济单位	城镇集体经济单位	其他经济单位	平均工资(元)	国有经济单位	城镇集体经济单位	其他经济单位
总计	**3 909 984**	**3 178 231**	**456 698**	**275 054**	**5 401**	**5 741**	**3 731**	**5 740**
#武汉市	1 280 491	1 038 901	114 853	96 738	6 406	6 897	4 021	7 306
黄石市	186 335	134 758	21 501	30 076	4 832	4 896	3 335	6 553
十堰市	247 050	201 856	33 300	11 894	6 016	6 357	4 562	5 914
荆州市	305 024	235 523	43 028	26 474	4 495	4 691	3 578	4 710
宜昌市	310 413	260 957	21 937	27 519	5 876	6 123	4 090	5 679
襄樊市	326 585	249 422	42 357	34 806	4 810	5 069	3 371	5 675
鄂州市	74 403	48 875	8 874	16 654	5 045	6 223	3 840	3 633
荆门市	173 301	145 879	20 345	7 077	5 050	5 227	3 817	6 586
孝感市	205 275	167 486	33 562	4 228	4 311	4 550	3 427	4 177
黄冈市	193 501	160 513	22 767	10 221	4 021	4 206	3 072	4 014
咸宁地区	119 090	99 889	14 566	4 636	4 225	4 376	3 362	4 515
恩施自治州	88 933	80 192	7 785	956	4 511	4 654	3 492	3 791
随州市	52 014	42 819	8 967	228	4 563	4 773	3 759	5 320
仙桃市	48 712	34 203	13 166	1 343	4 354	4 677	3 721	3 991
天门市	47 353	37 779	8 726	848	4 616	4 832	4 017	3 175
潜江市	104 250	93 902	8 519	1 829	6 093	6 549	3 640	4 241
神农架林区	5 187	4 810	373	4	4 531	4 563	4 161	3 800

19—10 地、市、州全社会固定资产投资

单位:亿元

地、市、州	1990年	1993年	1994年	1995年	1996年	1997年
全省总计	**144.44**	**383.18**	**593.07**	**826.50**	**984.38**	**1 083.60**
武汉市	38.87	119.03	211.55	323.71	387.03	413.99
黄石市	5.68	16.49	17.89	20.63	23.84	28.62
十堰市	6.83	17.36	30.14	30.51	36.06	29.20
荆州市	15.15	33.82	31.97	37.93	39.54	51.65
宜昌市	18.29	56.98	98.35	130.53	156.15	174.20
襄樊市	11.63	28.88	35.73	42.50	55.19	68.28
鄂州市	2.52	9.36	11.60	26.41	27.43	22.48
荆门市	11.11	27.28	28.75	36.72	39.62	40.64
孝感市	12.17	18.63	24.42	46.19	45.56	52.65
黄冈市	6.16	16.91	25.58	38.23	44.60	50.06
咸宁地区	3.69	9.07	13.20	17.31	20.24	26.59
恩施自治州	3.36	7.97	9.41	10.35	13.45	16.05
随州市			6.34	8.20	8.32	10.93
仙桃市			7.07	10.61	13.81	15.66
天门市			8.42	10.50	14.84	16.48
潜江市			4.27	11.80	14.85	16.45
神农架林区	0.27	0.54	0.53	0.49	0.87	1.11
跨地区	8.71	20.86	27.85	23.89	42.98	48.56

19—11 地、市、州国有经济单位固定资产投资

单位:亿元

地、市、州	1990年	1993年	1994年	1995年	1996年	1997年
总计	**100.35**	**275.84**	**401.16**	**518.76**	**593.32**	**567.60**
武汉市	33.64	94.45	138.65	190.14	222.57	186.72
黄石市	4.17	11.14	11.25	12.96	16.94	18.44
十堰市	5.07	12.86	22.27	21.58	25.83	18.57
荆州市	5.88	16.80	17.08	16.65	17.22	19.00
宜昌市	13.27	41.80	77.37	101.27	113.85	121.58
襄樊市	7.02	16.12	29.13	22.90	25.57	25.98
鄂州市	1.25	8.66	9.46	22.98	21.76	15.15
荆门市	7.19	21.12	24.35	25.47	24.14	17.07
孝感市	6.85	12.04	14.41	32.60	26.28	28.67
黄冈市	2.29	8.80	11.12	13.90	18.54	19.77
咸宁地区	2.59	5.12	9.12	11.20	12.43	15.76
恩施自治州	2.15	5.61	6.85	7.26	8.95	10.67
随州市			3.86	2.64	3.19	3.99
仙桃市			2.91	3.69	5.11	5.04
天门市			1.82	2.67	4.57	3.15
潜江市			2.27	6.58	6.54	8.51
神农架林区	0.26	0.46	0.39	0.38	0.75	0.97
跨地区	8.72	20.86	27.85	23.89	39.08	48.56

19—12 地、市、州按经济类型分的全社会固定资产投资

（1997 年）

单位：亿元

地、市、州	合计	国有经济单位	#基建	#技改	#房地产开发	集体经济单位	城镇	农村
总计	**1 083.60**	**567.60**	**357.22**	**142.56**	**38.86**	**107.12**	**29.74**	**77.38**
武汉市	413.99	186.72	86.64	62.65	27.66	22.54	8.43	14.11
黄石市	28.62	18.44	9.10	8.43	0.87	3.27	0.90	2.37
十堰市	29.20	18.57	12.35	4.67	0.73	5.63	4.79	0.84
荆州市	51.65	19.00	12.81	4.32	1.70	6.68	2.61	4.07
宜昌市	174.20	121.58	104.33	11.54	3.20	14.74	2.37	12.37
襄樊市	68.28	25.98	10.46	10.84	0.66	7.77	1.71	6.06
鄂州市	22.48	15.15	10.95	3.26	0.63	2.18	0.40	1.78
荆门市	40.64	17.07	11.05	5.41	0.45	9.82	0.88	8.94
孝感市	52.65	28.67	20.10	6.73	1.29	7.13	1.88	5.25
黄冈市	50.06	19.77	10.93	6.46	0.35	9.47	2.03	7.44
咸宁地区	26.59	15.76	10.19	4.45	0.15	3.39	0.77	2.62
恩施自治州	16.05	10.67	6.97	3.51	0.06	1.05	0.25	0.80
随州市	10.93	3.99	1.18	1.70	0.38	3.31	0.92	2.39
仙桃市	15.66	5.04	2.48	1.68	0.53	3.95	0.95	3.00
天门市	16.48	3.15	1.30	1.64		2.28	0.68	1.60
潜江市	16.45	8.51	3.08	2.95	0.20	3.87	0.14	3.73
神农架林区	1.11	0.97	0.77	0.19		0.04	0.03	0.01
不分地区	48.56	48.56	42.53	2.22				

地、市、州	其他经济单位	#基建	#技改	#房地产开发	城乡私人	城镇	农村
总计	**248.32**	**81.25**	**70.01**	**79.19**	**160.56**	**65.26**	**95.30**
武汉市	161.26	41.28	32.62	72.93	43.47	26.80	16.67
黄石市	5.22	0.91	3.63	0.62	1.69	0.49	1.20
十堰市	1.34	0.39	0.32	0.55	3.66	1.16	2.50
荆州市	12.83	5.95	6.38	0.50	13.14	5.49	2.65
宜昌市	18.92	9.78	3.96	2.91	18.96	6.54	12.42
襄樊市	23.89	18.94	3.72	1.16	10.64	3.95	6.69
鄂州市	3.42	0.73	2.55	0.14	1.73	0.83	0.90
荆门市	5.35	0.49	4.86	0.02	8.40	1.37	7.03
孝感市	5.38	0.33	4.10	0.18	11.47	3.12	8.35
黄冈市	2.26	0.27	1.87	0.10	18.56	7.78	10.78
咸宁地区	2.01	0.57	1.23	0.04	5.43	1.94	3.49
恩施自治州	0.31	0.06	0.21	0.04	4.02	1.10	2.92
随州市	0.40	0.40			3.23	0.88	2.35
仙桃市	2.06	0.36	1.69		4.61	1.26	3.35
天门市	1.23	0.49	0.73		9.82	1.88	7.94
潜江市	2.37	0.23	2.14		1.70	0.65	1.05
神农架林区	0.07	0.07			0.03	0.02	0.01
不分地区							

19—13 地、市、州国有经济单位基本建设投资

单位:亿元

地、市、州	1990年	1993年	1994年	1995年	1996年	1997年
合计	**56.78**	**123.01**	**249.53**	**333.05**	**362.26**	**357.22**
武汉市	14.16	46.39	58.24	90.41	102.79	86.64
黄石市	3.73	7.76	6.08	7.15	8.26	9.10
十堰市	2.57	7.06	13.98	12.30	16.74	12.35
荆州市	2.67	9.28	10.17	10.54	10.95	12.81
宜昌市	8.67	32.64	63.33	85.56	95.39	104.33
襄樊市	3.78	8.83	11.41	11.79	10.63	10.46
鄂州市	0.62	80.4	5.89	15.44	18.88	10.95
荆门市	4.00	15.04	18.93	16.96	18.05	11.05
孝感市	4.87	4.00	10.10	28.18	18.74	20.10
黄冈市	1.45	5.82	7.75	9.39	11.08	10.93
咸宁地区	0.86	3.83	5.31	6.94	7.73	10.19
恩施自治州	1.44	4.05	3.93	5.14	5.94	6.97
随州市			2.88	1.29	1.21	1.18
仙桃市			1.39	1.75	2.39	2.48
天门市			1.20	1.56	2.30	1.30
潜江市			1.11	2.73	2.43	3.08
神农架林区	0.23	0.44	0.30	0.23	0.50	0.77
不分地区	7.73	19.82	27.53	22.69	28.24	42.53

19—14 地、市、州国有经济单位技术改造投资

单位:亿元

地、市、州	1990年	1993年	1994年	1995年	1996年	1997年
合计	**33.30**	**71.12**	**107.37**	**128.23**	**161.25**	**142.56**
武汉市	15.45	33.66	55.48	67.40	81.19	62.65
黄石市	1.01	2.87	4.42	5.04	8.08	8.43
十堰市	2.28	5.52	7.41	7.33	7.64	4.67
荆州市	1.97	3.65	3.44	4.55	4.35	4.23
宜昌市	1.56	6.47	8.44	8.66	10.96	11.54
襄樊市	2.74	4.77	6.66	7.46	10.74	10.84
鄂州市	0.42	2.10	2.45	3.84	1.48	3.26
荆门市	2.39	4.08	4.78	3.35	5.53	5.41
孝感市	1.30	2.88	3.25	3.18	5.53	6.73
黄冈市	0.54	2.17	2.45	3.61	5.98	6.46
咸宁地区	0.57	0.87	3.01	3.52	3.71	4.45
恩施自治州	0.44		2.69	1.93	2.80	3.51
随州市			0.79	0.88	1.01	1.70
仙桃市			0.39	1.15	2.02	1.68
天门市			0.56	0.98	2.03	1.64
潜江市			1.08	2.17	2.13	2.95
神农架林区	0.01	0.02	0.05	0.12	0.23	0.19
不分地区	0.65	0.73	0.02	1.06	5.84	2.22

19—15 地、市、州财政收入

单位:万元

地、市、州	1990年	1993年	1994年	1995年	1996年	1997年
合计	**778 496**	**1 150 707**	**774 641**	**996 864**	**1 245 090**	**1 398 901**
省级	47 766	79 186	95 432	115 703	131 459	156 493
武汉市	296 266	427 138	241 551	288 353	362 123	374 122
黄石市	31 288	53 315	26 302	28 553	33 594	46 367
十堰市	38 833	67 377	32 924	44 314	52 410	56 383
荆州市	87 088	77 155	58 161	79 645	102 100	81 518
宜昌市	57 548	86 570	53 662	70 111	89 410	106 928
襄樊市	66 515	84 192	49 268	64 662	88 872	104 375
鄂州市	13 372	19 312	11 684	16 439	20 645	22 641
荆门市	14 258	19 301	12 554	17 291	23 005	62 959
孝感市	38 048	51 610	31 365	41 224	53 320	63 327
黄冈市	36 048	58 719	47 506	66 953	86 435	102 253
咸宁地区	23 132	35 040	22 159	29 713	40 431	43 349
恩施自治州	27 810	41 410	19 042	28 131	34 214	42 881
随州市		13 228	14 974	23 325	33 489	37 042
仙桃市		15 132	22 111	29 196	33 938	33 512
天门市		10 901	15 133	26 606	30 811	31 983
潜江市		10 189	20 172	25 934	28 006	31 668
神农架林区	524	932	641	711	828	1 100

19—16 地、市、州财政支出

单位:万元

地、市、州	1990年	1993年	1994年	1995年	1996年	1997年
合计	**848 242**	**1 145 771**	**1 372 044**	**1 624 296**	**1 974 425**	**2 236 993**
省级	238 602	284 566	279 234	333 374	420 074	492 254
武汉市	155 791	200 033	260 815	313 718	392 728	443 923
黄石市	17 122	39 563	47 172	47 425	47 769	62 796
十堰市	38 662	61 678	79 292	92 062	98 979	102 716
荆州市	87 594	81 714	104 357	127 072	158 433	130 069
宜昌市	59 241	89 660	107 663	119 004	144 675	165 294
襄樊市	61 581	68 007	83 540	97 023	124 919	144 371
鄂州市	9 180	15 886	18 367	24 683	29 089	32 391
荆门市	12 034	16 414	21 062	25 655	31 508	80 146
孝感市	44 603	58 922	74 177	81 715	93 611	106 492
黄冈市	47 514	74 491	88 245	111 831	139 184	157 768
咸宁地区	32 129	45 991	50 143	57 407	69 825	70 743
恩施自治州	42 419	57 729	69 124	72 284	79 544	93 156
随州市		14 902	19 735	29 164	38 791	43 315
仙桃市		13 152	25 567	30 667	36 583	37 122
天门市		11 673	16 117	27 739	31 924	33 346
潜江市		9 480	24 322	30 272	33 399	37 625
神农架林区	1 769	2 650	3 112	3 201	3 390	3 466

注:1. 1992 年以前按原行政区划分。

2. 1997 年荆州市和荆门市按新行政区划分。

3. 从 1994 年开始,全国实行分税制财政体制,收入口径有所变化。

19—17 地、市、州居民消费水平

(1997 年)

地、市、州	居民消费（亿元）	非农业居民	农业居民	居民消费水平（元）	非农业居民	农业居民
合　　计	**1 496.82**	**753.66**	**743.16**	**2 559**	**4 768**	**1 741**
武汉市	354.38	285.24	69.14	4 923	6 807	2 298
黄石市	74.55	45.04	29.51	3 101	5 343	1 891
十堰市	71.94	39.71	32.23	2 108	4 715	1 254
荆州市	163.19	73.61	89.58	2 602	4 749	1 898
宜昌市	129.33	58.80	70.53	3 238	5 311	2 443
襄樊市	172.55	63.37	109.18	3 075	4 299	2 639
鄂州市	41.70	13.31	28.39	4 129	4 638	3 927
荆门市	107.05	42.85	64.20	3 680	5 717	2 973
孝感市	129.83	36.46	93.37	2 223	4 064	1 889
黄冈市	153.63	44.17	109.46	2 166	3 654	1 860
咸宁地区	58.00	27.56	30.44	2 136	3 943	1 514
恩施自治州	55.71	14.56	41.15	1 482	3 584	1 227
随州市	52.81	15.39	37.42	3 280	4 747	2 911
潜江市	34.73	17.26	17.47	3 584	5 586	2 647
仙桃市	42.66	19.48	23.18	2 784	3 803	2 273
天门市	41.66	13.94	27.72	2 481	3 894	2 097
神农架林区	1.41	0.62	0.79	1 767	2 471	1 450

19—18 地、市、州居民消费水平指数

(1997 年,按可比价格计算)

地、市、州	居民消费指数	(上年=100) 非农业居民	农业居民	居民消费水平指数	(上年=100) 非农业居民	农业居民
合　　计	**105.4**	**107.2**	**103.7**	**104.5**	**107.2**	**103.7**
武汉市	114.9	114.6	115.9	113.7	112.4	116.3
黄石市	113.5	110.5	118.1	111.7	108.5	116.6
十堰市	107.9	107.4	108.4	107.3	103.6	108.9
荆州市	101.7	109.0	96.5	100.5	106.1	95.9
宜昌市	116.0	122.6	110.7	115.8	117.4	112.3
襄樊市	107.1	105.3	108.1	105.6	101.7	107.4
鄂州市	127.8	101.5	134.1	120.9	99.0	133.8
荆门市	111.8	116.9	108.8	110.6	111.7	108.9
孝感市	111.4	105.2	113.9	110.3	104.1	112.8
黄冈市	116.4	121.8	114.2	115.1	116.2	113.6
咸宁地区	104.7	122.1	106.8	106.1	112.3	98.8
恩施自治州	110.6	122.0	107.1	110.1	114.2	107.9
随州市	105.7	110.0	104.1	104.9	108.1	103.4
潜江市	95.8	105.8	87.9	94.6	104.8	84.7
仙桃市	104.6	107.8	102.1	103.2	106.5	100.8
天门市	103.8	94.7	108.9	102.6	93.3	107.6
神农架林区	107.0	104.4	109.0	107.5	98.8	112.4

19—19 地、市、州乡村劳动力

单位:万人

地、市、州	1996年	#农林牧渔业劳动力	#工业劳动力	1997年	#农林牧渔业劳动力	#工业劳动力
合计	**1 792.83**	**1 296.46**	**131.49**	**1 783.50**	**1 266.04**	**130.56**
武汉市	121.87	82.42	14.38	121.41	81.55	13.96
黄石市	45.94	30.69	4.71	46.83	30.80	4.60
十堰市	111.31	86.24	5.25	111.14	85.18	5.25
荆州市	201.65	159.73	11.31	203.91	160.66	11.08
宜昌市	133.16	102.14	9.06	130.82	96.36	9.29
襄樊市	166.73	127.86	9.81	165.20	125.62	10.76
鄂州市	34.61	22.11	4.49	34.37	21.56	4.84
荆门市	85.30	64.28	8.25	86.40	65.88	7.01
孝感市	225.00	160.00	13.22	224.26	152.29	15.75
黄冈市	245.01	163.07	18.50	244.83	159.80	17.61
咸宁地区	76.39	53.67	5.80	75.73	52.28	5.81
恩施自治州	157.79	126.01	4.37	155.21	118.32	4.44
随州市	49.50	30.13	7.50	48.4	29.08	6.61
仙桃市	59.54	32.86	7.31	58.66	33.11	7.20
天门市	56.38	39.40	4.92	54.38	37.68	4.29
潜江市	20.51	14.00	2.58	19.85	14.10	2.02
神农架林区	2.14	1.85	0.03	2.1	1.77	0.04

19—20 地、市、州耕地面积

地、市、州	1990年		1996年		1997年	
	年末耕地面积（千公顷）	人平耕地（亩）	年末耕地面积（千公顷）	人平耕地（亩）	年末耕地面积（千公顷）	人平耕地（亩）
合计	**3 476.78**	**0.96**	**3 349.25**	**0.86**	**3 342.45**	**0.85**
武汉市	240.11	0.54	224.85	0.47	223.59	0.46
黄石市	84.08	0.60	80.83	0.51	80.61	0.50
十堰市	207.27	0.95	193.24	0.85	192.63	0.85
荆州市	480.48	1.31	442.48	1.05	441.81	1.05
宜昌市	275.72	1.07	264.82	1.00	264.19	0.99
襄樊市	429.00	1.26	415.21	1.12	415.40	1.10
鄂州市	44.33	0.73	40.80	0.62	40.95	0.61
荆门市	240.96	1.34	258.12	1.37	258.21	1.32
孝感市	296.41	0.83	289.04	0.75	288.54	0.74
黄冈市	335.85	0.77	317.59	0.68	316.54	0.67
咸宁地区	150.46	0.93	147.00	0.84	146.75	0.81
恩施自治州	291.61	1.22	288.26	1.15	287.86	1.14
随州市	99.63	1.52	97.93	0.92	97.47	0.90
仙桃市	108.29	1.17	104.35	1.03	103.88	1.01
天门市	110.63	1.08	108.28	0.97	108.12	0.96
潜江市	73.39	1.27	68.34	1.07	68.00	1.04
神农架林区	8.57	1.66	8.11	1.51	7.90	1.49

注:本表各年度数据均按新行政区划统计(下同)。

19—21 地、市、州农、林、牧、渔业总产值及指数

单位:亿元

地、市、州	绝对数			指数		
	1995年	1996年	1997年	1995年	1996年	1997年
合计	**988.53**	**1 140.76**	**1 243.68**	**114.1**	**106.8**	**109.5**
武汉市	94.34	109.84	121.32	112.0	108.7	108.4
黄石市	23.75	27.35	31.89	109.0	107.3	117.7
十堰市	43.43	52.04	52.13	106.7	110.3	102.1
荆州市	178.07	193.20	202.31	112.3	94.8	120.5
宜昌市	80.26	93.26	99.87	116.4	104.8	109.4
襄樊市	155.08	178.12	202.96	113.0	110.8	110.1
鄂州市	18.42	21.98	24.83	123.2	111.8	117.1
荆门市	103.56	127.46	136.97	115.3	109.7	118.3
孝感市	124.45	143.26	144.10	115.0	112.2	111.6
黄冈市	119.17	139.03	146.46	108.9	112.3	110.1
咸宁地区	47.61	52.73	59.50	110.8	106.3	113.0
恩施自治州	48.32	65.31	72.33	111.0	110.2	110.6
随州市	30.07	39.04	48.74	112.6	110.5	111.2
仙桃市	37.47	45.99	54.34	125.9	118.1	111.6
天门市	41.58	43.92	45.72	122.0	103.8	108.4
潜江市	28.61	31.89	36.40	127.6	101.7	106.6
神农架林区	0.84	0.89	1.05	103.2	87.7	84.4

注:本表产值按当年价格计算,指数按不变价格计算;全省合计数为调整数,故地、市、州相加不等于合计数。

19—22 地、市、州农、林、牧、渔四业产值

(1997年)

单位:亿元

地、市、州	合计	农业	林业	牧业	渔业
合计	**1 243.68**	**711.91**	**37.33**	**381.40**	**113.04**
武汉市	121.32	73.83	0.58	31.91	15.00
黄石市	31.89	17.03	0.63	9.79	4.44
十堰市	52.13	27.66	3.88	18.73	1.86
荆州市	202.31	116.73	1.04	57.34	27.20
宜昌市	99.87	61.89	3.13	30.26	4.59
襄樊市	202.96	123.15	5.91	67.13	6.77
鄂州市	24.83	13.97	0.19	4.88	5.79
荆门市	136.97	76.66	5.26	42.23	12.82
孝感市	144.10	81.17	4.22	44.62	14.09
黄冈市	146.46	85.12	6.19	37.78	17.37
咸宁地区	59.50	36.28	2.44	16.49	4.29
恩施自治州	72.33	44.08	3.47	24.60	0.18
随州市	48.74	28.12	2.76	15.85	2.01
仙桃市	54.34	30.28	0.37	16.98	6.71
天门市	45.72	25.03	0.19	16.67	3.83
潜江市	36.40	19.48	0.14	13.06	3.72
神农架林区	1.05	0.58	0.15	0.32	

注:本表产值按当年价格计算;全省合计数为调整数,故地、市、州相加不等于合计数。

19—23 地、市、州农、林、牧、渔业中间消耗

(1997年)

单位:亿元

地、市、州	合计	农业	林业	牧业	渔业
合计	**475.76**	**252.71**	**11.76**	**173.54**	**37.75**
武汉市	42.52	23.59	0.24	13.98	4.71
黄石市	10.47	4.82	0.18	4.32	1.15
十堰市	17.05	7.43	0.95	8.20	0.47
荆州市	71.70	39.27	0.57	32.24	8.62
宜昌市	31.74	17.48	0.78	12.13	1.35
襄樊市	61.44	36.24	1.66	21.29	2.25
鄂州市	7.46	3.80	0.16	2.49	1.01
荆门市	43.56	24.77	1.35	14.32	3.12
孝感市	45.52	21.20	1.17	18.53	4.62
黄冈市	47.75	22.91	1.28	14.06	5.50
咸宁地区	18.48	10.01	0.49	6.67	1.31
恩施自治州	24.15	14.55	1.16	8.37	0.07
随州市	18.90	11.32	0.54	6.62	0.42
仙桃市	21.07	8.27	0.27	9.21	3.32
天门市	15.90	8.27	0.18	6.81	0.64
潜江市	13.49	4.51	0.08	7.73	1.17
神农架林区	0.46	0.26	0.04	0.16	

注:全省中间消耗为调整数,故地、市、州相加不等于合计数。

19—24 地、市、州农、林、牧、渔业增加值

(1997年)

单位:亿元

地、市、州	合计	农业	林业	牧业	渔业
合计	**767.91**	**459.20**	**25.57**	**207.86**	**75.28**
武汉市	78.79	50.24	0.34	17.93	10.28
黄石市	21.42	12.21	0.46	5.46	3.29
十堰市	35.08	20.23	2.94	10.51	1.40
荆州市	130.60	77.46	0.46	34.10	18.58
宜昌市	68.12	44.40	2.35	18.13	3.24
襄樊市	141.52	86.90	4.25	45.85	4.52
鄂州市	17.36	10.17	0.04	2.37	4.78
荆门市	93.40	51.89	3.91	27.90	9.70
孝感市	98.58	59.97	3.05	26.10	9.46
黄冈市	102.71	62.19	4.91	23.73	11.88
咸宁地区	41.02	26.27	1.95	9.82	2.98
恩施自治州	48.19	29.53	2.31	16.24	0.11
随州市	29.85	16.80	2.22	9.23	1.60
仙桃市	33.27	22.01	0.10	7.77	3.39
天门市	29.81	16.76	0.01	9.86	3.18
潜江市	22.90	14.97	0.06	5.33	2.54
神农架林区	0.58	0.33	0.10	0.15	

注:全省增加值为调整数,故地、市、州相加不等于合计数。

19—25 地、市、州农、林、牧、渔业商品产值

(1997年)

单位:亿元

地、市、州	合计	农业	林业	牧业	渔业
合计	**757.56**	**397.41**	**18.04**	**262.42**	**79.69**
武汉市	81.61	44.67	0.23	24.53	12.18
黄石市	17.62	7.02	0.37	6.72	3.51
十堰市	22.87	9.88	1.88	9.68	1.43
荆州市	126.93	64.19	0.48	43.16	19.10
宜昌市	54.09	32.83	1.79	16.40	3.07
襄樊市	137.93	81.48	3.60	47.04	5.81
鄂州市	16.60	7.93	0.04	4.08	4.55
荆门市	81.42	44.60	3.11	26.25	7.46
孝感市	94.83	45.90	2.60	34.51	11.82
黄冈市	82.41	39.06	2.65	28.80	11.90
咸宁地区	33.24	17.03	1.24	11.33	3.64
恩施自治州	30.53	18.72	1.14	10.53	0.14
随州市	31.56	16.73	2.17	11.62	1.04
仙桃市	39.45	21.27	0.28	13.08	4.82
天门市	29.75	14.25	0.05	13.33	2.12
潜江市	24.49	11.78	0.08	9.99	2.64
神农架林区	0.22	0.11	0.04	0.07	

注:本表商品产值按当年价格计算;全省合计数为调整数,故地、市、州相加不等于合计数。

19—26 地、市、州农、林、牧、渔业劳动生产率

单位:元/人

地、市、州	平均每个农林牧渔劳动力创造			
	农林牧渔业总产值(不变价格)	农林牧渔业总产值(当年价格)	农林牧渔业增加值(当年价格)	农林牧渔业商品产值(当年价格)
合计	**5 336**	**9 707**	**5 993**	**5 913**
武汉市	7 259	14 797	9 610	9 954
黄石市	5 218	10 371	6 967	5 731
十堰市	3 091	6 082	4 093	2 668
荆州市	6 712	12 629	8 152	7 924
宜昌市	4 864	10 062	6 864	5 450
襄樊市	8 111	16 014	11 166	10 883
鄂州市	6 147	11 369	7 950	7 601
荆门市	11 085	21 046	14 352	12 511
孝感市	4 955	9 228	6 313	6 073
黄冈市	4 915	9 072	6 362	5 105
咸宁市	6 018	11 231	7 743	6 275
恩施市	2 696	5 920	3 945	2 499
随州市	8 131	16 461	10 081	10 659
仙桃市	8 773	16 473	10 085	11 959
天门市	6 131	11 863	7 735	7 719
潜江市	13 072	25 907	16 299	17 427
神农架林区	2 655	5 801	3 204	1 230

19—27 地、市、州农业机械拥有量

（1997年）

地、市、州	农业机械总动力（万瓦特）	大中型农用拖拉机		小型及手扶拖拉机（台）	大中型机引农具（台）
		混合台	万瓦特		
合　　计	**1 276 040.7**	**71 096**	**149 377.9**	**184 961**	**36 312**
武汉市	145 780.0	7 014	15 317.2	9 575	1 926
黄石市	35 378.9	2 195	4 509.1	1 265	470
十堰市	45 940.0	3 412	6 367.6	1 073	848
荆州市	180 349.3	5 909	15 296.9	21 733	2 106
宜昌市	96 901.4	6 007	1 178.9	17507	870
襄樊市	119 297.2	9 386	19 036.8	45 141	12 082
鄂州市	29 814.7	970	2 012.1	1 169	35
荆门市	108 924.9	7 409	16 226.5	30 035	6 830
孝感市	107 570.0	7 490	14 437.5	8 819	894
黄冈市	118 642.8	9 236	17 827.8	7 757	6 050
咸宁地区	57 591.9	2 421	4 575.7	4 698	495
恩施自治州	41 757.3	2 747	4 844.8	2 210	61
随州市	35 903.9	2 716	5 084.9	14 073	777
仙桃市	62 443.3	962	2 855.6	4 940	792
天门市	53 557.3	1 667	4 696.5	8 728	797
潜江市	34 671.2	1 334	4 065.6	6 220	1 274
神农架林区	1 516.6	131	244.4	18	5

地、市、州	小型及手扶拖拉机机引农具（台）	农用水泵（台）	机动脱粒机（台）	农用汽车（辆）
合　　计	**294 597**	**287 647**	**111 087**	**18 303**
武汉市	9 567	32 300	8 985	4 007
黄石市	629	7 278	3 436	808
十堰市	1 623	3 314	11 990	942
荆州市	12 353	65 551	15 612	1 295
宜昌市	88 083	35 175	6 288	2 492
襄樊市	62 476	13 566	16 174	938
鄂州市	1 847	5 067	3 637	706
荆门市	37 668	23 073	6 900	1 617
孝感市	6 795	25 744	10 806	626
黄冈市	32 676	25 354	10 260	764
咸宁地区	7 309	13 801	1 529	901
恩施自治州	931	1 575	285	990
随州市	20 429	5 062	3 686	406
仙桃市	2 324	13 474	3 100	904
天门市	7 255	10 852	4 357	413
潜江市	2 630	6 443	4 013	464
神农架林区	2	18	29	30

19—28 地、市、州农业机械化、用电、化肥、水利情况

(1997 年)

地、市、州	农业机械总动力（万瓦特）	当年实际机耕面积（千公顷）	农村用电量（万千瓦小时）	化肥施用量（折纯量）（万吨）	有效灌溉面积（千公顷）
合　　计	**1 276 040.7**	**947.05**	**554 244.76**	**262.18**	**2 150.37**
武 汉 市	145 780.0	47.03	94 228.00	14.31	180.27
黄 石 市	35 378.9	26.95	42 682.80	3.06	45.00
十 堰 市	45 940.0	6.13	13 059.74	7.91	34.20
荆 州 市	180 349.3	61.41	67 284.76	34.08	341.54
宜 昌 市	96 901.4	86.77	34 186.42	19.06	109.07
襄 樊 市	119 297.2	311.37	35 885.99	32.93	237.78
鄂 州 市	29 814.7	13.26	22 672.00	3.27	32.66
荆 门 市	108 924.9	67.31	33 758.42	18.25	188.68
孝 感 市	107 570.0	87.84	34 489.00	18.85	241.01
黄 冈 市	118 642.8	68.45	68 757.62	30.19	252.59
咸宁地区	57 591.9	24.30	27 247.95	7.49	100.50
恩施自治州	41 757.3	12.51	11 055.13	15.52	60.43
随 州 市	35 903.9	69.31	10 826.00	33.89	77.51
仙 桃 市	62 443.3	40.71	33 954.73	8.52	88.58
天 门 市	53 557.3	13.74	12 554.70	6.80	108.12
潜 江 市	34 671.2	9.95	11 001.50	7.97	52.33
神农架林区	1 516.6	0.01	600.00	0.08	0.10

19—29 地、市、州粮、棉、油产量

单位：万吨

地、市、州	粮食		棉花		油料	
	1996 年	1997 年	1996 年	1997 年	1996 年	1997 年
合　　计	**2 484.40**	**2 634.40**	**43.01**	**58.09**	**181.82**	**195.47**
武 汉 市	169.30	169.62	3.34	3.77	11.30	11.93
黄 石 市	60.19	66.53	0.34	0.40	3.22	4.27
十 堰 市	113.23	100.60	0.02	0.02	4.94	4.92
荆 州 市	328.50	387.79	10.99	15.40	25.57	28.31
宜 昌 市	166.82	172.68	2.97	3.18	15.59	17.31
襄 樊 市	386.10	405.68	4.38	5.96	26.35	24.45
鄂 州 市	37.54	39.86	1.05	1.20	3.72	4.22
荆 门 市	261.01	277.72	4.00	5.34	18.51	21.27
孝 感 市	279.90	286.59	3.91	4.61	11.67	12.39
黄 冈 市	297.06	310.81	5.05	5.37	28.51	30.95
咸宁地区	112.76	122.28	0.39	0.60	7.63	8.18
恩施自治州	145.53	156.02	0.01	0.01	6.63	8.37
随 州 市	111.16	119.40	1.52	1.98	2.71	2.60
仙 桃 市	86.96	89.96	2.15	2.51	6.52	7.80
天 门 市	64.96	66.37	4.58	5.30	4.68	4.67
潜 江 市	59.22	59.42	2.03	2.44	4.23	3.78
神农架林区	2.10	2.10			0.04	0.05

注：粮食、棉花产量全省合计数为调整数，故地、市、州相加不等于合计（下表同）。

19—30 地、市、州主要农作物产量

（1997 年）

单位：万吨

地、市、州	粮食	#稻谷	#小麦	#玉米	#薯类	#大豆	棉花	油料	#花生
合计	**2 634.40**	**1 818.50**	**446.80**	**161.00**	**132.25**	**30.00**	**58.07**	**195.47**	**31.24**
武汉市	169.62	139.11	15.57	3.80	3.61	3.47	3.77	11.93	1.96
黄石市	66.53	49.33	5.92	2.30	7.07	1.07	0.40	4.27	0.47
十堰市	100.60	20.11	40.06	22.62	13.55	2.29	0.02	4.92	0.77
荆州市	387.79	335.27	29.22	8.40	4.40	2.95	15.40	28.31	0.41
宜昌市	172.68	84.64	20.59	37.00	24.37	1.83	3.18	17.31	2.84
襄樊市	405.68	220.70	149.13	16.98	8.57	3.22	5.96	24.45	7.19
鄂州市	39.86	31.97	4.93	0.48	1.21	0.62	1.20	4.22	0.16
荆门市	277.72	201.27	56.74	8.41	4.12	3.34	5.34	21.27	3.18
孝感市	286.59	229.65	47.03	0.36	2.49	2.05	4.61	12.39	3.81
黄冈市	310.81	252.44	37.06	2.06	12.69	2.78	5.37	30.95	7.02
咸宁地区	122.28	98.67	3.04	6.53	10.00	2.46	0.60	8.18	0.87
恩施自治州	156.02	43.03	9.88	49.20	50.13	2.48	0.01	8.37	0.77
随州市	119.40	80.06	35.86	0.32	1.43	0.61	1.98	2.60	0.67
仙桃市	89.96	75.54	8.41	1.84	1.72	1.27	2.51	7.80	0.25
天门市	66.37	42.02	12.12	0.52	1.64	2.47	5.30	4.67	0.58
潜江市	59.42	41.57	11.78	3.30	0.41	1.33	2.44	3.78	0.29
神农架林区	2.10	0.03	0.32	0.87	0.81	0.02		0.05	

地、市、州	#油菜籽	#芝麻	麻类	#苎麻	糖料	#甘蔗	烟叶	#烤烟
合计	**147.53**	**15.62**	**8.81**	**3.15**	**100.90**	**100.90**	**19.99**	**13.91**
武汉市	8.19	1.77	0.18	0.18	5.86	5.86	0.03	0.01
黄石市	2.99	0.81	0.48	0.48	0.06	0.06		
十堰市	2.92	1.14			0.27	0.27	0.74	0.49
荆州市	26.76	1.09	2.91	0.10	46.59	46.59	0.02	
宜昌市	13.98	0.33			0.41	0.41	2.10	1.10
襄樊市	13.04	4.21	1.67	0.05	7.29	7.29	3.49	3.44
鄂州市	3.60	0.46	0.12	0.12	7.50	7.50		
荆门市	16.59	1.49	0.04		3.78	3.78		
孝感市	7.77	0.80	0.03	0.02	2.99	2.99	0.32	0.32
黄冈市	22.38	1.07	0.53	0.43	4.89	4.89	0.27	0.12
咸宁地区	6.62	0.69	1.53	1.53	3.08	3.08	0.05	0.05
恩施自治州	7.32	0.03	0.01	0.01	0.25	0.25	12.85	8.26
随州市	1.40	0.52	0.05	0.01	0.24	0.24	0.12	0.12
仙桃市	6.94	0.61	0.68	0.22	11.94	11.94		
天门市	3.69	0.40	0.18		1.82	1.82		
潜江市	3.30	0.20	0.40		3.93	3.93		
神农架林区	0.04							

19—31 地、市、州大牲畜、羊、猪年末存栏、出栏、肉产量

(1997年)

地、市、州	大牲畜存栏(万头)	#牛	羊存栏(万只)	#山羊	年末生猪存栏(万头)	#能繁殖母猪
合计	**451.88**	**447.59**	**348.73**	**343.34**	**2 542.46**	**166.78**
武汉市	25.77	25.69	3.03	3.00	137.49	8.00
黄石市	7.92	7.91	3.58	3.58	61.71	2.76
十堰市	32.71	32.49	49.10	49.06	148.79	4.81
荆州市	23.63	23.03	10.74	10.68	273.40	14.83
宜昌市	23.62	23.50	35.16	35.08	231.88	15.95
襄樊市	113.12	112.71	111.59	107.13	347.87	34.78
鄂州市	3.47	3.47	0.37	0.37	26.17	1.00
荆门市	28.63	27.65	14.00	13.86	176.16	10.74
孝感市	48.86	48.14	18.06	17.90	240.00	12.31
黄冈市	52.01	51.97	17.29	17.29	247.33	14.50
咸宁地区	13.66	13.66	8.02	8.02	95.92	5.77
恩施自治州	35.18	34.61	55.34	55.10	269.44	20.98
随州市	25.53	25.46	16.99	16.88	71.20	4.00
仙桃市	4.89	4.77	0.42	0.40	80.40	7.69
天门市	7.57	7.24	1.40	1.40	81.92	5.42
潜江市	4.17	4.15	1.02	1.02	47.29	3.00
神农架林区	1.14	1.14	2.62	2.57	5.49	0.24

地、市、州	年内出栏肉猪(万头)	年内出栏羊(万只)	出笼禽(万只)	肉类总产量(万吨)	#猪肉产量	#羊肉	禽蛋产量(万吨)
合计	**3 479.83**	**329.24**	**32 372.76**	**342.23**	**282.54**	**4.82**	**118.16**
武汉市	197.89	4.68	3 337.34	25.29	19.54	0.05	11.77
黄石市	90.10	1.66	670.46	7.20	6.54	0.02	1.02
十堰市	156.80	27.56	703.84	15.98	14.05	0.47	3.10
荆州市	460.73	14.97	4 754.73	40.12	32.98	0.20	16.85
宜昌市	300.89	33.69	1 757.14	25.64	21.90	0.48	3.18
襄樊市	503.12	134.92	5 044.50	52.60	39.30	1.84	16.57
鄂州市	39.25	0.51	376.33	3.95	3.44	0.01	1.51
荆门市	303.37	20.30	3 576.47	29.06	22.93	0.30	13.72
孝感市	275.02	21.39	5 030.16	32.17	25.20	0.41	17.24
黄冈市	292.97	11.70	1 853.12	29.09	25.42	0.20	8.06
咸宁地区	152.75	5.18	496.75	14.21	13.54	0.07	2.17
恩施自治州	243.46	27.15	262.45	20.95	20.05	0.36	1.47
随州市	107.74	22.00	917.00	12.18	9.27	0.36	4.26
仙桃市	124.96	0.52	859.88	9.78	8.75	0.01	7.77
天门市	126.58	1.50	1 222.89	12.96	10.76	0.02	6.32
潜江市	101.16	0.97	1 504.76	10.75	8.59	0.01	3.12
神农架林区	3.04	0.54	5.54	0.30	0.28	0.01	0.03

19—32　地、市、州生猪年末存栏和年内出栏头数

单位:万头

地、市、州	生猪年末存栏头数			生猪年内出栏头数		
	1990年	1996年	1997年	1990年	1996年	1997年
合　　计	**2 063.55**	**2 513.72**	**2 542.46**	**1 714.30**	**3 240.67**	**3 479.83**
武汉市	126.72	139.59	137.49	124.08	183.96	197.89
黄石市	60.31	60.68	61.71	43.64	74.59	90.10
十堰市	141.35	157.63	148.79	93.66	145.59	156.80
荆州市	221.1	281.82	273.40	220.05	457.75	460.73
宜昌市	245.79	239.20	231.88	233.43	295.77	300.89
襄樊市	214.17	336.72	347.87	149.53	444.73	503.12
鄂州市	22.74	25.22	26.17	17.43	35.27	39.25
荆门市	134.97	172.01	176.16	129.78	267.91	303.37
孝感市	170.65	227.38	240.00	125.29	250.57	275.02
黄冈市	235.19	232.06	247.33	177.57	278.07	292.97
咸宁地区	91.01	94.91	95.92	83.29	140.99	152.75
恩施自治州	215.19	261.98	269.44	143.44	226.29	243.46
随州市	49.88	72.17	71.20	34.61	103.67	107.74
仙桃市	45.43	78.37	80.40	51.00	120.33	124.96
天门市	49.56	81.57	81.92	52.47	126.24	126.58
潜江市	34.60	46.72	47.29	32.52	85.72	101.16
神农架林区	4.89	5.69	5.49	2.52	3.22	3.04

19—33　地、市、州水产品产量

单位:万吨

地、市、州	1990年	1993年	1994年	1995年	1996年	1997年
合　　计	**70.98**	**101.29**	**129.41**	**150.91**	**174.64**	**202.37**
武汉市	11.30	14.83	17.75	21.74	23.65	25.88
黄石市	2.71	3.92	4.53	5.52	6.13	7.08
十堰市	0.70	0.96	1.66	1.89	3.31	3.32
荆州市	16.74	22.20	27.01	33.44	31.69	40.76
宜昌市	2.51	3.38	4.06	4.84	6.13	7.23
襄樊市	2.12	3.55	5.94	7.94	9.88	11.32
鄂州市	1.97	3.13	4.08	4.93	6.09	7.19
荆门市	4.92	8.43	11.51	14.07	16.36	20.54
孝感市	7.20	9.77	12.54	16.09	19.59	22.32
黄冈市	7.75	12.53	17.07	21.65	25.09	27.42
咸宁地区	3.62	4.51	5.13	6.34	6.09	7.39
恩施自治州	0.17	0.20	0.23	0.25	0.28	0.32
随州市	0.89	2.01	2.16	2.51	3.14	3.50
仙桃市	5.01	6.66	8.20	10.02	10.62	11.66
天门市	1.56	2.49	3.40	5.50	5.70	5.92
潜江市	1.80	2.72	4.13	5.23	5.88	6.52
神农架林区						

注:1995年、1996年水产品产量合计为调整数,故地、市、州相加不等于合计(下表同)。

19—34 地、市、州水产品生产情况

(1997 年)

地、市、州	水产品产量(万吨)	#鱼类	养殖面积(千公顷)	养殖产量(万吨)	鱼苗(亿尾)
合计	**202.37**	**189.05**	**549.14**	**171.23**	**402.24**
武汉市	25.88	25.60	96.54	24.13	50.62
黄石市	7.08	6.71	32.70	6.43	7.10
十堰市	3.32	2.85	5.35	2.28	2.54
荆州市	40.76	37.46	79.63	33.02	111.42
宜昌市	7.23	7.09	19.10	5.64	10.17
襄樊市	11.32	11.10	41.24	9.53	19.53
鄂州市	7.19	6.72	20.24	5.30	1.04
荆门市	20.54	20.04	54.36	16.76	30.01
孝感市	22.32	21.24	60.21	17.38	37.04
黄冈市	27.42	21.89	57.63	20.87	68.52
咸宁地区	7.39	7.23	34.04	6.24	15.65
恩施自治州	0.32	0.31	2.32	0.23	0.70
随州市	3.50	3.49	14.75	3.07	5.00
仙桃市	11.66	11.24	12.85	10.09	19.66
天门市	5.92	5.76	9.86	5.18	11.52
潜江市	6.52	5.82	8.32	5.10	1.72

注:鱼类的合计数为调整数,故地市相加不等于合计数。

19—35 地、市、州主要土特产品产量

(1997 年)

单位:万吨

地、市、州	茶叶	#绿毛茶	蚕茧	#桑蚕茧	水果	#桃子	#柑桔	#苹果	白木耳(千克)	黑木耳(千克)
合计	**4.77**	**3.71**	**1.26**	**1.25**	**179.08**	**22.48**	**84.92**	**5.86**	**152 262**	**974 895**
武汉市	0.12	0.09			6.26	1.04	1.08	0.01	22 840	1 523
黄石市	0.03	0.03			1.18	0.07	0.98			
十堰市	0.09	0.09			9.53	0.27	7.77	0.17	3 170	327 590
荆州市	0.04	0.04			18.06	0.95	10.52			3 000
宜昌市	0.76	0.71	0.15	0.15	51.99	0.58	43.57	0.06	50	45 111
襄樊市	0.37	0.37	0.16	0.16	28.75	7.23	3.51	4.98	24 080	419 219
鄂州市	0.03	0.02			0.59	0.13	0.26			
荆门市	0.03	0.03			24.88	4.12	7.78	0.02	7 600	82 319
孝感市	0.16	0.15			8.57	5.30	0.21	0.09	78 450	25 192
黄冈市	0.80	0.76	0.91	0.90	4.63	0.66	2.84	0.07	1 272	10 476
咸宁地区	1.00	0.36			2.13	0.24	1.62	0.01		1 900
恩施自治州	1.24	0.96	0.03	0.03	4.60	0.18	2.73	0.05	400	1 265
随州市	0.10	0.10	0.01	0.01	4.78	1.02	0.35	0.35	14 400	48 900
仙桃市					7.30	0.39	0.88	0.04		
天门市					3.63	0.20	0.70			
潜江市					2.15	0.09	0.12			
神农架林区					0.05	0.01				8 400

19—36 地、市、州人平粮、棉、油、猪、水产品生产水平

(1997年)

单位:千克

地、市、州	粮食	棉花	油料	肉类	水产品	禽蛋
			按总人口平均			
合计	**450**	**9.9**	**33.4**	**58.5**	**34.6**	**20.2**
武汉市	236	5.2	16.6	35.1	35.9	16.3
黄石市	277	1.6	17.8	29.9	29.5	4.2
十堰市	295	0.07	14.4	46.9	9.7	9.1
荆州市	619	25.0	45.2	64.0	65.0	26.9
宜昌市	432	8.0	43.4	64.2	18.1	8.0
襄樊市	723	10.6	43.6	93.7	20.2	30.0
鄂州市	397	12.0	42.0	39.3	71.6	15.0
荆门市	954	18.3	73.1	99.8	70.6	47.1
孝感市	491	7.9	21.2	55.0	38.2	29.5
黄冈市	438	7.6	43.6	41.0	38.7	11.4
咸宁地区	451	2.2	30.2	52.4	27.3	8.0
恩施自治州	415	0.03	22.3	55.7	0.9	3.9
随州市	742	12.3	16.1	75.7	21.7	26.0
仙桃市	587	16.4	50.9	63.8	76.1	50.7
天门市	395	31.6	27.8	77.2	35.2	37.6
潜江市	613	25.2	39.0	111.0	67.3	32.2
神农架林区	262		6.5	37.5		4.0
			按农业人口平均			
合计	**619**	**13.6**	**45.9**	**80.4**	**47.6**	**27.8**
武汉市	564	12.5	39.6	84.1	86.0	39.1
黄石市	426	2.5	27.4	46.1	45.3	6.5
十堰市	391	0.9	19.2	62.2	12.9	12.0
荆州市	821	33.0	59.9	84.9	86.3	36.0
宜昌市	598	11.0	60.0	88.8	25.0	11.0
襄樊市	981	14.4	59.0	127.0	27.4	40.0
鄂州市	557	16.8	58.9	55.1	100.4	21.1
荆门市	1 290	24.8	99.0	135.0	95.4	63.7
孝感市	582	9.4	25.2	65.0	45.3	35.0
黄冈市	528	9.1	52.6	49.4	46.6	13.7
咸宁地区	608	3.0	40.7	70.7	36.8	10.8
恩施自治州	465	0.03	25.0	62.5	1.0	4.4
随州市	928	15.4	20.2	94.6	27.2	33.1
仙桃市	796	22.2	69.0	86.5	103.2	68.7
天门市	502	40.1	35.3	98.1	44.8	47.8
潜江市	900	37.0	57.2	162.8	98.7	47.2
神农架林区	377		9.3	53.9		5.7

19—37 地、市、州造林面积和主要林产品产量

（1997 年）

地、市、州	造林面积（千公顷）	#用材林	#经济林	育苗面积（千公顷）	木材采伐量（万立方米）	竹材采伐量（万根）
合　　计	**223.61**	**90.79**	**112.66**	**8.82**	**163.38**	**29 822.03**
武汉市	5.20	2.33	2.37	0.46	2.19	47.12
黄石市	5.15	2.38	2.25	0.08	1.30	850.03
十堰市	24.66	7.47	11.68	0.64	19.65	2 213.41
荆州市	8.20	6.00	1.12	0.45	5.90	826.15
宜昌市	14.90	4.60	9.15	0.31	17.13	2 908.99
襄樊市	25.78	8.03	15.15	3.25	26.04	7 097.51
鄂州市	1.97	1.05	0.66	0.07	0.33	157.0
荆门市	15.73	5.34	8.90	0.58	7.91	5 814.57
孝感市	21.96	9.52	11.33	1.08	7.83	1 161.10
黄冈市	28.67	13.80	12.44	0.79	23.39	3 432.87
咸宁地区	19.21	11.02	6.98	0.17	11.39	1 191.96
恩施自治州	29.13	10.90	16.60	0.18	26.77	2 883.19
随州市	16.87	4.30	12.26	0.16	6.71	560.0
仙桃市	1.51	0.83	0.44	0.32	3.84	6.50
天门市	1.15	0.96	0.09	0.20	1.29	118.70
潜江市	0.87	0.65	0.20	0.08	1.06	101.93
神农架林区	2.65	1.61	1.04		0.65	1.00

地、市、州	生漆（千克）	油桐籽（吨）	油茶籽（吨）	乌桕籽（吨）	核桃（吨）	五倍子（吨）
合　　计	**439 446**	**30 491**	**16645**	**17 360**	**1 741**	**2 162**
武汉市		213	594	67		39
黄石市		122	763			
十堰市	59 844	13 820	198	1 350	494	1 357
荆州市		17	53	146	4	
宜昌市	37 315	2 005	121	1 353	429	122
襄樊市	2 483	1 365	956	1 293	289	58
鄂州市		65	208			
荆门市	4 000	757	449	1 079	135	205
孝感市	6 200	1 485	1 764	4 340	7	58
黄冈市		4 353	4 511	4 608	15	3
咸宁地区		516	5 345	13		
恩施自治州	321 604	2 935	436	1 102	200	237
随州市		2 832	1 247	2 009	101	83
神农架林区	8 000	6			67	

19—38 地、市、州乡及乡以上按轻、重工业分的工业总产值

（1997 年）

单位：亿元

地、市、州	轻工业	以农产品为原料	以非农产品为原料	重工业	采掘工业	原料工业	加工工业
合计	**1 493.22**	**1 140.41**	**352.81**	**1 903.25**	**121.21**	**603.46**	**1 178.58**
武汉市	251.21	196.16	55.05	513.43	2.21	271.64	239.58
黄石市	36.76	24.44	12.32	104.78	17.11	61.95	25.72
十堰市	23.39	15.99	7.40	219.54	1.91	20.04	197.59
荆州市	151.83	110.60	41.23	129.89	2.77	19.63	107.49
宜昌市	85.58	72.75	12.83	145.37	12.38	42.89	90.10
襄樊市	250.09	211.56	38.53	187.94	8.35	40.37	139.22
鄂州市	36.09	24.87	11.22	55.03	4.67	28.49	21.87
荆门市	79.81	60.21	19.60	143.54	14.61	22.62	106.30
孝感市	103.89	76.69	27.20	93.74	6.14	38.77	48.83
黄冈市	113.85	88.37	25.48	111.70	10.54	17.48	83.69
咸宁地区	59.57	46.12	13.45	42.25	5.10	11.88	25.26
恩施自治州	33.41	24.28	9.13	15.49	3.32	6.08	6.10
随州市	44.26	39.48	4.78	27.07	3.51	2.88	20.68
仙桃市	102.61	67.88	34.73	29.97	—	0.40	29.57
天门市	63.07	32.09	30.98	26.00	0.07	2.00	23.92
潜江市	57.37	48.87	8.50	56.01	28.52	15.40	12.09
神农架林区	0.43	0.05	0.38	1.52	0.01	0.95	0.55

注：本表按当年价格计算（下表同）。

19—39 地、市、州乡及乡以上按经济类型和企业规模分的工业总产值

（1997 年）

单位：亿元

地、市、州	国有经济	集体经济	其他经济	大型企业	中型企业	小型企业
合计	**1 442.01**	**1 352.38**	**602.08**	**1 084.75**	**386.05**	**1 925.67**
武汉市	418.91	129.80	215.93	476.26	74.27	214.11
黄石市	62.23	39.28	40.03	54.35	26.00	61.19
十堰市	172.85	50.49	19.59	164.56	23.10	55.27
荆州市	74.06	151.74	55.92	39.55	42.99	199.18
宜昌市	107.72	86.08	37.15	72.13	37.27	121.55
襄樊市	141.56	225.69	70.77	81.95	50.30	305.77
鄂州市	30.27	30.26	30.59	23.54	7.46	60.12
荆门市	111.71	93.14	18.49	71.09	19.20	133.05
孝感市	79.61	100.19	17.83	38.76	18.33	140.55
黄冈市	75.70	127.00	22.84	8.99	22.12	194.44
咸宁地区	32.76	55.43	13.63	5.87	13.15	82.80
恩施自治州	33.03	14.31	1.57		13.76	35.15
随州市	18.93	48.86	3.54	7.15	6.37	57.81
仙桃市	17.04	90.60	24.94	4.97	15.02	112.58
天门市	16.63	62.59	9.85		8.26	80.81
潜江市	47.51	46.56	19.31	35.57	7.66	70.15
神农架林区	1.49	0.35	0.11		0.79	1.15

19—40 地、市、州全部独立核算工业企业主要经济指标

(1997年)

单位:亿元

地、市、州	企业单位数(个)	工业增加值(生产法)	全部职工年平均人数(万人)	流动资产年平均余额	固定资产原价
合　　计	**19 779**	**995.42**	**362.50**	**1 743.37**	**2 394.91**
武汉市	2 890	229.60	9 158	596.29	806.31
黄石市	904	39.91	22.91	110.37	154.35
十堰市	913	65.97	23.14	187.91	194.73
荆州市	1 641	76.79	32.51	115.89	149.48
宜昌市	1 595	78.19	29.09	145.05	294.03
襄樊市	2 020	138.36	41.53	156.62	186.00
鄂州市	529	26.33	9.09	35.58	58.56
荆门市	930	56.38	16.23	63.71	120.47
孝感市	2 069	60.07	22.13	72.04	117.11
黄冈市	1 840	60.15	21.60	66.03	74.10
咸宁地区	1 496	29.88	14.41	39.51	56.73
恩施自治州	1 101	19.41	7.04	29.24	42.72
随州市	527	17.07	6.28	27.46	18.62
仙桃市	501	40.28	11.00	32.28	28.69
天门市	448	28.42	6.30	22.81	11.02
潜江市	325	27.87	7.20	41.64	78.86
神农架林区	50	0.74	0.48	0.94	3.14

地、市、州	固定资产净值年平均余额	产品销售收入	# 产品销售税金及附加	利润总额	利税总额	本年应交增值税
合　　计	**1 557.12**	**2 681.36**	**54.09**	**57.71**	**221.53**	**109.73**
武汉市	514.17	707.29	17.59	9.90	64.28	36.80
黄石市	91.81	114.63	1.02	1.45	7.40	4.94
十堰市	120.01	221.02	2.64	0.05	12.40	9.71
荆州市	101.47	204.51	2.30	1.85	10.18	6.04
宜昌市	208.90	183.45	4.11	7.96	21.45	9.38
襄樊市	124.52	312.89	6.82	11.97	31.23	12.44
鄂州市	39.97	76.80	0.40	1.91	5.00	2.69
荆门市	75.75	178.89	5.59	6.84	19.28	6.86
孝感市	76.06	159.29	2.89	3.22	12.07	5.95
黄冈市	50.74	152.11	3.17	6.33	13.31	3.82
咸宁地区	37.93	75.25	1.04	—0.40	2.78	2.14
恩施自治州	30.90	40.50	4.04	0.42	7.14	2.68
随州市	12.70	31.43	0.26	—0.24	0.71	0.69
仙桃市	19.49	93.71	0.42	4.23	7.34	2.68
天门市	7.49	50.96	0.83	1.59	3.75	1.34
潜江市	43.34	77.29	0.93	0.75	3.17	1.49
神农架林区	1.88	1.35	0.05	—0.11	0.02	0.08

19—41 地、市、州国有独立核算工业企业主要经济指标

(1997年)

单位:亿元

地、市、州	企业单位数(个)	工业增加值(生产法)	全部职工年平均人数(万人)	流动资产年平均余额	固定资产原价
合计	**3 611**	**415.03**	**184.13**	**1 002.55**	**1 600.84**
武汉市	751	131.69	56.48	384.46	556.25
黄石市	148	16.82	12.05	48.56	83.72
十堰市	244	44.48	14.54	147.39	158.34
荆州市	310	18.21	11.78	41.58	67.81
宜昌市	304	38.85	16.00	84.01	197.42
襄樊市	320	38.59	18.68	75.02	111.35
鄂州市	105	7.57	4.53	17.72	40.72
荆门市	175	26.32	9.01	38.06	86.97
孝感市	243	27.51	10.28	42.46	88.27
黄冈市	328	17.51	9.41	27.31	45.45
咸宁地区	292	7.66	6.76	21.02	36.90
恩施自治州	171	13.61	4.01	22.80	32.26
随州市	67	2.90	2.47	12.35	11.54
仙桃市	41	2.70	1.35	4.72	6.50
天门市	59	4.62	2.17	6.86	4.59
潜江市	38	15.39	4.19	27.43	69.82
神农架林区	15	0.62	0.42	0.81	2.95

地、市、州	固定资产净值年平均余额	产品销售收入	# 产品销售税金及附加	利润总额	利税总额	应交增值税
合计	**983.28**	**1 179.86**	**32.17**	**3.68**	**99.30**	**63.45**
武汉市	325.43	397.87	12.99	0.68	39.51	25.84
黄石市	49.83	51.22	0.45	−0.14	3.38	3.07
十堰市	92.63	161.95	1.34	0.59	8.82	6.88
荆州市	45.60	51.30	0.34	−2.31	0.04	2.01
宜昌市	138.16	92.99	1.73	4.03	10.74	4.98
襄樊市	70.48	92.82	3.91	−0.92	7.39	4.41
鄂州市	26.21	26.41	0.18	0.19	1.93	1.56
荆门市	51.44	87.56	3.68	1.94	9.91	4.28
孝感市	53.42	66.86	1.56	0.58	5.99	3.85
黄冈市	30.35	43.17	1.31	2.72	5.59	1.57
咸宁地区	22.48	22.81	0.49	−1.60	−0.11	1.0
恩施自治州	23.09	27.03	3.40	−0.35	5.21	2.17
随州市	8.02	11.16	0.04	0.68	−0.33	0.32
仙桃市	4.82	6.66	0.02	−0.08	0.10	0.15
天门市	3.05	7.93	0.10	0.16	0.48	0.21
潜江市	36.54	31.02	0.58	−0.98	0.70	1.09
神农架林区	1.73	1.09	0.04	−0.16	−0.05	0.07

19—42　全省民用机动车年末拥有量

（1997 年）

单位：辆

地、市、州	汽车总计	载客汽车	#大型	载货汽车	#大型	专用载货汽车	其他专用汽车
合　　计	**414 288**	**203 921**	**27 827**	**192 859**	**104 752**	**5 788**	**3 593**
武 汉 市	125 606	70 567	14 318	49 919	25 881	2 390	1 140
黄 石 市	16 782	6 906	1 108	9 129	5 346	262	157
十 堰 市	22 228	9 537	1 164	12 087	6 212	198	184
荆 州 市	32 884	14 366	1 805	17 593	8 155	367	168
宜 昌 市	46 114	17 527	1 684	27 187	12 480	422	432
襄 樊 市	35 662	15 732	1 617	18 350	11 142	432	270
鄂 州 市	6 979	3 527	381	3 087	2 103	100	64
荆 门 市	19 216	7 783	722	10 533	6 660	509	117
孝 感 市	20 547	11 941	960	8 090	5 274	184	109
黄 冈 市	22 582	12 030	1 231	9 946	5 936	192	62
咸宁地区	12 000	6 189	802	5 327	3 764	142	134
恩施自治州	14 230	6 477	588	7 314	3 765	178	88
随 州 市	6 090	2 521	245	3 406	2 009	50	49
仙 桃 市	5 403	2 280	352	2 970	1 878	57	11
潜 江 市	8 850	3 567	406	4 467	2 449	247	370
天 门 市	4 693	2 362	306	2 252	1 131	38	8
神农架林区	432	266	8	155	80	5	
省　　直	13 990	10 343	130	1 047	487	15	230

地、市、州	特种汽车	轮胎式拖拉机	#手扶	摩托车	#轻便摩托	其他机动车	载货挂车
合　　计	**8 127**	**17 961**	**6 538**	**576 911**	**47 453**	**61 686**	**5 509**
武 汉 市	1 590	16 593	6 506	95 962	25 773	8 437	220
黄 石 市	328	21		11 262	163	1 424	27
十 堰 市	222	129		15 463	571	2 142	53
荆 州 市	390	122	2	69 897	3 927	3 552	94
宜 昌 市	546	16	4	102 982	5 602	4 926	100
襄 樊 市	878	77		42 882	1 647	8 851	1 874
鄂 州 市	201			2 487	161	1 129	124
荆 门 市	274	180	15	51 454	2 069	4 967	775
孝 感 市	223	202		25 148	1 370	10 785	981
黄 冈 市	352	39	7	65 976	2 973	6 709	280
咸宁地区	208			27 005	690	4 250	59
恩施自治州	173	102	2	12 768	403	1 921	
随 州 市	64	178	1	22 584	550	374	254
仙 桃 市	85	14	1	7 911	870	1 183	308
潜 江 市	199	128		8 188	266	335	131
天 门 市	33			14 819	417	669	229
神农架林区	6	160		123	1	32	
省　　直	2 355						

19—43 地、市、州邮电业务量

(1997 年)

地、市、州	邮电业务总量(万元)	函件(万件)	报纸期发数(万份)	公众电报(万份)	长途电话(万次)	本地电话用户数(中央国有)(户)	本地电话用户数(地方国有)(户)
合计	**601 387**	**40 988**	**629.61**	**221**	**50 876**	**2 465 632**	**941 253**
武汉市	247 702	22 269	137.98	45	19 420	1 050 480	78 522
黄石市	24 147	594	76.83	7	2 189	114 334	28 908
十堰市	22 543	1 507	25.31	18	2 518	95 247	23 843
荆州市	47 757	1 592	87.77	15	4 073	193 006	131 985
宜昌市	40 561	1 383	31.38	17	3 228	176 632	53 937
襄樊市	44 682	1 596	24.87	19	3 102	205 235	96 578
鄂州市	12 008	298	5.99	2	1 021	36 641	21 372
荆门市	19 814	872	18.67	9	1 559	80 793	53 077
孝感市	34 241	1 477	39.13	19	4 003	118 988	102 019
黄冈市	42 350	4 874	45.83	30	3 513	133 931	129 619
咸宁地区	19 986	1 039	12.48	11	2 152	82 084	69 716
恩施自治州	11 640	693	28.12	16	1 060	59 934	23 772
随州市	7 377	407	8.60	4	628	27 950	24 043
仙桃市	9 485	554	7.50	3	906	31 662	33 451
潜江市	7 713	180	6.48	2	684	27 239	36 311
天门市	8 727	1 454	72.12	4	755	25 403	38 757
神农架林区	588	0.27	0.57	0.55	65	3 130	1 350
省直	66						

19—44 地、市、州邮电通信网

(1997 年)

地、市、州	邮电局所(处)	农村投递线路(公里)	邮路总长度(公里)	#航空邮路	长话电话电路(路)	公众电报电路(路)
合计	**2 548**	**187 892**	**68 253**	**21 552**	**65 501**	**320**
武汉市	344	12 897	37 693	21 552	49 481	149
黄石市	91	6 168	1 068		3 408	5
十堰市	179	19 732	3 915		1 922	38
荆州市	249	13 464	2 330		7 580	31
宜昌市	203	18 169	4 125		5 519	51
襄樊市	241	15 458	3 967		5 704	30
鄂州市	37	1 878	351		1 718	1
荆门市	108	6 550	2 008		2 924	8
孝感市	183	19 287	2 219		4 252	25
黄冈市	421	23 840	2 915		3 322	25
咸宁地区	134	11 406	1 556		3 230	15
恩施自治州	168	23 747	4 175		2 170	24
随州市	39	4 211	631		1 887	2
仙桃市	76	3 335	382		5 836	30
潜江市	25	2 867	237		1 243	2
天门市	38	3 323	371		1 307	3
神农架林区	11	557	307		3	1

注:各地市、州长话业务电路、电报电路是未折半数据。公众电报电路中:省内二级电路未折半。

19—45 地、市、州按行业分的社会消费品零售总额

(1997 年)

单位:亿元

地、市、州	总额	批发零售贸易业	餐饮业	制造业	其他
合计	**1 345.34**	**840.80**	**119.70**	**79.77**	**305.08**
武汉市	438.02	269.36	35.49	22.97	110.20
黄石市	54.57	32.87	5.07	2.26	14.37
十堰市	57.65	34.56	4.71	1.09	17.29
荆州市	130.95	73.59	14.94	9.54	32.88
宜昌市	105.23	68.00	13.64	6.27	17.31
襄樊市	108.96	71.59	8.27	9.41	19.69
鄂州市	26.56	16.71	1.93	0.07	7.85
荆门市	72.40	39.11	5.18	6.10	22.01
孝感市	84.78	54.30	10.58	6.65	13.26
黄冈市	78.84	54.87	6.50	6.35	11.13
咸宁地区	32.75	20.37	3.11	2.97	6.31
恩施自治州	24.88	16.20	2.28	1.12	5.28
随州市	32.00	24.70	0.89	0.17	6.23
仙桃市	39.64	25.52	2.75	3.48	7.88
天门市	35.43	24.99	2.59	0.36	7.48
潜江市	21.69	13.55	1.57	0.97	5.60
神农架林区	1.00	0.51	0.20	—	0.29

19—46 地、市、州按经济类型分的社会消费品零售总额

(1997 年)

单位:亿元

地、市、州	总额	国有经济	集体经济	个体经济	其他经济
合计	**1 345.34**	**298.80**	**205.42**	**441.09**	**400.03**
武汉市	438.02	70.59	67.20	88.69	211.54
黄石市	54.57	11.50	8.66	20.09	14.32
十堰市	57.65	13.99	7.35	16.13	20.18
荆州市	130.95	30.68	17.23	58.93	24.11
宜昌市	105.23	18.85	13.05	46.16	27.17
襄樊市	108.96	38.99	17.95	28.34	23.68
鄂州市	26.56	1.63	3.81	8.25	12.87
荆门市	72.40	21.89	12.76	26.08	11.67
孝感市	84.78	23.03	11.14	40.75	9.86
黄冈市	78.84	23.22	16.28	28.17	11.17
咸宁地区	32.75	10.35	4.35	12.35	5.70
恩施自治州	24.88	6.24	3.03	9.54	6.07
随州市	32.00	11.20	8.94	10.47	1.39
仙桃市	39.64	3.98	2.78	28.48	4.40
天门市	35.43	7.81	8.34	8.59	10.69
潜江市	21.69	4.68	2.50	9.29	5.22
神农架林区	1.00	0.17	0.06	0.77	—

19—47 1997年各县(市)经济效益考核目标完成情况

	工业产销率(%)	工业资金利税率(%)	工业成本费用利润率(%)	劳动生产率(元/人)	流动资金周转次数(次)	万元产值能耗(吨标煤)
黄陂县	95.56	10.53	3.28	20 590	2.63	0.50
新洲县	94.12	12.27	3.56	14 254	3.42	2.14
大冶市	97.09	5.70	0.85	14 827	3.10	3.04
阳新县	95.60	2.74	0.87	16 835	1.41	3.30
丹江口市	94.49	7.92	7.66	34 878	1.51	1.92
郧县	94.32	3.87	−3.75	20 887	2.03	1.50
郧西县	90.21	−5.99	−19.20	7 170	0.68	1.50
竹山县	91.69	−1.55	−9.05	9 956	1.08	0.86
竹溪县	95.20	−4.61	−9.81	11 247	1.33	1.68
房县	94.79	−2.53	−12.83	7790	0.78	1.52
松滋市	93.72	5.78	−0.62	13 837	2.57	4.11
公安县	97.08	11.24	6.46	18 531	1.83	1.44
监利县	96.54	7.41	1.72	20 263	2.02	0.86
石首市	96.01	10.04	2.14	32 050	4.20	0.81
洪湖市	91.88	12.05	3.09	36 192	3.13	1.16
京山县	96.15	14.14	6.26	35 097	2.47	1.63
钟祥市	95.43	11.11	3.08	29 012	3.18	2.69
襄阳县	96.87	25.24	6.65	56 541	4.56	0.63
宜城市	96.70	10.55	5.40	22 413	2.05	2.20
南漳县	96.30	3.78	−2.10	13 530	1.59	1.90
谷城县	97.80	13.83	3.68	29 073	2.47	1.34
保康县	92.26	4.53	−0.49	30 156	1.33	2.60
老河口市	97.74	12.11	2.72	42 641	2.70	1.41
枣阳市	98.66	23.54	5.00	58 475	3.63	0.55
枝城市	96.36	3.74	0.74	21 371	2.04	2.34
当阳市	97.41	16.45	3.64	35 049	3.02	1.35
宜昌县	96.25	9.03	0.73	36 889	1.80	1.25
枝江市	96.16	2.52	−0.29	20 275	1.88	4.44
远安县	98.56	6.59	6.47	16 921	1.13	1.95
秭归县	94.64	1.52	−5.04	11 815	1.26	5.60
兴山县	96.62	7.71	7.27	14 941	1.24	4.85
长阳县	98.16	7.03	27.69	59 825	0.45	5.68

注:该表指标为年快报数。

19—47 续表 1

	工业产销率 (%)	工业资金利税率 (%)	工业成本费用利润率 (%)	劳动生产率 (元/人)	流动资金周转次数 (次)	万元产值能耗 (吨标煤)
五峰县	97.51	2.59	−2.27	23 531	1.29	5.68
孝昌县	96.91	10.32	3.55	23 505	2.94	1.02
应城市	96.93	9.36	4.44	23 600	2.00	5.93
广水市	96.97	19.81	2.55	28 749	2.70	1.13
安陆市	96.91	3.56	0.15	20 190	2.22	1.97
大悟县	93.96	14.63	2.50	17 393	2.21	2.22
云梦县	98.34	9.95	2.66	30 875	3.11	2.30
汉川市	96.66	10.63	7.68	45 249	2.48	1.98
团风县	96.10	5.53	1.27	13 784	1.57	0.98
红安县	96.97	27.56	3.57	46 319	3.63	0.63
麻城市	96.70	10.90	1.76	31 188	3.58	0.42
罗田县	96.18	7.67	3.10	26 603	1.94	1.37
英山县	96.21	8.72	2.00	21 132	1.74	0.48
浠水县	95.97	6.05	1.20	20 409	2.97	1.02
蕲春县	95.85	9.95	2.27	20 942	3.69	0.93
武穴市	96.45	17.76	6.15	38 341	3.26	0.96
黄梅县	96.96	14.54	3.82	23 876	3.47	0.79
咸宁市	96.31	4.32	0.38	18 953	1.68	0.84
嘉鱼县	95.12	3.94	−0.15	20 043	2.72	1.89
蒲圻市	97.61	1.93	−1.09	19 358	2.56	1.59
通城县	96.01	11.54	4.74	17 129	2.22	1.13
崇阳县	92.64	11.90	2.73	21 544	3.42	1.73
通山县	94.50	4.77	−0.81	9 705	2.00	2.52
恩施市	97.50	6.45	0.67	18 532	1.20	1.67
利川市	97.16	21.78	5.25	33 558	1.78	1.99
建始县	98.53	27.48	0.10	32 844	1.45	1.06
巴东县	96.77	11.95	4.62	22 617	1.39	3.25
宜恩县	99.01	9.34	5.57	18 657	1.53	1.38
咸丰县	98.23	10.80	2.20	22 429	2.03	2.49
来凤县	99.66	21.47	2.81	28 406	1.23	0.54
鹤峰县	102.27	7.48	3.52	22 934	2.50	3.93

19—47 续表 2

	国有企业扭亏额(万元)	人均粮食产量(千克)	农民人平纯收入(元)	农业劳动生产率(元/人)	物价总指数(上年=100)(%)
黄陂县	46	558	2 404	6 574	101.0
新洲县	174	573	2 357	6 302	103.2
大冶市	5 989	446	2 152	6 406	104.6
阳新县	300	449	1 329	6 665	99.2
丹江口市	656	392	2 376	8 233	101.7
郧县	−797	348	812	3 372	103.5
郧西县	−973	331	675	2 633	103.1
竹山县	−741	464	791	3 436	103.5
竹溪县	−1 249	567	738	5 216	103.0
房县	−730	371	1 245	2 940	103.5
松滋市	−3 496	666	2 217	5 437	99.2
公安县	729	742	2 175	6 877	103.1
监利县	571	962	1 909	7 820	101.2
石首市	214	642	2 317	7 793	104.0
洪湖市	−102	824	2 308	9 101	102.2
钟祥市	274	1 256	2 801	14 021	103.6
京山县	1 041	1 194	2 862	14 514	103.3
襄阳县	43	1 159	2 740	10 495	102.5
宜城市	56	1 251	2 655	15 064	101.4
南漳县	240	722	1 715	5 845	99.1
谷城县	151	499	1 784	10 233	101.6
保康县	148	447	1 167	3 912	103.8
老河口市	397	1 029	2 609	17 904	102.2
枣阳市	285	1 217	2 554	13 585	101.0
枝城市	302	534	2 168	6 148	102.6
当阳市	133	1 018	2 820	14 570	102.3
宜昌县	156	523	2 404	9 718	99.4
枝江市	804	794	2 722	9 824	101.5
远安县	899	649	2 126	6 138	103.2
秭归县	−332	369	1 343	2 850	105.2
兴山县	71	476	1 780	4 875	104.5
长阳县	−514	491	1 368	3 666	102.3

19—47 续表 3

	国有企业扭亏额（万元）	人均粮食产量（千克）	农民人平纯收入（元）	农业劳动生产率（元/人）	物价总指数（上年=100）（%）
五峰县	-91	518	1 270	4 102	103.1
孝昌县	55	596	1 318	5 979	102.6
应城市	1 911	783	2 430	10 061	100.2
广水市	26	584	2 028	5 140	104.8
安陆市	334	838	2 021	7 547	103.8
大悟县	91	497	1 340	4 350	101.8
云梦县	872	483	2 358	6 210	102.7
汉川市	-533	484	2 347	6 523	101.1
团风县	321	739	1 675	5 046	101.5
红安县	90	522	1 796	5 931	101.8
麻城市	141	474	1 818	4 749	101.3
罗田县	137	415	1 819	5 065	99.6
英山县	123	504	1 742	6 710	101.4
浠水县	332	557	1 915	5 656	101.1
蕲春县	-132	513	2 006	6 843	99.5
武穴市	3 019	654	2 257	11 632	100.3
黄梅县	-177	532	2 067	7523	100.6
咸宁市	-291	641	2 023	7 718	101.4
嘉鱼县	504	876	2 243	9 529	102.2
蒲圻市	2 212	700	2 238	10 508	101.6
通城县	161	493	2 076	6 853	103.5
崇阳县	47	607	1 710	6 690	101.5
通山县	114	383	1 336	5 368	102.3
恩施市	736	447	1 388	3 490	105.3
利川市	565	461	1 366	3 859	106.6
建始县	619	439	1 312	4 537	102.4
巴东县	113	465	1 330	3 693	108.0
宜恩县	2	481	1 327	4 304	105.3
咸丰县	150	496	1 397	3 938	101.3
来凤县	-307	509	1 361	5 116	103.4
鹤峰县	230	466	1 459	4 613	103.9

19—47 续表 4

	财政收入（万元）	财政收入增长率（%）	财政收入占GDP（%）	技术改造投资比重（%）	各项贷款周转速度（次）
黄陂县	11 714	18.30	1.83	12.40	0.50
新洲县	16 190	27.29	2.74	23.74	0.47
大冶市	18 016	27.26	4.50	43.57	0.77
阳新县	12 604	42.31	3.90	46.26	0.13
丹江口市	26 751	10.32	4.80	33.44	0.41
郧县	9 630	13.28	7.80	31.05	0.41
郧西县	3 885	22.63	5.32		0.35
竹山县	4 268	20.63	4.56	11.75	0.44
竹溪县	3 015	25.47	3.96	9.04	0.44
房县	4 910	13.95	5.27	15.79	0.37
松滋市	13 911	18.52	3.17	43.48	0.63
公安县	17 013	27.48	3.47	40.51	0.45
监利县	16 097	23.86	3.19	46.85	0.58
石首市	17 642	15.38	3.10	19.00	0.75
洪湖市	17 942	28.66	2.84	39.97	0.45
京山县	18 236	28.89	3.57	47.85	0.64
钟祥市	26 622	10.19	2.52	53.01	0.51
襄阳县	25 082	24.64	2.00	66.47	0.90
宜城市	12 316	20.51	2.45	41.02	0.91
南漳县	7 937	34.78	3.90	62.50	0.70
谷城县	9 212	20.17	2.91	82.63	0.62
保康县	5 008	23.20	5.45	13.26	0.30
老河口市	18 599	26.05	1.97	56.72	1.20
枣阳市	35 208	19.26	3.51	63.34	0.90
枝城市	11 121	7.32	4.32	49.24	0.61
当阳市	24 288	20.09	4.40	75.39	0.76
宜昌县	26 198	14.71	3.64	30.14	0.79
枝江市	14 773	17.14	3.63	29.03	0.57
远安县	6 967	21.40	5.42	60.72	0.51
秭归县	8 075	25.47	5.45	18.83	0.53
兴山县	7 610	16.06	7.29	34.98	0.60
长阳县	8835	24.02	3.93	26.17	0.54

19—47 续表 5

	财政收入（万元）	财政收入增长率（%）	财政收入占GDP（%）	技术改造投资比重（%）	各项贷款周转速度（次）
五峰县	4 275	21.90	5.88	17.57	0.50
孝昌县	4 512	28.88	1.60	33.64	0.34
应城市	17 439	26.98	2.75	35.96	0.44
广水市	18 168	17.42	5.21	34.29	0.43
安陆市	9 678	18.00	3.40	29.57	0.12
大悟县	8 752	16.91	4.09	28.86	0.37
云梦县	10 370	19.10	3.61	41.69	0.48
汉川市	19 018	18.17	2.42	40.42	0.14
团风县	4 870	21.51	3.93	24.16	0.60
红安县	18 370	18.27	6.40	32.03	0.89
麻城市	18 378	22.72	3.87	43.52	0.27
罗田县	10 025	21.05	4.36	74.25	0.97
英山县	7 911	25.04	4.76	77.90	0.86
浠水县	15 378	16.71	4.15	33.23	0.30
蕲春县	16 774	22.18	4.21	26.60	0.29
武穴市	18 720	17.32	4.07	29.28	0.16
黄梅县	16 127	16.06	3.90	32.07	0.72
咸宁市	8 696	31.98	4.83	30.50	0.30
嘉鱼县	8 447	20.62	4.34	36.97	0.35
蒲圻市	14 860	18.38	4.06	14.24	0.24
通城县	6 404	23.18	4.42	50.54	0.18
崇阳县	6 442	27.24	4.49	40.65	0.14
通山县	5 268	14.10	5.59	48.03	0.21
恩施市	10 088	24.99	4.48	33.47	0.70
利川市	17 598	12.81	10.89	25.73	0.50
建始县	14 209	6.34	10.17	45.10	0.70
巴东县	7 060	43.15	4.94	27.89	0.54
宜恩县	3 264	30.40	6.15	52.25	0.71
咸丰县	6 780	30.23	6.96	18.47	0.54
来凤县	13 718	12.40	10.82	73.89	0.76
鹤峰县	4 228	23.34	6.12	28.80	0.70

附　　录

长江水利委员会

长江水利委员会(简称长江委),成立于1950年2月,是水利部在长江流域和西南诸河的派出机构,国家授权其在上述范围内行使水行政管理职能。依照《中华人民共和国水法》统一管理流域水资源和河道。负责流域的综合治理,开发管理具有控制性的重要水工程,搞好规划、管理、协调、监督、服务,促进江河治理和水资源综合开发利用和保护。

四十多年来,长江委在长江流域的勘测、水文、水资源保护与水土保持、规划设计、科研等方面,做了大量工作,全面收集整理了丰富的有关长江流域的地形、地质、水文、泥沙、社会经济等方面的基本资料。从五十年代开始投入大量人力、物力,编制了《长江流域综合利用规划要点报告》。几十年来,在这个报告的指导下,流域内进行了一大批水利水电综合利用开发项目。1983年以来,遵照国务院的指示,会同中央有关部门和流域各省、市对《长江流域综合利用规划要点报告》进行修订补充,修订完成的《长江流域综合利用规划简要报告》已于1990年9月经国务院批准。从此,长江流域的治理开发有了法规性文件。

四十多年来,长江委先后负责规划和设计了一批水利水电工程,已建成的有:荆江分洪工程、汉江杜家台分洪工程、荆江裁弯取直工程、汉江丹江口水利枢纽、白河鸭河口水利枢纽、陆水蒲圻水利枢纽、长江葛洲坝水利枢纽、赣江万安水利枢纽、清江隔河岩水利枢纽;在建的有长江三峡水利枢纽,清江高坝洲、汉江王甫洲水利枢纽;正在进行勘测设计的有乌江的彭水、构皮滩,嘉陵江的亭子口、合川,赣江的峡江,清江的水布垭、高坝洲,澧水的皂市等水利枢纽。在毛泽东、周恩来、邓小平、江泽民、李鹏等我党三代中央领导核心的关怀下,几十年来长江委对长江综合治理开发的关键工程——三峡水利枢纽进行了大量的勘测、水文、规划、设计、科研和论证工作。对南水北调工程也进行了长期的研究,做了大量的前期工作。

党的十一届三中全会以来,长江委加紧了三峡工程、南水北调工程的前期工作。1992年4月3日,第七届全国人民代表大会第五次会议审议通过了兴建三峡工程的决议,1994年12月14日李鹏总理宣布三峡工程正式开工,1997年11月8日大江截流成功。工程开工后,长江委承担三峡工程设计的总成任务,还承担施工监理,移民规划工作。1993年,国家计委和水利部审查通过了长江委和有关省、市部门协作编制完成的《南水北调中线工程可行性研究报告》。近几年,长江委还进行了洞庭湖区综合治理规划、金沙江流域,长江中下游河道治理等规划工作;进行清江高坝洲、水布垭,乌江构皮滩、彭水,汉江王甫洲等水利枢纽的初步设计工作。

长江委拥有一支包括100多个专业、一万余名职工,门类齐全、专业配套,综合性水利水电勘测、规划、设计、移民、科研、监理和管理的科学技术队伍;拥有几千台现代化水平的科学试验仪器设备和计算机系统;拥有科技档案资料140万件、册(张),图书馆藏书50万册。数十年来,长江委荣获国家级、省部级、厅局级奖励共300余项。其中葛洲坝二、三江工程及其水电机组获首届国家科技进步特等奖,葛洲坝水利枢纽工程获全国最佳工程设计特等奖。近几年,还先后获中国勘察设计综合实力百强单位证书,全国水利先进单位、全国水土保持先进集体、省级文明单位等光荣称号。

近几年,长江委运用技术优势,投入社会市场,承接完成了一大批诸如机场、道路、港口、桥梁、厂矿及设备的设计,研制和科学试验任务。如深圳、珠海机场,武汉阳逻电厂、长江二桥等。另外,长江委还迈入了国际工程市场。先后承担了阿富汗,斯里兰卡、索马里,尼泊尔、科威特、喀麦隆等国家的工程承包、咨询、设计、施工、监理和技术服务。

长江委竭诚为社会各界提供工程的勘察、水文、规划、设计、科研、施工、移民规划、监理等服务。

地　址:汉口解放大道1155号
电　话:(027)82828230
传　真:(027)82828300
邮　编:430010

武汉博达办公设备有限公司

武汉博达办公设备有限公司是一家专业生产中高档办公台、文员台、电脑台、屏风、隔断等现代化办公家具的企业。专业的精神使得本公司产品广泛适应于各类型办公室及工作站。

公司创立至今，不断引进和吸收日本、香港及沿海地区的先进技术和工艺。公司更拥有优秀的企业管理、办公家具设计、生产的专业人才。公司设立了专门的售后服务机构，完全解决您的后顾之忧。公司对办公环境的改进抱着执着的信念与追求。

良好舒适的办公环境和使用方便的办公设施，能够使企业和公司提高社会形象，更能使您的员工提高工作效率——武汉博达办公设备有限公司正是根据这样的设计思想，开发出系列办公家具。我们将质量和客户利益放在首位，为湖北办公环境的崛起作出贡献。公司现有六个系列，品种齐全，且可根据您的特殊要求订做。

公司本着“以信待人、以质服人”的经营原则，愿与各界朋共创办公家具的美好明天。“质量第一、信誉第一、顾客第一、完善的售后服务”为公司的宗旨，竭诚欢迎国内外新老客户惠顾洽谈。

法人代表：王树春（董事长、总经理）
地　　址：武昌区武珞路 543 号
邮　　编：430070
电　　话：(027)87880516
传　　真：(027)87883671

中国统计出版社最新统计资料书简目